A
CHAVE PARA A
TEOSOFIA

O livro é a porta que se abre para a realização do homem.

Jair Lot Vieira

H. P. BLAVATSKY

A CHAVE PARA A TEOSOFIA

Uma clara exposição sob a forma de perguntas
e respostas da ética, ciência e filosofia para cujo
estudo a Sociedade Teosófica foi fundada

Tradução, apresentação e notas
EDSON BINI

Tradutor há mais de quarenta anos, estudou filosofia
na Faculdade de Filosofia, Letras e Ciências Humanas da USP
(Universidade de São Paulo). Realizou dezenas de traduções
na área da filosofia para Martins Fontes e Loyola,
entre outras editoras. Há mais de vinte anos realiza
traduções para o Grupo Editorial Edipro.

Prefácio
LÚCIA HELENA GALVÃO

Filósofa, professora há mais de três décadas
na Organização Nova Acrópole do Brasil, escritora
e uma das palestrantes mais influentes do Brasil.

mantra

Copyright da tradução e desta edição © 2025 by Edipro Edições Profissionais Ltda.

Título original: *The Key to Theosophy*. Publicado originalmente pela The Theosophical Publishing Company em Londres (Inglaterra) e em Nova Iorque (EUA) em 1889. Traduzido a partir da reprodução fotográfica da 1ª edição, publicada pela The Theosophic Company (Los Angeles, Califórnia, EUA) em 1962, e disponibilizada pela Cornell University Library.

Todos os direitos reservados. Nenhuma parte deste livro poderá ser reproduzida ou transmitida de qualquer forma ou por quaisquer meios, eletrônicos ou mecânicos, incluindo fotocópia, gravação ou qualquer sistema de armazenamento e recuperação de informações, sem permissão por escrito do editor.

Grafia conforme o novo Acordo Ortográfico da Língua Portuguesa.

1ª edição, 2025.

Editores: Jair Lot Vieira e Maíra Lot Vieira Micales
Coordenação editorial: Karine Moreto de Almeida
Tradução, apresentação e notas: Edson Bini
Prefácio à edição brasileira: Lúcia Helena Galvão
Preparação de texto: Lygia Roncel
Revisão: Brendha Rodrigues Barreto
Acentuação do grego: Ticiano Lacerda
Projeto gráfico: Karine Moreto de Almeida
Diagramação: Ana Laura Padovan e Mioloteca
Capa: Marcela Badolatto | Studio Mandragora
Adaptação de capa: Aniele de Macedo Estevo

Dados Internacionais de Catalogação na Publicação (CIP)
(Câmara Brasileira do Livro, SP, Brasil)

Blavatsky, H. P., 1831-1891
  A chave para a teosofia : uma clara exposição sob a forma de perguntas e respostas da ética, ciência e filosofia para cujo estudo a Sociedade Teosófica foi fundada / H. P. Blavatsky ; [tradução Edson Bini]. – São Paulo : Mantra, 2025.

  Título original: The key to theosophy
  ISBN 978-65-87173-13-9 (impresso)
  ISBN 978-65-87173-14-6 (e-pub)

  1. Teosofia I. Título.

23-176852   CDD-299.934

Índice para catálogo sistemático:
1. Teosofia : 299.934

Cibele Maria Dias – Bibliotecária – CRB-8/9427

mantra.

São Paulo: (11) 3107-7050 • Bauru: (14) 3234-4121
www.mantra.art.br • edipro@edipro.com.br
@editoramantra

*Dedicado por "H.P.B." a todos seus alunos,
para que possam, então, aprender e, por sua vez, ensinar.*

Sumário

Nota do tradutor 11
Apresentação 13
Prefácio à edição brasileira,
por Lúcia Helena Galvão 17

A chave para a teosofia 25

Prefácio à 3ª edição revista 27
Prefácio à 2ª edição 29
Prefácio à 1ª edição 31

I • Teosofia e a sociedade teosófica 35
O significado do nome 35
A política da Sociedade Teosófica 38
O caráter esotérico da Religião-Sabedoria em todas as eras 42
Teosofia não é budismo 46

II • Teosofia exotérica e esotérica 49
O que a moderna Sociedade Teosófica não é 49
Teosofistas e membros da Sociedade Teosófica 52
A diferença entre a teosofia e o ocultismo 56
A diferença entre a teosofia e o espiritismo 58
Por que a teosofia é aceita? 65

III • O sistema de trabalho da ST 69
Os objetivos da Sociedade 69
A origem comum do ser humano 70
Nossos outros objetivos 75
Sobre a sacralidade do compromisso 76

IV • As relações da Sociedade Teosófica com a teosofia 79
Sobre o autoaprimoramento 79
O abstrato e o concreto 82

V · Os ensinamentos fundamentais da teosofia   87
Sobre Deus e a prece   87
É necessário orar?   90
A prece destrói a autoconfiança   95
Sobre a fonte da alma humana   97
Os ensinamentos budistas sobre o supracitado   99

VI · Ensinamentos teosóficos relativos à natureza e ao ser humano   105
A unidade do tudo em tudo   105
Evolução e ilusão   106
Sobre a constituição setenária de nosso planeta   108
A natureza setenária do ser humano   110
Divisão teosófica   112
A distinção entre alma e espírito   113
Os ensinamentos gregos   115

VII · Sobre os vários estados pós-morte   119
O ser humano físico e o espiritual   119
Sobre a recompensa e a punição eternas, e sobre o Nirvana   125
Sobre os vários "princípios" no ser humano   131

VIII · Sobre reencarnação ou renascimento   137
O que é a memória de acordo com o ensinamento teosófico?   137
Por que não nos lembramos de nossas vidas passadas?   140
Sobre individualidade e personalidade   145
Sobre a recompensa e a punição do ego   148

IX · Sobre Kama Loka e Devachan   155
Sobre o destino dos princípios inferiores   155
Por que os teosofistas não creem no retorno dos "espíritos" puros   157
Algumas palavras sobre os *skandhas*   163
Sobre a consciência pós-morte e pós-natal   166
O que realmente significa aniquilamento   170
Palavras precisas para coisas precisas   177

X · Sobre a natureza de nosso princípio pensante   183
O mistério do ego   183
A natureza complexa de Manas   187
A doutrina é ensinada no *Evangelho segundo São João*   190

XI · Sobre os mistérios da reencarnação 199
Renascimentos periódicos 199
O que é Karma? 202
Quem são aqueles que conhecem? 216
A diferença entre fé e conhecimento, ou fé cega e raciocinada 218
Tem Deus o direito de perdoar? 221

XII · O que é teosofia prática? 227
Dever 227
As relações da ST com as reformas políticas 231
Sobre o autossacrifício 235
Sobre a caridade 239
Teosofia para as massas 242
Como os membros podem ajudar a Sociedade 245
O que um teosofista não deve fazer 246

XIII · Sobre os mal-entendidos acerca da Sociedade Teosófica 253
Teosofia e ascetismo 253
Teosofia e casamento 256
Teosofia e educação 257
Por que, então, há tanto preconceito contra a ST? 263
A Sociedade Teosófica é uma organização para ganhar dinheiro? 271
A equipe de trabalho da ST 275

XIV · Os "Mahatmas teosóficos" 277
Eles são "espíritos de luz" ou "duendes danados"? 277
O abuso de nomes e termos sagrados 286

Conclusão 291
O futuro da Sociedade Teosófica 291

Glossário 295
Índice remissivo 331

Nota do tradutor

Salvo por alterações puramente formais (como construção de frases, ortografia, mudança da transliteração do sânscrito, do grego etc., eliminação de certas notas de rodapé com sua integração ao texto e outras) e pelo acréscimo de umas poucas notas informativas promovido pela 3ª edição, a nossa base para esta tradução foi a 1ª edição de *The key to theosophy*, de 1889, com a exclusão do Apêndice. O precioso Glossário específico acrescentado por H. P. B. na 2ª edição foi incluído nesta nossa edição, o que, entretanto, não dispensa a eventual consulta ao grande *Glossário teosófico*, publicado separadamente.

Apresentação

A *chave para a teosofia* constitui um instrumento facilitador ao entendimento das doutrinas teosóficas e, paralelamente, do ocultismo em geral. Para aqueles que já conhecem as grandes obras anteriores de H. P. B. (*Ísis desvelada* e *A doutrina secreta*), atua como uma síntese recapitulativa do pensamento teosófico. Entretanto, está claro que seus principais leitores e receptores são aquele que experimenta dificuldades para a compreensão dos alentados textos anteriores de H. P. B. e aquele que, desconhecendo completamente a teosofia e o movimento teosófico moderno, está interessado no assunto.

Para facilitar ainda mais, a autora optou por adotar a forma do diálogo, emprestando a um texto de teor tão profundo e abrangente tanto a dinâmica especial da interlocução quanto o sabor agradável de uma leitura atenta, mas descontraída, elementos ausentes nos textos de exposição teórica densa e linear, que ela própria já produzira.

A figura do interlocutor (Indagador) – real ou fictício, não importa – representa, sinteticamente, quer as muitas dúvidas e pontos polêmicos que tocavam à teosofia e, sobretudo, à Sociedade Teosófica (ST) desde sua criação, em 1875, quer as acirradas críticas endereçadas aos teosofistas por quatro setores importantes da vida intelectual e religiosa do século XIX na Europa: a ciência materialista e racionalista, o espiritualismo dogmático do cristianismo oficial (da Igreja Apostólica Romana e das seitas protestantes), o então recente e moderno espiritismo americano, inglês e francês e a Sociedade de Pesquisa Psíquica inglesa.

As respostas oferecidas pela Teosofista primam pela objetividade, pela convicção e pelo amplo conhecimento dos temas ventilados. Exibem tanto o anseio por esclarecer quanto autoconfiança e firmeza na exposição das ideias sustentadas, em uma alternância regular entre a tolerância de quem instrui aquele que ignora e sua veemência, ou mesmo contundência, ante o *pretenso* conhecimento de quem ignora.

Blavatsky não se limita a expor e discutir as doutrinas da teosofia, do ocultismo em geral, as doutrinas orientais que servem de respaldo à Sociedade Teosófica e contrastá-las com as doutrinas religiosas exotéricas do Ocidente, fundamentalmente as cristãs oficiais (incluindo o espiritismo moderno da época), no contraponto do materialismo e do ceticismo. O que mais se destaca nas suas colocações é uma crítica dura, corajosa e irreverente (apoiada em argumentos peremptórios) que dirige às Instituições religiosas oficiais do Ocidente, não se restringindo – repetimos – ao conteúdo de suas doutrinas na sua diversidade (envolvendo o dogmatismo exotérico da Igreja Apostólica Romana), mas atingindo – o que constitui o mais importante – a *postura* tanto das autoridades e dos líderes religiosos cristãos quanto dos fiéis do cristianismo.

Tecendo, por exemplo, um comparativo rigoroso entre a conduta de cristãos e budistas, ela denuncia o cristianismo institucional como uma *lip-religion* (religião "da boca pra fora", religião de fachada), na qual a mensagem genuína de Cristo foi adulterada pelo cristianismo dogmático oficial da Igreja, conduzindo os muitos milhões de adeptos do cristianismo a *pura e simplesmente* não praticar de fato em suas vidas os princípios de sua religião, presentes nos Evangelhos e, acima de tudo, no exemplo do próprio nazareno, princípios visivelmente conhecidos por todos (e essencialmente os mesmos do budismo), tais como o amor fraternal incondicional, o repúdio às riquezas materiais, o altruísmo, a caridade, a compaixão e a tolerância e compreensão diante das diferenças (de pensamento, de raça, de classe etc.).

Independentemente de comungarmos ou não das ideias de H. P. B. e da ST, mas tendo nós de engolir o fato de o cristianismo oficial (sobretudo o católico) ter se convertido (e não é de hoje) em uma cômoda religião de fachada para os seus "praticantes" (que esgotam sua suposta religiosidade e espiritualidade de maneira passiva essencialmente em um mero ritualismo), é de se ressaltar o item tolerância, já que a Sociedade Teosófica (que surgiu propondo uma nova alternativa para a conduta entre os seres humanos, ainda que essa Sociedade, pela natural limitação humana, não fosse isenta de erros e pecados) foi vítima de franca *intolerância* por parte daqueles que se arvoravam *donos da verdade* e que deveriam, pelo contrário, ver nessa Sociedade mais uma opção e caminho para a espiritualização e aprimoramento moral das pessoas, e não uma inimiga ou rival.

Ao longo do diálogo, a figura do *religioso de fachada (religioso que não pratica a religião ou o faz tíbia e superficialmente)* é contrastada, por menção do próprio Indagador e em um paradoxo dilacerante, com aquela do *materialista íntegro e bondoso*. Em uma outra passagem, constatamos mais uma vez a falácia e o malogro das instituições religiosas ocidentais quando, tendo Blavatsky (a Teosofista) aludido aos budistas, o Indagador conclui que são *ateus*, ao que ela replica que nem por isso deixam de ser "as pessoas mais amantes da virtude e preservadoras da virtude em todo o mundo".

No século XXI, distintas seitas religiosas e distintos movimentos místicos e congêneres parecem conviver, ao menos no Brasil (se não em todo o Ocidente), em um clima de relativa paz, a própria Sociedade Teosófica não sendo mais alvo de insultos e ostensivos ataques violentos. Não há mais sequer uma guerra entre religiosos e místicos contra ateus, agnósticos e céticos, e vice-versa. Entretanto, a falência dos sistemas religiosos institucionais persiste e agora em uma amplitude muitíssimo maior, e agravada por um visível aspecto crescente de caráter comercial e mercenário, flagrantemente contrário aos ensinamentos de Cristo e que levariam H. P. B. ao auge da justa indignação!

Edson Bini

Prefácio à edição brasileira,
por Lúcia Helena Galvão

A chave para a teosofia é uma obra de autoria da escritora e pensadora mística russa Helena Petrovna Blavatsky, redigida no período de um ano após a conclusão de sua principal e enciclopédica obra *A doutrina secreta*, e dois anos antes de sua morte. Como fundadora do movimento teosófico moderno (segundo ela, o movimento teosófico original ou Teosofia eclética teria sido obra de Amonio Saccas, no século III d.C.), ela se preocupou com que os conceitos fundamentais da Teosofia fossem expostos da forma mais clara possível, sempre considerando, segundo palavras dela mesma, que se pode melhorar ao máximo a forma de um escrito, mas a complexidade do conteúdo exige, da parte do leitor, uma profundidade e um empenho que ninguém pode fazer por ele. Com este intuito simplificador, foi elaborada esta chave, que abre as portas ao conhecimento exposto em suas demais obras, sobretudo na monumental *A doutrina secreta*.

Nascida na noite de 12 de agosto de 1831, na cidade de Yekaterinoslav, às margens do rio Dnieper (à época, parte do Império russo, e hoje, território da Ucrânia), parente de nobres aparentados à família de Tzares, Helena Petrovna von Hahn era, desde criança, inquieta e dotada de estranhos poderes paranormais.

Em 19 de julho de 1849, Helena Petrovna casa-se com Nikifor Vasilyievich Blavatsky, um oficial de Estado de 40 anos de idade, que havia sido designado como vice-governador da província de Yerevan. O casamento não chega a se consumar, de fato, pois ela foge logo após as núpcias, mas leva consigo por toda a vida o sobrenome de seu "quase esposo".

Em Londres, na companhia do pai, Helena vê pessoalmente, pela primeira vez, um mestre tibetano com o qual sonhara durante toda sua vida, o que muito a surpreende:

> *"Ela o reconheceu de imediato... Seu primeiro impulso foi aproximar-se para falar com ele, mas ele fez um sinal para que ela não se movesse, e ela permaneceu parada, como que enfeitiçada, enquanto ele passava..."*
>
> (das Memórias da Condessa Constance Wachtmeister, citando Blavatsky)

O contato estabelecido com este mestre e, por meio dele, com outros do mesmo porte, fez com que Helena assumisse sua missão, a qual, segundo ela, lhe teria sido encomendada por estes mesmos homens misteriosos: colher conhecimentos nos quatro cantos do mundo, juntá-los e agregar explicações sobre eles, para torná-los inteligíveis ao leitor ocidental do século XIX. Havia o receio de que o Ocidente, correndo atrás de seu sonho positivista, perdesse a memória dos ensinamentos de seu próprio passado e do passado da humanidade como um todo. Havia que se gerar um repositório de conhecimentos que os preservasse contra esta perda, e esta é a missão à qual a jovem Helena dedicará toda a sua vida.

A busca rigorosa e incansável por cumprir esta missão gerou um périplo de dezessete anos de viagens ao redor do mundo (1851-1868), atravessando regiões inóspitas e de difícil acesso, sobretudo para uma mulher desacompanhada, em pleno século XIX, com meios de transporte ainda bastante precários.

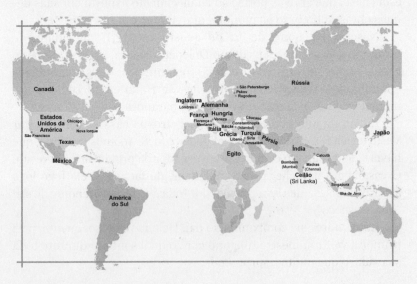

Em 7 de setembro de 1875, depois de algum tempo residindo nos EUA, Helena reúne dezesseis ou dezessete pessoas em Nova York, em suas acomodações do edifício situado no n.º 46 de Irving Place, e funda, em conjunto com o coronel da reserva norte-americano Henry Steel Olccot, a Sociedade Teosófica, sociedade de estudos com o intuito de promover a fraternidade universal, o estudo comparativo das mais diversas tradições, no tempo e no espaço, onde se encontra dispersa toda a sabedoria já conquistada pela humanidade, e também a busca de desenvolver um programa de autoconhecimento, autodomínio e autotransformação que permitisse à humanidade o sonho de um futuro mais legitimamente humanista.

Depois de um conturbado período de vida na Índia (1878-1885), onde funda a sede indiana da Sociedade Teosófica em Madras (hoje Chennai), Helena Blavatsky instala-se em Londres até o fim de seus dias, escrevendo febrilmente e promovendo encontros, debates e instruções com seletos discípulos ou convidados, ainda que sua saúde já se mostrasse severamente debilitada. Neste local, falece serenamente em 8 de maio de 1891.

> *"Quando eu tiver morrido, partido, talvez as pessoas se deem conta de meus motivos desinteressados. Dei minha palavra de ajudar as pessoas a encontrarem a Verdade enquanto estivesse viva, e manterei minha palavra. Deixem que me insultem e me agridam. Chegará o dia em que a posteridade aprenderá a conhecer-me melhor".*
>
> – Helena Blavatsky

Principais obras:
Ísis desvelada – 1877
A doutrina secreta – 1888
A chave para a teosofia – 1889
A voz do silêncio – 1889
Glossário teosófico – 1892 (*post mortem*)

Sobre *A chave para a teosofia*:

Estruturado em perguntas de um anônimo e respostas de um teosofista sobre os mais delicados assuntos abordados em suas obras, Helena Blavatsky aproveita para esclarecer os princípios e propósitos da Sociedade Teosófica em todos os aspectos que lhe pareceram necessários: seu trabalho, sua doutrina e ensinamentos. Temas como a origem do homem e explanações sobre vida, morte, pós-morte e reencarnação, além do propósito de todo o processo, são tratados com a clareza possível, em se tratando de assuntos desta magnitude.

A título de amostra, expomos a seguir alguns trechos da presente obra, acompanhados de algumas básicas reflexões, apenas para que possamos vislumbrar o universo de considerações e possibilidades de ideias que são abertas diante de nós em cada uma de suas páginas.

> *"(...) aqueles que imaginaram que a teosofia*
> *é uma nova religião procuraram em vão*
> *o credo e o ritual dela.*
> *Seu credo é lealdade para com a verdade*
> *e seu ritual é 'honrar toda verdade*
> *por meio de seu uso'."*

Trata-se do amor à verdade, não dogmático e não idólatra, como único credo de uma busca que parte do reconhecimento da própria ignorância e do ânimo de aprendizado como ideia basilar de uma filosofia de vida. Seu lema "Nada há superior à Verdade" ilustra muito bem esta demanda e esta disposição para o permanente autoaperfeiçoamento.

> *"(...) pessoas com senso de justiça devem lembrar*
> *que o indivíduo que faz tudo o que pode*
> *faz tanto quanto aquele*
> *que conquistou o máximo neste mundo*
> *de possibilidades relativas."*

Isso é muito belo e libertador. Uma pessoa que faz o máximo das suas possibilidades é equivalente à que faz o máximo possível. A realização e felicidade que sente é a mesma.

Todos nós somos diferentes, temos habilidades e *karmas* diferentes, mas temos a mesma possibilidade de realização. Toda pessoa que faz o máximo que pode tem um magnetismo, e as coisas que faz possuem um encanto especial.

A título de exemplo, quando uma criança joga futebol em sua escola e faz um gol, a felicidade que ela sente é equivalente à de um craque marcando um gol na Copa do Mundo. Aquele que faz tudo o que pode faz tanto quanto quem faz o máximo possível para um ser humano.

Quando compreendemos isso, não sofremos mais com inseguranças e complexos de inferioridade, pois conhecemos e valorizamos nosso papel. Para nos realizarmos, apenas necessitaríamos colocar todo o nosso coração nas coisas que fazemos. Nossa felicidade passa a não depender de mais ninguém, mas apenas de nós mesmos.

O filósofo estoico Epicteto ensinava que o segredo da felicidade reside em buscarmos agir nas coisas que dependem de nós. Fazer o nosso melhor a cada momento depende sempre e apenas de nós.

> *"(...) o eu uno tem de se esquecer de si mesmo a favor dos muitos eus."*

Esse relativo "esquecimento" do excesso de energia e atenção dedicados ao "eu" sempre foi uma fórmula, mormente do pensamento oriental, para que o ser humano cresça; não há caminhos fáceis para esta meta.

Daí a importância e a necessidade do compromisso, pois ele nos permite esquecermos um pouco de nós mesmos para ver os demais, e faculta-nos o desenvolvimento de potenciais e de uma força que jamais teríamos, ao buscar apenas os caprichos do "pequeno eu". Quanto mais compromisso com aquilo que é humanamente nobre, justo e bom, mais crescimento se faz possível.

É muito importante perceber que podemos medir o nosso grau de sabedoria pelo nosso grau de generosidade. O mais dotado de sabedoria é sempre aquele que mais pode dar de si mesmo ao demais.

Platão, em seu diálogo *A República*, quando representa o aspirante à sabedoria, no *Mito da Caverna*, mostra-o como aquele que vê as coisas e os seres iluminados pela luz do Sol, que equivale à ideia do Bem. Assim abordadas, todas as coisas franqueiam passagem às suas essências. Em suma, aquele que acessa o âmago de todas as coisas é aquele que nada busca além de beneficiá-las.

Às vezes, pensamos: essa pessoa é muito sábia e, por isso, pode se colocar a serviço dos demais e ser generosa. Mas o que ocorre é justamente o contrário: ela é generosa, compromete-se com os demais, com a humanidade como um todo e, por isso, desenvolve sabedoria. O amor altruísta é o grande motor da sabedoria.

Ao mesmo tempo, nosso maior inimigo é o egoísmo, que pode se expressar, inclusive, na forma de um egoísmo espiritual, daquele que aspira a crescer e libertar-se das amarras do mundo apenas por si mesmo; essa mentalidade, em algum ponto, vai travá-lo no caminho.

> *"Uma planta consiste em uma raiz, um tronco ou pedúnculo e muitos ramos e folhas. Da mesma forma que a humanidade, na qualidade de um todo, é o tronco*

*que se desenvolve a partir da raiz espiritual,
o tronco é a unidade da planta.
Danifique o tronco e é evidente
que todos os ramos e folhas sofrerão.
O mesmo acontece com a espécie humana."*

Trata-se da clássica reflexão do quanto estamos todos interligados; se ferimos a haste, ou seja, a unidade entre os seres humanos, ferimos a todos nós. Isso se torna ainda mais relevante em uma época de críticas, caças a culpados e agressões mútuas constantes. A humanidade toda parte de um único ramo da árvore da vida, e, ao começarmos a atentar contra esta unidade com tantas fragmentações e ódios coletivos, mais cedo ou mais tarde, comprometeremos o todo.

*"União constitui força e harmonia,
e esforços simultâneos bem administrados
produzem maravilhas.
Este tem sido o segredo
de todas as associações e comunidades
desde que a humanidade existe."*

Quanto mais união um grupo possui, mais força ele expressa. Esforços simultâneos bem dirigidos produzem maravilhas. Por outro lado, quando temos um grupo de trabalho com dez seres humanos em desarmonia, parece que ali havia apenas uma pessoa trabalhando, e mal; toda potência se dispersa.

Por esse motivo, a União entre as pessoas, em qualquer grupo, é fundamental, e é um princípio que deveria ser sempre considerado e promovido, ainda (e sobretudo) quando o grupo em questão é a comunidade humana.

A natureza une partículas para formar átomos, moléculas, células, corpos. Une astros para formar sistemas estelares; cada novo degrau de união implica em uma potência cada vez maior. Curiosamente, porém, ao unirmos seres humanos, a competição, o egoísmo as susceptibilidades e muitos outros fatores fazem com que a potência se dissipe, ao invés de se concentrar.

Isso lembra muito os conceitos hinduístas de *Dharma* e *Karma*; as fugas do braço da lei universal por ignorância e cegueira moral podem levar a sermos reconduzidos a este caminho pelo braço do *karma*, muitas vezes pagando um, originalmente desnecessário, preço em dor.

> *"Procurar realizar reformas políticas
> antes de havermos realizado uma reforma
> na natureza humana
> é como pôr vinho novo em velhas garrafas."*

Se queremos um bom muro de pedras, precisamos de pedras compactas e consistentes. Nenhuma mudança significativa pode ser alcançada tendo por base os mesmos seres humanos egoístas que serviram de base para os modelos antigos e superados.

Diante disso, é necessário constatar que o maior trabalho social que pode ser feito é a formação humana. O sábio chinês Confúcio costumava alertar para o fato de que a ordem política é fruto da ordem ética. Talvez alguns desejassem caminhos mais rápidos, mas a natureza ensina o tempo necessário para a semeadura e a colheita de cada alimento nutritivo e necessário para a vida em geral, e a vida humana não é exceção.

E assim, que sejam todos muito bem-vindos a uma generosa oferta de incentivos à reflexão, expressa neste livro, com temas pertinentes, oportunos e atuais, apesar da data em que foram escritos. Ao contrário de livros técnicos, os bons títulos que se referem à busca da sabedoria humana estão cada vez mais atualizados, sobretudo em um tempo em que despertamos para o fato de que, há gerações, temos tomado o humano como um meio, e quase nunca como um princípio e uma finalidade essencial.

Obras como esta são uma herança considerável deixada por aqueles que vislumbravam a vida a partir de um outro ângulo, com propósitos mais amplos e mais elevados, e que, por meio de suas palavras, convidam-nos a considerar suas perspectivas e construir a nossa própria visão, como diria Isaac Newton em carta ao seu amigo Robert Hook, "montados nos ombros de nossos antepassados". Trata-se de um convite irrecusável. Deixo meus votos de uma boa e frutífera leitura para todos!

A
CHAVE PARA A
TEOSOFIA

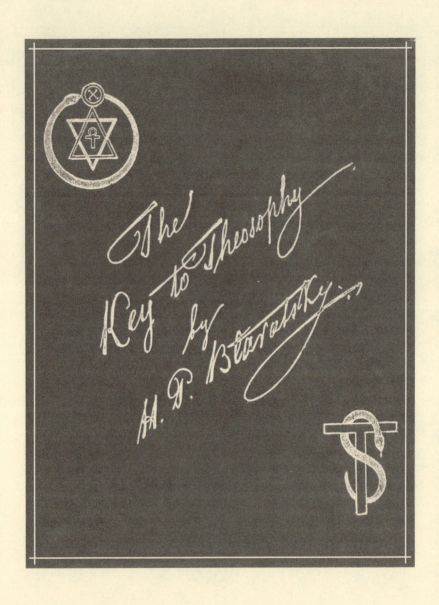

Reprodução da capa original de *A chave para a teosofia*, manuscrita por H. P. Blavatsky.

Fonte: Harvard University.
Disponível em: https://books.google.com.br/books?id=cE8VAAAAYAAJ&printsec=frontcover&hl=pt-BR&source=gbs_ge_summary_r&cad=0#v=onepage&q&f=false. Acesso em: 22 out. 2024.

Prefácio à 3ª edição revista

Os principais traços da revisão aqui tentada foram: (1) um uso sistemático de itálicos e maiúsculas; (2) uma coerente transliteração das palavras do sânscrito; (3) a correção de alguns erros sugerida por H. P. B. enquanto ainda em vida; (4) a eliminação de algumas obscuridades do estilo; (5) a omissão de algumas passagens de natureza controversa que não são mais do interesse geral.

G. R. S. M.[1]
Londres, 1893.

---

1. George Robert Stow Mead foi teosofista, estudioso e escritor inglês. Em 20 de janeiro de 1886, foi admitido como membro da Sociedade Teosófica. Mais tarde, tornou-se secretário particular de H. P. B. (N.E.)

Prefácio à 2ª edição

A fim de facilitar ainda mais o estudo da Teosofia, já tornado uma tarefa fácil pela *Chave*, acrescentei um copioso Glossário de todos os termos técnicos nela encontrados. A maioria das definições e explicações são transcrições ou abreviações do *Glossário teosófico* maior. É de se esperar que ambos os Glossários venham a suprir uma necessidade há muito sentida, e que o maior deles venha a cobrir todo o domínio da terminologia oculta o tão completamente quanto possível.

H. P. B.
Londres, 1890.

Prefácio à 1ª edição

O propósito deste livro está precisamente expresso em seu título, *A chave para a teosofia*, e necessita apenas de algumas palavras para sua explicação. Não é um texto completo ou exaustivo de teosofia, mas somente uma chave para destrancar a porta que conduz ao estudo mais profundo. Traça um amplo resumo da Religião-Sabedoria e explica seus princípios fundamentais, ao mesmo tempo enfrentando e refutando as várias objeções levantadas pelo indagador mediano ocidental e se empenhando em apresentar conceitos que não são familiares sob uma forma tão simples e em uma linguagem tão clara quanto possível. Seria esperar demais que, dispensando um esforço mental do leitor, este livro conseguisse tornar a teosofia inteligível; espera-se, entretanto, que a obscuridade que ainda resta seja do pensamento, e não da linguagem, devido à profundidade e não à confusão. Para os mentalmente indolentes ou obtusos a teosofia deve permanecer um enigma, pois no mundo mental como no mundo espiritual cada ser humano deve progredir por seus próprios esforços. A autora não pode realizar a reflexão do leitor para ele, nem esse último estaria em melhor situação se tal reflexão delegada fosse possível. Há muito tempo que, entre os interessados na Sociedade Teosófica e em seu trabalho, se sente a necessidade de uma exposição como esta, e se espera que ela venha a fornecer informações o mais livre possível do jargão técnico a muitos daqueles cuja atenção foi despertada, mas que, até agora, se acham meramente intrigados e não convencidos.

Algum cuidado foi tomado no sentido de desenredar certa parte do que é verdadeiro do que é falso nos ensinamentos espíritas no que se refere à vida pós-morte, e de mostrar a verdadeira natureza dos fenômenos espíritas. Explicações anteriores semelhantes geraram muita indignação dirigida à cabeça laboriosa desta autora; os espíritas, como muitíssimos outros, preferem crer naquilo que é agradável a crer naquilo que é verdadeiro e ficam muito furiosos com qualquer um que destrói uma ilusão agradável. No ano passado[2] a teosofia foi o alvo de toda flecha envenenada do espiritismo, como se os possuidores de uma meia-verdade sentissem mais antagonismo com os

---
2. Ou seja, 1888. (N.T.)

possuidores de toda a verdade do que aqueles que dela não possuíam quinhão algum para disso fazer alarde.

A autora deve registrar aqui um grande número de sinceros agradecimentos a muitos teosofistas que enviaram sugestões e perguntas, ou que de outra forma contribuíram auxiliando durante a redação deste livro. Sua ajuda aumentou a utilidade da obra, o que para eles será a melhor recompensa.

H. P. B.

Retrato de H. P. Blavatsky: fotografia produzida por Edsall Photographic Studio, em Nova Iorque, por volta de 1876-1878, e impressa no volume IV de *H. P. Blavatsky Collected Writings*.

Fonte: Theosophy Wiki.
Disponível em: https://theosophy.wiki/en/File:HPB_portrait_Edsall_Studio.jpg. Acesso em: 22 out. 2024.

I
Teosofia e a sociedade teosófica

O significado do nome

Indagador: *A teosofia e suas doutrinas são frequentemente classificadas como uma religião da última moda. É uma religião?*
Teosofista: Não é. Teosofia é Conhecimento Divino ou Ciência Divina.

I: *Qual é o verdadeiro significado da palavra?*
T: Sabedoria divina, θεοσοφία (*theosophía*), ou sabedoria dos deuses, como θεογονία (*theogonía*), genealogia dos deuses. A palavra θεός (*theós*) significa um deus em grego, um dos seres divinos, certamente não "Deus" no sentido que hoje se atribui ao termo. Portanto, não é "Sabedoria de Deus", como traduzido por alguns, mas *Sabedoria divina* tal como aquela possuída pelos deuses. Esse termo tem muitos milênios de idade.

I: *Qual é a origem do nome?*
T: Chega a nós proveniente dos filósofos de Alexandria, denominados amantes da verdade, filaleteanos, de φιλ (*phil*)[3], "amante", e ἀλήθεια (*alétheia*), "verdade". O nome *teosofia* é do século III de nossa era e principiou com Amônio Sacas e seus discípulos, que deram início ao sistema teosófico eclético e eram também chamados de analogeticistas. Como explicado pelo professor Alexander Wilder, F. T. S.[4], em seu *New platonism and alchemy ("Eclectic philosophy")*[5], eram assim chamados:

> *Devido a sua prática de interpretar todas as lendas e narrativas sagradas e mitos e mistérios sagrados por meio de uma*

---
3. Verbo φιλέω (*philéo*), amar. (N.T.)
4. *Fellow of the Theosophical Society* (Membro da Sociedade Teosófica). (N.T.)
5. Um esboço das doutrinas e principais mestres da Escola Eclética ou Alexandrina; também um resumo das doutrinas internas dos alquimistas da Idade Média. Albany, N.Y., EUA, 1869.

regra ou princípio de analogia e correspondência, de modo que eventos relatados como tendo ocorrido no mundo externo eram considerados como se expressassem operações e experiências da alma humana.

Eram igualmente denominados neoplatônicos. Embora a teosofia, ou o sistema teosófico eclético, seja geralmente atribuída ao século III, ainda assim, a darmos crédito a Diógenes Laércio[6], sua origem é muito mais antiga, porquanto ele atribuiu o sistema a um sacerdote egípcio, Pot-Amon, que viveu no início da dinastia ptolemaica. O mesmo autor nos informa que o nome é copta, e significa aquele consagrado a Amon, o deus da sabedoria. Teosofia é o equivalente do sânscrito Brahma-Vidya, conhecimento divino.

I: *Qual era o objetivo desse sistema?*

T: Para começar, inculcar certas grandes verdades morais em seus discípulos e em todos aqueles que eram "amantes da verdade". Daí, inclusive, a divisa adotada pela Sociedade Teosófica: "Não existe nenhuma religião superior à verdade".

A teosofia eclética era dividida em três partes: (1) Crença em uma Divindade absoluta, incompreensível e suprema, ou essência infinita, que é a raiz de toda a natureza, e de tudo o que existe, visível e invisível. (2) Crença em uma natureza imortal eterna do ser humano, que, sendo uma radiação da Alma Universal, é de uma essência idêntica a ela. (3) *Teurgia*, ou "obra divina", ou *produção de uma obra dos deuses*, de *theoi*, "deuses", e *ergein*, "trabalhar, operar". Esse termo é muito antigo, mas, como pertence ao vocabulário dos Mistérios, não gozava do uso popular. Era uma crença mística – praticamente demonstrada por Adeptos Iniciados e sacerdotes – de que, tornando a si mesmo tão puro como os seres incorpóreos, isto é, voltando à sua própria prístina pureza da natureza, o homem podia levar os deuses a transmitir a ele Mistérios Divinos e até fazê-los se tornar ocasionalmente visíveis, ou subjetiva ou objetivamente. Tratava-se do aspecto transcendental do que é agora chamado de "espiritismo"; mas, tendo sido objeto de abuso e mal compreendido pela multidão, veio a ser considerado necromancia por alguns e geralmente era proibido. Uma prática caricatural e grotesca da teurgia

---

6. Biógrafo grego (*c.* 220 d.C.). (N.T.)

de Jâmblico[7] ainda persiste na magia cerimonial de alguns cabalistas modernos. A teosofia moderna evita e rejeita tanto uma forma quanto a outra de magia e necromancia, como perigosíssimas. A efetiva teurgia *divina* exige uma pureza e santidade de vida quase sobre-humanas, caso contrário degenera em mediunidade ou magia negra. Os discípulos imediatos de Amônio Sacas, que foi chamado de Theodidaktos, "ensinado por um deus" – tais como Plotino[8] e seu seguidor Porfírio[9] –, inicialmente rejeitaram a teurgia, mas finalmente se harmonizaram com ela por meio de Jâmblico, que escreveu uma obra a respeito intitulada *De Mysteriis*, com o nome de seu próprio mestre, um famoso sacerdote egípcio chamado Abammon. Amônio Sacas era filho de pais cristãos, mas, tendo desde a infância experimentado uma repulsa pelo espiritualismo dogmático cristão, tornou-se neoplatônico e, diz-se que, como Jakob Böhme[10] e outros grandes videntes e místicos, teve a sabedoria divina a ele revelada em sonhos e visões. Daí o seu nome Theodidaktos. Resolveu conciliar todos os sistemas religiosos e, demonstrando a idêntica origem deles, estabelecer uma crença universal baseada na ética. Sua vida foi tão isenta de culpas e pura, seu conhecimento tão profundo e vasto, que vários Pais da Igreja foram seus discípulos em segredo. Clemente de Alexandria[11] a ele se refere em termos muito enaltecedores. Plotino, o "São João" de Amônio, foi também um homem respeitado por todos e objeto de grande apreço, detentor da mais profunda erudição e homem de conduta inteiramente íntegra. Aos 39 anos acompanhou o imperador romano Gordiano[12] e seu exército ao Oriente para serem instruídos pelos sábios da Báctria[13] e da Índia. Possuía uma escola de filosofia em Roma. Porfírio, seu discípulo, um judeu helenizado cujo nome verdadeiro era Malek, coligiu todos os escritos de seu mestre. Porfírio, ele próprio, foi um grande autor e produziu uma interpretação alegórica de algumas partes da obra de

---

7. Filósofo neoplatônico que floresceu por volta de 260 d.C., do mesmo século de Amônio Sacas, Plotino e Porfírio. (N.T.)
8. Plotino de Licópolis (205 d.C.-270 d.C.). (N.T.)
9. Porfírio de Tiro (233 d.C.-304 [ou 305] d.C.). (N.T.)
10. Jakob Böhme (1575-1624). (N.T.)
11. Clemente de Alexandria (*c.* 150 d.C.-*c.* 220 d.C.), teólogo grego e um dos fundadores da Igreja Apostólica Romana. (N.T.)
12. Gordiano III foi imperador de 238 d.C. a 244 d.C. (N.T.)
13. Antigo país da Ásia ocidental, hoje parte do Turquestão. (N.T.)

Homero[14]. O sistema de meditação ao qual os filaleteanos recorriam era o êxtase, um sistema semelhante à prática da ioga indiana. O que se sabe da Escola Eclética se deve a Orígenes[15], Longino[16] e Plotino, os discípulos imediatos de Amônio.[17]

O principal objetivo dos fundadores da Escola Teosófica Eclética era um dos três objetivos de sua moderna sucessora, a Sociedade Teosófica, a saber, harmonizar todas as religiões, seitas e nações dentro de um sistema comum de ética baseado em verdades eternas.

I: *O que a senhora tem que demonstre que isso não é um sonho impossível e que todas as religiões do mundo são baseadas em uma única e mesma verdade?*

T: O seu estudo comparativo e análise. A "Religião-Sabedoria" era única na Antiguidade, e a identidade da filosofia religiosa primitiva nos é provada pelas doutrinas idênticas ensinadas aos Iniciados durante os Mistérios, uma instituição outrora difundida universalmente. Como diz o doutor Wilder:

> *Todas as formas de veneração antigas indicam a existência de uma única teosofia anterior a elas. A chave que serve para abrir uma tem de abrir todas; caso contrário, não pode ser a chave certa.*

A política da Sociedade Teosófica

I: *Na época de Amônio havia diversas grandes religiões antigas, e só no Egito e na Palestina o número de seitas existentes era enorme. Como podia ele harmonizá-las?*

T: Fazendo o que tentamos novamente fazer agora. Os neoplatônicos constituíam um grande grupo e pertenciam a várias filosofias religiosas, tal como ocorre com nossos teosofistas.

---

14. Homero (floresceu por volta de 850 a.C.), poeta épico grego, autor da *Ilíada* e da *Odisseia*. (N.T.)
15. Orígenes de Alexandria (185 d.C.-253 d.C.), teólogo grego e um dos fundadores da Igreja Apostólica Romana. (N.T.)
16. Dionísio Cássio Longino (213 d.C.-273 d.C.), filósofo e mestre de retórica grego. (N.T.)
17. Para outras informações, consultar o panfleto do doutor Wilder.

Foi sob Filadelfo que o judaísmo se estabeleceu em Alexandria e, em seguida, os mestres helênicos tornaram-se os perigosos rivais do Colégio de Rabinos da Babilônia. Como observa com muita pertinência o autor de *New platonism*:

> *Os sistemas budista, vedanta e dos magos*[18] *eram expostos juntamente com as filosofias da Grécia. Não era de causar surpresa que homens ponderados supusessem que a disputa de palavras devia cessar e que considerassem possível extrair um sistema harmonioso dos vários ensinamentos. [...] Panteno, Atenágoras*[19] *e Clemente foram inteiramente instruídos na filosofia platônica e compreendiam sua unidade essencial em relação aos sistemas orientais.*

Naquela época o judeu Aristóbulo afirmou que a ética de Aristóteles[20] representava os ensinamentos *esotéricos* da Lei de Moisés; Fílon, o Judeu[21], empenhou-se em conciliar o *Pentateuco* com a filosofia pitagórica e platônica; e Josefo[22] demonstrou que os essênios de Carmelo eram simplesmente os copistas e seguidores dos terapeutas egípcios, ou curadores. O mesmo acontece em nossos dias. Podemos indicar a linha de ascendência de todas as religiões cristãs, como também de todas as seitas, até mesmo das menores. Essas últimas são os ramos ou brotos secundários que se desenvolvem a partir dos ramos maiores; brotos e ramos, porém, originam-se do mesmo tronco: a Religião-Sabedoria. Prová-lo foi a meta de Amônio, que se esforçou para induzir gentios e cristãos, judeus e idólatras a porem de lado suas altercações e disputas, lembrando apenas que todos eles se achavam de posse da mesma verdade sob roupagens diversas e que eram todos filhos de uma mãe comum. Essa é igualmente a meta da teosofia.
Diz Mosheim de Amônio:

> *Concebendo que não só os filósofos da Grécia, mas também todos aqueles das diferentes nações bárbaras, concordavam per-*

---
18. No original, *Magian*. O sentido é restrito e específico, e não lato e genérico (mágico); a alusão é aos sacerdotes da antiga Pérsia e antiga Média, que detinham poderes mágicos. (N.T.)
19. Teólogo e um dos fundadores da Igreja. (N.T.)
20. Aristóteles de Estagira (381 a.C.-322 a.C.), filósofo grego. (N.T.)
21. Fílon de Alexandria (*c.* 20 a.C.-*c.* 50 d.C.), filósofo judeu. (N.T.)
22. Flávio Josefo (*c.* 37 d.C.-*c.* 95 d.C.), historiador judeu. (N.T.)

feitamente entre si no tocante a todos os pontos essenciais, ele assumiu como sua tarefa assim expor os princípios de todas essas diversas seitas a fim de revelar que todas elas tinham provindo de uma única e mesma fonte, e tendiam todas para uma única e mesma meta.

Se o autor, no que respeita a Amônio na *Edinburgh Encyclopaedia*, sabe do que está falando, então está descrevendo os modernos teosofistas, suas crenças e seu trabalho, pois diz ao se referir ao Theodidaktos:

> *Ele adotou as doutrinas que foram recebidas no Egito (as esotéricas foram aquelas da Índia) tocantes ao Universo e à Divindade, consideradas como constituindo um grande todo no tocante à eternidade do mundo. [...] Também estabeleceu um sistema de disciplina moral que permitia às pessoas em geral viver de acordo com as leis de seu país e as determinações da natureza; mas exigia que os sábios exaltassem suas mentes pela contemplação.*

I: *De que autoridades você dispõe para afirmar tudo isso dos antigos teosofistas de Alexandria?*

T: De um número quase incontável de autores famosos. Mosheim, um deles, diz que Amônio ensinava que:

> *A religião da multidão caminhava de mãos dadas com a filosofia e com esta partilhara o destino de ser gradualmente corrompida e obscurecida por meros conceitos humanos, superstição e mentiras; que devia, portanto, ser conduzida de volta à sua pureza original mediante a remoção dessa escória e a sua exposição com base em princípios filosóficos; e que tudo que Cristo tinha em vista era restabelecer e devolver à sua primitiva integridade a sabedoria dos antigos; reduzir dentro de limites razoáveis o domínio da superstição que prevalecia universalmente, e em parte corrigir, em parte exterminar os vários erros que haviam se infiltrado nas distintas religiões populares.*

Mais uma vez, é precisamente isso que afirmam os modernos teosofistas. Somente enquanto o grande filaleteano foi respaldado e auxiliado na política que adotara por dois Pais da Igreja, Clemente e Atenágoras, pelos sábios rabinos da Sinagoga, pelos filósofos da Academia[23] e do Pequeno Bosque[24], e enquanto ele ensinou uma doutrina comum para todos, nós, seus seguidores na mesma linha, não recebemos reconhecimento algum, mas, pelo contrário, somos objeto de abuso e perseguição. Assim, pessoas que viveram há 1.500 anos se revelaram ter sido mais tolerantes do que as pessoas deste século "esclarecido"[25].

I: *Amônio foi estimulado e respaldado pela Igreja porque, a despeito de suas heresias, ensinou cristianismo e era cristão?*

T: De modo algum. Ele nasceu cristão, porém jamais aceitou o cristianismo da Igreja. Como declarou sobre ele o mesmo autor:

> Tudo que lhe cabia era apresentar suas instruções "conforme os antigos pilares de Hermes[26], anteriormente conhecidos por Platão e Pitágoras[27], que com base neles construíram suas filosofias. Encontrando o mesmo no prólogo do Evangelho segundo São João, com muita propriedade supôs que o propósito de Jesus era restaurar a grande doutrina da Sabedoria na sua integridade primitiva. Quanto às narrativas da Bíblia e as histórias dos deuses, ele as considerava alegorias ilustrativas da verdade ou então fábulas a ser rejeitadas.

Ademais, como indica a *Edinburgh Encyclopaedia*:

> Ele reconhecia que Jesus Cristo foi um excelente homem e o "amigo de Deus", mas afirmava que não era seu desígnio abo-

---

23. Academia de Platão. Platão de Atenas (c. 427 a.C.-c. 347 a.C.), filósofo grego. (N.T.)
24. No original, *Grove*: alusão ao Jardim de Epicuro. Epicuro de Samos (341 a.C.-270 a.C.), filósofo grego. (N.T.)
25. Blavatsky escreve no fim do século XIX. (N.T.)
26. Na mitologia grega, um dos deuses olímpicos (filho de Zeus), divindade vinculada a todas as formas da palavra, do discurso falado e escrito: instrução, conhecimento, sabedoria, retórica, eloquência, magia, comunicação, artes em geral etc., correspondente ao Thoth egípcio e ao Mercúrio romano. Mas a alusão aqui parece ser ao lado esotérico de Hermes, misto de sacerdote, sábio e grande Iniciado (denominado Hermes Trismegistos pelos gregos), o primeiro iniciador dos egípcios às doutrinas sagradas e secretas em um passado remoto e que constituiu, inclusive, muito posteriormente, o embrião do hermetismo medieval. (N.T.)
27. Pitágoras de Samos (c. 582 a.C.-c. 507 a.C.), filósofo grego. (N.T.)

lir inteiramente a veneração de demônios (deuses) e que sua única intenção era purificar a religião antiga.

O caráter esotérico da Religião-Sabedoria em todas as eras

I: *Considerando que Amônio nunca registrou algo por escrito, como pode alguém ter certeza de que tais foram os seus ensinamentos?*

T: Tampouco Buda[28], Pitágoras, Confúcio[29], Orfeu[30], Sócrates[31] e nem sequer Jesus nos legaram quaisquer escritos. E, no entanto, a maioria deles é personagem histórica e todos os seus ensinamentos sobreviveram. Os discípulos de Amônio, entre os quais Orígenes e Herênio, escreveram tratados e explicaram a ética de Amônio. Decerto esses tratados são tão históricos, se não mais, do que os escritos dos Apóstolos. Além disso, seus discípulos, Orígenes, Plotino e Longino, conselheiro da famosa rainha Zenóbia[32], deixaram, todos eles, registros volumosos do sistema filaleteano, na medida, em todo caso, em que sua pública profissão de fé foi conhecida, pois os ensinamentos da escola foram divididos em exotéricos e *esotéricos*.

I: *Como essas doutrinas chegaram ao nosso tempo, uma vez que você sustenta que aquilo que é propriamente denominado Religião-Sabedoria era esotérico?*

T: A Religião-Sabedoria foi sempre uma e a mesma, e, visto ser a última palavra em matéria de conhecimento humano possível, foi, consequentemente, cuidadosamente preservada. Longas eras a precederam dos teosofistas de Alexandria; atingiu a era moderna e sobreviverá a toda outra religião e filosofia.

---

28. Príncipe indiano Gautama (c. 560 a.C.-c. 480 a.C.) que se converteu em o *Iluminado (Buda)*. (N.T.)
29. Confúcio (c. 550 a.C.-c. 480 a.C.), sábio chinês. (N.T.)
30. Personagem não histórica para a história oficial e ortodoxa e que figura na mitologia grega. Para o ocultismo, diferentemente, Orfeu foi um Iniciado nos Mistérios egípcios que instaurou na Grécia antiga ritos iniciáticos que levaram à criação da chamada "religião órfica". (N.T.)
31. Sócrates de Atenas (470 a.C.-399 a.C.), filósofo grego. (N.T.)
32. Septimia Zenóbia (?-272 d.C.), rainha de Palmira (cidade antiga da Síria). (N.T.)

I: *Onde e por quem foi assim preservada?*

T: Por Iniciados de todos os países; por profundos buscadores da verdade, seus discípulos e naquelas regiões do mundo nas quais tais tópicos sempre foram objeto de máximo apreço e cultivo, na Índia, na Ásia Central e na Pérsia.

I: *Você pode me fornecer algumas provas de seu caráter esotérico?*

T: A melhor prova que você pode ter do fato é que todo culto religioso antigo, ou antes, filosófico, consistia em um ensinamento esotérico ou secreto e em uma veneração pública exotérica ou externa. Ademais, é fato notório os Mistérios dos antigos compreenderem em toda nação os grandes Mistérios (secretos) e os pequenos Mistérios (públicos), como, por exemplo, na celebração das solenidades denominadas *Mistérios de Elêusis* na Grécia. Dos hierofantes da Samotrácia, Egito, e dos brâmanes Iniciados da Índia antiga até os rabinos hebreus mais posteriores, todos, receando a profanação, mantiveram suas efetivas crenças *genuínas* secretas. Os rabinos judeus chamavam suas séries religiosas seculares de *Mercavah*, ou corpo exterior, "o veículo", ou cobertura que contém a *alma oculta*, o conhecimento secreto mais elevado deles. Os sacerdotes das antigas nações jamais transmitiam seus segredos filosóficos reais às massas. Disponibilizavam a estas apenas as cascas. O budismo do norte possui seu veículo maior e seu veículo menor, conhecidos como o Mahayana, a escola esotérica, e o Hinayana, a escola exotérica. Nem você pode censurá-los por tal segredo, pois decerto não pensaria em alimentar seu rebanho de carneiros e ovelhas com sábias dissertações de botânica em lugar de relva! Pitágoras chamava sua gnose de "o conhecimento das coisas que são", ou ἡ γνῶσις τῶν ὄντων (*he gnôsis tôn ónton*), e conservava aquele conhecimento exclusivamente para seus discípulos comprometidos, para aqueles que eram capazes de digerir tal alimento mental e se sentir satisfeitos, dos quais obtinha a promessa de silêncio e sigilo. Alfabetos ocultos e criptogramas foram desenvolvidos nos antigos escritos hieráticos egípcios, cujo segredo, na Antiguidade, estava de posse exclusiva dos hierogramatistas, ou sacerdotes egípcios Iniciados. Amônio Sacas, conforme nos revelam seus biógrafos, obrigava seus discípulos mediante juramento a não divulgar suas *doutrinas superiores*, a não ser aos que já haviam sido instruídos no conhecimento preliminar, e que também estavam obrigados mediante uma promessa. Finalmente, não assistimos ao mesmo igualmente no cristianismo primitivo, entre os gnósticos, e até nos ensinamentos de Cristo? Não falava ele às multidões por meio de parábolas que tinham duplo sentido, reservando apenas aos seus discípulos as explicações de suas razões? "Para vós," ele diz, "é dado conhecer o mistério do reino de Deus, mas, para eles que estão fora, todas essas coisas são feitas em parábolas".[33] E o autor de *New platonism* nos conta que:

> Os essênios da Judeia e de Carmelo faziam semelhantes distinções, dividindo seus adeptos em neófitos, irmãos e os perfeitos (ou os Iniciados).

No que toca a isso, poderíamos apresentar exemplos de todos os países.

I: *É possível alcançar a "Sabedoria Secreta" simplesmente pelo estudo? As enciclopédias definem teosofia quase como o dicionário Webster's o faz, isto é, como "suposta relação com Deus e espíritos superiores, e consequente obtenção de conhecimento sobre-humano por meios físicos e processos químicos". É isso?*

T: Penso que não. Nem existe qualquer lexicógrafo capaz de explicar, seja para si mesmo, seja para os outros, como o conhecimento *sobre-humano* pode ser obtido por processos físicos ou químicos. Tivesse o *Webster's* dito "por processos metafísicos e alquímicos", a definição estaria aproximadamente correta; tal como está, é absurda. Afirmavam os antigos teosofistas, e o mesmo fazem os modernos, que o infinito não pode ser conhecido pelo finito, isto é, percebido pelo eu finito, mas que a essência divina podia ser transmitida ao Eu Superior espiritual em um estado de êxtase. Dificilmente essa condição pode ser alcançada, como o hipnotismo, por "processos físicos e químicos".

I: *Qual é a sua explicação?*

T: O autêntico êxtase foi definido por Plotino como "a libertação da mente de sua consciência finita, tornando-se una e identificada com o infinito". Segundo o professor Wilder, essa é a condição suprema, porém não uma condição de duração permanente, sendo, ademais, alcançada por um número *limitadíssimo* de pessoas. Realmente, é idêntica ao estado conhecido na Índia por *Samadhi*, que é praticado

---

33. *Marcos* 4,11.

pelos iogues, que o facilitam fisicamente mediante a máxima abstinência de alimento e bebida, e mentalmente mediante um empenho incessante no sentido de purificar e elevar a mente. Meditação é prece silenciosa e *impronunciada* ou, como Platão o exprimiu, "o ardente voltar da alma rumo ao divino, não para pedir qualquer bem em particular (como na acepção usual de prece), mas o próprio bem, o bem supremo universal", [do qual constituímos uma parte na Terra, e a partir de cuja essência todos nós emergimos]. Portanto, acrescenta Platão, "permanece silencioso na presença dos *divinos* até que suprimam as nuvens de teus olhos e te capacitem a ver mediante a luz que sai deles próprios, não o que a ti aparece como bom, mas o que é intrinsecamente bom".

Isso é o que o erudito autor de *New platonism*, doutor A. Wilder descreve como "fotografia espiritual":

> *A alma é a câmara na qual estão igualmente fixados fatos e eventos futuros, passados e presentes; e a mente se torna consciente deles. Além de nosso mundo cotidiano de limites, tudo é um dia ou um estado, o passado e o futuro compreendidos no presente. [...] A morte é o último êxtase sobre a Terra. Então a alma é libertada do constrangimento do corpo e sua parte mais nobre é unida à natureza mais elevada e se torna partícipe da sabedoria e presciência dos seres superiores.*

A verdadeira teosofia é, para os místicos, aquele estado que Apolônio de Tiana foi levado a descrever nos seguintes termos:

> *Consigo ver o presente e o futuro como em um espelho claro. O sábio não precisa esperar os vapores da terra e a corrupção do ar para prever eventos. [...] Os theoi, ou deuses, veem o futuro; as pessoas ordinárias, o presente; os sábios, aquilo que está na iminência de acontecer.*

A teosofia dos sábios dos quais ele fala está bem expressa na asserção: "O Reino de Deus está dentro de nós"[34].

I: *A teosofia, então, não é, como sustentado por alguns, um esquema recentemente inventado?*

---

34. ...ἡ βασιλεία τοῦ Θεοῦ ἐντὸς ὑμῶν ἐστίν (...*he basileía toû Theoû entòs hymôn estín*). (*Lucas* 17,21) (N.T.)

T: Somente pessoas ignorantes podem a ela fazer referência desse modo. Ela é tão antiga quanto o mundo, e, se não no nome, em seus ensinamentos e ética, como é também, entre todos, o mais amplo e universal dos sistemas.

I: *Como explicar, então, que a teosofia tenha permanecido tão desconhecida para as nações do hemisfério ocidental? Por que tem sido um livro fechado para raças que são confessadamente as mais cultas e avançadas?*

T: Acreditamos que houve nações na Antiguidade tão cultas como nós e certamente mais espiritualmente "avançadas" do que somos. Há, contudo, diversas razões para essa ignorância voluntária. Uma delas foi dada por São Paulo aos cultos atenienses: uma perda durante longos séculos de uma verdadeira compreensão e mesmo interesse espirituais, causada por sua devoção exagerada a coisas dos sentidos e por terem sido durante muito tempo escravos da letra morta do dogma e do ritualismo. Mas a principal razão para isso reside no fato de que a genuína teosofia foi sempre mantida secreta.

I: *Você apresentou provas da existência de tal segredo, mas qual foi a verdadeira causa para ele?*

T: Foram, em primeiro lugar, a perversidade da natureza humana mediana e seu egoísmo, sempre tendendo para a satisfação de desejos *pessoais* em detrimento dos semelhantes e dos parentes mais próximos. Segredos *divinos* jamais poderiam ser confiados a tais pessoas. Em segundo lugar, o fato de elas não serem confiáveis para conservar o conhecimento sagrado e divino livre da profanação. Foi esse último fator que conduziu à perversão das verdades e símbolos mais sublimes e à transformação gradual das coisas espirituais em imagens antropomórficas, concretas e grosseiras – em outras palavras, ao atrofiamento da ideia do divino e à idolatria.

Teosofia não é budismo

I: *Vocês são frequentemente classificados como "budistas esotéricos". Nesse caso, são todos seguidores de Gautama Buda?*

T: Não mais do que os músicos são todos seguidores de Wagner[35]. Alguns de nós são da religião budista, ainda que haja muito mais hindus e brâmanes entre nós do que budistas, e mais europeus e americanos nascidos cristãos do que budistas convertidos. A origem desse erro foi um mal-entendido do verdadeiro significado do título da excelente obra do senhor A. P. Sinnett[36], *Esoteric buddhism*[37]. A última palavra devia ter sido escrita com um *d* em lugar de dois, pois nesse caso *Budhism* teria significado o que se pretendia, meramente "Religião-Sabedoria" (de *bodha, bodhi*, "inteligência", "sabedoria"), em lugar de *Buddhism*, a filosofia religiosa de Gautama.[38] A teosofia, como já foi dito, é a Religião-Sabedoria.

I: *Qual é a diferença entre budismo, a religião fundada pelo príncipe de Kapilavastu, e bodismo, a "Religião-Sabedoria", que você diz ser sinônimo de teosofia?*

T: Precisamente a mesma diferença que existe entre o ritualismo e a teologia dogmática posteriores das igrejas e seitas e os ensinamentos secretos de Cristo, denominados "os mistérios do Reino dos Céus". *Buddha* significa o "Iluminado" por *Bodha*, ou *entendimento, sabedoria*. Isso foi incorporado completamente nos ensinamentos *esotéricos* que Gautama transmitiu somente aos seus Arhats eleitos.

I: *Mas alguns orientalistas negam que o Buda tenha algum dia ensinado qualquer doutrina esotérica.*

T: Poderiam igualmente negar que a natureza tenha quaisquer segredos ocultos para os homens da ciência. Mais adiante eu o provarei com base no diálogo do Buda com seu discípulo Ananda. Seus ensinamentos esotéricos eram simplesmente os *Gupta-Vidya*, ou conhecimento secreto, dos antigos brâmanes, cuja chave seus modernos sucessores, salvo por umas poucas exceções, perderam por completo. E esse *Vidya* passou para o que é atualmente conhecido como os ensinamentos *internos* da Escola Mahayana do budismo do norte. Aqueles que o negam são simplesmente ignorantes que se julgam

---

35. Richard Wagner (1813-1883), compositor alemão. (N.T.)
36. Teosofista. (N.T.)
37. *Budismo esotérico*, obra publicada em 1883. (N.T.)
38. A ortografia inglesa permite essa distinção, mas não a portuguesa. Neste caso poderíamos entender *bodismo* em lugar de *budismo*. (N.T.)

orientalistas. Aconselho que você leia *Chinese buddhism* do reverendo senhor Edkins, especialmente os capítulos sobre as escolas e os ensinamentos exotéricos e *esotéricos*, e então compare o testemunho de todo o mundo antigo acerca dessa matéria.

I: *Mas a ética da teosofia não é idêntica à ensinada pelo Buda?*

T: Certamente, porque essa ética é a alma da Religião-Sabedoria e foi outrora a propriedade comum dos Iniciados de todas as nações. Mas o Buda foi o primeiro a incorporar essa ética sublime nos seus ensinamentos públicos, fazendo dela o fundamento e a própria essência de seu sistema público. É aqui que reside a imensa diferença entre o budismo exotérico e qualquer outra religião, pois, enquanto em outras religiões o ritualismo e o dogma ocupam o primeiro e mais importante posto, no budismo a maior ênfase sempre foi atribuída à ética. Isso explica a semelhança, que redunda quase em uma identificação, entre a ética da teosofia e aquela da religião do Buda.

I: *Nesse caso, há diferenças importantes entre elas?*

T: Uma diferença importante entre a teosofia e o budismo *exotérico* é que este, representado pela Igreja do sul, nega inteiramente (a) a existência de qualquer Divindade e (b) qualquer vida pós-morte consciente, ou mesmo qualquer individualidade autoconsciente que sobreviva no ser humano. Tal é, ao menos, o ensinamento da seita siamesa[39], atualmente considerada a forma *mais pura* do budismo exotérico. E é assim, se nos restringirmos aos ensinamentos públicos de Buda. Mais tarde fornecerei a razão para essa reticência de sua parte. Entretanto, as escolas da Igreja do budismo do norte, estabelecidas nos países para os quais seus Arhats Iniciados se retiraram após a morte do Mestre, ensinam tudo o que é agora denominado doutrinas teosóficas, porque formam parte do conhecimento dos Iniciados, demonstrando assim como a verdade tem sido sacrificada em favor da letra morta pelo excesso de zelo da ortodoxia do budismo do sul. Mas muito mais grandioso e mais nobre, mais filosófico e científico, mesmo em sua letra morta, é esse ensinamento em comparação ao de qualquer outra Igreja ou religião. Ainda assim, teosofia não é budismo.

---

39. Do Sião (Tailândia). (N.T.)

II
Teosofia exotérica e esotérica

O que a moderna Sociedade Teosófica não é

I: *A conclusão é que as doutrinas de vocês não são nem uma renovação do budismo nem uma completa cópia da teosofia neoplatônica?*

T: Não são. Mas a melhor resposta que posso dar a essas questões é citando um artigo em torno de "Teosofia" de autoria do doutor J. D. Buck, membro da Sociedade Teosófica, que foi lido na última Convenção Teosófica em Chicago, Illinois, EUA, em abril de 1889. Nenhum teosofista vivo expressou e compreendeu melhor a verdadeira essência da teosofia do que o nosso honrado amigo doutor Buck:

> *A Sociedade Teosófica foi organizada para o propósito de promulgar as doutrinas teosóficas e para o fomento da vida teosófica. A atual Sociedade Teosófica não é a primeira de sua espécie. Tenho um volume intitulado:* Theosophical transactions of the Philadelphian Society, *publicado em Londres em 1697, e outro que ostenta o seguinte título:* Introduction to theosophy, *ou* The science of the mystery of Christ; that is, of Deity, Nature, and Creature, embracing the philosophy of all the working powers of life, magical and spiritual, and forming a practical guide to the sublimest purity, sanctity, and evangelical perfection; also to the attainment of divine vision, and the holy angelic arts, potencies, and other prerogatives of the regeneration,[40] *publicado em Londres em 1855. O que se segue é a dedicatória desse volume:*
> "*Aos estudantes das Universidades, Faculdades e Escolas de cristianismo; aos professores de ciência metafísica, mecânica e natural sob todas as suas formas; aos homens e mulheres em geral que atuam na educação, de fé ortodoxa fundamental; aos deístas, arianos, unitarianos, Swedenborgianos e outros credos*

---

40. Introdução à teosofia, ou à ciência do mistério do Cristo, isto é, da Divindade, da Natureza e da Criatura, abrangendo a filosofia de todos os poderes atuantes da vida, mágicos e espirituais, e formando um guia prático para a mais sublime pureza, santidade e perfeição evangélica; também para a obtenção da visão divina e das santas artes angélicas, potências e outras prerrogativas da regeneração. (N.T.)

deficientes e destituídos de fundamento, racionalistas e céticos de todos os tipos; aos maometanos, judeus e religionistas patriarcas orientais de mentalidade justa e esclarecidos, mas especialmente aos pastores evangelistas e missionários, que se dirigem quer aos povos bárbaros, quer aos intelectualizados, esta introdução à teosofia, ou ciência do fundamento e mistério de todas as coisas, é dedicada com suma humildade e afeto".

No ano seguinte (1856), outro volume foi publicado, royal octavo, 600 páginas, tipo diamond, Theosophical Miscellanies. Dessa última obra apenas 500 exemplares foram publicados para distribuição gratuita às bibliotecas e Universidades. Esses movimentos anteriores, dos quais houve muitos, tiveram sua origem dentro da Igreja envolvendo pessoas muito devotas e sérias, e de caráter sem mácula; e todos esses escritos foram, sob forma ortodoxa, empregando expressões cristãs e, como os escritos do eminente clérigo William Law, só poderiam ser distinguidos pelo leitor ordinário pela grande seriedade e devoção dessas pessoas. Foram todos apenas tentativas de extrair e explicar os significados mais profundos e o significado original das Escrituras Cristãs, e ilustrar e revelar a vida teosófica. Essas obras não demoraram a ser esquecidas, sendo agora de desconhecimento geral. Buscavam reformar o clero e reviver a genuína devoção, e nunca foram bem-vindas. Aquela única palavra, "heresia", bastou para sepultá-las no limbo de todas as utopias semelhantes. Na época da Reforma, John Reuchlin realizou uma tentativa similar com o mesmo resultado, embora fosse um amigo íntimo e de confiança de Lutero. A ortodoxia nunca desejou ser informada e esclarecida. Esses reformadores foram informados, como o foi Paulo por Festo, de que conhecimento em demasia os tornara loucos, e que seria perigoso ir adiante. Com muita verbosidade, que era em parte uma questão de hábito e educação desses autores, e em parte devido às restrições religiosas do poder secular, e se dirigindo ao cerne da matéria, esses escritos foram teosóficos no sentido mais estrito e tinham somente pertinência com o conhecimento do homem de sua própria natureza e da vida mais elevada da alma. Algumas vezes foi declarado que o presente movimento teosófico constitui uma tentativa de converter o cristianismo em budismo, o que significa simplesmente que a palavra "heresia" perdeu os terrores que causava e desistiu de seu poder. Em todas as épocas indivíduos têm apreendido com maior ou menor clareza as doutrinas teosóficas e as incorporado à construção de suas vidas. Essas doutrinas não são exclusividade de nenhuma religião e não estão circunscritas a nenhuma sociedade e a nenhuma *época. São o direito inato de toda alma humana. Essa coisa chamada ortodoxia deve ser desarraigada por cada indivíduo em conformidade com sua natureza e suas necessidades, e segundo a diversidade de sua experiência. É possível que isso explique por que aqueles que imaginaram que a teosofia é uma nova religião procuraram em vão o credo e o ritual dela. Seu credo é lealdade para com a verdade e seu ritual é "honrar toda verdade por meio de seu uso".*

Quão pouco esse princípio de fraternidade universal é compreendido pela massa da humanidade e quão raro sua transcendente importância é reconhecida podem ser percebidos pela diversidade de opiniões e interpretações fictícias relativas à Sociedade Teosófica. Essa Sociedade foi organizada com base nesse único princípio, a fraternidade essencial humana, como foi aqui brevemente delineado e imperfeitamente formulado. Tem sido atacada como budista e anticristã, quando poderia ser conjuntamente ambos (budista e cristã), já que o budismo e o cristianismo, tal como estabelecidos pelos seus inspirados fundadores, fazem da fraternidade o ponto essencial de suas doutrinas e da vida. A teosofia tem sido também vista como algo novo sob o sol ou, na melhor das hipóteses, como um velho misticismo disfarçado com um novo nome. Embora seja verdade que muitas sociedades fundadas e unidas para sustentação dos princípios do altruísmo, ou fraternidade essencial, hajam ostentado vários nomes, é igualmente verdade que muitas foram também chamadas de teosóficas, com princípios e metas tais como a presente sociedade que ostenta esse nome. No tocante a todas essas sociedades, a doutrina essencial foi a mesma e tudo o mais foi acidental, ainda que isso não elimine o fato de muitas pessoas serem atraídas para o que é acidental, descurando ou ignorando o essencial".

Nenhuma resposta melhor ou mais explícita, neste caso oferecida por um de nossos mais estimados e sérios teosofistas, poderia ser dada às suas questões.

I: *Qual o sistema que vocês preferem ou adotam, nesse caso, além da ética budista?*

T: Nenhum e todos. Não nos prendemos a nenhuma religião e a nenhuma filosofia em particular: selecionamos o que há de bom encontrado em cada uma delas. Mas aqui, novamente, tem de ser afirmado que, como todos os outros sistemas antigos, a teosofia é dividida em dois setores: o exotérico e o *esotérico*.

I: *Qual é a diferença?*

T: Os membros da Sociedade Teosófica como um todo são livres para professar a religião ou filosofia que desejarem, ou nenhuma, se assim preferirem, contanto que concordem e estejam prontos para executar um ou mais dos três objetivos da Associação. A Sociedade é um corpo filantrópico e científico para a propagação da ideia de fraternidade em termos práticos em lugar de teoricamente. Os associados podem ser cristãos ou muçulmanos, judeus ou pársis, budistas ou bramanistas, espiritualistas ou materialistas, não importa; mas todo membro tem de ser ou um filantropo, ou um estudioso, um pesquisador da antiga literatura ariana ou distinta, ou um estudante do psiquismo. Em suma, ele tem de ajudar, se puder, na realização de ao menos um dos objetivos do programa. Caso contrário, carece de uma razão para se tornar um associado. Esses constituem a maioria da Sociedade exotérica, composta de membros "vinculados" e membros "não vinculados".[41] Estes podem, ou não podem, se tornar teosofistas *de facto*. São membros, sim, em virtude que terem se ligado à Sociedade; mas isso não pode tornar teosofista alguém que não tem percepção do ajuste divino das coisas, ou alguém que entende a teosofia de seu próprio modo sectário e egotístico, a nos permitirmos o uso da expressão. Poderíamos, nesse caso, parafrasear "elegante é quem se conduz elegantemente" e ter "Teosofista é quem se conduz teosoficamente".

Teosofistas e membros da Sociedade Teosófica

I: *Pelo que entendi, isso se aplica aos membros leigos. E quanto àqueles que se ocupam do estudo esotérico da teosofia, são eles os verdadeiros teosofistas?*

T: Não necessariamente, até que hajam provado que o são. Eles entraram no grupo interno e se comprometeram a cumprir, tão rigorosamente quanto possam, as regras do corpo oculto. Trata-se de uma tarefa difícil, visto que, entre todas, a regra principal é a completa

---

41. Um membro "vinculado" é aquele que se uniu a alguma ramificação particular da Sociedade Teosófica. Um membro "não vinculado" é aquele que pertence à Sociedade como um todo, está de posse de seu diploma oriundo da sede (Adyar, Madras), mas não está ligado a nenhuma ramificação ou Loja.

renúncia à própria personalidade, isto é, um membro comprometido tem de se transformar em um completo altruísta, jamais pensar em si mesmo e condenar ao esquecimento sua própria vaidade e seu orgulho ao pensar no bem das criaturas que lhe são semelhantes, além daquele de seus confrades no círculo esotérico. Tem de viver, se as instruções esotéricas lhe trouxerem proveito, uma vida de abstinência em tudo, uma negação de si mesmo e uma rigorosa moralidade, cumprindo seu dever por todos os seres humanos. Os poucos teosofistas verdadeiros na ST estão entre esses membros. Isso não significa que fora da ST e do círculo interno não haja teosofistas, pois há, e mais do que as pessoas têm conhecimento; decerto muito mais do que os encontrados entre os membros leigos da ST.

I: *Se é assim, qual é o benefício de ligar-se à chamada Sociedade Teosófica? Onde está o incentivo?*

T: Nenhum benefício, exceto a vantagem da obtenção de instruções esotéricas, das autênticas doutrinas da filosofia esotérica e, se o efetivo programa for levado a cabo, extrair muito auxílio oriundo de assistência mútua e solidariedade. União constitui força e harmonia, e esforços simultâneos bem administrados produzem maravilhas. Este tem sido o segredo de todas as associações e comunidades desde que a humanidade existe.

I: *Mas por que não poderia uma pessoa de mente equilibrada e que visasse a um fim único, alguém, digamos, de energia e perseverança invencíveis, se tornar um ocultista e até um Adepto trabalhando sozinho?*

T: Poderia, mas há dez mil chances de ele fracassar contra uma de obter sucesso. Entre tantas outras causas para isso, uma delas é não existir atualmente livros sobre ocultismo ou teurgia que transmitem em linguagem clara e simples os segredos da alquimia ou teosofia medieval. Todos eles têm linguagem simbólica ou fazem uso de parábolas; e, como a chave para eles foi perdida há eras no Ocidente, como pode alguém aprender o significado correto do que está lendo e estudando? É aí que se aloja o maior dos perigos, aquele que conduz à magia negra inconsciente ou à mais desamparada das mediunidades. Seria melhor para aquele que não conta com um Iniciado como mestre deixar o estudo perigoso de lado. Olhe ao seu redor e observe. Enquanto dois terços da sociedade *civilizada* ridicularizam a mera noção de que há qualquer coisa na teosofia, no ocultismo, no espiritualismo ou na Cabala, o outro terço é composto dos elementos mais heterogêneos e opostos. Alguns creem no místico, e mesmo no sobrenatural (!), mas cada um crê à sua própria maneira. Outros se apressarão sozinhos em se ocupar do estudo da Cabala, do psiquismo, do mesmerismo, do espiritismo, ou de uma forma ou outra de misticismo. Resultado: não haverá duas pessoas que pensem igual, duas pessoas que estejam de acordo no que toca a quaisquer princípios ocultos fundamentais, ainda que muitos sejam aqueles que reivindicam para si a *ultima Thule* do conhecimento[42], e levariam estranhos a acreditar que são Adeptos completamente desenvolvidos. Não só não há nenhum conhecimento científico e exato de ocultismo acessível no Ocidente – nem sequer uma verdadeira astrologia, o único ramo do ocultismo que em seus ensinamentos *exotéricos* possui leis definidas e um sistema definido – como ninguém tem qualquer ideia do que significa o efetivo ocultismo. Alguns limitam a sabedoria antiga à Cabala e ao *Zohar* judaico, os quais cada um interpreta a seu próprio modo de acordo com a letra morta dos métodos rabínicos. Outros consideram Swedenborg ou Böhme as expressões máximas da sabedoria mais excelsa, ao passo que outros ainda veem no mesmerismo o grande segredo da magia antiga. Todos aqueles que põem em prática a sua teoria estão rapidamente se conduzindo, por meio da ignorância, para a magia negra. Felizes são aqueles que dela escapam, uma vez que não dispõem nem de teste nem de critério mediante os quais possam distinguir entre o verdadeiro e o falso.

I: *Devemos entender que o grupo interno da ST afirma aprender o que aprende de verdadeiros Iniciados ou Mestres da sabedoria esotérica?*

T: Não diretamente. A presença pessoal de tais Mestres não é necessária. É suficiente que tenham transmitido instruções a alguns daqueles que por anos estudaram sob sua orientação e dedicaram a vida a serviço deles. Então, esses, por sua vez, podem outorgar o conhecimento assim transmitido a outros que não tiveram essa oportunidade. Uma porção das ciências verdadeiras é melhor do que uma

---

42. O mais alto grau do conhecimento, o mais rematado conhecimento. (N.T.)

massa de conhecimento indigesto e mal compreendido. Um grama de ouro vale mais do que uma tonelada de poeira.

I: *Mas como alguém pode saber se esse grama é de ouro verdadeiro ou apenas uma falsificação?*

T: Conhece-se uma árvore por seus frutos, um sistema por seus resultados. Quando nossos opositores forem capazes de nos provar que um estudante solitário do ocultismo, isto no decorrer de eras, tornou-se um santo Adepto como Amônio Sacas, ou mesmo um Plotino, ou um teurgista como Jâmblico, ou realizou proezas tais como aquelas que se afirma terem sido realizadas por St. Germain[43] sem um mestre para guiá-lo, e tudo isso sem ser um médium, um paranormal autoenganado, ou um charlatão, então admitiremos que estamos errados. Mas até esse dia os teosofistas preferirão adotar a lei natural comprovada da tradição da ciência sagrada. Há místicos que fizeram grandes descobertas na química e nas ciências físicas, quase nas fronteiras da alquimia e do ocultismo; outros, auxiliados exclusivamente por seu gênio, redescobriram porções, se não a totalidade, dos alfabetos perdidos da "língua dos mistérios" e são, portanto, capazes de ler corretamente rolos de pergaminho hebraicos; outros, ainda, sendo videntes, apreenderam maravilhosos lampejos dos segredos ocultos da natureza. Mas todos esses são *especialistas*. Um é um inventor de teorias, outro um hebreu, isto é, um cabalista sectário, um terceiro um Swedenborg[44] dos tempos modernos, negando absolutamente tudo que esteja fora de sua própria ciência ou religião particular. Nenhum deles pode se gabar de haver produzido com o que fez um benefício universal, ou mesmo um benefício para si mesmo. Com exceção de uns poucos curadores – daquela classe que o Royal College of Physicians or Surgeons[45] classificaria de curandeiros –, nenhum ajudou por meio de sua ciência a humanidade, ou sequer um grande número de pessoas da mesma comunidade. Onde estão os caldeus da Antiguidade,

---

43. Conde de St. Germain, figura sem qualquer consistência histórica para a história oficial e um tanto nebulosa na própria história do ocultismo. Segundo Blavatsky, ele apareceu no século XVIII e no início do século XIX na França, na Inglaterra e em outros lugares. (N.T.)
44. Emanuel Swedenborg (1688-1772), cientista, vidente e fundador de religião sueco. (N.T.)
45. Colégio Real de Médicos e Cirurgiões. (N.T.)

aqueles que operavam curas maravilhosas, "não mediante feitiços, mas mediante símplices"? Onde está um Apolônio de Tiana[46], que curava os enfermos e ressuscitava os mortos sob qualquer clima e quaisquer circunstâncias? Conhecemos alguns especialistas daquela primeira classe até na Europa, mas da segunda somente na Ásia, onde o segredo dos iogues, "viver na morte", é ainda preservado.

I: *A produção de tais Adeptos curadores é a meta da teosofia?*

T: Suas metas são diversas, porém as mais importantes são aquelas que conduzem ao alívio do sofrimento humano sob quaisquer ou todas as formas, tanto morais como físicas, e acreditamos que as primeiras são muito mais importantes do que as segundas. É necessário que a teosofia inculque ética, que purifique a alma, se pretende produzir alívio para o corpo físico, cujas doenças, salvo quando se trata de acidentes, são todas hereditárias. Não é estudando ocultismo com propósitos egoístas, para a satisfação da ambição, orgulho ou vaidade pessoal, que alguém se capacita a atingir a verdadeira meta de ajudar uma humanidade que sofre. Tampouco é pelo estudo de um só ramo da filosofia esotérica que uma pessoa se torna um ocultista, mas pelo estudo, se não for pelo domínio, de todos eles.

I: *Então, é o auxílio para atingir essa meta de máxima importância, dado apenas aos que estudam as ciências esotéricas?*

T: De modo algum. Todo membro *leigo* tem o direito à instrução geral, bastando para isso que ele a queira; mas poucos desejam se tornar o que chamamos de "membros atuantes"; a maioria prefere permanecer como os "zangões" da teosofia. Que se compreenda que a pesquisa privada é encorajada na ST desde que não infrinja o limite que separa o exotérico do esotérico, a magia *cega* da magia *consciente*.

A diferença entre a teosofia e o ocultismo

I: *Vocês falam de teosofia e ocultismo. Eles são idênticos?*

T: De maneira alguma. Alguém pode realmente ser um excelente teosofista, *dentro* ou *fora* da Sociedade, sem ser de modo algum um

---
46. Filósofo, mago e taumaturgo nascido na Capadócia que floresceu no século I. (N.T.)

ocultista. Ninguém, contudo, pode ser um verdadeiro ocultista sem ser um autêntico teosofista. Caso contrário, não passa de um mago negro, consciente ou inconscientemente.

I: *O que você quer dizer?*

T: Eu já disse que um verdadeiro teosofista tem de pôr em prática o mais elevado ideal moral, tem de lutar para concretizar sua unidade com toda a espécie humana e trabalhar incessantemente em prol dos outros. Ora, se um ocultista não faz tudo isso, está necessariamente agindo para benefício pessoal; e, se adquire mais poder prático do que outros indivíduos ordinários, torna-se de imediato um inimigo do mundo e daqueles ao seu redor sumamente mais perigoso do que um mortal medíocre. Isso está claro.

I: *Então um ocultista é simplesmente uma pessoa que possui mais poder do que outras pessoas?*

T: Muitíssimo mais, se for um ocultista voltado para a *prática* e realmente detentor de conhecimento e não apenas alguém com esse nome. As ciências ocultas *não* são, como indicado nas enciclopédias, "aquelas ciências *imaginárias* da Idade Média relacionadas com a *suposta* ação ou influência de qualidades ocultas ou poderes sobrenaturais, como a alquimia, a magia, a necromancia e a astrologia", uma vez que são ciências genuínas, reais e perigosíssimas. Elas ensinam o poder secreto das coisas na natureza, desenvolvendo e cultivando os poderes ocultos "latentes no ser humano" e lhe concedendo, assim, tremendas vantagens sobre os mortais mais ignorantes. O hipnotismo, tornado hoje[47] tão comum e objeto de séria investigação científica, constitui um bom exemplo disso. O poder hipnótico foi descoberto quase que acidentalmente, e o caminho para ele foi preparado pelo mesmerismo. E agora um hipnotizador capaz pode fazer quase tudo com esse poder, desde forçar uma pessoa, inconscientemente, a agir como um tolo até fazê-la cometer um crime, frequentemente por procuração ao hipnotizador e para o benefício deste. Não se trata de um poder terrível se deixado nas mãos de indivíduos inescrupulosos? E, por favor, lembre-se de que esse é apenas um dos ramos menores do ocultismo.

---

47. Blavatsky está escrevendo em 1889. (N.T.)

I: *Mas todas essas ciências ocultas, magia e feitiçaria, não são consideradas relíquias da ignorância e superstição antigas pelas pessoas mais cultas e sábias?*

T: Permita-me lembrá-lo de que essa sua observação é uma faca de dois gumes. Os "mais cultos e sábios" entre vocês também consideram o cristianismo e qualquer outra religião como uma relíquia da ignorância e da superstição. De qualquer modo, as pessoas atualmente começam a crer em *hipnotismo* e algumas – mesmo entre as *mais cultas* – em teosofia e em fenômenos. Mas quem entre elas, com a exceção de pregadores e fanáticos cegos, confessará que acredita em *milagres bíblicos*? É aqui que surge o elemento diferencial. Há ótimos e puros teosofistas que podem acreditar nos "milagres" sobrenaturais, inclusive divinos, mas nenhum ocultista o fará, pois um ocultista pratica a teosofia *científica,* baseada no conhecimento preciso das operações secretas da natureza; o teosofista, porém, praticando os chamados poderes anormais *sem* a luz do ocultismo, simplesmente tenderá para uma forma perigosa de mediunidade porque, embora se prenda à teosofia e ao seu mais elevado código de ética concebível, os pratica no escuro, com base em uma fé sincera, mas cega. Qualquer um, teosofista ou espírita, que tenta cultivar um dos ramos da ciência oculta, como o hipnotismo, o mesmerismo ou mesmo os segredos da produção de fenômenos físicos, entre outros, sem o conhecimento da base *racional* desses poderes, é como uma embarcação sem leme lançada em um oceano tempestuoso.

A diferença entre a teosofia e o espiritismo

I: *Mas vocês não creem no espiritismo?*

T: Se por "espiritismo" você se refere à explicação que os espíritas fornecem de alguns fenômenos anormais, então decididamente nós não cremos. Eles sustentam que essas manifestações são todas produzidas pelos "espíritos" de mortos, geralmente seus parentes, que retornam à Terra, segundo dizem, para se comunicar com aqueles que foram seus entes queridos ou com quem estavam relacionados. Nós o negamos cabalmente. Afirmamos que os espíritos dos mortos não podem retornar à Terra, exceto em casos excepcionais, os quais posso abordar mais adiante; tampouco se comunicam com as pessoas, salvo por meios inteiramente *subjetivos*. O que aparece *objetivamente* é apenas o fantasma da pessoa ex-física. Entretanto, com toda a certeza cremos no espiritualismo *psíquico*, ou, por assim dizer, no espiritualismo "espiritual".

I: *Vocês rejeitam também os fenômenos?*

T: Decerto que não, à exceção dos casos de fraude consciente.

I: *Então como vocês os explicam?*

T: De muitas maneiras. As causas dessas manifestações não são de modo algum tão simples quanto os espíritas gostariam de crer. Primeiramente o *deus ex machina* das chamadas "materializações" é usualmente o corpo astral ou "duplo" do médium ou de alguém presente. Esse corpo astral é também o produtor ou a força atuante nas manifestações da escrita sobre ardósia, manifestações do tipo "Davenport" etc.

I: *Você diz "usualmente". Então o que produz o resto?*

T: Isso depende da natureza das manifestações. Por vezes os restos astrais, as "cascas" *kamalóquicas* das *personalidades* desaparecidas que foram; outras vezes, os Elementais. "Espírito" é uma palavra de múltipla e ampla significação. Eu realmente não sei o que os espíritas querem dizer com esse termo; mas o que entendemos ser a afirmação deles é que os fenômenos físicos são produzidos pelo ego que reencarna, a *individualidade* espiritual e imortal, hipótese que rejeitamos inteiramente. A *individualidade* consciente do desencarnado *não pode se materializar*, nem pode retornar de sua própria esfera mental devachânica para o plano da objetividade terrestre.

I: *Mas muitas das comunicações recebidas dos "espíritos" não só exibem inteligência, como também um conhecimento de fatos desconhecidos pelo médium, e às vezes mesmo não conscientemente presente na mente do investigador ou de qualquer um dos circunstantes.*

T: Isso não prova necessariamente que a inteligência e o conhecimento aos quais você alude pertencem aos espíritos, ou emanam de almas *desencarnadas*. Sabe-se de sonâmbulos que compunham música e poesia e resolviam problemas matemáticos enquanto estavam em seu estado de transe, sem que jamais tivessem aprendido música ou matemática. Outros respondiam inteligentemente a questões que lhes eram formuladas e até, em vários casos, falavam línguas, tais como o hebraico e o latim, das quais eram totalmente ignorantes quando despertos, tudo isso em um estado de sono profundo. Você afirmaria, então, que isso era causado por "espíritos"?

I: *Mas como vocês o explicariam?*

T: Afirmamos que, por ser a centelha divina no ser humano una e idêntica em sua essência ao Espírito Universal, nosso "eu espiritual" é praticamente onisciente, mas incapaz de manifestar seu conhecimento devido aos obstáculos da matéria. Ora, quanto mais esses obstáculos são removidos – em outras palavras, quanto mais o corpo físico é paralisado no que se refere a sua própria atividade e consciência independentes –, como no sono profundo ou transe profundo ou, ademais, na doença, mais plenamente pode o eu *interior* manifestar-se neste plano. Esta é nossa explicação desses fenômenos verdadeiramente maravilhosos de uma ordem superior, nos quais são exibidos uma inteligência e conhecimento inegáveis. No tocante à ordem inferior de manifestações, tais como os fenômenos físicos, as trivialidades e a conversa ordinária do "espírito" em geral, explicar mesmo o mais importante dos ensinamentos que sustentamos a respeito do assunto exigiria mais espaço e tempo do que os que podem ser atribuídos a isso no momento. Não queremos interferir na crença dos espíritas mais do que em qualquer outra. O *onus probandi* deve recair naqueles que creem em "espíritos". E, no momento, embora ainda convencidos de que a categoria superior de manifestações ocorre por meio de almas desencarnadas, os líderes dos espíritas e os mais instruídos e inteligentes entre eles são os primeiros a admitir que nem *todos* os fenômenos são produzidos por espíritos. Gradualmente virão a reconhecer toda a verdade, mas por enquanto não temos nem o direito nem o desejo de fazer proselitismo com eles a favor de nossas concepções. Ainda menos porque como nos casos de *manifestações* puramente *psíquicas e espirituais* acreditamos na intercomunicação do espírito do indivíduo vivo com aquele de personalidades desencarnadas. Dizemos que em tais casos não são os espíritos dos mortos que *descem* à Terra, mas os espíritos dos vivos que *ascendem* às puras Almas Espirituais. Na verdade, não há nem *ascender* nem *descer,* mas uma mudança de *estado* ou *condição* para o médium. Tornando-se o corpo deste paralisado, ou em transe, o ego espiritual fica livre de seus obstáculos e se vê no mesmo plano de consciência dos espíritos desencarnados. Consequentemente, se houver qualquer atração espiritual entre os dois, *eles podem se comunicar*, como frequentemente ocorre nos sonhos. A diferença entre uma natureza mediúnica e uma não sensitiva é a seguinte: o espírito libertado de um médium tem a oportunidade e facilidade de influenciar os órgãos passivos de seu corpo físico em transe, e fazê-los atuar, falar e escrever segundo sua vontade. O ego pode fazê-lo repetir, como um eco e em linguagem humana, os pensamentos e ideias da entidade desencarnada, bem como os seus próprios. Mas o organismo não receptivo ou não sensitivo de alguém que é muito positivo não pode ser influenciado dessa forma. Daí, embora dificilmente haja um ser humano cujo ego não realize livre intercâmbio, durante o sono de seu corpo, com quem ele amava e perdeu, ainda assim, por causa da positividade e não receptividade e seu invólucro físico e cérebro, nenhuma recordação, ou uma lembrança muito imprecisa, semelhante a um sonho, permanece na memória da pessoa, uma vez desperta.

I: *Isso significa que vocês rejeitam inteiramente a filosofia do espiritismo?*

T: Se por "filosofia" você quer dizer suas teorias rudimentares, rejeitamos. Mas, na verdade, não há nenhuma filosofia no espiritismo. Os melhores defensores do espiritismo, os mais intelectuais e sérios entre eles, afirmam-no. Sua verdade fundamental e a única inatacável, a saber, que os fenômenos ocorrem por meio de médiuns controlados por forças e inteligências invisíveis, ninguém, exceto um cego materialista da escola "big toe" de Huxley[48], negará ou *poderá* negar. No que toca, entretanto, à sua filosofia, deixe-me citar para você o que o competente editor da *Light*, em relação ao qual os espíritas não encontrarão defensor mais sábio nem mais devotado, diz deles e de sua filosofia. Isso é o que "M. A. Oxon", um dos pouquíssimos espíritas *filosóficos* escreve com referência à falta de organização e cego fanatismo deles:

---

48. Clara crítica a Thomas Huxley, fiel defensor da teoria evolucionista de Darwin. A referência a "big toe" é provavelmente uma alusão ao polegar opositor, o elemento que, segundo a teoria de Darwin, diferencia nossos antepassados primatas do restante dos animais e que permitiu a eles manusear objetos e dar um salto evolutivo. A autora falará de Darwin mais adiante, contestando-o. (N.E.)

Vale a pena examinar este ponto com firmeza, pois é de vital importância. Nós temos uma experiência e um conhecimento comparados aos quais todo outro conhecimento é relativamente insignificante. O espírita comum fica enfurecido se qualquer pessoa se arrisca a contestar seu conhecimento indubitável do futuro e sua certeza absoluta da vida vindoura. Onde outras pessoas estenderam suas mãos frágeis tateando o futuro obscuro, ele caminha ousadamente como alguém possuidor de um mapa e que conhece seu caminho. Onde outras pessoas se detiveram modestamente em uma piedosa aspiração ou se contentaram com uma fé hereditária, ele se gaba de saber o que elas se limitam a acreditar e de que, a partir de seus ricos tesouros, ele é capaz de suplementar as crenças passageiras construídas tão só com base na esperança. Ele é formidável ao tratar das expectativas mais caras de uma pessoa. "Você espera", ele parece dizer, "por aquilo que sou capaz de demonstrar. Você aceitou como uma crença tradicional aquilo que eu posso provar experimentalmente de acordo com o mais rigoroso método científico. As antigas crenças estão desaparecendo. Abandone-as e se mantenha afastado. Elas contêm tanta falsidade quanto verdade. Apenas se for construída sobre um alicerce seguro de fatos demonstrados sua superestrutura será estável. Ao seu redor as velhas crenças estão indo ao chão. Evite o impacto e saia.

Quando alguém se dispõe a lidar com essa pessoa formidável de uma maneira prática, qual é o resultado? Muito curioso e muito decepcionante. Ele está tão seguro de seu fundamento que não se dá ao trabalho de averiguar a interpretação que os outros dão aos fatos dele. A sabedoria das eras preocupou-se com a explicação daquilo que ele acertadamente considera como provado; mas ele não lança um olhar passageiro nas pesquisas em torno dela. Sequer concorda inteiramente com seu irmão espírita. É mais uma vez a história da velha escocesa que, junto com seu marido, formou uma "igreja". Tinham as chaves exclusivas do Céu, ou melhor, ela tinha, pois ela estava "na certain aboot Jamie".[49] Assim, as seitas infinitamente divididas e subdivididas e novamente subdivididas dos espíritas meneiam a cabeça e estão "na certain aboot" entre si.[50] Ademais, a experiência coletiva da espécie humana é firme e invariável quanto a esse ponto, a saber, que a união faz a força e que a desunião é uma fonte de fraqueza e fra-

---

49. "incerta a respeito de Jamie". (N.T.)
50. Ou seja, incertas no que respeita a sua relação recíproca. (N.T.)

casso. Ombro a ombro, submetida a treino e disciplina, uma ralé converte-se em um exército, um homem se torna páreo para cem homens destreinados que possam vir enfrentá-lo. Organização em todo departamento do trabalho humano significa sucesso, economia de tempo e mão de obra, lucro e desenvolvimento. Falta de método, falta de planejamento, trabalho a esmo, energia intermitente, esforço indisciplinado significam desastroso fracasso. A voz da humanidade atesta a verdade. O espírita aceita o veredito e age de acordo com a conclusão? Realmente não. Ele se recusa a se organizar. Ele é uma lei para si mesmo, e um espinho do lado de seus semelhantes.[51]

I: *Disseram-me que a Sociedade Teosófica foi originalmente fundada para destruir o espiritismo e a crença na sobrevivência da individualidade humana.*

T: Você está mal informado. Nossas crenças são todas fundadas nessa individualidade imortal. Mas, então, como tantas outras pessoas, você confunde *personalidade* com *individualidade*. Seus psicólogos ocidentais parecem não haver estabelecido nenhuma clara distinção entre as duas. No entanto, é exatamente essa diferença que supre o princípio fundamental para o entendimento da filosofia oriental, e que se acha na raiz da divergência entre os ensinamentos teosóficos e os espíritas. E embora isso possa atrair para nós ainda mais hostilidade de alguns espíritas, devo afirmar aqui que o espiritismo verdadeiro e genuíno é a teosofia, ao passo que o moderno esquema que ostenta esse nome é, como está sendo agora praticado pelas massas, simplesmente materialismo transcendental.

I: *Por favor, explique essa sua ideia com maior clareza.*

T: O que quero dizer é que, apesar de nossos ensinamentos darem ênfase à identidade do espírito e da matéria, e embora digamos que espírito é matéria potencial e matéria é simplesmente espírito cristalizado, tal como gelo é vapor solidificado, ainda assim, como a condição original e eterna do *Todo* não é espírito, mas, por assim dizer, "metaespírito" – a matéria visível e sólida sendo simplesmente sua manifestação periódica –, sustentamos que o termo espírito somente pode ser aplicado à *verdadeira individualidade*.

---

51. *Light*, 22 de junho de 1889.

I: *Mas qual é a distinção entre essa "verdadeira individualidade" e o "eu" ou "ego" do qual todos nós somos conscientes?*

T: Antes que eu possa responder a você, é necessário que discutamos o que você entende por "eu" ou "ego". Distinguimos entre o simples fato da autoconsciência, o simples sentimento de que "eu sou eu", e o pensamento complexo de que "eu sou o senhor Smith ou a senhora Brown". Acreditando como acreditamos em uma sucessão de nascimentos para o mesmo ego, ou reencarnação, essa distinção constitui o eixo fundamental da ideia toda. Você percebe que "senhor Smith" realmente significa uma longa série de experiências cotidianas entrelaçadas pelo fio da memória, e formando o que o "senhor Smith" chama de "si mesmo". Nenhuma dessas "experiências", porém, são realmente o "eu" ou o "ego", nem concedem ao "senhor Smith" o sentimento de que ele é ele mesmo, pois ele esquece a maior parte de suas experiências cotidianas, e elas nele produzem o sentimento de *egoidade* somente enquanto duram. Portanto, nós, teosofistas, distinguimos entre esse feixe de "experiências", o qual chamamos de *falsa personalidade* (por ser tão finita e evanescente), e aquele elemento no ser humano a que se deve o sentimento de "eu sou eu", o qual chamamos de *verdadeira individualidade*; e dizemos que esse "ego" ou individualidade, como um ator, interpreta muitos papéis no palco da vida.[52] Classifiquemos cada nova vida na Terra do mesmo ego de uma noite no palco do teatro. Uma noite o ator, ou ego, aparece como Macbeth, na seguinte como Shylock, na terceira como Romeu, na quarta como Hamlet ou Rei Lear, e assim por diante, até que ele tenha passado pelo ciclo total de encarnações. O ego inicia sua peregrinação pela vida como um duende, um Ariel ou um Puck; desempenha o papel de um "figurante", é um soldado, um servo, alguém do coro; ascende, então, aos "papéis falados", interpretando *protagonistas*, entremeados por papéis insignificantes, até finalmente retirar-se do palco como Próspero, o *mago*.[53]

I: *Eu compreendo. Vocês dizem, portanto, que esse verdadeiro ego não pode retornar à Terra depois da morte. Mas decerto o ator tem liberdade, se preservou a percepção de sua*

---

52. Ver adiante, Seção VIII, "Sobre individualidade e personalidade".
53. À exceção de Puck (duende do folclore inglês), os demais personagens citados por Blavatsky figuram nas peças de William Shakespeare (1564-1616). (N.T.)

individualidade, para retornar, se assim o quiser, ao cenário de suas ações anteriores?

T: Dizemos que não, simplesmente porque tal retorno à Terra seria incompatível com qualquer estado de *pura* felicidade após a morte, como estou pronta para demonstrar. Afirmamos que o ser humano padece de tanta infelicidade não merecida durante sua vida devido aos defeitos das outras pessoas com as quais está associado, ou devido ao seu ambiente, que tem certamente o direito ao repouso e à quietude perfeitos, se não à felicidade, antes de assumir novamente o fardo da vida. Todavia, esse é um assunto que podemos discutir detalhadamente mais tarde.

Por que a teosofia é aceita?

I: *Eu entendo até certo ponto, mas percebo que os ensinamentos de vocês são sumamente mais complicados e metafísicos do que o espiritismo ou o pensamento religioso corrente. Assim, você pode me explicar o que levou esse sistema da teosofia que vocês sustentam a despertar ao mesmo tempo tanto interesse e tanta animosidade?*

T: Creio que as razões para isso são diversas; entre outras que poderiam ser mencionadas estão: (1) A tremenda reação proveniente das teorias crassamente materialistas atualmente predominantes entre os docentes de ciência. (2) A insatisfação geral com a teologia artificial das várias Igrejas cristãs e a multiplicação crescente do número de seitas em conflito. (3) Uma percepção que cresce continuamente de que os credos obviamente contraditórios em si e entre si *não podem* ser verdadeiros, e de que afirmações que carecem de verificação não podem ser verdadeiras. E essa natural desconfiança nas religiões convencionais é somente fortalecida pelo seu completo malogro no que se refere a preservar a moralidade e purificar a sociedade e as massas. (4) Uma convicção por parte de muitos, e um *conhecimento* por parte de poucos, de que deve existir em algum lugar um sistema filosófico e religioso que será científico e não meramente especulativo. (5) Finalmente, talvez, uma crença de que tal sistema deve ser procurado em ensinamentos que antecedem em muito tempo qualquer crença moderna.

I: *Mas como esse sistema veio a ser proposto precisamente agora?*

T: Simplesmente porque este momento foi considerado oportuno, fato demonstrado pelo esforço resoluto de tantos estudantes sérios no sentido de alcançar a verdade, a qualquer custo e onde quer que possa estar ocultada. Percebendo-o, aqueles que têm a sua custódia permitiram que ao menos algumas porções dessa verdade fossem proclamadas. Tivesse a formação da Sociedade Teosófica sido adiada por mais alguns anos, e a metade das nações civilizadas teria hoje se convertido a um materialismo extremo, ao passo que a outra metade a um antropomorfismo e fenomenalismo.

I: *Deveríamos encarar a teosofia de algum modo como uma revelação?*

T: De modo algum, nem sequer no sentido de uma revelação nova e direta de certos seres superiores, sobrenaturais, ou, ao menos, seres *sobre-humanos*; mas apenas no sentido de um "desvelamento" de verdades muito, muito antigas para mentes até aqui delas ignorantes, ignorantes até da existência e da preservação de qualquer conhecimento arcaico semelhante.

Tornou-se moda, sobretudo recentemente, ridicularizar a ideia de que algum dia houve nos *Mistérios* de grandes povos civilizados, tais como os egípcios, os gregos ou os romanos, algo além da impostura dos sacerdotes. Até os rosacruzes não eram melhores do que gente meio lunática, meio velhaca. Numerosos livros têm sido escritos sobre eles; e principiantes, que mal ouviram esse nome poucos anos antes, se arvoraram como profundos críticos e gnósticos sobre o tópico alquimia, filósofos do fogo[54] e misticismo em geral. Todavia, sabe-se que uma longa sucessão de hierofantes do Egito, da Índia, da Caldeia e da Arábia, a se somarem aos maiores filósofos e sábios da Grécia e do Ocidente, incluíram sob a designação de *sabedoria* e *ciência divina* todo o conhecimento, pois julgavam a base e a origem de toda arte e de toda ciência *essencialmente* divinas. Platão considerava os *Mistérios* como sumamente sagrados e Clemente de Alexandria, ele próprio iniciado nos Mistérios de Elêusis, declarou que "as doutrinas ali ensinadas encerravam em si a finalidade de todo o conhecimento

---

54. No original, *fire-philosophers*, designação atribuída aos alquimistas e hermetistas da Idade Média e aos rosacruzes. Ver Glossário. (N.T.)

humano". É de se imaginar que Platão e Clemente foram dois velhacos ou dois tolos, ou ambas as coisas?

I: *Você falou em "animosidade". Se a verdade é como representada pela teosofia, por que topou ela com tal oposição e não com uma aceitação geral?*

T: Mais uma vez por múltiplas e diversas razões, sendo uma delas o ódio que as pessoas sentem pelo que chamam de "inovações". O egoísmo é essencialmente conservador e detesta ser perturbado. Prefere uma mentira despreocupada e inexata do que a maior das verdades se essa última requerer o sacrifício de um mínimo de seu conforto. O poder da inércia mental é grande em qualquer coisa que não promete benefício e recompensa imediatos. Nosso tempo é predominantemente não espiritual e prosaico. Além disso, há o caráter incomum dos ensinamentos teosóficos, a natureza altamente abstrusa das doutrinas, algumas das quais positivamente se opõem a muitos dos caprichos humanos acalentados pelos sectários, que se nutriram vorazmente do próprio cerne das crenças populares. Se acrescentarmos a isso os esforços pessoais e a grande pureza de vida exigidos dos que se tornariam os discípulos do círculo interno, e a limitadíssima classe a que um código de completa isenção de egoísmo atrai, será fácil compreender a razão de a teosofia estar condenada a um trabalho de ascensão tão lento. É essencialmente a filosofia daqueles que sofrem e que perderam toda a esperança de ser ajudados a sair do atoleiro da vida por qualquer outro meio. Ademais, a história de qualquer sistema de crenças ou de moralidade recentemente introduzido em um solo estrangeiro mostra que seus primórdios foram barrados por toda espécie de obstáculos que o obscurantismo e o egoísmo poderiam sugerir. De fato, "a coroa do inovador é uma coroa de espinhos"! Nenhuma demolição de velhos edifícios carcomidos pode ser realizada sem algum perigo.

I: *Tudo isso se refere mais à ética e à filosofia da teosofia. Você poderia me dar uma noção geral da Sociedade Teosófica, de seus objetivos e estatutos?*

T: Isso jamais foi tornado sigiloso. Pergunte e receberá respostas exatas.

I: *Mas ouvi dizer que vocês eram obrigados por promessas a manter segredo?*

T: Somente no setor arcano ou esotérico.

I: *Ouvi também que alguns membros, após sair da Sociedade, não se consideraram obrigados a mantê-lo. Estão certos?*

T: Isso mostra que o conceito de honra deles é um conceito imperfeito. Como podem estar certos? Tal como foi bem dito no *The Path*, nosso órgão teosófico em Nova York, ao tratar de tal caso: "Suponham que um soldado é julgado por violação de juramento e disciplina e é dispensado do serviço. Na sua raiva diante da justiça invocada por ele e de cujas penalidades foi claramente advertido, o soldado se volta para o inimigo com falsas informações – espião e traidor – a título de vingança contra seu ex-chefe, e alega que sua punição o libertou de seu juramento de lealdade a uma causa". Você acha que ele se justificou? Não acha que ele merece ser classificado como homem sem honra, um covarde?

I: *Acredito que sim, mas alguns pensam de outro modo.*

T: Tanto pior para eles. Mas falaremos sobre esse assunto mais tarde, se você quiser.

III
O sistema de trabalho da ST

Os objetivos da Sociedade

I: *Quais são os objetivos da Sociedade Teosófica?*

T: São três, e assim são desde o início: (1) formar o núcleo de uma Fraternidade Universal da Humanidade sem distinção de raça, cor, sexo, casta ou credo; (2) promover o estudo das Escrituras arianas e outras pertencentes às religiões e às ciências do mundo, e reivindicar a importância da antiga literatura asiática, como aquela das filosofias bramânica, budista e zoroastriana; (3) investigar os mistérios ocultos da natureza sob todos os aspectos possíveis e os poderes psíquicos e espirituais especialmente latentes no ser humano. Estes são, abertamente enunciados, os três principais objetivos da Sociedade Teosófica.

I: *Você poderia me fornecer mais algumas informações detalhadas a respeito?*

T: É possível dividir cada um dos três objetivos em tantas quantas cláusulas de elucidação forem julgadas necessárias.

I: *Então comecemos pelo primeiro. A quais meios vocês recorreriam a fim de promover tal sentimento de fraternidade entre raças que se sabe ter as mais diversificadas religiões, os mais diversificados costumes, crenças e formas de pensamento?*

T: Permita-me acrescentar aquilo que parece que você não está disposto a expressar. Evidentemente sabemos que, exceto por dois resíduos de raças – os pársis[55] e os judeus[56] –, toda nação está dividida, não meramente contra todas as demais nações, mas mesmo contra si mesma. Isso se destaca, sobretudo, entre as chamadas nações cristãs civilizadas. Daí a sua perplexidade e a razão por que nosso primeiro objetivo lhe parece uma utopia. Não é isso?

---

55. Persas (iranianos) residentes na Índia que são adeptos da religião fundada por Zoroastro [Zaratustra] (c. 1000 a.C.), antiga religião da Pérsia (atual Irã) anterior a implantação do Islã. (N.T.)
56. Blavatsky escreve em 1889. O Estado de Israel foi fundado em 1948. (N.T.)

I: *Bem, é. Mas o que você tem a dizer contra isso?*

T: Contra o fato, nada. Muito, porém, sobre a necessidade de eliminar as causas que fazem da Fraternidade Universal atualmente uma utopia.

I: *Quais são, em sua opinião, essas causas?*

T: Primeiramente, e acima de tudo, o egoísmo natural da natureza humana. Esse egoísmo, em lugar de ser erradicado, é todos os dias fortalecido e estimulado (a ponto de se converter em um sentimento feroz e irresistível) pela atual educação religiosa, que tende não só a encorajá-lo, mas a positivamente justificá-lo. As ideias das pessoas acerca do certo e errado foram inteiramente pervertidas pela aceitação literal da Bíblia judaica. Toda a ausência de egoísmo dos ensinamentos altruístas de Jesus transformaram-se meramente em um assunto teórico para a oratória do púlpito, ao passo que os preceitos de egoísmo prático ministrados na Bíblia mosaica, contra os quais Cristo pregou de maneira tão vã, tornaram-se enraizados na vida interior das nações ocidentais. "Olho por olho e dente por dente" passou a ser a primeira máxima da lei de vocês. Ora, eu afirmo abertamente e sem medo que a perversidade dessa doutrina e de tantas outras *somente* a teosofia pode erradicar.

A origem comum do ser humano

I: *Como?*

T: Simplesmente demonstrando com base em fundamentos lógicos, filosóficos, metafísicos e mesmo científicos que: (a) Todos os seres humanos possuem espiritual e fisicamente a mesma origem, que é o ensinamento fundamental da teosofia. (b) Como a espécie humana tem essencialmente uma e mesma essência, e essa essência é uma – infinita, incriada e eterna, denominemo-la Deus ou natureza –, nada pode afetar uma nação ou um homem sem afetar todas as outras nações e todos os outros homens. Isso é tão certo e tão óbvio quanto uma pedra arremessada em uma lagoa porá em movimento, mais cedo ou mais tarde, cada gota d'água ali existente.

I: *Mas isso não é o ensinamento de Cristo, e sim uma noção panteísta.*

III • O SISTEMA DE TRABALHO DA ST

T: É aí que reside o seu erro. É puramente cristã, embora *não* judaica e, portanto, talvez suas nações bíblicas prefiram ignorá-la.

I: *Essa é uma acusação indiscriminada e injusta. Onde estão as suas provas para tal afirmação?*

T: Estão facilmente disponíveis. Afirma-se que Cristo disse: "Amai-vos uns aos outros" e "amai vossos inimigos", pois "se amais (somente) aqueles que vos amam, que recompensa (ou mérito) tendes? Não o fazem mesmo os publicanos[57]? E se saudais tão só vossos irmãos, o que fazeis a mais que os outros? Não o fazem o mesmo os publicanos?". Essas são as palavras de Cristo. Mas o *Gênesis* (9,25) diz: "Amaldiçoado seja Canaã, um servo dos servos será ele para seus irmãos". E, portanto, não cristãos, mas pessoas bíblicas preferem a lei de Moisés àquela de Cristo, do amor. É no Antigo Testamento, que os ajuda a satisfazer todas as suas paixões, que respaldam suas leis de conquista, anexação e tirania sobre raças que chamam de "inferiores". Que crimes foram cometidos por força dessa passagem infernal do *Gênesis*, se tomada ao pé da letra, somente a história nos dá uma ideia, ainda que inadequada.[58]

---

57. Os publicanos, naquele tempo, eram considerados ladrões e batedores de carteira. Entre os judeus, o nome e a profissão de um publicano eram a coisa mais odiosa do mundo. O ingresso deles no Templo era proibido, e *Mateus* (18,17) refere-se a um pagão e a um publicano como idênticos. Entretanto, eles eram apenas coletores de impostos romanos que ocupavam a mesma posição que os funcionários britânicos ocupam na Índia e em outros países conquistados.

58. "No final da Idade Média, a escravidão, graças ao vigor das forças morais, havia em grande medida desaparecido da Europa, mas ocorreram dois eventos importantes que derrubaram o vigor moral que atuava na sociedade europeia e libertaram um enxame de maldições sobre a Terra como a espécie humana mal havia conhecido até então. Um desses eventos foi a primeira viagem feita a uma costa populosa e bárbara na qual seres humanos constituíam um artigo ordinário de tráfico; o outro foi a descoberta de um novo mundo, onde minas de riqueza resplandecente seriam abertas, contanto que a mão de obra pudesse ser importada para nelas trabalhar. Por quatrocentos anos, homens, mulheres e crianças foram arrancados de todos aqueles que conheciam e amavam e vendidos na costa da África a comerciantes estrangeiros; eram acorrentados abaixo do convés dos navios – com frequência os mortos se misturavam aos vivos – durante a horrível 'travessia mediana', e, de acordo com Bancroft, um historiador imparcial, duzentos e cinquenta mil, de três milhões e um quarto, foram lançados ao mar naquela travessia fatal, enquanto os restantes foram destinados a uma miséria inominável nas minas, ou sob o chicote nas lavouras de cana-de-açúcar e arroz. A responsável por esse grande crime é a Igreja Cristã. 'Em nome da Santíssima Trindade' o governo espanhol concluiu mais de dez tratados autorizando a venda de quinhentos mil seres humanos; em 1562 Sir John Hawkins navegou em sua missão diabólica de comprar escravos na África e vendê-los nas Índias Ocidentais em um navio que ostentava o sagrado

I: *Ouvi você dizer que a identidade de nossa origem física é provada pela ciência e que aquela de nossa origem espiritual pela Religião-Sabedoria. Todavia, não encontramos adeptos de Darwin[59] a exibir grande afeição fraternal.*

T: Exatamente. É isso que mostra a deficiência dos sistemas materialistas e prova que nós, teosofistas, estamos certos. A identidade de nossa origem física não agrada aos nossos sentimentos mais elevados e mais profundos. A matéria, desprovida de sua alma e espírito, ou de sua essência divina, é incapaz de falar ao coração humano. Mas a identidade da alma e do espírito, do ser humano imortal verdadeiro, como a teosofia nos ensina, uma vez provada e profundamente enraizada em nossos corações, nos levaria longe na senda da verdadeira caridade e da boa vontade fraternal.

I: *Mas como a teosofia explica a origem comum do ser humano?*

T: Ensinando que a raiz de toda a natureza, objetiva e subjetiva, e tudo o mais no universo, visível e invisível, é, foi e sempre será uma essência absoluta, da qual tudo principia e para a qual tudo retorna. Isso é filosofia ariana, plenamente representada apenas pelo Vedanta e pelo sistema budista. Tendo essa meta em vista, é obrigação de todos os teosofistas fomentar de todas as maneiras práticas, e em todos os países, a expansão da educação não sectária.

I: *Além disso, o que mais é para ser feito segundo o aconselhado pelos estatutos escritos de sua Sociedade? Eu me refiro ao plano físico.*

T: Visando a despertar o sentimento fraternal entre as nações, é preciso que ajudemos na permuta internacional de artes e produtos úteis, isto mediante aconselhamento, informações e cooperação com todos os indivíduos e associações que forem dignos (contanto, porém, os estatutos acrescentam, que "nenhuma vantagem ou porcentagem sejam tomadas pela Sociedade ou pelos 'membros' por seus serviços corporativos"). A título de exemplo, vejamos uma ilustração prática.

---

nome de Jesus; enquanto isso, Elisabete, a rainha protestante, o recompensou por seu sucesso nessa primeira aventura dos ingleses nesse tráfico desumano permitindo que usasse como cimeira de seu elmo 'um semimouro, com sua cor característica, amarrado com uma corda', ou, em outras palavras, um escravo negro algemado." (*Conquests of the cross*, extraído do *Agnostic Journal*.)

59. Charles Robert Darwin (1809-1882), biólogo evolucionista inglês. (N.T.)

A organização da sociedade, retratada por Edward Bellamy[60] em sua magnífica obra *Looking backwards* [literalmente, Olhando para trás], representa admiravelmente a ideia teosófica do que deveria ser o primeiro grande passo rumo à realização total da fraternidade universal. Falta perfeição no estado de coisas que ele retrata porque o egoísmo ainda existe e opera nos corações dos seres humanos. Mas, no geral, egoísmo e individualismo são superados pelo sentimento de solidariedade e mútua fraternidade; e o esquema de vida ali descrito reduz ao mínimo as causas que tendem a gerar e promover o egoísmo.

I: *Então, como teosofistas, vocês participarão de um esforço para concretizar tal ideal?*

T: Certamente, e nós o provamos por meio de ação. Não ouviu falar do partido e dos clubes nacionalistas que surgiram nos Estados Unidos desde a publicação do livro de Bellamy? Estão agora assumindo destacadamente a dianteira e o farão crescentemente no decorrer do tempo. Bem, esse partido e esses clubes em primeira instância foram abertos por teosofistas. Um dos primeiros, o Clube Nacionalista de Boston, em Massachusetts, tem teosofistas como presidente e secretário, e a maioria de seus executivos pertencem à ST. Na constituição de todos os seus clubes e do partido que estão formando, é clara a influência da teosofia e da Sociedade, pois todos tomam como sua base, seu princípio primário e fundamental, a fraternidade da humanidade como ensinada pela teosofia. Na sua declaração de princípios afirmam: "O princípio da fraternidade da humanidade é aquele das verdades eternas que governam o progresso mundial segundo linhas que distinguem a natureza humana da natureza bruta". O que pode ser mais teosófico do que isso? Mas só isso não basta. O que é também necessário é imprimir nos seres humanos a ideia de que, se a raiz da espécie humana é una, então deve haver também uma verdade que encontra expressão em todas as várias religiões, exceto na judaica, já que você não a encontra *expressa* sequer na Cabala.

I: *Isso se refere à origem comum das religiões, e vocês podem estar certos nesse ponto. Mas como se aplica a uma fraternidade prática no plano físico?*

---

60. Edward Bellamy (1850-1898), teórico político e escritor americano. (N.T.)

T: Primeiramente, porque aquilo que é verdadeiro no plano metafísico deve ser também verdadeiro no físico. Em segundo lugar, porque não existe fonte mais fértil de ódio e guerra do que diferenças religiosas. Quando uma facção ou outra se considera a exclusiva possuidora da verdade absoluta, torna-se quase natural que pense que seu vizinho realmente esteja nas garras do erro ou do "diabo". Mas, uma vez que alguém consiga perceber que nenhuma delas possui a verdade *inteira*, e, sim, que são mutuamente complementares, que a verdade completa só pode ser encontrada nas concepções combinadas de todas, depois do que aquilo que é falso em cada uma delas foi filtrado e separado, então a verdadeira fraternidade em matéria de religião será estabelecida. O mesmo se aplica ao mundo físico.

I: *Por favor, dê maiores explicações.*

T: Considere um exemplo. Uma planta consiste em uma raiz, um tronco ou pedúnculo e muitos ramos e folhas. Da mesma forma que a humanidade, na qualidade de um todo, é o tronco que se desenvolve a partir da raiz espiritual, o tronco é a unidade da planta. Danifique o tronco e é evidente que todos os ramos e folhas sofrerão. O mesmo acontece com a espécie humana.

I: *Sim, mas, se uma folha ou um ramo for danificado, a planta inteira não é danificada.*

T: E, portanto, você pensa que, ferindo *uma* pessoa, não estará ferindo a humanidade? Mas como *você* sabe? Será que está ciente de que mesmo a ciência materialista ensina que todo dano causado a uma planta, ainda que leve, afetará todo o curso de seu crescimento e desenvolvimento futuros? A conclusão é que você está errado e a analogia é perfeita. Se, todavia, você ignora o fato de que um corte no dedo pode muitas vezes fazer todo o corpo sofrer e causar uma reação no sistema nervoso inteiro, seria o caso de lembrá-lo ainda mais de que pode muito bem haver outras leis espirituais que operam em plantas e animais assim como operam na espécie humana, embora, como você não reconhece sua ação nas plantas e animais, você possa negar sua existência.

I: *A que leis você está se referindo?*

T: Nós as chamamos de leis kármicas, mas você não compreenderá o pleno significado do termo sem o estudo do ocultismo. Entretanto, meu argumento não se apoia na suposição dessas leis, mas realmente na analogia da planta. Amplie a ideia, transporte-a a uma aplicação universal e não tardará a descobrir que, na verdadeira filosofia, toda ação física tem seu efeito moral e perpétuo. Fira uma pessoa nela produzindo um dano corpóreo; é possível que você pense que a dor e o sofrimento dela não podem se estender de modo algum às pessoas próximas, e muito menos às de outras nações. Sustentamos *que, em seu devido tempo, se estenderá*. Por conseguinte, dizemos que, a não ser que todo ser humano seja levado a compreender e aceitar *como uma verdade axiomática* que, ao cometermos injustiça contra uma pessoa, a cometemos não só contra nós mesmos como também, a longo prazo, contra a humanidade inteira, não serão possíveis sobre a Terra quaisquer sentimentos fraternais tais como os pregados por todos os grandes reformadores, sobretudo pelo Buda e por Jesus.

Nossos outros objetivos

I: *Você explicaria agora os métodos pelos quais vocês se propõem a realizar o segundo objetivo?*
T: Nós coletamos para a biblioteca de nossa sede em Adyar, Madras, e os associados das ramificações coletam para suas bibliotecas locais, todas as boas obras acerca das religiões do mundo que pudermos. Registramos sob forma escrita informações corretas sobre as várias filosofias antigas, tradições e lendas e as disseminamos de maneiras praticáveis como a tradução e a publicação de obras originais de valor e seus resumos e comentários, ou as instruções orais de pessoas versadas em seus respectivos departamentos.

I: *E quanto ao terceiro objetivo, ou seja, desenvolver no ser humano seus poderes espirituais ou psíquicos latentes?*
T: Também isso deve ser obtido por meio de publicações naqueles lugares em que não são possíveis palestras e ensinamentos pessoais. Nosso dever é manter vivas no ser humano suas intuições espirituais. Opor e contrariar, após a devida investigação e prova de sua natureza irracional, o fanatismo sob todas as formas: religioso, científico ou social e, sobretudo, a *beatice*, quer sob a forma de sectarismo

religioso, quer sob a forma de crença em milagres ou qualquer coisa sobrenatural. O que temos a fazer é buscar obter conhecimento de todas as leis da natureza e difundi-lo. Incentivar o estudo daquelas leis minimamente compreendidas pelas pessoas modernas, das chamadas ciências ocultas, baseadas no verdadeiro conhecimento da natureza, em lugar de, como sucede atualmente, dedicar-se a crenças supersticiosas, por sua vez baseadas em uma fé cega e na autoridade. O folclore e as tradições populares, ainda que por vezes fantasiosos, quando são submetidos a um crivo podem levar à descoberta de segredos da natureza há muito perdidos, mas que são importantes. Portanto, a Sociedade visa a perseguir essa linha de investigação na esperança de ampliar o campo de observação científica e filosófica.

Sobre a sacralidade do compromisso

I: *Vocês têm algum código de ética a cumprir na Sociedade?*

T: A ética está aí presente, pronta e suficientemente clara para quem quer que seja que venha a adotá-la. É a essência e a nata da ética do mundo, recolhida a partir dos ensinamentos de todos os grandes reformadores mundiais. Nela, portanto, você encontrará elementos representativos de Confúcio e Zoroastro, de Lao-tse[61] e do *Bhagavad Gita*, os preceitos de Gautama Buda e de Jesus de Nazaré, de Hillel[62] e sua escola, como também de Pitágoras, Sócrates, Platão e suas escolas.

I: *Os membros de sua Sociedade cumprem esses preceitos? Ouvi falar de grandes desentendimentos e disputas entre eles.*

T: Isso é bastante natural, porquanto, embora a reforma em sua forma atual possa ser classificada como nova, os homens e as mulheres a ser reformados são as mesmas naturezas humanas falhas do passado. Como já foi dito, os membros *atuantes* sérios são poucos; ainda assim, muitos são pessoas sinceras e positivamente dispostas que dão o melhor de si para viver de acordo com os ideais da Sociedade e os seus próprios ideais. Nosso dever é encorajar e assistir os associados individuais no seu autoaprimoramento intelectual, moral e espiritual,

---

61. Lao-tse (604 a.C.-531 a.C.), sábio chinês fundador do taoismo. (N.T.)
62. Sábio babilônio que floresceu no último século a.C. (N.T.)

e não culpar ou condenar aqueles que fracassam. A rigor, não temos nenhum direito de negar a admissão de quem quer que seja, especialmente no setor esotérico da Sociedade, no qual "aquele que ingressa é como alguém renascido". Mas, se qualquer membro, a despeito de seus compromissos sagrados com base em sua palavra de honra e Eu Imortal, opta, depois desse "renascimento", por manter, em sua nova versão de ser humano, os vícios ou defeitos de sua velha vida e ceder a eles ainda na Sociedade, nesse caso, é claro, é mais do que provável que lhe sejam solicitados sua renúncia e seu afastamento; ou, em caso de sua recusa, ele será expulso. Dispomos das mais severas regras para tais emergências.

I: *Podem algumas delas ser mencionadas?*
T: Sim. Para começar, nenhum membro da Sociedade, exotérico ou esotérico, tem direito de impingir suas opiniões pessoais a outros membros. "Não é lícito a *qualquer funcionário-chefe da Sociedade maior* manifestar publicamente, de maneira verbal ou por suas ações, qualquer hostilidade ou preferência em relação a qualquer setor[63], religioso ou filosófico, preterindo outros. Todos gozam de igual direito de ter as características essenciais de sua crença religiosa apresentadas ante o tribunal de um mundo imparcial. E nenhum funcionário-chefe da Sociedade, na sua capacidade como tal, tem o direito de pregar suas próprias opiniões e crenças sectárias aos membros reunidos, exceto quando a reunião for composta de membros que comunguem de sua religião. Após a devida advertência, a violação desta regra será punida com suspensão ou expulsão." Essa é uma das transgressões quanto à Sociedade em geral. No que toca ao setor interno, atualmente chamado de esotérico, as seguintes regras foram estabelecidas e adotadas desde 1880. "Nenhum associado fará um uso egoísta de qualquer conhecimento que a ele foi comunicado por qualquer membro do primeiro setor [agora um 'grau' superior], e a transgressão dessa regra será punida com expulsão." Ora, antes que qualquer conhecimento dessa ordem possa ser transmitido, o aplicante tem de se comprometer mediante um juramento solene a não o empregar com um propósito egoísta, nem revelar qualquer coisa dita exceto mediante permissão.

---

63. Uma "ramificação" ou loja composta somente de membros que comungam da mesma religião, ou uma ramificação *in partibus*, como são agora chamados de forma um tanto presunçosa.

I: *Mas está alguém que foi expulso do setor ou que a ele renunciou livre para revelar qualquer coisa que possa ter aprendido ou romper qualquer cláusula do compromisso que assumiu?*

T: Decerto que não. Sua expulsão ou renúncia apenas o libera da obrigação de obediência ao professor e daquela de participar ativamente do trabalho da Sociedade, mas com certeza não do sagrado compromisso de segredo.

I: *Mas isso é razoável e justo?*

T: Com toda a certeza. Para qualquer homem ou mulher com o mínimo senso de honra, um compromisso de segredo assumido até mesmo com base em sua palavra de honra, quanto mais com base no próprio Eu Superior – o Deus interior –, obriga-o até a morte. E, ainda que possa deixar o setor e a Sociedade, nenhum homem ou mulher de honra pensará em atacar ou ferir um corpo com o qual ele ou ela esteve tão comprometido.

I: *Mas isso não significa ir longe demais?*

T: Talvez de acordo com o baixo nível da época e moral atuais. Mas, se o compromisso não obriga até esse ponto, qual é, afinal, a sua utilidade? Como pode alguém esperar receber conhecimento secreto se é para estar livre para desembaraçar-se de todas as obrigações que assumira quando quiser? Que segurança, confiança ou crédito existiriam entre os seres humanos se compromissos como esse fossem para não ter absolutamente nenhuma efetiva força compulsória? Acredite em mim, a lei de retribuição (Karma) não demoraria a surpreender alguém que rompesse assim seu compromisso; talvez tão logo o desprezo de todo homem honrado o fizesse, mesmo neste plano físico. Como bem expresso em *The Path* (julho de 1889), precisamente citado a propósito desse assunto:

> Um compromisso, uma vez assumido, obriga para sempre tanto no mundo moral quanto no oculto. *Se o rompemos uma vez e somos punidos, isso não justifica que o rompamos novamente, e, por quanto tempo o fizermos, por idêntico tempo a poderosa alavanca da Lei (do Karma) reagirá sobre nós.*

IV
As relações da Sociedade Teosófica com a teosofia

Sobre o autoaprimoramento

I: *É a elevação moral, então, o que recebe a maior ênfase na Sociedade?*
T: Sem dúvida! Aquele que pretende ser um verdadeiro teosofista tem de caminhar no sentido de viver como alguém de moralidade elevada.

I: *Se é assim, então, como observei antes, o comportamento de alguns membros estranhamente dá uma falsa ideia dessa regra fundamental.*
T: Realmente é o que acontece. Mas não há o que se possa fazer entre nós, tanto quanto entre aqueles que se dizem cristãos e agem como demônios. Não se trata de falha de nossos estatutos e regras, mas de falha da natureza humana. Mesmo em algumas ramificações exotéricas públicas os membros se comprometem em nome de seu Eu Superior a viver a vida determinada pela teosofia. Têm de fazer seu eu divino guiar cada um de seus pensamentos e ações em cada dia e em cada momento de suas vidas. Um verdadeiro teosofista deve "comportar-se com justiça e caminhar com humildade".

I: *O que você quer dizer com isso?*
T: Simplesmente o seguinte: o *eu* uno tem de se esquecer de si mesmo a favor dos muitos *eus*. Permita-me responder a você com as palavras de um verdadeiro filaleteano, um membro da ST que o expressou belamente em *The Theosophist*:

> A primeira necessidade de todo ser humano é encontrar a si mesmo e em seguida fazer um honesto inventário de suas posses subjetivas, e, por piores e mais falidas que possam estar, não impossibilitam a salvação se nos dedicarmos a administrá-las seriamente.

Mas quantos o fazem? A disposição de todos é aquela de trabalhar em prol de seu próprio desenvolvimento e progresso; pouquíssimos trabalham em prol daqueles dos outros. Citando novamente o mesmo autor:

> Os seres humanos foram enganados e iludidos por tempo suficiente; é preciso que quebrem seus ídolos, eliminem suas fraudes e se disponham a trabalhar para si mesmos – não, aqui há uma pequena palavra demais ou em demasia, pois teria sido melhor que quem trabalha para si mesmo não trabalhasse de modo algum; que trabalhe preferivelmente para os outros, para todos. Para cada flor de amor e caridade que ele planta no jardim de seu próximo, uma horrível erva daninha desaparecerá do seu próprio, de modo que esse jardim dos deuses – a humanidade – florescerá como uma rosa. Em todas as Bíblias, em todas as religiões, isso é claramente formulado, mas homens astuciosos começaram por interpretá-las erroneamente e finalmente as degeneraram, materializaram e intoxicaram. Não há necessidade de uma nova revelação. Que cada ser humano seja uma revelação para si mesmo. Que uma vez o espírito imortal do ser humano se aposse do templo de seu corpo, expulse os permutadores de dinheiro e toda coisa impura, e então sua própria humanidade divina o redimirá, pois, quando ele estiver assim em unidade consigo mesmo, conhecerá o "construtor do templo".

I: *Admito que isso é puro altruísmo.*

T: É. E, se somente um entre dez associados da ST o praticasse, a nossa Sociedade seria realmente uma Sociedade de eleitos. Mas há aqueles entre os estranhos que sempre se recusarão a ver a diferença essencial entre a teosofia e a Sociedade Teosófica, a ideia e a sua encarnação imperfeita. Tais pessoas castigariam toda falta e fraqueza do veículo, o corpo humano, no puro espírito que nele verte sua luz divina. É isso justo a um ou outro? Atiram pedras em uma associação que tenta alcançar laboriosamente a propagação de seu ideal a despeito das mais tremendas barreiras e desvantagens. Alguns vilipendiam a Sociedade Teosófica tão só porque presumem que ela tenta fazer aquilo que em outros sistemas – principalmente a Igreja e o cristianismo de Estado – falharam clamorosamente; outros porque ficariam contentes com a preservação do estado de coisas existente:

fariseus e saduceus no assento de Moisés e publicanos e pecadores festejando em altos postos, como sob o Império Romano durante sua decadência. De qualquer modo, pessoas com senso de justiça devem lembrar que o indivíduo que faz tudo o que pode faz tanto quanto aquele que conquistou o máximo neste mundo de possibilidades relativas. Esse é um simples truísmo, um axioma sustentado para crentes nos Evangelhos mediante a parábola dos talentos dados por seu senhor: o servo que duplicou seus dois talentos foi tão recompensado quanto o outro servo que recebera cinco. A cada homem é concedido "em conformidade com sua diferente capacidade."

I: *Todavia, é um tanto difícil traçar a linha de demarcação entre o abstrato e o concreto nesse caso, visto que só dispomos do último para formar nosso juízo.*

T: Então por que fazer uma exceção com referência à ST? A justiça, como a caridade, deve começar em casa. Você insultará e ridicularizará o Sermão da Montanha porque suas leis até agora sociais, políticas e até religiosas não apenas falharam em cumprir seus preceitos em seu espírito como também em sua letra morta? Suprimam o juramento nos tribunais, no Parlamento, no exército e em toda parte, e façam como fazem os *Quakers*[64] se querem se classificar como cristãos. Suprimam os próprios tribunais, pois, se você for seguir os mandamentos de Cristo, terá de ceder sua capa àquele que o despojou de seu manto e oferecer sua face esquerda ao valentão que golpeia sua direita. "Não resistais ao mal, amai vossos inimigos, abençoai aqueles que vos amaldiçoam, fazei o bem aos que vos odeiam", pois "qualquer um que venha a violar um dos menores desses mandamentos e ensiná-lo aos homens, será chamado de o ínfimo no Reino dos Céus", e "qualquer um que venha a lhe chamar de louco se exporá ao perigo do fogo do inferno".[65] E por que deveria você julgar se por sua vez não foi julgado? Insista que não há diferença entre a teosofia e a Sociedade Teosófica e de imediato você colocará o cristianismo e sua própria essência abertos às mesmas acusações, só que de uma forma mais séria.

---

64. Termo pelo qual designamos os membros de uma seita religiosa fundada em meados do século XVII, a Society of Friends, por George Fox. Um de seus preceitos é não prestar juramentos. (N.T.)
65. Citações do *Evangelho segundo Mateus*. (N.T.)

I: *Por que mais séria?*

T: Porque, enquanto os líderes do movimento teosófico, reconhecendo totalmente suas fraquezas, tentam na medida de sua capacidade corrigir sua conduta e desarraigar o mal existente na Sociedade, e enquanto suas regras e regimentos internos são moldados no espírito da teosofia, os legisladores e as Igrejas das nações e países que se intitulam cristãos fazem o contrário. Nossos membros, até os piores entre eles, não são piores do que o cristão comum. Ademais, se os teosofistas ocidentais experimentam tanta dificuldade em viver a verdadeira vida teosófica, é porque são todos filhos de sua geração. Cada um deles foi um cristão, criado e educado na sofística de sua Igreja, seus costumes sociais e mesmo suas leis paradoxais. Foi isso antes de haver se tornado um teosofista, ou melhor, um membro da Sociedade Teosófica, de modo que nunca é demais repetir que entre o ideal abstrato e o seu veículo há uma diferença extremamente importante.

O abstrato e o concreto

I: *Por favor, explique um pouco mais essa diferença.*

T: A Sociedade é um grande corpo de homens e mulheres composto dos elementos mais heterogêneos. A teosofia, no seu significado abstrato, é sabedoria divina, ou o agregado do conhecimento e da sabedoria que servem de fundamento ao universo – a homogeneidade do bem eterno –, e, no seu sentido concreto, é a síntese do mesmo como aquinhoada ao ser humano por natureza sobre esta Terra, e não mais. Alguns membros empenham-se seriamente em realizar e, por assim dizer, objetivar a teosofia em suas vidas, ao passo que outros desejam apenas conhecê-la, e não praticá-la; e outros, ainda, podem ter se ligado à Sociedade meramente por curiosidade, ou por um interesse passageiro, ou talvez, inclusive, porque alguns de seus amigos pertencem a ela. Como, então, pode o sistema ser julgado pelo padrão daqueles que assumiriam o nome sem ter qualquer direito a ele? Deve a poesia ou sua musa ser medida tão só pelos pretensos poetas que atormentam nossos ouvidos? A Sociedade pode ser considerada a encarnação da teosofia apenas em seus motivos abstratos; jamais pode ousar classificar a si mesma como o veículo concreto da teosofia enquanto imperfeições e fraquezas humanas estiverem todas representadas em seu corpo; caso contrário, a Sociedade estaria tão só repetindo o grande erro e os superabundantes sacrilégios das chamadas Igrejas de Cristo. Se forem permitidas analogias com o Oriente, a teosofia é o oceano sem praias da verdade, do amor e da sabedoria universais, refletindo seus raios sobre a Terra, ao passo que a Sociedade Teosófica é apenas uma bolha visível nesse reflexo. Teosofia é a natureza divina, visível e invisível, e sua Sociedade é a natureza humana na tentativa de ascender à sua fonte divina. Teosofia, finalmente, é o eterno sol fixo e sua Sociedade o cometa evanescente tentando se estabelecer em uma órbita para se tornar um planeta, sempre girando no âmbito da atração do sol da verdade. Foi formada para ajudar a mostrar aos seres humanos que tal coisa chamada de teosofia existe e a ajudá-los a ascender na direção dela mediante o estudo e a assimilação de suas verdades eternas.

I: *Eu pensei que você havia dito que vocês não possuíam preceitos ou doutrinas próprios.*

T: Não os temos. A Sociedade não possui uma sabedoria que seja sua para sustentar ou ensinar. Ela é simplesmente o depósito de todas as verdades pronunciadas pelos grandes videntes, Iniciados e profetas de eras históricas e mesmo pré-históricas; ao menos, de tantas quantas pode obter. Portanto, ela é meramente o canal através do qual uma maior ou menor porção da verdade, achada nos pronunciamentos acumulados dos maiores mestres da humanidade, é vertida no mundo.

I: *Essa verdade, entretanto, é inalcançável fora da Sociedade? Toda Igreja não reivindica o mesmo?*

T: De modo algum. A inegável existência de grandes Iniciados – verdadeiros "Filhos de Deus" – mostra que tal sabedoria era frequentemente atingida por indivíduos isolados, porém nunca sem contarem no início com a orientação de um mestre. Quando, por seu turno, os adeptos dessa sabedoria se tornaram mestres, a maioria deles atrofiou a catolicidade desses ensinamentos reduzindo-a ao estreito sulco de seus próprios dogmas sectários. Os mandamentos de *um* mestre eleito isoladamente foram então adotados e seguidos, com a exclusão de todos os demais, isto, note-se bem, se realmente seguidos, como no caso do Sermão da Montanha. Cada religião é, assim, um pedaço da verdade divina, produzida para focar um vasto panorama da fantasia humana que afirma representar e substituir aquela verdade.

I: *Mas a teosofia, segundo o que você diz, não é uma religião.*

T: Com toda a certeza, não é, uma vez que é a essência de toda religião e da verdade absoluta, da qual somente uma gota serve de fundamento para todo credo. Recorrendo mais uma vez a uma metáfora, a teosofia, na Terra, é como o raio branco do espectro, enquanto cada religião é apenas uma das sete cores do prisma. Ignorando todos os demais, e os amaldiçoando como falsos, cada raio colorido especial reivindica não só prioridade, mas ser aquele próprio raio branco, e anatematiza até mesmo seus próprios matizes do claro ao escuro como heresias. Todavia, como o sol da verdade se eleva cada vez mais alto no horizonte da percepção do ser humano, e cada raio colorido gradualmente desvanece até ser, por sua vez, finalmente reabsorvido, a humanidade não será finalmente mais amaldiçoada por meio de polarizações artificiais, mas verá a si mesma banhada no puro raio solar incolor da verdade eterna. E isso será *Theosophia*.

I: *Então, sua afirmação é a de que todas as grandes religiões são derivadas da teosofia e que é por meio de sua assimilação que o mundo será finalmente salvo da maldição de suas ilusões e erros?*

T: Precisamente. E acrescentamos que nossa Sociedade Teosófica é a humilde semente que, se regada e for permitido que viva, finalmente produzirá a Árvore do Conhecimento do Bem e do Mal que está enxertada na Árvore da Vida Eterna. Pois somente estudando as diversas grandes religiões e filosofias da humanidade, pela sua comparação desapaixonada e não tendenciosa, que os seres humanos podem ter a esperança de alcançar a verdade. É, sobretudo, descobrindo e notando seus vários pontos de concordância que é possível atingirmos esse resultado. Com efeito, tão logo alcancemos – ou mediante estudo, ou mediante o ensinamento de alguém que o conhece – seu significado interior, descobriremos quase que em todos os casos que ele expressa alguma grande verdade na natureza.

I: *Ouvimos falar de uma Idade Áurea que existiu, e o que você descreve seria uma Idade Áurea a ser concretizada em algum dia futuro. Quando será?*

IV • AS RELAÇÕES DA SOCIEDADE TEOSÓFICA COM A TEOSOFIA 85

T: Não antes que a humanidade, como um todo, sinta a necessidade dela. Uma máxima no *Javidan Khirad* persa diz: "A verdade é de dois tipos – uma manifesta e evidente por si mesma; a outra exigindo incessantemente novas demonstrações e provas". É somente quando esse último tipo de verdade se tornar tão universalmente evidente quanto é hoje vago, e portanto passível de ser distorcido pela sofística e pela casuística, somente quando os dois tipos se tornarem mais uma vez um que todas as pessoas serão levadas a ver as coisas do mesmo modo.

I: *Mas certamente aqueles poucos que sentiram a necessidade de tais verdades tiveram de se decidir a crer em algo definido. Você me declarou que, não tendo a Sociedade doutrinas próprias, todo membro está facultado a acreditar no que escolher acreditar e aceitar o que lhe agrade aceitar. Isso parece como se a Sociedade Teosófica estivesse inclinada a reviver a confusão das línguas e crenças da antiga Torre de Babel. Vocês não têm crenças comuns?*

T: O que se quer dizer ao se afirmar que a Sociedade não ter preceitos nem doutrinas próprias é que não há doutrinas ou crenças especiais *obrigatórias* para seus membros; mas isso, é claro, se aplica apenas ao corpo como um todo. A Sociedade, como lhe foi dito, está dividida em um corpo externo e um interno. Aqueles que pertencem a esse último possuem, é claro, uma filosofia, ou – se você assim preferir – um sistema religioso próprio.

I: *Podemos saber qual é?*

T: Não fazemos segredo disso. Foi esboçado há alguns anos em *The Theosophist* e *Esoteric buddhism* [Budismo esotérico], e pode ser encontrado de uma forma ainda mais elaborada em *A doutrina secreta*. É baseado na filosofia mais antiga do mundo, denominada Religião-Sabedoria ou Doutrina Arcaica. Se for de seu agrado, você pode apresentar suas perguntas e ter explicações para elas.

V
Os ensinamentos fundamentais da teosofia

Sobre Deus e a prece

I: *Vocês acreditam em Deus?*

T: Isso depende do que você quer dizer com essa palavra.

I: *Eu me refiro ao Deus dos cristãos, o Pai de Jesus e o Criador. Em síntese, o Deus bíblico de Moisés.*

T: Não acreditamos em tal Deus. Rejeitamos a ideia de um Deus pessoal ou de um Deus extracósmico e antropomórfico, que é apenas a gigantesca sombra do ser humano, e nem sequer do ser humano no que ele tem de melhor. O Deus da teologia, dizemo-lo e o provamos, é um feixe de contradições e uma impossibilidade lógica. Portanto, ele não nos serve de nada.

I: *Indique, por favor, suas razões.*

T: São muitas, não sendo possível dar atenção a todas. Mas eis algumas. Esse Deus é classificado por seus devotos como infinito e absoluto, não é?

I: *Creio que sim.*

T: Então, se infinito, isto é, sem limites, e sobretudo se absoluto, como pode ele ter uma forma e ser o criador de qualquer coisa? Forma implica limitação e um começo bem como um fim; e, para criar, um Ser tem de pensar e planejar. Como se pode supor que o Absoluto pense, isto é, tenha qualquer relação que seja com o que é limitado, finito e condicionado? Estamos diante de um absurdo filosófico e lógico. Até a Cabala judaica repudia tal ideia e, portanto, faz do Princípio Deífico uno e Absoluto uma Unidade infinita chamada Ain Soph[66]. Para criar, o Criador tem de se tornar ativo, e, como isso é impossível para a Absolutidade, o princípio infinito tinha de ser mostrado tornando-se

---

66. Ain Soph (אין סוף) = τὸ πᾶν (*tò pân*) = ἄπειρον (*ápeiron*), o Infinito, ou Ilimitado, na e com a natureza, o não existente que É, mas não é *um* Ser.

a causa da evolução (e não da criação) de um modo indireto, isto é, por meio da emanação de si mesmo (um outro absurdo, desta vez devido aos tradutores da Cabala)[67] das Sephiroth.

I: *E quanto àqueles cabalistas que, embora sendo o que são, ainda acreditam em Jeová, ou o Tetragrammaton?*

T: Estão livres para acreditar no que quiserem na medida em que sua crença ou descrença dificilmente pode afetar um fato por si evidente. Os jesuítas nos dizem que dois mais dois nem sempre são com certeza quatro, posto que depende da vontade de Deus tornar 2 x 2 = 5. Deveremos aceitar sua sofística em relação a tudo isso?

I: *Então vocês são ateístas?*

T: Não que o saibamos, e não a menos que o epíteto de "ateísta" seja aplicado a todos os que descreem em um Deus antropomórfico. Acreditamos em um Princípio Divino Universal, a raiz do Todo do qual tudo procede e para cujo interior tudo será absorvido no fim do grande ciclo do Ser.

I: *Essa é a antiquíssima afirmação do panteísmo. Se vocês são panteístas, não podem ser deístas, e, se não são deístas, então deverão responder pelo nome de ateístas.*

T: Não necessariamente. O termo "panteísmo" está também entre os muitos que são objeto de abuso, cujo significado real e primordial foi distorcido pelo preconceito cego e por uma visão unilateral. Se você aceitar a etimologia cristã dessa palavra composta, e formá-la de πᾶν (*pân*), "todo", e θεός (*theós*), "deus", passando a imaginar e ensinar que isso significa que toda pedra e toda árvore na natureza é um deus ou o Deus único, então, é claro, você estará certo e fará dos panteístas adoradores de fetiches a se somar ao seu nome legítimo.[68] Mas dificilmente você terá tanto sucesso se etimologizar a palavra panteísmo esotericamente e como nós fazemos.

---

67. Como pode o princípio eterno não ativo emanar ou emitir? O Parabrahman dos Vedantinos nada faz desse tipo, tampouco o faz o Ain Soph da Cabala caldeia. É uma lei eterna e periódica que faz uma força ativa e criadora (o Logos) emanar a partir do princípio uno sempre ocultado e incompreensível no início de cada *Maha-manvantara*, ou novo ciclo da vida.

68. Apesar da explicação da autora, convém lembrar que πᾶν, neutro de πᾶς, significa tanto *todo*, *cada*, quanto *tudo*. (N.T.)

I: *Qual é, então, a sua definição da palavra?*

T: Deixe-me, por minha vez, fazer-lhe uma pergunta. O que você entende por *pan*, ou natureza?

I: *A natureza é, suponho, a soma total das coisas que existem ao nosso redor; o agregado de causas e efeitos no mundo da matéria, a criação ou universo.*

T: Consequentemente, a soma e a ordem personificadas de causas e efeitos conhecidos; o total de todas as agências e forças finitas inteiramente desconectadas de um Criador ou Criadores inteligentes e, talvez, "concebidas como uma força singular e separada", como consta em suas enciclopédias?

I: *Sim, acredito que seja isso.*

T: Bem, nós nem levamos em consideração essa natureza objetiva e material, a qual classificamos como uma ilusão evanescente, nem entendemos por *pan* a natureza no sentido de sua derivação aceita do latim *natura*, "vir a ser", de *nasci*, "nascer". Quando nos referimos a Divindade e a tornamos idêntica, daí coeva com a natureza, referimo-nos a natureza eterna e incriada, e não ao seu agregado de sombras esvoaçantes e irrealidades finitas. Deixamos aos autores de hinos chamar de trono de Deus o céu visível e nossa Terra de lama de seu escabelo. Nossa Divindade não está nem em um paraíso, nem em uma árvore, construção ou montanha específicas: está em toda parte, em cada átomo do visível, bem como do cosmos invisível; dentro, sobre e em torno de todo átomo invisível e molécula divisível, pois ELA é o poder misterioso da evolução e involução, a potencialidade criativa onipresente, onipotente e mesmo onisciente.

I: *Alto lá! Onisciência é a prerrogativa de alguma coisa que pensa, e vocês negaram à sua Absolutidade a faculdade do pensamento.*

T: Nós o negamos ao Absoluto, visto que o pensamento é algo limitado e condicionado. Mas você obviamente esquece que, em filosofia, inconsciência absoluta é também consciência absoluta, porquanto, caso contrário, não seria absoluta.

I: *Então o Absoluto de vocês pensa?*

T: Não, ELE não pensa pela simples razão de ser ele o próprio pensamento absoluto. Tampouco ele existe por idêntica razão, já que é existência absoluta, e "seridade" [be-ness], não um ser. Leia o primoroso poema cabalístico de Solomon Ben Yehudah Ibn Gabirol no *Kether Malkut*, e você compreenderá:

> *Tu és um, a raiz de todos os números, mas não como um elemento de numeração, pois a unidade não admite multiplicação, mudança ou forma. Tu és um, e no segredo de Tua unidade os mais sábios dos homens estão perdidos, porque não o sabem. Tu é um, e Tua unidade jamais é diminuída, jamais é estendida e é imutável. Tu és um, e nenhum pensamento meu pode para Ti fixar um limite, ou definir-Te. Tu ÉS, mas não como um existente, pois o entendimento e a visão dos mortais são incapazes de atingir Tua existência, nem para Ti determinar o onde, o como e o porquê. [...]*

Em síntese, nossa Divindade é o construtor eterno em incessante evolução, e não criador, aquele próprio universo revelando-se a partir de sua própria essência, e não sendo criado. É uma esfera, sem circunferência, em seu simbolismo, que possui um único atributo sempre atuante abarcando todos os demais atributos existentes ou pensáveis – Ela mesma. É a lei una a impulsionar leis manifestas, eternas e imutáveis dentro daquela Lei nunca manifesta, porque absoluta, que em seus períodos de manifestação é o *Sempre Vir a ser*.

I: *Eu uma vez ouvi um dos seus membros observar que a Divindade Universal, estando em todo lugar, estava em recipientes indignos como em recipientes dignos e, portanto, estava presente em cada átomo da cinza de meu charuto! Isso não é uma rematada blasfêmia?*

T: Não acho, já que a simples lógica dificilmente pode ser considerada blasfêmia. Se fôssemos excluir o princípio onipresente de um só ponto matemático do universo, ou de uma partícula da matéria que ocupa qualquer espaço concebível, poderíamos continuar a considerá-lo como infinito?

É necessário orar?

I: *Vocês acreditam na prece e costumam orar?*
T: Não. Preferimos a ação ao discurso.

I: *Vocês não oferecem preces sequer ao Princípio Absoluto?*

T: E por que deveríamos? Sendo pessoas bastante ocupadas, dificilmente nos damos o direito de perder tempo dirigindo preces verbais a uma abstração pura. O Incognoscível só é capaz de relações em suas mútuas partes, porém é não existente no que toca a relações finitas. O universo visível, para a sua existência e seus fenômenos, depende de suas formas mutuamente atuantes e de suas leis, não de prece ou preces.

I: *Não acreditam em absoluto na eficácia da prece?*

T: Não na prece ensinada sob a forma de uma multiplicidade de palavras e externamente repetida, se por prece você entende o pedido exteriorizado a um Deus desconhecido na qualidade do destinatário, o que foi inaugurado pelos judeus e popularizado pelos fariseus.

I: *Existe algum outro tipo de prece?*

T: Decididamente sim. Nós a chamamos de *prece da vontade* e é mais um comando interno do que um pedido.

I: *A quem, então, vocês dirigem a prece quando a fazem?*

T: Ao "nosso Pai que está nos céus" no seu sentido esotérico.

I: *E esse sentido é diferente daquele que lhe é dado na teologia?*

T: Completamente. Um ocultista ou um teosofista dirige sua prece ao seu "Pai" *que está em segredo* (leia e tente compreender *Mateus* 6,6), não a um Deus extracósmico e, portanto, finito; e esse "Pai" está no próprio ser humano.

I: *Então vocês fazem do ser humano um deus?*

T: Por favor, diga "Deus", e não "um deus". No sentido que contemplamos, o ser humano interior é o único Deus do qual podemos ter conhecimento. E como poderia ser de outra forma? Conceda-nos nosso postulado de que Deus é um princípio infinito universalmente difuso e como poderá o ser humano isoladamente escapar de ser completamente impregnado pela Divindade e na Divindade? Chamamos de "Pai nos céus" aquela essência deífica da qual somos conhecedores no nosso interior, em nosso coração e consciência espiritual, e que nada tem a ver com a concepção antropomórfica que podemos dela formar em nosso cérebro físico ou sua fantasia: "Não sabeis que sois o templo de Deus e que o espírito do Deus [o absoluto] habita em vós?".[69, 70] No entanto, que nenhum homem antropomorfize aquela essência em nós. Que nenhum teosofista, se se prender à verdade divina, não humana, diga que esse "Deus em segredo" escuta, ou é distinto ou do ser humano finito ou da essência infinita, pois todos são um. Tampouco, como precisamente observado, que uma oração é um pedido. É, antes, um mistério, um processo oculto pelo qual pensamentos e desejos finitos e condicionados, incapazes de ser assimilados pelo espírito absoluto, que é incondicionado, são traduzidos em vontades espirituais e na vontade, tal processo sendo denominado "transmutação espiritual". A intensidade de nossas ardentes aspirações transforma a prece na "pedra filosofal", ou no que transmuta chumbo em ouro puro. A única essência homogênea, nossa "prece da vontade", torna-se a força ativa ou criativa produzindo efeitos de acordo com nosso desejo.

I: *Você quer dizer que a prece é um processo oculto que produz resultados físicos?*

T: Sim. *Força de vontade* torna-se uma força viva. Mas ai daqueles ocultistas e teosofistas que, em vez de esmagar os desejos do *ego* pessoal inferior ou do ser humano físico e dizer – dirigindo-se ao seu ego espiritual superior, imerso na luz *atma-búdica* – "Tua vontade seja feita, não a minha", enviarem ondas de força de vontade em favor

---

69. Citação da primeira *Carta aos Coríntios* 3,16: Οὐκ οἴδατε ὅτι ναὸς Θεοῦ ἐστε, καὶ τὸ Πνεῦμα τοῦ Θεοῦ οἰκεῖ ἐν ὑμῖν; (*Ouk oídate hóti naòs Theoû este, kaì tò Pneûma toû Theoû oikeî en hymîn;*). As palavras *o absoluto* são adicionadas pela autora. (N.T.)

70. Costuma-se encontrar em escritos teosóficos afirmações conflitantes acerca do princípio *Christos* no ser humano. Alguns o classificam como o sexto princípio (*Buddhi*), outros como o sétimo (*Atman*). Se os teosofistas cristãos desejam utilizar tais expressões, que sejam tornadas filosoficamente corretas seguindo-se a analogia dos símbolos da antiga Religião-Sabedoria. Dizemos que *Christos* não é apenas um dos três princípios mais elevados, mas todos os três considerados como uma trindade. Essa trindade representa o Espírito Santo, o Pai e o Filho, na medida em que responde ao espírito abstrato, ao espírito diferenciado e ao espírito corporificado. Krishna e Cristo são filosoficamente o mesmo princípio sob seu aspecto triplo de manifestação. No *Bhagavad Gita* encontramos Krishna chamando a si mesmo indiferentemente de *Atman*, o espírito abstrato *Kshetrajna*, o ego superior ou reencarnante e o eu universal, todos esses nomes que, quando transferidos do Universo para o ser humano, respondem a *Atma*, *Buddhi* e *Manas*. O *Anugita* está repleto da mesma doutrina.

de propósitos egoístas ou maldosos! Com efeito, isso é magia negra, abominação e feitiçaria espiritual. Infelizmente tudo isso constitui a ocupação favorita de nossos estadistas e generais cristãos, especialmente quando esses últimos estão enviando dois exércitos para mútuo assassinato. Ambos, antes da ação, abandonam-se a um bocado de tal feitiçaria, quando separadamente oferecem orações ao mesmo Deus dos Exércitos, cada um solicitando sua ajuda para cortar as gargantas de seus inimigos.

I: *Davi orou ao Senhor dos Exércitos para que o auxiliasse a derrotar os filisteus e exterminar os sírios e os moabitas, e "o Senhor preservou Davi onde quer que ele fosse". Nisso apenas seguimos o que encontramos na Bíblia.*

T: Claro que vocês seguem. Mas, considerando que extraem prazer em se intitular cristãos, não israelitas ou judeus, pelo que sabemos, por que não seguem, em lugar disso, aquilo que Cristo diz? E ele claramente manda que não sigam "os de outrora", ou a lei de Moisés, mas ordena que façam como ele diz, e adverte aqueles que empunham a espada que eles, também, perecerão pela espada. Cristo concedeu-lhes uma prece que vocês transformaram em algo pronunciado da boca para fora e em motivo de ostentação, e que apenas o *verdadeiro* ocultista entende. Nela vocês dizem, em seu significado vazio: "Perdoai as nossas dívidas, assim como perdoamos os nossos devedores", o que vocês jamais fazem. Ademais, ele disse a vós para amar vossos inimigos e fazer o bem àqueles que vos odeiam. Não é certamente o "brando profeta de Nazaré" que ensinou a vocês a suplicar ao vosso "Pai" a matança e a vitória sobre os inimigos! Essa é a razão de rejeitarmos o que vocês chamam de "preces".

I: *Mas como você explica o fato universal de todas as nações e todos os povos terem orado e venerado um Deus ou deuses? Alguns adoraram e propiciaram demônios e espíritos maléficos, mas isso somente prova a universalidade da crença na eficácia da prece.*

T: É explicado pelo fato de que a prece tem vários outros significados além daquele que lhe é atribuído pelos cristãos. Não significa apenas uma súplica ou pedido, mas, na Antiguidade, significava muito mais uma invocação e encantamento. O *mantra*, ou prece ritmicamente entoada dos hindus, apresenta precisamente tal significado, pois os brâmanes se julgam superiores aos *devas* comuns ou "deuses". Uma prece pode ser uma invocação ou um encantamento tanto visando a uma imprecação e uma maldição (como no caso de dois exércitos simultaneamente orando por mútua destruição) quanto visando a uma bênção. E como a grande maioria das pessoas é intensamente egoísta, e ora exclusivamente a favor de si mesma, pedindo para receber seu "pão de cada dia" em lugar de trabalhar para obtê-lo, e implorando a Deus para não deixá-la "cair em tentação", mas livrá-la (no caso das pessoas que memorizaram a súplica somente) do mal, daí resulta que a prece, como atualmente entendida, é duplamente perniciosa: (a) destrói no ser humano a autoconfiança, (b) nele desenvolve um egoísmo e egotismo ainda mais ferozes do aquele de que já é dotado por natureza. Repito que acreditamos em "comunhão" e ação simultânea em uníssono com nosso "Pai em segredo"; e, em raros momentos de ventura extática, na fusão de nossa alma superior com a essência universal, atraída como é em direção à sua origem e centro, um estado chamado durante a vida de *Samadhi* e, depois da morte, de *Nirvana*. Recusamo-nos a orar a seres finitos criados, isto é, deuses, santos, anjos etc., porque o consideramos idolatria. Não podemos orar ao Absoluto pelas razões que expliquei antes. Assim, tentamos substituir a prece infrutífera e inútil por ações meritórias e benéficas.

I: *Os cristãos chamariam isso de orgulho e blasfêmia. Estão errados?*

T: Inteiramente. São eles, pelo contrário, que exibem um orgulho satânico na sua crença de que o Absoluto ou o Infinito – mesmo que houvesse algo como a possibilidade de qualquer relação entre o incondicionado e o condicionado – condescenderá em ouvir toda prece tola e egotista. E são eles, ademais, que virtualmente blasfemam ao ensinar que um Deus onisciente e onipotente necessita que preces sejam proferidas para saber o que ele tem a fazer! Isso – entendido esotericamente – é corroborado tanto pelo Buda quanto por Jesus. Um declara: "Nada buscai dos deuses destituídos de poder, não fazei preces, mas sim buscai agir, visto que as trevas não produzirão luz. Nada solicitai do silêncio, pois ele não pode nem falar nem ouvir". E o outro, Jesus, recomenda: "Seja o que for que pedires em meu nome [o de Cristos], eu o farei". Está claro que essa citação, se tomada em seu sentido literal, contraria nosso argumento. Mas, se a encararmos esotericamente, com pleno conhecimento do significado do termo Cristos, o qual representa para nós *Atma-Buddhi-Manas*, o Eu, resulta no seguinte: o único Deus que devemos reconhecer e ao qual dirigir nossas preces, ou melhor, agir em uníssono, é aquele espírito de Deus do qual nosso corpo é o templo e no qual ele habita.

A prece destrói a autoconfiança

I: *Mas o próprio Cristo não orava e recomendava a prece?*

T: É o que está registrado, mas essas preces são precisamente daquela espécie de comunhão mencionada com o próprio "Pai em segredo". Caso contrário, e se identificarmos Jesus com a divindade universal, haveria algo absurdamente ilógico na conclusão inevitável de que ele, o "próprio Deus ele mesmo", orava para si mesmo, e separava a vontade daquele Deus de sua própria!

I: *Vamos acrescentar um argumento; argumento, ademais, muito empregado por alguns cristãos. Eles dizem: "Sinto que não sou capaz de dominar minhas paixões e fraquezas com minha própria força. Mas, quando oro a Jesus Cristo, sinto que ele me dá força e que, contando com seu poder, sou capaz de dominá-las".*

T: Não é de surpreender. Se "Cristo Jesus" é Deus, e é alguém independente e separado dele quem ora, está claro que tudo é, e *tem de* ser possível a "Deus todo-poderoso". Mas então onde está o mérito ou a justiça de tal domínio? Por que deveria o pseudodominador ser recompensado por alguma coisa feita que lhe custou somente preces? Você, mesmo um simples ser humano mortal, pagaria ao seu trabalhador o salário de um dia completo tendo executado a maior parte do trabalho para ele, enquanto ele se mantivesse sob uma macieira orando a ti para executá-lo? Essa ideia de passar uma vida inteira na ociosidade moral, transferindo a execução do próprio trabalho mais árduo e o cumprimento de sua própria obrigação a uma outra pessoa – seja Deus ou um ser humano –, é para nós sumamente revoltante, bem como é sumamente degradante para a dignidade humana.

I: *Talvez seja, mas é a ideia de confiar em um Salvador pessoal para ajudar e fortalecer na batalha da vida, que é a ideia* *fundamental do moderno cristianismo. E não há dúvida de que, subjetivamente, tal crença é eficaz, isto é, que aqueles que acreditam realmente se sentem ajudados e fortalecidos.*

T: Tampouco resta qualquer dúvida de que alguns pacientes dos "cientistas cristãos" e "mentais" – os grandes "Negadores"[71] – são também às vezes curados; tampouco que o hipnotismo e a sugestão, a psicologia e até a mediunidade produzirão tais resultados frequentemente, se não até com mais frequência. Você leva em consideração e enfia no fio do seu argumento somente os sucessos. E quanto aos fracassos, cujo número é dez vezes maior? Você com certeza não ousará dizer que o fracasso é desconhecido, mesmo contando com suficiente fé cega dos cristãos fanáticos?

I: *Mas como pode você explicar aqueles casos que resultam em completo êxito? Onde um teosofista busca força para vencer suas paixões e seu egoísmo?*

T: No seu Eu Superior, o espírito divino, ou no Deus nele, e no seu Karma. Por quanto tempo teremos de repetir *ad nauseam* que a árvore é conhecida por seus frutos, a natureza da causa por seus efeitos? Você fala de dominar paixões e tornar-se bom por meio e com a ajuda de Deus ou Cristo. Perguntamos: onde você acha mais pessoas virtuosas, destituídas de culpas, que se abstêm do pecado e do crime? Na cristandade ou entre os budistas, nos países cristãos ou em terras pagãs? Existem estatísticas que respondem a essas perguntas e que corroboram nossas afirmações. Conforme o último censo no Ceilão[72] e na Índia, em uma tabela comparativa contendo crimes cometidos por cristãos, muçulmanos, hindus, eurasianos, budistas etc., em uma população de dois milhões tomados aleatoriamente de cada grupo e cobrindo os delitos leves de vários anos, a proporção de crimes perpetrados pelos cristãos é de aproximadamente quinze para quatro perpetrados pela população budista.[73] Nenhum orientalista, nenhum historiador digno de nota ou viajante nas terras dos budistas,

---

71. Uma nova seita de curadores que, negando a existência de tudo exceto do espírito, o qual não pode nem sofrer nem adoecer, afirmam curar todas as doenças desde que o paciente tenha fé de que aquilo que nega não pode existir. Uma nova forma de auto-hipnotismo.

72. Atual Sri-Lanka. (N.T.)

73. Ver *Lucifer* de abril de 1888, p. 147, artigo "Christian lecturers on Buddhism".

desde o bispo Bigandet e o abade Huc até o *Sir* William Hunter e todo oficial justo deixará de dar a palma da virtude aos budistas antes de dá-la aos cristãos. E, no entanto, os primeiros – de qualquer modo não a genuína seita budista siamesa – não acreditam nem em Deus nem em uma futura recompensa fora desta Terra. Não oram, quer os sacerdotes, quer os leigos. "Orem!" Diante disso eles exclamariam perplexos: "A quem ou ao quê?".

I: *Então são verdadeiramente ateus.*

T: Não há absolutamente como negá-lo, mas também são as pessoas mais amantes da virtude e preservadoras da virtude em todo o mundo. Assim afirma o budismo: respeite as religiões das outras pessoas e permaneça fiel a sua; o cristianismo da Igreja, entretanto, denunciando todos os deuses das outras nações como demônios, condenaria todo não cristão à perdição eterna.

I: *O sacerdócio budista não faz o mesmo?*

T: Nunca. Firmam-se demais no sábio preceito presente no *Dhammapada* para fazerem tal coisa, pois sabem que:

> Se qualquer pessoa, instruída ou não, julgar-se tão grande a ponto de desprezar as outras, assemelha-se a um cego segurando uma vela, ela própria cega a iluminar as outras.

Sobre a fonte da alma humana

I: *Como explicar então que uma pessoa seja dotada de espírito e alma? De onde eles vêm?*

T: Da alma universal. Certamente não concedidos por um Deus pessoal. De onde vem o elemento úmido da água-viva? Do oceano que a rodeia, no qual ela vive e respira e tem o seu ser e para onde retorna quando é dissolvida.

I: *Portanto, vocês rejeitam o ensinamento de que a alma é dada ao ser humano, ou insuflada nele, por Deus?*

T: Somos obrigados a fazê-lo. A "alma" à qual o *Gênesis* se refere (em 2,7) é, como aí indicado, a "alma viva" ou *nephesh*, a alma vital, animal, com a qual Deus – dizemos a natureza e a lei imutável – dota o ser humano como todo animal. Não é, de maneira alguma, a alma pensante ou mente, tampouco é o espírito imortal.

I: *Bem, vamos formulá-lo de outro modo: é Deus quem dota o ser humano de uma alma humana racional e de um espírito imortal?*

T: Mais uma vez, devido ao modo como você formula a questão, temos de rejeitá-lo. Como não acreditamos em nenhum Deus pessoal, como poderíamos acreditar que ele dota o ser humano de qualquer coisa? Mas se admitirmos, em favor do argumento, um Deus que assume para si o risco de criar uma nova alma para cada recém-nascido, tudo que se pode dizer é que dificilmente pode se considerar que tal Deus seja, ele próprio, dotado de qualquer sabedoria ou previsão. Algumas outras dificuldades e a impossibilidade de harmonizar isso com as reivindicações feitas a favor da misericórdia, justiça, equidade e onisciência desse Deus constituem os vários recifes letais contra os quais esse dogma teológico é diariamente e a cada hora destroçado.

I: *O que você quer dizer? Quais dificuldades?*

T: Estou pensando em um argumento incontestável oferecido em uma ocasião em minha presença por um sacerdote budista cingalês, um famoso pregador, a um missionário cristão, alguém de modo algum ignorante ou despreparado para a discussão pública durante a qual tal argumento foi apresentado. Foi perto de Colombo, e o missionário tinha desafiado o sacerdote Megattivati a fornecer as razões pelas quais ele acreditava que o Deus cristão não deveria ser aceito pelos "pagãos". Bem, o missionário saiu daquela discussão memorável em segundo lugar, como de costume.

I: *Eu ficaria feliz em saber de que forma isso aconteceu.*

T: Simplesmente assim: o sacerdote budista estabeleceu uma premissa indagando ao *padre* se seu Deus havia dado mandamentos a Moisés apenas para que os seres humanos os cumprissem, ou também para que o próprio Deus os quebrasse. Foi com indignação que o missionário negou tal suposição. Bem, disse seu oponente, você nos diz que Deus não faz exceções para essa regra e que nenhuma alma pode nascer sem a vontade Dele. Ora, Deus, entre outras coisas, proíbe o adultério e, todavia, você diz ao mesmo tempo que é ele quem cria todo bebê que nasce e o dota de uma alma. É para entendermos, então, que os milhões de crianças nascidas no crime e no adultério são obra de seu Deus? Que seu Deus proíbe e pune a transgressão de suas leis, e que, a despeito disso, cria a cada dia e a cada hora almas exatamente para tais crianças? De acordo com a mais simples lógica, seu Deus é um cúmplice no crime, visto que, se não fosse por seu auxílio e interferência, nenhum desses filhos da luxúria poderia nascer. Onde está a justiça de punir não só os pais culpados como também o bebê inocente pelo que é realizado por esse próprio Deus que, no entanto, você isenta de qualquer culpa? O missionário olhou para seu relógio e repentinamente achou que estava ficando demasiado tarde para continuar discutindo.

I: *Vocês esquecem que todos esses casos inexplicáveis constituem mistérios e que nossa religião nos proíbe de inquirir os mistérios de Deus.*

T: Não, não esquecemos, mas simplesmente repudiamos tais impossibilidades. Nem queremos que creia como nós cremos. Limitamo-nos a responder às perguntas feitas. Temos, contudo, outro nome para seus "mistérios".

Os ensinamentos budistas sobre o supracitado

I: *O que o budismo ensina no tocante à alma?*

T: Depende se sua referência é ao budismo exotérico, popular, ou se é aos ensinamentos esotéricos do budismo. O primeiro se explica no *Buddhist catechism* (Catecismo budista) da seguinte maneira:

> Considera alma uma palavra usada pelos ignorantes para exprimir uma ideia falsa. Se tudo está sujeito à mudança, então o ser humano está incluído e toda parte material dele tem de mudar. Aquilo que está sujeito à mudança não é permanente. Assim, não pode haver sobrevivência imortal de uma coisa mutável.

Isso parece claro e definido. Mas, quando topamos com a questão de que a nova personalidade em cada renascimento sucessivo é o agregado de *skandhas*, ou atributos da velha personalidade, e indagamos se esse novo agregado de *skandhas* é igualmente um novo ser no qual nada restou do último, lemos que...

[...] em um sentido é um novo ser, em outro não é. Durante esta vida os skandhas *estão em contínua mudança; e, enquanto o homem A. B. de 40 anos é idêntico, no que diz respeito à personalidade, ao jovem A. B. de 18, ainda assim, em função do contínuo desgaste e reparação de seu corpo, a se somar à mudança de pensamento e de caráter, ele é um ser diferente. Entretanto, o ser humano na velhice colhe justamente a recompensa ou o sofrimento que constitui consequência de seus pensamentos e ações em cada estágio prévio de sua vida. Assim, o novo ser de um renascimento, sendo a mesma individualidade de antes (mas não a mesma personalidade), apenas com uma forma alterada, ou novo agregado de* skandhas, *colhe justamente as consequências de suas ações e pensamentos da existência anterior.*

Isso é metafísica abstrusa e claramente não expressa de modo algum descrença na alma.

I: *Algo semelhante a isso não é tratado no* budismo *esotérico?*

T: Sim, pois isso pertence tanto ao budismo esotérico, ou sabedoria secreta, quanto ao budismo exotérico, ou filosofia religiosa de Gautama Buda.

I: *Mas nos disseram claramente que a maioria dos budistas não acredita na imortalidade da alma.*

T: Nem nós, se você entende por alma o ego *pessoal*, ou alma vital – *nephesh*. Mas todo budista instruído acredita no ego individual ou divino. Aqueles que não o fazem erram em seu juízo. Estão tão errados nesse ponto quanto aqueles cristãos que tomam equivocadamente as interpolações teológicas dos editores posteriores dos Evangelhos, a respeito da danação e do fogo do inferno, por declarações *verbatim* de Jesus. Nem o Buda nem Cristo, eles mesmos, jamais escreveram qualquer coisa, mas ambos se expressavam alegoricamente e empregavam "dizeres obscuros", como o faziam todos os verdadeiros Iniciados, e ainda o farão por muito tempo. Ambas as Escrituras tratam de todas essas questões metafísicas muito cuidadosamente e tanto registros budistas quanto cristãos pecam por esse excesso de exoterismo, o sentido da letra morta excedendo em muito o alvo em ambos os casos.

I: *Você está sugerindo que nem os ensinamentos do Buda nem os de Cristo foram compreendidos corretamente até agora?*

T: O que quero dizer é exatamente como você diz. Ambos os Evangelhos, o budista e o cristão, foram pregados com a mesma meta em vista. Ambos os reformadores eram ardorosos filantropos e altruístas atuantes, pregando um socialismo sumamente evidente do tipo mais nobre e elevado, e autossacrifício até as últimas consequências, por mais amargas que fossem. "Que as falhas do mundo inteiro caiam sobre mim, para que me seja permitido aliviar a miséria e o sofrimento humanos", exclama Buda; "Não permitirei o choro de quem eu possa salvar!", exclama o príncipe-mendigo, trajado dos andrajos do cemitério. "Vinde a mim todos vós que labutais e que estais sobrecarregados e eu vos darei repouso", é o a apelo aos pobres e deserdados feito pelo "homem dos sofrimentos", que não tinha onde pousar sua cabeça. Os ensinamentos de ambos são amor ilimitado pela humanidade, caridade, perdão das ofensas, esquecimento de si mesmo e compaixão pelas massas iludidas; ambos exibem o mesmo desprezo pelas riquezas e não diferem entre *meum* e *tuum*. O desejo deles era, sem revelar a todos os mistérios sagrados da Iniciação, oferecer aos ignorantes e aos desencaminhados, cujo fardo na vida lhes era pesado demais, suficiente esperança e uma noção da verdade que bastasse para sustentá-los em suas horas mais difíceis. Mas o objetivo de ambos esses reformadores foi frustrado devido ao excesso de zelo de seus seguidores posteriores. Tendo sido as palavras dos Mestres mal compreendidas e mal interpretadas, contemplai as consequências!

I: *Mas não há dúvida de que o Buda deve ter repudiado a imortalidade da alma, considerando que todos os orientalistas e seus próprios sacerdotes o afirmam?*

T: Os Arhats começaram por seguir o procedimento de seu Mestre e a maioria dos sacerdotes que os seguiram não foi iniciada, tal como no cristianismo; e, assim, aos poucos, as grandes verdades esotéricas quase se perderam. Uma prova disso é que, das duas seitas existentes no Ceilão, a siamesa acredita ser a morte o absoluto aniquilamento da individualidade e da personalidade, ao passo que a outra introduz e explica o *Nirvana*, como fazemos nós, os teosofistas.

I: *Mas por que, nesse caso, budismo e cristianismo representam os dois polos opostos de tal crença?*

T: Porque as condições sob as quais foram pregados não foram idênticas. Na Índia, os brâmanes, zelosos de seu conhecimento superior e excluindo dele todas as castas menos a sua, haviam impulsionado milhões de pessoas para a idolatria e quase para o fetichismo. O Buda teve de assestar o golpe mortal na exuberância de fantasias nocivas e superstições fanáticas egressas da ignorância, algo quase sem precedentes e antecedentes. Melhor um ateísmo filosófico do que tal adoração ignorante para aqueles...

> [...] que bradam sobre seus deuses e não são ouvidos
> Ou não recebem atenção [...]

...e que vivem e morrem em desespero mental. Ele teve de, primeiramente, deter toda essa torrente lamacenta de superstição, desenraizar erros antes de oferecer a verdade. E, como não podia oferecer tudo, pela mesma razão de Jesus, que lembra aos seus discípulos que os Mistérios do Céu não são para as massas ignorantes, mas exclusivamente para os eleitos, e, portanto, "falava a elas mediante parábolas" (*Mateus* 13,10-11), sua cautela levou o Buda a ocultar muitas coisas. Ele chegou a recusar dizer ao monge Vacchagotta se existia ou não existia um ego no ser humano. Quando pressionado a responder, "o augusto manteve silêncio".
Buda concede ao seu discípulo Iniciado Ananda, que indaga a respeito da razão desse silêncio, uma resposta clara e inequívoca no diálogo traduzido por Oldenburg do *Samyuttaka Nikaya*:

> Se eu, Ananda, quando o monge andarilho Vacchagotta perguntou-me "Existe o ego?", houvesse respondido "o ego existe", isso, Ananda, teria resultado em confirmar a doutrina dos Samanas e Brahmanas, que acreditavam na permanência. Se eu, Ananda, quando o monge andarilho Vacchagotta perguntou-me "O ego não existe?", houvesse respondido "O ego não existe", isso, Ananda, teria resultado em confirmar a doutrina daqueles que acreditavam no aniquilamento. Se eu, Ananda, quando o monge andarilho Vacchagotta perguntou-me "Existe o ego?", houvesse respondido "O ego existe", teria isso servido ao meu propósito, Ananda, de produzir nele o conhecimento de que todas as existências (dhamma) são não ego? Mas se eu, Ananda, houvesse respondido "O ego não existe", isso, Ananda, teria apenas feito o monge andarilho Vacchagotta ser arremessado de uma

perplexidade a outra, "Meu ego não existiu antes? Mas agora ele não existe mais!".

Isso mostra, melhor do que qualquer coisa, que Gautama Buda afastou tais difíceis doutrinas metafísicas das massas com o intuito de não lhes trazer mais perplexidade. O que ele apontava era a diferença entre o ego pessoal temporário e o Eu Superior, o qual verte sua luz sobre o ego imperecível, o "Eu" espiritual do ser humano.

I: *Isso se refere a Gautama, mas de que modo toca aos Evangelhos?*

T: Leia a história e pondere a respeito dela. Na época em que se afirma que os acontecimentos narrados nos *Evangelhos* ocorreram, houve uma semelhante fermentação intelectual em todo o mundo civilizado. Mas os resultados no Oriente e no Ocidente foram opostos. Os antigos deuses estavam agonizando. Enquanto as classes civilizadas flutuavam, na comitiva dos descrentes saduceus, para negações materialistas e para a mera letra morta da forma mosaica na Palestina e para a dissolução moral em Roma, as classes mais baixas e mais pobres corriam para a bruxaria e para deuses estranhos, ou se tornavam hipócritas ou pior. Mais uma vez chegara a hora de uma reforma espiritual. O Deus cruel, antropomórfico e zeloso dos judeus, com suas leis sanguinárias de "olho por olho e dente por dente", do derramamento de sangue e dos sacrifícios animais, teve de ser relegado a um posto secundário e substituído pelo misericordioso "Pai em segredo". Esse último tinha de ser mostrado não como um deus extracósmico, mas como um Salvador divino do ser humano de carne, entesourado em seu próprio coração e alma, tanto no pobre quanto no rico. Não mais aqui do que na Índia podiam os segredos da Iniciação ser divulgados, a não ser dando aquilo que é sagrado aos cães e lançando pérolas aos porcos, com tanto o revelador quanto as coisas reveladas sendo pisoteados. Daí a reticência tanto do Buda como de Jesus (tenha esse último vivido o período histórico conferido a ele ou não) – tendo eles igualmente deixado de revelar com clareza os Mistérios da Vida e da Morte – haver levado, em um caso, às negações vazias do budismo do sul e, no outro, às três formas conflitantes da Igreja Cristã e às trezentas seitas protestantes, isto somente na Inglaterra.

VI
Ensinamentos teosóficos relativos à natureza e ao ser humano

A unidade do tudo em tudo

I: *Depois de ter me dito o que Deus, a alma e o ser humano não são segundo as concepções de vocês, poderia informar-me o que eles são segundo os seus ensinamentos?*

T: Em sua origem e na eternidade os três, como o universo e tudo nele contido, são unos com a unidade absoluta, a essência deífica incognoscível da qual falei anteriormente. Não cremos em nenhuma criação, mas sim nos aparecimentos periódicos e consecutivos do universo a partir do plano subjetivo sobre o objetivo do ser, em intervalos regulares de tempo, cobrindo períodos de imensa duração.

I: *Poderia dar uma explicação detalhada disso?*

T: Considere como uma primeira analogia e instrumento de auxílio para uma melhor compreensão o ano solar, e, a título de uma segunda, as duas metades desse ano produzindo cada uma um dia e uma noite de seis meses de duração no Polo Norte. Agora imagine, se puder, em lugar de um ano solar de 365 dias, a eternidade. Que o sol represente o universo e os dias e as noites polares de seis meses cada uma – dias e noites durando cada uma 182 trilhões e quatrilhões de anos, em lugar de 182 dias cada uma. Tal como o sol nasce toda manhã em nosso horizonte objetivo a partir de seu (para nós) espaço subjetivo e antipodal, o universo emerge periodicamente no plano da objetividade, saindo daquele da subjetividade – os antípodas do primeiro. Esse é o "Ciclo da Vida". E, tal como o sol desaparece de nosso horizonte, o universo desaparece em períodos regulares quando a "Noite Universal" começa. Os hindus chamam tais alternâncias de "Dias e Noites de Brahmâ", ou de os tempos de *manvantara* e de *pralaya* (dissolução). Os ocidentais podem chamá-las de Dias e Noites Universais, se o preferirem. Durante essas últimas (as noites) tudo está em tudo; todo átomo é dissolvido em uma homogeneidade.

Evolução e ilusão

I: *Mas quem é que a cada tempo cria o universo?*

T: Ninguém o cria. A ciência chamaria esse processo de evolução; os filósofos pré-cristãos e os orientalistas chamavam-no de emanação. Nós, ocultistas e teosofistas, nele vemos a única Realidade universal e eterna lançando um reflexo periódico de Si mesma nas infinitas profundezas espaciais. Esse reflexo, que você considera o universo material objetivo, nós consideramos uma *ilusão* temporária e nada mais. Somente aquilo que é eterno é real.

I: *Se assim for, você e eu somos também ilusões.*

T: Como personalidades "esvoaçantes", hoje uma pessoa, amanhã outra, somos. Você chamaria os súbitos lampejos da *aurora boreal*, as luzes do norte, de uma "realidade", embora sejam tão reais quanto o podem ser enquanto você olha para ela? Decerto que não. É a causa que a produz, se permanente e eterna, que é a única realidade, ao passo que o efeito é tão só uma ilusão passageira.

I: *Tudo isso não me elucida como essa ilusão denominada universo tem origem; como o que será consciente passa a se manifestar a partir da inconsciência que é.*

T: É *inconsciência* somente para nossa consciência finita. Na verdade, poderíamos parafrasear *São João* (1,5) e dizer: "E a luz [absoluta, que é trevas para nós] brilha nas trevas [que é luz material ilusória]; e as trevas não a compreendem". Essa luz absoluta é também lei absoluta e imutável. Seja por radiação ou emanação – não há necessidade de discutirmos sobre os termos –, o universo passa de sua subjetividade homogênea ao primeiro plano de manifestação, dos quais há sete, conforme fomos ensinados. De plano para plano ele se torna mais denso e material até atingir este, o nosso plano, no qual o único mundo aproximadamente conhecido e compreendido pela ciência em sua composição física é o sistema planetário ou solar, um mundo *sui generis*, segundo fomos informados.

I: *O que você quer dizer com* sui generis*?*

T: Quero dizer que, embora a lei fundamental e a operação universal das leis da natureza sejam uniformes, ainda assim nosso sistema solar – como todos os outros sistemas semelhantes entre os milhões nos cosmos –, e mesmo nossa Terra, tem seu próprio programa de manifestações que difere dos respectivos programas de todos os outros. Referimo-nos aos habitantes de outros planetas e imaginamos que, se são seres humanos, isto é, entidades pensantes, devem ser como nós somos. A fantasia dos poetas, pintores e escultores nunca deixa de representar até os anjos como uma bela cópia do ser humano – *com* asas. Dizemos que tudo isso constitui erro e ilusão, porque, se somente nesta pequena Terra descobre-se tal diversidade em sua flora, fauna e na espécie humana – da alga marinha ao cedro-do-líbano, da água-viva ao elefante, do bosquímano e do negro ao Apolo Belvedere –, alterem-se as condições, cósmicas e planetárias, e necessariamente haverá como resultado uma flora, fauna e espécie humana completamente diferentes. As mesmas leis moldarão um conjunto de coisas e seres completamente diferentes mesmo neste nosso plano, nele incluindo todos os nossos planetas. Consequentemente, quão mais diferente deve ser a natureza externa em outros sistemas solares, e quão tolo é julgar outros astros e mundos e seres humanos com base no nosso, como faz a física!

I: *Mas de quais dados você dispõe para sustentar essa afirmação?*

T: Aquilo que a ciência em geral jamais aceitará como prova: o testemunho acumulativo de uma sucessão sem fim de videntes que depuseram a favor desse fato. Suas visões espirituais, efetivas explorações mediante e através de sentidos psíquicos e espirituais livres da carne cega, foram sistematicamente verificadas e comparadas entre si e sua natureza meticulosamente examinada. Tudo o que não foi corroborado por experimentação unânime e coletiva foi rejeitado, enquanto foi apenas registrado como verdade estabelecida o que, em diversas eras, sob diferentes climas e ao longo de uma série imensa de incessantes observações, foi julgado em concordância e receptivo de constante confirmação ulterior. Os métodos utilizados por nossos estudiosos e estudantes das ciências psicoespirituais, como você pode ver, não diferem daqueles dos estudantes das ciências naturais e físicas. A diferença é que nossos campos de pesquisa estão em dois planos distintos e nossos instrumentos não são confeccionados por mãos humanas, razão pela qual talvez sejam mais confiáveis. As retortas, os acumuladores e os microscópios do químico e do físico podem deixar de funcionar; o telescópio e os instrumentos horológicos do astrônomo são passíveis de estrago; nossos instrumentos registradores estão além da influência das condições atmosféricas ou dos elementos.

I: *E, portanto, vocês têm uma fé implícita neles?*

T: Fé é uma palavra que não é encontrada em dicionários de teosofia. Dizemos "conhecimento baseado na observação e na experiência". Isso, contudo, com a diferença que, enquanto a observação e a experiência da física conduzem os cientistas a aproximadamente tantas hipóteses operacionais quantas mentes há para desenvolvê-las, nosso conhecimento admite que sejam adicionados ao seu acervo de saber apenas aqueles fatos que se tornaram inegáveis e que estão plena e absolutamente demonstrados. Não temos duas crenças ou hipóteses em torno do mesmo assunto.

I: *Foi com base em tais dados que vocês acabaram por aceitar as estranhas teorias que encontramos em* Esoteric buddhism?

T: Precisamente. É possível que essas teorias estejam ligeiramente incorretas no que toca aos seus detalhes secundários e mesmo a falhas na sua exposição por estudantes leigos. Entretanto, dizem respeito a fatos da natureza e se aproximam mais da verdade do que qualquer hipótese científica.

Sobre a constituição setenária de nosso planeta

I: *Entendo que vocês descrevem nossa Terra como formando parte de uma cadeia de Terras?*

T: Descrevemos. Mas as outras seis "Terras" ou globos não estão no mesmo plano de objetividade que a nossa Terra está; por esse motivo, não podemos vê-las.

I: *A causa disso é a grande distância?*

T: Em absoluto, pois vemos a olho nu não só planetas como também estrelas a distâncias incomensuravelmente superiores. A causa é esses seis globos estarem fora de nossos meios físicos de percepção, ou plano do ser. Não é somente porque sua densidade, peso ou textura materiais sejam inteiramente diferentes daqueles da nossa Terra e dos outros planetas conhecidos, mas também porque estão (para nós), por assim dizer, em uma camada de espaço inteiramente diferente: uma camada que não é para ser percebida ou sentida pelos nossos sentidos físicos. E quando digo "camada", por favor, não permita que sua fantasia sugira a você camadas como estratos ou leitos sobrepostos, pois isso somente conduziria a outra absurda concepção falsa. O que chamo de "camada" é aquele plano do espaço infinito que, por sua natureza, não pode ingressar no domínio de nossas percepções despertas ordinárias, sejam mentais ou físicas, mas que existe na natureza externamente a nossa mentalidade ou consciência normais, externamente ao nosso espaço tridimensional e externamente a nossa divisão do tempo. Cada um dos sete planos ou camadas fundamentais no espaço – é claro, como um todo, como o espaço puro da definição de Locke[74], não como nosso espaço infinito – possui sua própria objetividade e subjetividade, seu próprio espaço e tempo, sua própria consciência e conjunto de sentidos. Mas tudo isso será dificilmente compreensível para alguém educado segundo as formas modernas de pensar.

I: *O que você quer dizer com um conjunto diferente de sentidos? Existe alguma coisa em nosso plano humano que se poderia apresentar como uma ilustração do que é dito por você, apenas para fornecer uma ideia mais clara do que vocês podem querer dizer com essa variedade de sentidos, espaços e respectivas percepções?*

T: Não há nada, exceto, talvez, aquilo que para a ciência seria um conveniente pretexto onde instalar um contra-argumento. Temos um diferente conjunto de sentidos na vida onírica, não temos? Sentimos, falamos, ouvimos, vemos, degustamos e operamos em geral em um plano diferente; sendo a mudança de estado de nossa consciência evidenciada pelo fato de que uma série de atos e eventos que abrangem anos, como pensamos, atravessa idealmente nossa mente em um instante. Bem, essa extrema rapidez de nossas operações mentais nos sonhos e a perfeita naturalidade, nesse ínterim, de todas as outras funções, mostram-nos que estamos em um plano completamente dife-

---
74. John Locke (1632-1704), filósofo inglês. (N.T.)

rente. Nossa filosofia nos ensina que, como há sete forças fundamentais na natureza, e sete planos do ser, há sete estados de consciência nos quais o ser humano é capaz de viver, pensar, lembrar e ter sua existência. Enumerá-los aqui é impossível, motivo pelo qual é preciso recorrer ao estudo da metafísica oriental. Mas nesses dois estados – o de desperto e o onírico – todo mortal ordinário, de um instruído filósofo até um pobre selvagem sem instrução, dispõe de uma boa prova da diferença de tais estados.

I: *Então vocês não aceitam as famosas explicações da biologia e da fisiologia para o estado onírico?*

T: Não aceitamos. Repudiamos inclusive as hipóteses de seus psicólogos, e damos preferência aos ensinamentos da sabedoria oriental. Acreditando em sete planos de ser cósmico e estados de consciência, no tocante ao universo ou macrocosmo detemo-nos no quarto plano, considerando impossível ir além com qualquer grau de certeza. Todavia, com respeito ao microcosmo, ou ser humano, especulamos livremente sobre seus sete estados e princípios.

I: *E como os explicam?*

T: Descobrimos, antes de tudo o mais, dois seres distintos no ser humano: o espiritual e o físico, o ser humano que pensa e o ser humano que registra o máximo desses pensamentos que é capaz de assimilar. Assim, nós o dividimos em duas distintas naturezas: o ser superior ou o espiritual, composto de três "princípios" ou aspectos, e o inferior ou quaternário físico, composto de quatro – sete ao todo.

A natureza setenária do ser humano

I: *Essa é a mesma divisão que chamamos de espírito e alma, e o ser humano de carne?*

T: Não. Essa é a antiga divisão platônica. Platão era um Iniciado e, portanto, não podia ingressar em minúcias interditas. Mas aquele que está familiarizado com a doutrina arcaica descobre o sete nas várias combinações de Platão de alma e espírito. Ele considerava que o ser humano é constituído de duas partes: uma eterna formada da mesma essência da Absolutidade, e a outra mortal e corruptível, derivando suas partes constituintes dos deuses "criados" secundários. O ser humano é composto, ele mostra, de (1) um corpo mortal, (2) um princípio imortal e (3) um "tipo separado e mortal de alma". É o que chamamos respectivamente de ser humano físico, a alma espiritual ou espírito (*noys*) e a alma animal (*psykhé*). Essa é a divisão adotada por Paulo, um outro Iniciado, que sustenta que há um corpo psíquico que é semeado no corruptível (alma ou corpo astral) e um corpo espiritual que é criado em substância incorruptível. *Tiago* (3,15) também corrobora o mesmo, dizendo que a "sabedoria" (de nossa alma inferior) não desce do alto, mas é terrestre, "psíquica", "demoníaca" (veja o texto em grego)[75], ao passo que a outra é sabedoria celestial. Ora, isso está tão claro que Platão e mesmo Pitágoras, ainda que falando apenas de três "princípios", lhes conferem sete funções independentes, em suas variadas combinações; se o contrastarmos com nossos ensinamentos, isso ficará inteiramente claro. Tenhamos uma visão superficial desses sete aspectos traçando uma tabela [ver p. 112].

Ora, o que Platão ensina? Ele fala do ser humano interior como constituído de suas partes – uma imutável e sempre a mesma, formada da mesma substância da Divindade, e a outra mortal e corruptível. Essas duas partes são encontradas na tríade superior e no quaternário inferior de nossa tabela. Ele explica que quando a alma (*psykhé*) "alia-se ao *noys* (espírito divino ou substância[76] divina), ela faz tudo correta e apropriadamente"; mas a situação é outra quando ela se liga a *anoia* (loucura, ou a alma animal irracional). Aqui, então, temos Manas, ou a alma em geral, em seus dois aspectos: quando se liga a *anoia* (nosso Kama Rupa, ou a "alma animal" em *Esoteric buddhism*), no que diz respeito ao ego pessoal ela se move para o completo aniquilamento; quando se alia ao *noys* (Atma-Buddhi) funde-se ao ego imortal, imperecível, e então sua consciência espiritual do ego pessoal que era, torna-se imortal.

---

75. Ei-lo: οὐκ ἔστιν αὕτη ἡ σοφία ἄνωθεν κατερχομένη, ἀλλὰ ἐπίγειος, ψυχική, δαιμονιώδης· (*ouk éstin haute he sophía ánothen katerkhoméne, allà epígeios, psykhiké, daimoniódes.*). (N.T.)

76. Paulo chama o *noys* de Platão de "espírito", mas, como esse espírito é "substância", está claro que o que se entende é Buddhi e não Atma, visto que este não pode ser filosoficamente chamado de "substância" sob quaisquer circunstâncias. Incluímos Atma entre os "princípios" humanos a fim de não gerar mais confusão. Na realidade, não é nenhum princípio humano, mas o princípio universal absoluto do qual Buddhi, a alma espiritual, é o portador.

Divisão teosófica

Termos sânscritos	Significado exotérico	Explicação
(a) Rupa, ou Sthula — *O quaternário inferior*	(a) Corpo físico	(a) É o veículo de todos os demais "princípios" Sharira durante a vida.
(b) Prana	(b) Vida, ou princípio vital.	(b) Necessário apenas para *a*, *c*, *d*, e as funções do Manas inferior, que abrange todas aquelas limitadas ao cérebro *físico*.
(c) Linga Sharira	(c) Corpo astral	(c) O duplo, o corpo fantasma.
(d) Kama Rupa	(d) A sede dos desejos e das paixões animais	(d) Este é o centro do ser humano animal onde está a linha de demarcação que separa o ser humano mortal da entidade imortal.
(e) Manas – um princípio duplo em suas funções. — *A tríade superior imperecível*	(e) Mente, inteligência: a mente humana superior, cuja luz ou radiação liga a Mônada, para a existência, ao ser humano mortal.	(e) O estado futuro e o destino kármico do ser humano depende se Manas gravita mais para baixo a Kama Rupa, a sede das paixões animais, ou para cima a Buddhi, o ego espiritual. Nesse último caso, a consciência superior das aspirações espirituais individuais da mente (Manas), assimilando Buddhi, é por ele absorvida e forma o ego que ingressa na felicidade devachânica.[77]
(f) Buddhi	(f) A alma espiritual	(f) O veículo do espírito universal puro.
(g) Atma	(g) Espírito	(g) Uno com o Absoluto, como sua irradiação.

77. No *Esoteric buddhism* do senhor Sinnett, *d*, *e* e *f* são respectivamente chamados de alma animal, alma humana e alma espiritual, o que está também válido. Embora os princípios em *Esoteric buddhism* sejam numerados, isso é, a rigor, desnecessário. A Mônada dupla sozinha (Atma-Buddhi) é suscetível de ser considerada com os dois números mais elevados (o sexto e o sétimo). Quanto a todos os outros, uma vez que somente aquele "princípio" que é predominante do ser humano tem de ser considerado o primeiro e principal, nenhuma numeração é possível como uma regra geral. Em alguns seres humanos, é a inteligência superior (Manas ou o quinto) que predomina sobre os restantes; em outros, é a alma animal (Kama Rupa) que reina soberana, exibindo os instintos mais bestiais etc.

A distinção entre alma e espírito

I: *Vocês realmente ensinam, como são acusados de fazer por alguns espiritualistas e espíritas franceses, o aniquilamento de toda personalidade?*

T: Não. Nossos opositores começaram com essa acusação despropositada porque essa questão da dualidade – a *individualidade* do ego divino e a *personalidade* do animal humano – envolve aquela da possibilidade de o real ego imortal aparecer nas *sessões espíritas* [*séance rooms*] como um "espírito materializado", o que negamos, segundo já explicado.

I: *Você acabou de falar da* psykhé *se movendo para o completo aniquilamento se ela se ligar a* anoia. *O que fez Platão e o que você quer dizer com isso?*

T: O total aniquilamento da consciência *pessoal* como um caso excepcional e raro, penso eu. A regra geral e quase invariável é a fusão do pessoal na consciência individual ou imortal do ego, uma transformação ou uma divina transfiguração e o completo aniquilamento somente do quaternário inferior. Você esperaria que o ser humano de carne (ou a personalidade temporária), sua sombra (o astral), seus instintos animais e mesmo a vida física sobrevivessem com o ego espiritual e se tornassem sempiternos? Naturalmente, tudo isso deixa de existir ou com a morte corpórea ou logo depois dela. Torna-se com o tempo inteiramente desintegrado e desaparece, sendo aniquilado como um todo.

I: *Então vocês rejeitam a ressurreição na carne?*

T: Rejeitamo-la incisivamente! Por que deveríamos nós, que cremos na filosofia esotérica arcaica dos antigos, aceitar as especulações não filosóficas da posterior teologia cristã tomada emprestado dos sistemas exotéricos egípcio e grego dos gnósticos?

I: *Os egípcios veneravam espíritos da natureza e deificavam até cebolas; os seus hindus são idólatras até hoje; os adeptos de Zoroastro adoravam e ainda adoram o sol; e os melhores filósofos gregos eram ou sonhadores ou materialistas, o que é testemunhado por Platão e Demócrito*[78]. *Como é que você pode comparar!?*

---

78. Demócrito de Abdera (*c.* 460 a.C.-*c.* 360 a.C.), filósofo grego pré-socrático. (N.T.)

T: Pode ser assim nos seus modernos catecismos teológicos e mesmo científicos: não é assim para mentes não tendenciosas. Os egípcios veneravam o "Um-Somente-Um", como *Nout*; e é a partir dessa palavra que Anaxágoras[79] obteve sua denominação *noys*, ou, como ele o chama, Νοῦς αὐτοκρατής (*Noûs autokratés*), "mente ou espírito autopotente", ἀρχὴ τῆς κινήσεως (*arkè tês kinéseos*), "o motor condutor", ou *primum mobile* de tudo. Com ele o *noys* era Deus, e o *logos* era o ser humano, sua emanação. O *noys* é o espírito (seja no *cosmos* ou no ser humano), e o *logos*, seja universo ou corpo astral, a emanação do primeiro, o corpo físico sendo apenas o animal. Nossas faculdades externas percebem *fenômenos*; somente nosso *noys* é capaz de reconhecer seus *nôumenos*. É somente o *logos*, ou o *nôumeno*, que sobrevive porque é imortal em sua própria natureza e essência, e o *logos* no ser humano é o ego eterno, aquele que reencarna e dura para sempre. Mas como pode a sombra evanescente ou externa, o traje temporário daquela *emanação* divina que retorna à fonte de onde procedeu, ser aquilo que é "ressuscitado na incorruptibilidade"?

I: *Ainda assim vocês dificilmente podem escapar da acusação de terem inventado uma nova divisão dos constituintes espirituais e psíquicos do ser humano, posto que nenhum filósofo fala deles, embora vocês creiam que Platão fale.*

T: E eu dou sustentação a essa crença. Não só Platão, como também Pitágoras adotaram a mesma ideia[80]. Ele descreveu a alma como uma unidade que move a si mesma (*monas*) composta de três elementos, o *noys* (espírito), o *phren* (mente) e o *thymos* (vida, alento ou o *nephesh* dos cabalistas), tríade que corresponde ao nosso Atma-Buddhi (alma espiritual mais elevada), Manas (o ego) e Kama Rupa em conjunção com o reflexo inferior de Manas. Aquilo que os filósofos gregos antigos chamavam em geral de alma, nós chamamos de espírito, ou alma espiritual, Buddhi, como o veículo de Atma – o *To Agathon*, ou Divin-

---

79. Anaxágoras de Clazomena (500 a.C.-428 a.C.), filósofo grego pré-socrático. (N.T.)
80. "Platão e Pitágoras", diz Plutarco, "dividem a alma em duas partes, a alma racional (noética) e a irracional (*agnoia*); que essa parte da alma do ser humano que é racional é eterna, pois, embora não seja Deus, ainda assim é o produto de uma divindade eterna; mas aquela parte da alma que é privada de razão (a *agnoia*) morre". O termo moderno *agnóstico* provém de *a-gnosticos*, uma palavra cognata de *agnoia*. Nós imaginamos por que o senhor Huxley, criador da palavra, teria ligado seu grande intelecto à "alma... privada de razão" que morre? Seria a exagerada humildade do materialista moderno?

dade suprema de Platão. O fato de Pitágoras e outros declararem que compartilhamos *phren* e *thymos* com os animais irracionais prova que, nesse caso, a referência é ao reflexo manásico inferior (instinto) e a Kama Rupa (paixões da vida animal). E como Sócrates e Platão admitiram essa pista e a adotaram, se a esses cinco, a saber, *To Agathon* (Divindade ou Atma), *psykhé* (alma no seu sentido coletivo), *noys* (espírito ou mente), *phren* (mente física) e *thymos* (Kama Rupa ou paixões), acrescentarmos o *eidolon* dos Mistérios (a forma de sombra ou duplo humano) e o *corpo físico*, ficará fácil demonstrar que as ideias tanto de Pitágoras quanto de Platão eram idênticas às nossas. Até os egípcios adotaram a divisão setenária. Ensinavam que a alma (ego), em sua saída, tinha de atravessar suas sete câmaras, ou princípios, tanto aquelas que deixava para trás quanto aquelas que levava consigo. A única diferença é que, sempre tendo em mente a punição por revelar doutrinas dos Mistérios, que era a morte, eles proporcionaram o ensinamento sob a forma de um esboço panorâmico, ao passo que nós o apresentamos sob uma forma elaborada e o explicamos em seus detalhes. Mas, embora realmente forneçamos ao mundo tanto quanto é lícito, mesmo em nossa doutrina mais de um importante detalhe é retido, os quais exclusivamente aqueles que estudam a filosofia esotérica e que têm o compromisso do silêncio têm direito de conhecer.

Os ensinamentos gregos

I: *Dispomos de magníficos eruditos em grego, latim, sânscrito e hebraico. Como explicar o fato de nada encontrarmos em suas traduções que nos proporcione uma pista para o que você diz?*
T: Porque os seus tradutores, a despeito de seu grande conhecimento, fizeram dos filósofos, sobretudo dos gregos, autores obscuros em lugar de autores místicos. Tome como exemplo Plutarco[81] e leia o que ele diz dos "princípios" do ser humano. O que ele descreve é aceito literalmente e atribuído à superstição metafísica e à ignorância. Deixe-me dar-lhe uma ilustração a respeito desse autor:

> *O ser humano é composto e estão* errados aqueles que pensam ser ele composto de apenas duas partes, *pois imaginam que o enten-*

---
81. Plutarco de Queroneia (40 d.C.-120 d.C.), filósofo e biógrafo grego. (N.T.)

> *dimento (intelecto do cérebro) é uma parte da alma (a tríade superior); mas erram nesse sentido não menos do que aqueles que fazem a alma ser uma parte do corpo, isto é, aqueles que fazem da tríade parte do* quaternário corruptível mortal. *Pois o entendimento (noys) excede a alma na mesma medida que a alma é melhor e mais divina do que o corpo. Ora, essa composição da alma (ψυχή [psykhé]) com o entendimento (νοῦς [noûs]) produz a razão; e com o corpo (ou thymos, a alma animal) a paixão, de que um é o começo ou princípio do prazer e da dor, e o outro da virtude e do vício. Dessas três partes conjugadas e conjuntamente compactadas, a Terra deu o corpo, a lua a alma e o sol o entendimento da geração do ser humano.*

Essa última sentença é puramente alegórica e será compreendida somente pelos versados na ciência esotérica das correspondências e que conhecem qual planeta está relacionado a cada princípio. Plutarco divide os princípios em três grupos e faz do corpo um composto de *estrutura física, sombra astral* e *alento*, ou a parte inferior tripla, que "da terra foi tomada e à terra retorna"; do princípio médio e da *alma instintiva* a segunda parte, derivada a partir e através e sempre influenciada pela lua;[82] e somente da parte superior ou da *alma espiritual* (Buddhi), com os elementos átmicos e manásicos nela, ele produz uma direta emanação do sol, que significa aqui To Agathon ou Divindade suprema. Isso é provado pelo que ele acrescenta a seguir:

> *Ora, das mortes que morremos, uma faz do ser humano dois de três e a outra um de (a partir de) dois. A primeira é na região e jurisdição de Demeter*[83]*, daí o nome dado aos Mistérios, τελεῖν (teleîn), assemelhar-se ao dado à morte, τελευτᾶν (teleutân). Os atenienses também antes classificavam os mortos como sagrados a Demeter. Quanto à outra morte, é na lua ou na região de Perséfone*[84].

---

82. Os cabalistas, que conhecem a relação de Jeová, a vida e o doador de filhos com a lua e a influência dessa última sobre a geração, mais uma vez perceberão o ponto, tanto quanto o farão alguns astrólogos.

83. Na mitologia grega, sem considerarmos as implicações esotéricas, deusa olímpica ligada à terra, à fertilidade da terra e à agricultura. (N.T.)

84. Na mitologia grega, sem consideramos as implicações esotéricas, deusa do mundo subterrâneo dos mortos (Hades), esposa do deus Hades ou Plutão. Prosérpina, para os romanos. (N.T.)

VI • ENSINAMENTOS TEOSÓFICOS RELATIVOS À NATUREZA [...]

Aqui tem você nossa doutrina, que mostra o ser humano setenário durante a vida, quíntuplo logo depois da morte em Kamaloka, e uma tríade, ego, alma espiritual e consciência, em Devachan. Essa separação, primeiro nos "Prados do Hades", que é como Plutarco denomina Kamaloka, em seguida em Devachan, constituía parte indissociável das interpretações durante os Mistérios Sagrados, quando os candidatos à Iniciação interpretavam o drama integral da morte e da ressurreição como um espírito glorificado, expressão que usamos para nos referirmos à *consciência*. É o que Plutarco entende ao dizer:

> *E como com um, o terrestre, assim com o outro celestial Hermes*[85] *efetivamente habita. Este súbita e violentamente arranca a alma do corpo, mas Prosérpina suave e demoradamente separa o entendimento da alma.*[86] *Por essa razão, ela é denominada mo-nogenes, gerada unicamente, ou melhor, gerando unicamente um, pois a melhor parte do ser humano torna-se única quando é separada por ela. Ora, tanto uma coisa quanto outra acontecem, assim, de acordo com a natureza. É ordenado pelo Destino (Fatum ou Karma) que toda alma, com ou sem entendimento (mente), quando saída do corpo, perambule por algum tempo, embora este não seja o mesmo para todas, na região situada entre a Terra e a lua (Kamaloka).*[87] *Pois aqueles que foram injustos e dissolutos sofrem então a punição por suas transgressões; mas os bons e virtuosos ali são retidos até ser purificados e ter, mediante expiação, removido de si todas as infecções que poderiam haver contraído devido ao contágio do corpo, como por exemplo devido a doenças sórdidas, isso vivendo na mais suave parte do ar chamada de Prados do Hades, onde eles têm de permanecer durante um certo período de tempo prefixado e estipulado. E então, como se estivessem retornando de uma peregrinação errante ou de um longo exílio para o seu país, experimentam uma ponta de alegria, tal como aquela recebida principalmente por aqueles Iniciados nos Mistérios Sagrados, mesclada com pertur-*

---

85. Na mitologia grega, sem considerarmos as implicações esotéricas, que são múltiplas, deus olímpico ligado à comunicação de todas as formas.
86. Prosérpina, ou Perséfone, significa aqui o *karma post mortem* que, segundo se diz, regula a separação dos "princípios" inferiores dos superiores – a alma, como *nephesh*, o alento da vida animal, que permanece por algum tempo em Kamaloka, do ego composto superior, que ingressa no estado de Devachan, ou felicidade.
87. Até a separação do "princípio" superior, espiritual, dos princípios inferiores, que permanecem em Kamaloka até ser desintegrados.

bação, admiração, somadas à esperança apropriada e peculiar de cada um.

Essa é a felicidade nirvânica, e nenhum teosofista poderia descrever em linguagem mais clara, ainda que esotérica, as alegrias mentais de Devachan, onde cada pessoa tem seu paraíso em torno dela, criado por sua consciência. Mas você deve acautelar-se quanto ao erro geral em que caem tantos, mesmo entre os nossos teosofistas. Não imagine que, porque o ser humano é chamado de setenário, em seguida *quíntuplo* e uma tríade, ele seja um composto de sete, cinco ou três *entidades*; ou, como apropriadamente expresso por um autor teosofista, de cascas sobrepostas a serem descascadas como as cascas de uma cebola. Os "princípios", como já mencionado, salvo o corpo, a vida e o *eidolon* astral, todos dispersos por ocasião da morte, são simplesmente *aspectos* e *estados de consciência*. Existe apenas um ser humano *real*, que perdura através do ciclo da vida e é imortal em essência, se não na forma, e este é Manas, o ser humano-mente ou consciência corporificada. A objeção feita pelos materialistas, que negam a possibilidade de mente e consciência atuarem sem matéria, é irrelevante em nosso caso. Não negamos a solidez do argumento deles, mas simplesmente perguntamos aos nossos opositores: Vocês estão familiarizados *com todos os estados da matéria*, vocês que até agora só conheceram três? E como vocês sabem se aquilo que chamamos de Consciência ou Divindade Absoluta para sempre invisível e incognoscível não é aquilo que, embora sempre escape à nossa finita compreensão humana, ainda é matéria-espírito universal ou espírito-matéria em sua infinitude absoluta? É então um dos aspectos mais inferiores, e em suas manifestações manvantáricas fracionado dessa matéria-espírito, que é o ego consciente que cria seu próprio paraíso, talvez um paraíso dos tolos, mas de qualquer modo um estado de felicidade.

I: *Mas o que é Devachan?*
T: Literalmente, a "terra dos deuses"; uma condição, um estado de felicidade mental. Filosoficamente uma condição mental análoga, porém sumamente mais vívida e real do que o mais vívido dos sonhos. É o estado pós-morte da maioria dos mortais.

VII
Sobre os vários estados pós-morte

O ser humano físico e o espiritual

I: *Fico feliz em ouvir que vocês creem na imortalidade da alma.*

T: Não da alma, mas do espírito divino, ou melhor, na imortalidade do ego que reencarna.

I: *Qual é a diferença?*

T: É uma enorme diferença em nossa filosofia, mas trata-se de uma questão demasiado abstrusa e difícil para ser abordada ligeiramente. Teremos de analisá-los separadamente e a seguir em conjunto. Podemos começar com o espírito.
Dizemos que o espírito – o "Pai em segredo" de Jesus –, ou Atman, não constitui propriedade individual de nenhum ser humano, mas é a essência divina destituída de corpo, de forma, que é imponderável, invisível e indivisível, aquilo que não *existe* e, no entanto, *é*, como dizem do Nirvana os budistas. Ele apenas tolda o mortal, sendo que o que ingressa no mortal e perpassa todo o corpo são apenas os seus raios onipresentes, ou sua luz irradiada através de Buddhi, seu veículo e emanação direta. Este é o significado secreto das asserções de quase todos os antigos filósofos quando disseram que "a parte *racional* da alma humana"[88] nunca entra inteiramente no ser humano, mas somente o tolda mais ou menos por meio da alma espiritual *irracional*, ou Buddhi.[89]

I: *Eu tinha a impressão de que só a "alma animal" era irracional, e não a "alma divina".*

---

88. Em seu sentido genérico, a palavra "racional" significando algo que emana da Sabedoria Eterna.
89. Irracional no sentido de que, na qualidade de uma emanação *pura* da Mente Universal, não pode possuir nenhuma razão individual própria neste plano da matéria, mas, como a lua, que empresta sua luz do sol e sua vida da Terra, assim Buddhi, recebendo sua luz de sabedoria de Atma, obtém suas qualidades racionais de Manas. Entretanto, como algo homogêneo, é destituído de atributos *per se*.

T: É necessário que você aprenda a diferença entre aquilo que é negativamente, ou *passivamente*, irracional, porque não diferenciado, e aquilo que é irracional, porque demasiado *ativo* e positivo. O ser humano é uma correlação de poderes espirituais, bem como uma correlação de forças químicas e físicas, levado a atuar pelo que chamamos de "princípios".

I: *Li muito acerca desse assunto, e me parece que as noções dos filósofos mais antigos diferiam muito daquelas dos cabalistas medievais, ainda que eles realmente concordem em alguns detalhes.*

T: A diferença mais substancial entre eles e nós é a seguinte: enquanto acreditamos, como os neoplatônicos e os ensinamentos orientais, que o espírito (Atma) jamais desce hipostaticamente ao ser humano vivo, mas tão só derrama mais ou menos seus raios no ser humano *interior* – o composto psíquico e espiritual dos princípios astrais – os cabalistas sustentam que o espírito humano, destacando-se do oceano de luz e do espírito universal, ingressa na alma do ser humano, onde permanece ao longo da vida aprisionado na cápsula astral. Todos os cabalistas cristãos ainda sustentam o mesmo, na medida em que são incapazes de se libertar totalmente de suas doutrinas antropomórficas e bíblicas.

I: *E o que vocês dizem?*

T: Dizemos que apenas admitimos a presença da irradiação do espírito, ou Atma, na cápsula astral, e somente no que diz respeito a essa radiação espiritual. Dizemos que o ser humano e a alma têm de conquistar sua imortalidade ascendendo rumo à unidade com a qual, caso hajam tido sucesso, estarão finalmente ligados e no interior da qual são finalmente, por assim dizer, absorvidos. A individualização do ser humano após a morte depende do espírito, não de sua alma e corpo. Embora a palavra "personalidade", no sentido em que é usualmente entendida, constitui um absurdo se aplicada literalmente a nossa essência imortal, ainda assim essa última é, na qualidade de nosso ego individual, uma entidade distinta, imortal e eterna *per se*. É apenas no caso de magos negros ou de criminosos além da redenção, criminosos que o foram durante uma longa série de vidas – que o fio reluzente, o qual une o espírito à alma pessoal a partir do momento do nascimento da criança, é violentamente rompido e a entidade desencarnada se separa da alma pessoal, sendo essa última aniquilada sem deixar a mais ínfima impressão de si mesma na primeira. Se essa união entre o Manas inferior, ou pessoal, e o ego reencarnante individual não foi realizada durante a vida, então o primeiro é deixado para compartilhar o destino dos animais inferiores, dissolver-se gradualmente no éter e ter sua personalidade destruída. Mas mesmo nesse caso o ego espiritual continua sendo um ser distinto. Ele apenas perde – após essa vida especial e, no caso, realmente inútil – um estado devachânico que, de outro modo, teria fruído como aquela personalidade idealizada, e é reencarnado quase imediatamente, depois de fruir por um breve período de tempo sua liberdade como um espírito planetário.

I: *Em Ísis desvelada é afirmado que tais espíritos planetários ou anjos, "os deuses dos pagãos ou os arcanjos dos cristãos", nunca serão seres humanos no nosso planeta.*

T: Inteiramente certo. Não "*tais* espíritos planetários", mas *algumas* classes de espíritos planetários mais elevados. Nunca serão seres humanos neste planeta porque são espíritos liberados de um mundo anterior, mais antigo, e como tais não podem se tornar novamente seres humanos nesta Terra. Todavia, todos eles viverão de novo no próximo e sumamente mais elevado *mahamanvantara*, depois de esta "Grande Era" e seu *pralaya brâmico* (um curto período de dezesseis algarismos ou algo assim) se encerrarem. Com efeito, você deve ter ouvido, certamente, que a filosofia oriental nos ensina que a espécie humana consiste em tais "espíritos" aprisionados em corpos humanos? A diferença entre animais e seres humanos é esta: os primeiros são animados pelos "princípios" *em potência*, os segundos *em ato*.[90] Agora você compreende a diferença?

I: *Sim, mas essa especialização tem sido, em todas as eras, o obstáculo dos metafísicos.*

T: Tem mesmo. Todo o esoterismo da filosofia budista está baseado nesse misterioso ensinamento compreendido por tão poucos e tão plenamente mal representado por muitos dos mais instruídos eruditos modernos. Até metafísicos tendem, demasiadamente, a confundir o efeito com a causa. Um ego que conquistou sua vida imortal como espírito continuará sendo o mesmo eu interior ao longo de todos os seus renascimentos na Terra. Isso, porém, não implica necessariamente que ele tenha de permanecer ou o senhor Smith ou o senhor

---

90. Ver *A doutrina secreta*, II, *stanzas* (estâncias).

Brown que foi na Terra, ou que tenha de perder sua individualidade. Portanto, a alma astral e o corpo terrestre de uma pessoa podem, nas trevas da vida pós-morte, ser absorvidos no oceano cósmico de elementos sublimados, e é possível que ela deixe de sentir seu último ego *pessoal* (caso este não tenha merecido se elevar mais alto) e, todavia, seu ego *divino* pode ainda permanecer a mesma entidade inalterada, embora essa experiência terrestre de sua emanação possa ser totalmente suprimida no instante da separação do veículo indigno.

I: *Se o espírito, ou a porção divina da alma, é preexistente na qualidade de um ser distinto a partir de toda a eternidade, como Orígenes, Sinésio e outros filósofos semicristãos e semiplatônicos*[91] *ensinaram, e se é a mesma e nada mais do que a alma objetiva metafisicamente, como poderia ser outra coisa senão eterna? E o que importa em tal caso se o ser humano leva uma vida pura ou animal se, indiferentemente do que possa fazer, jamais é capaz de perder sua individualidade?*

T: Essa doutrina, como você a enunciou, é tão perniciosa nas suas consequências quanto a da reparação delegada. Tivesse esse último dogma, acompanhado da falsa ideia de que todos nós somos imortais, sido demonstrado ao mundo sob sua verdadeira luz, e a humanidade teria sido melhorada por sua propagação.

Deixe-me repetir a você mais uma vez. Pitágoras, Platão, Timeu de Locris[92] e a velha escola de Alexandria faziam originar a alma do ser humano, ou seus "princípios" e atributos mais elevados, da Alma do Mundo Universal, sendo esta conforme seus ensinamentos Éther (Pater-Zeus). Assim, nenhum desses "princípios" pode ser a essência *pura* da *mônada* pitagórica, ou de nosso Atma, visto que a *anima*

---

91. Essas adjetivações de Blavatsky são atípicas, mas é presumível que aluda ao fato de os *Pais da Igreja* e seus imediatos representantes na hierarquia eclesiástica serem originariamente pagãos, ou, para sermos mais exatos, gregos. Eram *semicristãos* pela ascendência da cultura helênica (filosófica e religiosa), já que com a criação da Igreja cristã ocorria um processo de transição para eles, não existindo ainda propriamente uma religião cristã; eram *semiplatônicos* porque, embora a filosofia *patrística* (Orígenes, Atenágoras etc. sucedidos por Sinésio, Agostinho etc.) se baseasse na filosofia platônica para a estruturação da teologia e dogmática cristã, esse produto final não era evidentemente puro platonismo. (N.T.)

92. Para certos historiadores a existência de Timeu de Locris é duvidosa. Outros, aos quais Blavatsky se une, consideram-no personalidade certamente histórica, apesar da escassez de dados a seu respeito: filósofo pitagórico, o mesmo Timeu que figura no famoso diálogo homônimo de Platão. (N.T.)

mundi é apenas o efeito, a emanação subjetiva ou, antes, a irradiação da mônada. Tanto o espírito humano, ou individualidade, o ego espiritual reencarnante, quanto Buddhi, a alma espiritual, são preexistentes. Mas, enquanto o primeiro existe como uma entidade distinta, uma individualização, a alma existe como alento preexistente, uma porção ignorante de um todo inteligente. Ambos foram originalmente formados a partir do eterno oceano de luz, mas, como os filósofos do fogo, os teosofistas medievais, o expressaram, há um espírito visível bem como invisível no fogo. Eles distinguiam entre a *anima bruta* e a *anima divina*. Empédocles[93] acreditava firmemente que todos os seres humanos e animais possuíam duas almas; e em Aristóteles[94] descobrimos que ele chama uma de alma pensante, νοῦς (*noûs*), e a outra, de alma animal, ψυχή (*psykhé*). De acordo com esses filósofos, a alma pensante provém do *interior* da Alma Universal e a outra do seu *exterior*.

I: *Vocês chamariam a alma, isto é, a alma pensante humana, ou o que chamam de ego, de... matéria?*

T: De matéria não, mas seguramente de *substância*; nem tampouco a palavra "matéria", se antecedida do adjetivo "primordial", seria de se evitar. Essa matéria, dizemo-lo, é coeterna com o espírito, e não é nossa matéria visível, tangível e divisível, mas sua extrema sublimação. Espírito puro é somente aquele removido do *não* espírito, ou o *Todo* absoluto. A menos que você admita que o ser humano foi desenvolvido a partir desse espírito-matéria primordial e representa uma escala progressiva regular de "princípios" do metaespírito até a matéria mais grosseira, como podemos chegar a considerar o ser humano *interior* imortal e, ao mesmo tempo, uma entidade espiritual e um ser humano mortal?

I: *Então por que vocês não creem em Deus como tal entidade?*

T: Porque aquilo que é infinito e incondicionado não pode possuir forma e não pode ser um ser, ao menos em qualquer filosofia oriental que mereça essa designação. Uma "entidade" é imortal, mas tão só na sua essência última, não em sua forma individual quando, no

---

93. Empédocles de Agrigento (século V a.C.), filósofo grego pré-socrático. (N.T.)
94. Aristóteles de Estagira (384 a.C.-322 a.C.), filósofo grego proveniente da Macedônia. (N.T.)

derradeiro ponto de seu ciclo, é absorvida em sua natureza primordial; e se torna espírito ao perder sua designação de entidade.

Sua imortalidade como uma forma está limitada apenas ao seu ciclo vital ou o *mahamanvantara*, depois do que é una e idêntica ao Espírito Universal, e não mais uma entidade separada. Quanto à alma *pessoal* – pelo que entendemos a centelha de consciência que preserva no ego espiritual a ideia do "eu" pessoal na última encarnação –, essa perdura como uma distinta recordação dissociada somente ao longo do período *devachânico*, após o qual é adicionada à série de outras inúmeras encarnações do ego, semelhante à recordação em nossa memória de um dia em uma sucessão de dias ao fim de um ano. Você vinculará a infinitude que reivindica para seu Deus a condições finitas? Aquilo que com exclusividade é indissoluvelmente consolidado por Atma, ou seja, Buddhi-Manas, é imortal. A alma do ser humano, isto é, da personalidade não é, por si mesma, nem imortal, nem eterna, nem divina. Diz o *Zohar*:

> A alma, quando enviada a esta Terra, enverga um traje terrestre para preservar a si mesma aqui, de modo a receber acima um traje resplandecente a fim de se capacitar a olhar sem se ferir o espelho cuja luz procede do Senhor da Luz.

O *Zohar*, ademais, ensina que a alma não pode alcançar a morada da felicidade a menos que tenha recebido o "beijo sagrado", ou reunião da alma *com a substância da qual ela emanou* – o espírito. Todas as almas são duplas, e, enquanto a alma é um princípio feminino, o espírito é masculino. Enquanto encarcerado no corpo, o ser humano é uma trindade, a menos que sua contaminação seja tal a ponto de ter produzido sua separação do espírito. "Ai da alma que prefere ao seu divino esposo (espírito) a união terrena com seu corpo terrestre", registra um texto do *Book of the keys* [Livro das chaves], uma obra hermética. Ai dela, realmente, pois nada restará daquela personalidade para ser registrado nas tábuas imperecíveis da memória do ego.

I: *Como pode aquilo que, se não foi insuflado por Deus no ser humano, é, ainda assim, conforme sua própria confissão, de uma substância idêntica ao divino deixar de ser imortal?*

T: Todo átomo e partícula de matéria, não de substância apenas, é *imperecível* em sua essência, mas não em sua *consciência individual*.

Imortalidade é tão só a consciência ininterrupta de alguém; e a consciência *pessoal* dificilmente pode durar mais do que a própria personalidade. E tal consciência, como já informei a você, sobrevive somente ao longo de Devachan, depois do que é reabsorvida, primeiro na consciência *individual* e, em seguida, na *universal*. É melhor perguntar aos teólogos de vocês por que misturaram desordenadamente e em elevado grau as Escrituras Judaicas. Leia a Bíblia, se quiser ter uma boa prova de que os autores do *Pentateuco*, especialmente do *Gênesis*, jamais consideraram *nephesh* – aquilo que Deus insufla em Adão (*Gênesis* 2,7) – a alma *imortal*. Eis alguns exemplos: "E Deus criou [...] toda vida (*nephesh*) que se move" (*Gênesis* 1,21), o que significa os animais. "E o homem tornou-se uma alma vivente (*nephesh*)" (*Gênesis* 2,7), o que mostra que a palavra *nephesh* foi indiferentemente aplicada ao homem *imortal* e à besta *mortal*. "E decerto o teu sangue de tuas vidas (*nepheshim*) eu necessitarei; através de toda besta eu o necessitarei, e através do homem" (*Gênesis* 9,5). "Escapa para tua vida (*nephesh*)", foi traduzido (*Gênesis* 19,17). "Não o matemos", indica a tradução inglesa[95] (*Gênesis* 37,21). "Não matemos seu *nephesh*" é o texto hebraico. "*Nephesh* por *Nephesh*", diz o *Levítico* (17,8). "Aquele que mata qualquer homem certamente será executado", literalmente "Aquele que prostra o *nephesh* de um homem" (*Levítico* 24,17). E a partir do versículo 18 lemos: "E aquele que mata uma besta (*nephesh*) deverá compensar essa morte [...] besta por besta" (*Levítico* 24,18), enquanto o texto original registra "*nephesh* por *nephesh*". Como poderia o homem *matar* aquilo que é imortal? Isso igualmente explica por que os saduceus negavam a imortalidade da alma, e inclusive fornece uma prova adicional de que muito provavelmente os judeus mosaicos – de qualquer modo, os não iniciados – jamais acreditaram em absoluto na sobrevivência da alma.

Sobre a recompensa e a punição eternas, e sobre o Nirvana

I: *Suponho que seja desnecessário lhe perguntar se vocês creem nos dogmas cristãos do paraíso e do inferno, ou em futuras recompensas e punições tal como ensinado pelas Igrejas ortodoxas?*

---

95. Original: "Let us not kill him". (N.T.)

T: Como descrito em seus catecismos, nós o rejeitamos absolutamente, e tampouco aceitaríamos a eternidade dessas recompensas e punições. Entretanto, cremos firmemente naquilo que denominamos *Lei da Retribuição*, e na justiça e na sabedoria absolutas que guiam essa Lei, ou Karma. Consequentemente, nos recusamos categoricamente a aceitar a crença cruel e não filosófica na recompensa ou na punição eternas. Dizemos como Horácio[96]:

> Que regras sejam fixadas capazes de nossa fúria conter,
> E faltas punir com a dor que proporcional deve ser;
> Mas não esfoles aquele que somente mereceu
> Um açoitamento pela falta que cometeu.

Essa é uma regra para todos os seres humanos, e uma regra justa. Teríamos nós de crer que Deus, do qual você faz a personificação da sabedoria, do amor e da misericórdia, tem menos direito a esses atributos do que o ser humano mortal?

I: *Vocês têm quaisquer outras razões para rejeitar esse dogma?*

T: Nossa principal razão para rejeitá-lo é a reencarnação. Como já afirmado, repudiamos a ideia de uma nova alma criada para cada bebê recém-nascido. Acreditamos que todo ser humano é o portador ou veículo de um ego contemporâneo de todos os outros egos, porque todos os egos são *da mesma essência* e pertencem à emanação primeva de um ego infinito universal. Platão chama esse último de *logos* (ou o segundo Deus manifestado), e nós de princípio divino manifestado, que é uno com a mente ou alma universal, não o Deus antropomórfico, extracósmico e pessoal no qual tantos teístas creem. Peço que não faça confusão.

I: *Mas, uma vez aceito por vocês um princípio manifestado, qual a dificuldade em acreditar que a alma de cada novo mortal é criada por esse princípio como todas as almas antes dele assim o foram?*

T: O que é impessoal dificilmente pode criar, planejar e pensar segundo o que agrada a sua própria vontade e prazer. Sendo uma Lei universal, imutável em suas manifestações periódicas, aquelas de

---

96. Quinto Horácio Flaco (65 a.C.-8 a.C.), poeta latino. (N.T.)

irradiar e manifestar sua própria essência no começo de cada novo ciclo da vida, não se supõe que Ela crie seres humanos somente para alguns anos depois arrepender-se de tê-los criado. Se, afinal, tivermos de crer em um princípio divino, tem de ser em um que é tanto harmonia, lógica e justiça absolutas quanto amor, sabedoria e imparcialidade absolutas; e um Deus que criasse toda alma com a duração de um breve lapso de tempo, independentemente do fato de ser para animar o corpo de um homem rico e feliz ou o de um coitado pobre e sofredor, infeliz do nascimento à morte, embora nada houvesse feito para merecer esse destino cruel – seria mais um demônio destituído de sentimento do que um Deus.[97] Ora, até os filósofos judeus, crentes da Bíblia mosaica (esotericamente, é claro) jamais nutriram tal ideia. Ademais, acreditavam na reencarnação, como acreditamos.

I: *Pode me dar alguns exemplos para provar isso?*

T: Com toda a certeza, posso. Fílon, o Judeu[98] diz:

> *O ar está repleto delas (de almas); [...] aquelas que estão mais próximas da Terra, descendo para ser atadas a corpos mortais,* παλινδρομοῦσιν αὖθις *(palindromoûsin aûthis), retornam a outros corpos, estando desejosas de neles viver.*[99]

No *Zohar*, a alma é levada a rogar por sua liberdade perante Deus:

> *Senhor do universo! Estou feliz neste mundo e não desejo ingressar em outro mundo, onde serei uma criada e exposta a todas as formas de contaminações.*[100]

A doutrina da necessidade fatal, a perene lei imutável, é afirmada na resposta da Divindade:

> *Contra tua vontade tu te tornas um embrião, e contra tua vontade tu nasces.*[101]

---

97. Ver na sequência "Sobre a recompensa e a punição do ego".
98. Filósofo atuante em Alexandria que viveu aproximadamente entre 20 a.C. e 50 d.C. (N.T.)
99. *De Somniis*, p. 455.
100. *Zohar*, v. 2, p. 96.
101. *Mishna*, Aboth, v. 4, p. 29.

A luz seria incompreensível sem as trevas para a tornarem manifesta por contraste; o bem não seria mais o bem sem o mal para mostrar a natureza inestimável do benefício; e assim a virtude pessoal não poderia reivindicar mérito algum a não ser que houvesse passado pela fornalha da tentação. Nada é eterno e imutável, salvo a Divindade oculta. Nada que seja finito – quer porque tivesse um começo, quer porque deva ter um fim – pode permanecer estacionário. Tem de ou progredir ou regredir; e uma alma que anseia por uma reunião com seu espírito, o qual, unicamente, lhe confere imortalidade, tem de se purificar através de transmigrações cíclicas progressivamente rumo à única terra de felicidade e repouso eterno, chamada no *Zohar* de "O Palácio do Amor", (היכל אהבת), na religião hindu de *Moksha,* entre os gnósticos de "O Pleroma da Luz Eterna", e pelos budistas de *Nirvana.* E todos esses estados são temporários, não eternos.

I: *Todavia, em tudo isso não se fala em nenhuma reencarnação.*

T: Uma alma que roga a permissão de permanecer onde está tem de ser preexistente e não ter sido criada para a ocasião. Entretanto, no *Zohar* existe uma prova ainda melhor. Referindo-se aos egos reencarnantes, as almas racionais, aquelas cuja última personalidade tem de se desvanecer inteiramente, ele diz:

> Todas as almas que não são destituídas de culpa neste mundo já se alienaram no céu do Santo, abençoado seja Ele; elas se arremessaram em um abismo em sua própria existência e anteciparam o tempo quando deverão descer (mais uma vez) à Terra.

O "Santo" significa aqui, esotericamente, o Atman, ou Atma-Buddhi.

I: *Além disso, é muito estranho ver o Nirvana ser abordado como sinônimo de Reino do Céu, ou Paraíso, visto que, de acordo com todo orientalista de destaque, Nirvana é sinônimo de aniquilamento!*

T: Isso se entendido literalmente no que toca à personalidade e à matéria diferenciada, mas não de outro modo. Essas ideias sobre reencarnação e a trindade do ser humano foram sustentadas por muitos dos primeiros Pais do cristianismo. Foi a confusão levada a cabo pelos tradutores do Novo Testamento e de antigos tratados filosóficos entre alma e espírito que produziu os muitos mal-entendidos. Essa é, igualmente, uma das muitas razões por que o Buda, Plotino e tantos outros Iniciados são agora acusados de haver ansiado pela total extinção de suas almas – "absorção na Divindade", ou "reunião com a Alma Universal", significando, conforme ideias modernas, aniquilamento. A alma pessoal necessita, é claro, ser desintegrada e reduzida às suas partículas antes de se capacitar a ligar sua essência mais pura para sempre com o espírito imortal. Mas os tradutores tanto dos *Atos* quanto das *Epístolas*, que estabeleceram o fundamento do *Reino do Céu*, e os modernos comentadores do *Sutta* budista do *Fundamento do Reino da Retidão*, confundiram o sentido do grande apóstolo do cristianismo[102] bem como do grande reformador da Índia. Os primeiros encobriram a palavra ψυχικός (*psykhikós*) de modo que nenhum leitor imagina ter ela qualquer relação com alma; e, com essa confusão de alma e espírito, os leitores da Bíblia só conseguem obter um sentido deturpado de qualquer coisa em torno do assunto. Por outro lado, os intérpretes do Buda não conseguiram entender o significado e o objetivo dos quatro graus de Dhyana budistas. Pergunte-se aos pitagóricos: Pode aquele espírito que proporciona vida e movimento e que participa da natureza da luz ser reduzido à não existência? Pode mesmo aquele espírito sensível nos animais que exerce a memória, uma das faculdades racionais, morrer e converter-se em nada? – observam os ocultistas. Na filosofia budista, "aniquilamento" significa apenas uma dispersão de matéria, sob qualquer forma ou aparência que possa ser, pois tudo que possui forma é temporário e é, portanto, realmente uma ilusão. Com efeito, na eternidade os mais longos períodos de tempo são como um piscar de olhos. O mesmo acontece com a forma. Antes de termos tempo para compreender que a vimos, ela se foi como um lampejo instantâneo de um relâmpago e passou para sempre. Quando a entidade espiritual se liberta para sempre de toda partícula de matéria, substância ou forma e se torna novamente um alento espiritual, é só então que ingressa no eterno e imutável Nirvana, durando tanto quanto o ciclo de vida durou – verdadeiramente uma eternidade. E então aquele Alento, existindo *em espírito, nada*

---

102. Blavatsky parece referir-se a Paulo de Tarso, a quem são atribuídas as *Epístolas*, mas costuma-se atribuir os *Atos dos Apóstolos* Πράξεις Ἀποστόλων (*Práxeis Apostólon*) a Lucas, autor do terceiro *Evangelho*, que conviveu com Paulo no primeiro século da era cristã. (N.T.)

é porque é *tudo*; como forma, aparência, configuração, é completamente aniquilado; como espírito absoluto, ele ainda *é*, pois se tornou, para cunharmos uma palavra, ele mesmo *seridade* [*be-ness*]. A própria frase "absorvido na essência universal", quando empregada com referência à alma como espírito, significa *"união com"*. Nunca pode significar aniquilamento, pois isso significaria eterna separação.

I: *Você não se expõe à acusação de pregar o aniquilamento pela linguagem que você mesmo emprega? Você acabou de falar da alma do ser humano retornando aos seus elementos primordiais.*

T: Mas você se esquece de que lhe apresentei as diferenças entre os vários significados da palavra "alma" e mostrei a maneira vaga como o termo "espírito" tem sido até hoje traduzido. Referimo-nos a uma alma animal, uma humana e uma espiritual e as distinguimos. Platão, por exemplo, chama de "alma racional" aquilo que chamamos de Buddhi, adicionando-lhe, contudo, o adjetivo "espiritual"; mas o que chamamos de o ego reencarnante, Manas, ele chama de espírito, *noys* etc., ao passo que aplicamos o termo "espírito", quando sozinho e sem qualquer qualificação, a Atma somente. Pitágoras repete nossa doutrina arcaica ao afirmar que o ego (*noys*) era eterno com a Divindade; que a alma só passava através de vários estágios para atingir excelência divina, isto enquanto *thymos* retornava à Terra, e até mesmo o *phren*, o Manas inferior, era eliminado. Adicionalmente, Platão define *alma* (Buddhi) como "o movimento capaz de mover a si mesmo". A "alma", ele acrescenta (*As Leis*, X), "é a mais antiga de todas as coisas e o começo do movimento", chamando assim Atma-Buddhi de alma e Manas de espírito, o que não fazemos.

> *A alma foi gerada antes do corpo e este é posterior e secundário, porquanto é, de acordo com a natureza, regido pela alma regente. [...] A alma que administra todas as coisas que são movidas de todos os modos administra igualmente os céus. [...] Consequentemente, a alma tudo conduz no céu, e na Terra e no mar, mediante seus movimentos, cujos nomes são querer, considerar, cuidar, consultar, formar opiniões verdadeiras e falsas, estar em um estado de alegria, tristeza, confiança, medo, ódio, amor, juntamente com todos aqueles movimentos primários aliados a esses. [...]*

> *Sendo ela mesma uma deusa, ela sempre toma* noys, *um deus, como um aliado e disciplina todas as coisas com correção e felicidade; mas, quando acompanhada de* anoia, *não* noys, *tudo funciona ao contrário.*[103]

Nessa linguagem, como nos textos budistas, o negativo é tratado como existência essencial. O "aniquilamento" é submetido a uma exegese similar. O estado positivo é o ser essencial, mas nenhuma manifestação como tal. Quando o espírito, na fraseologia budista, entra em Nirvana, ele perde a existência objetiva, mas retém o ser subjetivo. Para mentes objetivas, isso é tornar-se "nada" absoluto; para subjetivas, *nenhuma coisa* – nada para ser exibido aos sentidos. Assim, o Nirvana deles significa a certeza da imortalidade individual *em espírito*, não em alma, a qual, ainda que "a mais antiga de todas as coisas", é ainda – juntamente com todos os outros deuses – uma emanação finita, em formas e individualidade, se não em substância.

I: *Eu ainda não apreendi inteiramente essa ideia e ficaria grato se você a explicasse a mim mediante algumas ilustrações.*

T: Não há dúvida de que é muito difícil de compreender, especialmente para alguém educado segundo as ideias ortodoxas regulares da Igreja cristã. Além disso, é preciso que eu lhe diga que a menos que você tenha estudado meticulosamente as funções independentes atribuídas a todos os "princípios" humanos e o seu estado após a morte, dificilmente você compreenderá nossa filosofia oriental.

Sobre os vários "princípios" no ser humano

I: *Ouvi muito sobre essa constituição do "ser humano interior", como vocês a chamam, porém nunca pude ver "nem pé nem cabeça nela"*[104]*, para usar a expressão de Gabalis.*[105]

---

103. *As Leis*, Livro X. (N.T.)
104. A expressão é *"head or tail on't"*, ou seja, não saber o que pensar a respeito, observar algo que é para si incompreensível. (N.T.)
105. Ou melhor, conforme consta na 3ª edição: "para usar a expressão do tradutor de *Le Comte de Gabalis*". (N.T.)

T: Claro que é extremamente difícil e, como você diz, como um quebra-cabeças obter a compreensão correta e distinguir entre os vários aspectos, chamados por nós de "princípios", do ego real. E isso é tanto mais dificultado pelo fato de haver uma notável diferença na numeração desses princípios pelas diversas escolas orientais, ainda que no fundo exista um idêntico substrato de ensinamento.

I: *Você se refere aos vedantinos a título de exemplo? Eles não reduzem os seus sete "princípios" a apenas cinco?*

T: Sim, eles o fazem, mas, embora eu não pretendesse discutir esse ponto com um sábio vedantino, posso, ainda assim, exprimir, como uma opinião pessoal, que eles dispõem de uma razão óbvia para isso. Para eles, o que é positivamente chamado de *ser humano* é somente aquele agregado espiritual composto que consiste em vários aspectos mentais; quanto ao corpo físico, é, na concepção deles, algo totalmente desprezível e meramente uma ilusão. E não é apenas a Vedanta a única filosofia a fazer esse tipo de avaliação. Lao-tse, em seu *Tao-te-King*, menciona só cinco princípios, porque ele, como os vedantinos, deixa de incluir dois princípios, nomeadamente o espírito (Atma) e o corpo físico, chamando, inclusive, esse último de "cadáver". Há, então, a escola Taraka Raja Yoga, cujo ensinamento reconhece realmente apenas três "princípios"; todavia, na realidade o seu *sthulopadhi* ou corpo físico em seu estado consciente desperto, o seu *sukshmopadhi*, o mesmo corpo em *svapna*[106] ou estado onírico, e o seu *karanopadhi* ou "corpo causal" ou aquilo que passa de uma encarnação para outra, são todos duplos em seus aspectos, e, assim, somam seis. Adicione-se a isso Atma, o princípio divino impessoal ou o elemento imortal no *ser humano*, indistinguível do Espírito Universal, e você terá novamente o mesmo número sete.[107] Eles podem manter a sua divisão; nós mantemos a nossa.

I: *Então parece quase a mesma divisão que foi feita pelos místicos cristãos: corpo, alma e espírito?*

T: Precisamente a mesma. Poderíamos facilmente fazer do corpo o veículo do duplo vital; desse último, o veículo da vida, ou Prana; de

---

106. Sânscrito correspondente ao grego ὕπνος (*hýpnos*), sono, embora Blavatsky esteja aludindo a sonho, e não a sono. (N.T.)
107. Ver, para uma explicação mais clara, *A doutrina secreta*, I, p. 157 (1ª ed.); I, p. 181 (3ª ed.).

Kama Rupa, ou alma animal, o veículo da mente superior e da inferior, e fazer disso seis princípios, coroando o todo com o espírito imortal uno. No ocultismo, toda mudança qualificativa no estado de nossa consciência dá ao ser humano um novo aspecto, e, se ele prevalece e se torna parte do ego vivo e atuante, tem de receber (e recebe) um nome especial para distinguir o ser humano naquele estado particular do ser humano que ele é quando se coloca em um outro estado.

I: *É exatamente isso que é tão difícil de compreender.*

T: A mim parece, pelo contrário, facílimo uma vez tenha você captado a ideia principal, isto é, que o ser humano atua neste ou em outro plano de consciência estritamente de acordo com sua condição mental e espiritual. Mas tal é o materialismo da época que, quanto mais explicamos, menos as pessoas parecem capazes de entender o que dizemos. Divida o ser terrestre denominado ser humano em três aspectos principais, se for de seu gosto, e, a menos que você faça dele puramente um animal, não pode fazer menos. Tome seu corpo objetivo, o princípio pensante nesse ser – o qual é apenas um pouco superior ao elemento instintivo no animal – ou a alma consciente vital; e aquilo que o coloca tão incomensuravelmente além e mais elevado do que o animal – isto é, sua alma pensante ou espírito. Bem, se tomarmos esses três grupos ou entidades representativas e os subdividimos conforme o ensinamento oculto, o que obtemos?

Antes de tudo o mais, o espírito – no sentido do absoluto e, portanto, Todo indivisível – ou Atma. Como este não pode nem ser localizado nem limitado, sendo simplesmente aquilo que *é* na eternidade, e que não pode estar ausente mesmo do mais diminuto ponto geométrico ou matemático do universo de matéria ou substância, não deveria, na verdade, de modo algum ser chamado de um princípio "humano". Antes, e na melhor das hipóteses, esse ponto no espaço que a mônada humana e seu veículo ser humano ocupam durante o período de toda vida está na metafísica. Ora, esse ponto é tão imaginário quanto o próprio ser humano e, na realidade, é uma ilusão, um *maya*; mas então para nós mesmos, como para outros egos pessoais, somos uma realidade durante esse acesso de ilusão chamado vida, e temos de nos levar em consideração, em todo o caso em nossa própria fantasia, se ninguém mais o fizer. Para torná-lo mais compreensível ao intelecto humano na sua primeira tentativa de estudar o ocultismo e solucionar o ABC do mistério do ser humano, o ocultismo chama esse sétimo princípio de síntese do sexto e lhe fornece por veículo a alma espiritual, Buddhi. Ora, essa última oculta um mistério jamais concedido a ninguém, com a exceção de *chelas* irrevogavelmente comprometidos ou aqueles, em todo o caso, nos quais se pode seguramente confiar. É claro que haveria menos confusão se pudesse ser revelado. Entretanto, como isso diz respeito diretamente ao poder de projetar o próprio duplo consciente e voluntariamente, e como essa dádiva, como o "anel de Giges"[108] se mostraria sumamente fatal às pessoas em geral e ao possuidor dessa faculdade em particular, ela é cuidadosamente guardada. Mas prossigamos com os "princípios". Essa alma divina, ou Buddhi, é então o veículo do espírito. Em conjunção, esses dois são um, impessoal e sem quaisquer atributos (neste plano, é claro), mas constituem dois "princípios" espirituais. Se passarmos à alma humana, Manas ou *mens*, todos concordarão que a inteligência do ser humano é dupla, isto para dizer o mínimo: por exemplo, a pessoa dotada de nobreza moral dificilmente pode se tornar vil; a pessoa dotada de grande intelectualidade e grande espiritualidade está separada por um abismo da pessoa dotada de um baixo grau de inteligência, obtusa, estúpida e material, se não animal.

I: *Mas por que não deveria o ser humano ser, de preferência, representado por dois princípios ou dois aspectos?*

T: Todo ser humano possui esses dois princípios em si, um mais ativo do que o outro e, em raros casos, um deles tem seu desenvolvimento completamente retardado, por assim dizer, ou paralisado pela força e pela predominância do outro aspecto em toda direção. Esses, então, são o que chamamos de os dois princípios ou aspectos de Manas, o superior e o inferior; o primeiro, o Manas superior, ou ego consciente pensante gravitando rumo à alma espiritual (Buddhi); e o segundo, ou seu princípio instintivo, atraído para Kama, a sede dos desejos e paixões animais no ser humano. Assim, temos quatro princípios justificados, sendo os três últimos (1) o duplo, que concordamos em chamar de proteano, ou alma plástica; o veículo do (2) princípio vital; e (3) o corpo físico. Certamente nenhum fisiologista ou biólogo aceitará esses princípios, e tampouco poderá ter a mínima compreensão deles. E isso porque, talvez, nenhum deles até hoje entenda quer as funções do baço, o veículo físico do duplo proteano, quer aquelas de certo

---

108. Ver Glossário e também Platão, *A República*, Livro II, 359d-360b. (N.T.)

órgão no lado direito do ser humano, a sede dos desejos supracitados, nem ainda saibam qualquer coisa da glândula pineal, que é descrita como uma glândula calosa que contém um pouco de areia, quando é, na verdade, a própria sede da mais elevada e mais divina consciência no ser humano, sua mente onisciente, espiritual e que tudo abarca. E isso demonstra a você com maior clareza ainda que nós nem inventamos esses sete princípios nem são eles novos no mundo filosófico, como podemos provar com facilidade.

I: *Mas, segundo a crença de vocês, o que é que reencarna?*

T: O ego pensante espiritual, o princípio permanente no ser humano ou aquilo que é a sede de Manas. Não é Atma, ou mesmo Atma-Buddhi, considerado a mônada dupla que é o ser humano individual, ou divino, mas Manas; pois Atman é o Todo universal e se torna o Eu Superior do ser humano somente em conjunção com Buddhi, seu veículo, que O liga à individualidade, ou ser humano divino. Pois é o Buddhi-Manas – o quinto e o sexto princípios unidos – que é chamado de corpo causal pelos vedantinos, e que é *consciência*, que O conecta com toda personalidade que Ele habita na Terra. Por conseguinte, sendo alma um termo genérico, há nos seres humanos três aspectos de alma: (1) a terrestre, ou animal, (2) a alma humana e (3) a alma espiritual; essas, a rigor, são uma alma em seus três aspectos. Ora, do primeiro aspecto nada resta após a morte; do segundo, *noys* ou Manas, somente sua essência divina, *se deixada imaculada*, sobrevive; enquanto no que toca ao terceiro, além de ser imortal, se torna *conscientemente* divino pela assimilação do Manas superior. Mas, para torná-lo claro, temos de dizer antes de mais nada algumas palavras acerca da reencarnação.

I: *É algo que você deverá fazer bem, uma vez que é essa doutrina que os inimigos de vocês combatem mais encarniçadamente.*

T: Você se refere aos espíritas? Eu sei. E são muitas as objeções absurdas que eles tecem laboriosamente nas páginas de seus jornais. Alguns deles são tão obtusos e maldosos que não se deterão diante de nada. Um deles recentemente descobriu uma contradição, que ele com gravidade discute em uma carta dirigida à *Light*, em duas afirmações apanhadas das palestras do senhor Sinnett. Ele descobre essa grave contradição nestas duas sentenças: "Os retornos de prematuros à vida terrestre, nos casos em que ocorrem, podem ser devidos a complicação kármica" e "não há *acidente* no ato supremo da justiça divina que orienta a evolução". Um pensador tão profundo com certeza veria uma contradição da lei da gravidade se um homem estendesse sua mão a fim de impedir que uma pedra que cai esmagasse a cabeça de uma criança!

VIII
Sobre reencarnação ou renascimento

O que é a memória de acordo com o ensinamento teosófico?

I: *A coisa mais difícil para você será explicar e fornecer fundamentos razoáveis para tal crença. Até agora, nenhum teosofista jamais conseguiu apresentar uma única prova válida que abalasse meu ceticismo. Antes de qualquer outra coisa, você tem contra essa teoria da reencarnação o fato de que ainda não foi encontrado nenhum indivíduo que se lembrasse de que tenha vivido outra vida, muito menos de quem ele foi, durante essa vida anterior.*

T: O seu argumento, pelo que percebo, tende para a mesma velha objeção: a perda da memória em cada um de nós de nossa encarnação anterior. Acha que isso invalida nossa doutrina? Minha resposta é que não invalida, ou que, em todo caso, tal objeção não esgota o assunto.

I: *Eu gostaria de ouvir seus argumentos.*

T: São breves e poucos. Contudo, quando você leva em consideração (a) a completa incapacidade dos melhores psicólogos modernos para explicar ao mundo a natureza da mente e (b) sua completa ignorância a respeito das potencialidades da mente e dos estados mais elevados dela, tem de admitir que essa objeção é baseada em uma conclusão *a priori* tirada de uma evidência *prima facie* e circunstancial mais do que qualquer outra coisa. Agora, por favor, me diga: qual é a sua concepção de memória?

I: *Aquilo que é explicado pela definição comumente aceita: a faculdade em nossa mente de lembrar e de reter o conhecimento de pensamentos, ações e acontecimentos anteriores.*

T: Por favor, adicione a isso que há uma grande diferença entre as três formas aceitas de memória. Além da memória em geral, você tem a *lembrança*, a *recordação* e a *reminiscência*, não tem? Você algum dia pensou na diferença? Lembre-se de que memória é um nome genérico.

I: *Ainda assim, todas essas palavras não passam de sinônimos.*

T: Na verdade, não são – em todo caso, não em filosofia. A memória é simplesmente um poder inato nos seres pensantes, e mesmo nos animais, de reproduzir impressões passadas mediante uma associação de ideias principalmente sugeridas por coisas objetivas ou por alguma ação nos nossos órgãos sensoriais externos. A memória é uma faculdade que depende inteiramente do funcionamento mais ou menos sadio e normal de nosso cérebro físico, ao passo que *lembrança* e *recordação* são os atributos e serviçais dessa memória. *Reminiscência*, porém, é algo totalmente diferente. Reminiscência é definida pelo psicólogo moderno[109] como alguma coisa intermediária entre lembrança e recordação, ou:

> um processo consciente de recordar ocorrências passadas, mas destituído daquela referência plena e variada *a coisas particulares que caracteriza a* recordação.

Locke, falando de recordação e lembrança, diz:

> Quando uma ideia volta a ocorrer sem a operação do objeto semelhante no sensorial externo, é lembrança; se é buscada pela mente e penosa e empenhadamente encontrada e trazida novamente à vista, é recordação.

Mas mesmo Locke deixa reminiscência sem qualquer definição clara, porque não se trata de nenhuma faculdade ou atributo de nossa memória *física*, mas uma percepção intuitiva separada e de fora de nosso cérebro físico; uma percepção que, sendo convocada para a ação pelo conhecimento sempre presente de nosso ego espiritual, cobre todas aquelas visões no ser humano que são consideradas anormais – das imagens sugeridas pelo gênio aos delírios da febre e mesmo a loucura – e que são classificadas pela ciência como carentes de existência fora de nossa fantasia. O ocultismo e a teosofia, entretanto, consideram a reminiscência sob uma luz inteiramente diferente. Para nós, enquanto a memória é física e evanescente e depende das condições fisiológicas do cérebro – uma proposição fundamental junto a todos os professores de mnemônica, que têm

---

[109]. É necessário relembrar que Blavatsky escreve estas linhas no fim do século XIX (1889). (N.T.)

as pesquisas dos modernos psicólogos científicos para lhes dar respaldo –, a reminiscência é a memória da alma. E é *essa* memória que proporciona a quase todos os seres humanos a certeza, quer a entenda, quer não, de haver vivido antes e ter de viver novamente. Realmente, como Wordsworth[110] diz:

> *Nosso nascimento não passa de um sono e um esquecimento,*
> *A alma que conosco é nascente, a estrela de nossa vida*
> *Em outro lugar teve seu poente,*
> *E de longe vem.*

I: *Se é nesse tipo de memória – poesia e fantasias anormais, segundo suas próprias palavras – que vocês baseiam sua doutrina, então receio que convencerão pouquíssimas pessoas.*

T: Eu não disse que era uma fantasia. Eu simplesmente disse que fisiólogos e cientistas em geral consideram essas reminiscências alucinações e fantasia, sendo eles bem-vindos a essa "douta" conclusão. Não negamos que tais visões do passado e remotos vislumbres nos corredores do tempo não são anormais, se os contrastarmos com nossa experiência da vida cotidiana normal e a memória física. Mas realmente sustentamos, como o professor W. Knight, que "a ausência de memória de qualquer ação executada em um estado anterior não pode ser um argumento conclusivo contra o fato de o termos vivido". E todo opositor justo deve concordar com o que é dito nas *Lectures on platonic philosophy* de Butler, "que o sentimento de extravagância com o qual ela [a preexistência] nos afeta tem sua fonte secreta nos preconceitos materialistas ou semimaterialistas". Além disso, sustentamos que a memória é, como Olimpiodoro[111] a chamou, simplesmente *fantasia* e a mais falível das coisas em nós.[112] Amônio Sacas

---

110. William Wordsworth (1770-1850), poeta inglês. (N.T.)
111. Olimpiodoro (século VI), filósofo neoplatônico e comentador de Platão. (N.T.)
112. "A fantasia", diz Olimpiodoro no *Fédon* de Platão, "é um impedimento às nossas concepções intelectuais; e, consequentemente, quando somos agitados pela influência inspiradora da Divindade, se a fantasia intervém, a energia entusiástica cessa, pois entusiasmo e êxtase opõem-se entre si. Caso se perguntasse se a alma é capaz de energizar sem a fantasia, responderíamos que sua percepção dos universais prova que ela é capaz. Possui, portanto, percepções independentes da fantasia; ao mesmo tempo, contudo, a fantasia serve às suas energias, tal como uma tormenta persegue aquele que navega no mar".*

 *. Entenda-se que esse texto é um comentário do *Fédon* de Platão feito por Olimpiodoro, e não um trecho do próprio *Fédon*. (N.T.)

afirmou que a única faculdade no ser humano diretamente oposta ao prognóstico, ou contemplação do futuro, é a memória. Ademais, lembre-se de que memória é uma coisa e mente ou pensamento é outra; a memória é uma máquina registradora, uma registradora que muito facilmente deixa de funcionar, ao passo que os pensamentos são eternos e imperecíveis. Você se recusaria a crer na existência de certas coisas ou pessoas somente porque seus olhos físicos não as viram? Não seria o testemunho coletivo das gerações passadas que viram Júlio Cesar[113] garantia suficiente de que ele uma vez viveu? Por que não deveria o mesmo testemunho dos sentidos psíquicos das massas ser levado em consideração?

I: *Mas você não acha que são distinções demasiado sutis para que possam ser aceitas pela maioria dos mortais?*

T: Diga, antes, pela maioria dos materialistas. E a eles dizemos o seguinte: Observem que, mesmo no breve lapso de tempo da existência ordinária, a memória é fraca demais para registrar todos os eventos de uma vida. Quão frequentemente até mesmo os mais importantes acontecimentos permanecem dormentes em nossa memória até ser despertados por alguma associação de ideias, ou despertados para funcionar e atuar por alguma outra conexão. Esse é, sobretudo, o caso de pessoas de idade avançada que sempre padecem de uma fraqueza no que se refere a recordar. Quando, assim, lembramos aquilo que conhecemos acerca dos princípios físicos e espirituais no ser humano, não é o fato de nossa memória não conseguir registrar nossa vida ou nossas vidas precedentes que deve nos surpreender, mas o contrário, se assim acontecesse.

Por que não nos lembramos de nossas vidas passadas?

I: *Você me ofereceu uma visão panorâmica dos sete princípios. Agora, como eles explicam nossa completa perda de qualquer recordação de haver vivido antes?*

---

113. Caio Júlio Cesar (100 a.C.-44 a.C.), general e ditador romano. Foi também membro do primeiro triunvirato com Pompeu e Crasso. (N.T.)

T: É muito fácil explicá-lo. Como aqueles princípios que classificamos como físicos, nenhum deles negado pela ciência, embora os chamem por outros nomes,[114] são desintegrados após a morte juntamente com seus elementos constituintes e a *memória* juntamente com seu cérebro, essa memória desaparecida de uma personalidade desaparecida não pode nem lembrar nem registrar coisa alguma na reencarnação subsequente do ego. A reencarnação significa que o ego será suprido de um *novo* corpo, um *novo* cérebro e uma *nova* memória. Portanto, seria tão absurdo esperar que essa nova memória se lembrasse daquilo que nunca registrou quanto o seria inútil examinar em um microscópio uma camisa que jamais fora vestida por um assassino, e buscar em sua superfície as manchas de sangue que só serão encontradas nas roupas que ele vestiu. Não é a camisa limpa que precisamos investigar, mas as roupas usadas durante a perpetração do crime; e, se essas estão queimadas e destruídas, como você pode chegar a elas?

I: *Sim... E como você chega à certeza de que o crime foi afinal cometido, ou de que o homem de camisa limpa viveu antes?*

T: Com absoluta certeza não é por meio de processos físicos, nem confiando no testemunho daquilo que não existe mais. Mas há uma coisa chamada evidência circunstancial que nossas sábias leis admitem, talvez até mais do que deveriam. Para se convencer de que a reencarnação e as vidas passadas são um fato é necessário colocar-se em *contato* com o próprio ego real permanente, e não com a própria memória evanescente.

I: *Mas como podem as pessoas acreditar naquilo que não conhecem, nem nunca viram e muito menos se colocarem em* conexão *com isso?*

T: Se pessoas, e as mais instruídas, acreditam na *gravidade*, no *éter*, nas *forças* e tantas outras coisas mais da ciência, abstrações e hipóteses de trabalho, coisas que nem viram, nem tocaram, nem cheiraram, nem ouviram, nem apreciaram pelo gosto – por que outras pessoas

---

114. Isto é, o corpo, a vida, os instintos passionais e animais e o *eidolon** astral de todo ser humano, quer percebidos no pensamento ou pelos olhos de nossa mente, quer objetivamente e separadamente do corpo físico. Denominamos esses princípios *Sthula Sharira, Prana, Kama Rupa* e *Linga Sharira*.

   *. Grego εἴδωλον (*eídolon*), imagem, simulacro, cópia, fantasma. É uma duplicata do corpo físico (o duplo), *Doppelgänger*, constituída por matéria menos densa e mais sutil. Conhecido no ocultismo mais correntemente pela expressão *corpo astral*. (N.T.)

não deveriam acreditar, com base no mesmo princípio, no ego permanente, uma "hipótese de trabalho" muito mais lógica e importante do que qualquer outra?

I: *O que é, enfim, esse misterioso princípio eterno? Você pode explicar sua natureza de maneira a torná-lo compreensível para todos?*

T: O ego reencarnante é o "eu" individual – não pessoal – e imortal; em síntese, o veículo da mônada Atma-Búdica, aquilo que é recompensado em Devachan e punido na Terra e aquilo, finalmente, a que o reflexo somente dos *skandhas*, ou atributos[115] de toda encarnação, une a si mesmo.

I: *O que você quer dizer com* skandhas?

T: Exatamente o que eu disse: "atributos", entre os quais está a memória. Todos eles perecem como uma flor, deixando atrás de si só um leve perfume. Eis aqui um outro parágrafo de *Buddhist catechism*, do coronel H. S. Olcott[116], que discorre diretamente sobre esse assunto. Trata da questão da forma que se segue:

> O homem idoso se lembra dos incidentes de sua juventude, apesar de se encontrar física e mentalmente mudado. Por que, então, não é a recordação das vidas passadas trazida por nós do nosso último nascimento para o presente nascimento?
> Porque a memória está incluída nos skandhas, e tendo os skandhas mudado com a nova existência, é desenvolvida uma memória, o registro daquela existência particular. Entretanto, o registro ou reflexo de todas as vidas passadas tem de sobreviver; com efeito, quando o príncipe Sidarta tornou-se o Buda, a sucessão completa de seus prévios nascimentos foi vista por ele. [...] e qualquer um que alcança o estado de jhana pode, assim, traçar retrospectivamente a sequência de suas vidas.

---

115. Segundo os ensinamentos budistas, há cinco *skandhas* ou atributos: "*rupa* (forma ou corpo), qualidades materiais; *vedana*, sensação; *sanna*, ideias abstratas; *samkhara*, tendências da mente; *vinnana*, poderes mentais. Somos formados deles, conscientes da existência graças a eles, e por meio deles nos comunicamos com o mundo ao nosso redor."

116. Henry S. Olcott, presidente e fundador da Sociedade Teosófica. A precisão do ensinamento é sancionada pelo reverendo H. Sumangala, alto sacerdote do Sripada e Galle e diretor do Widyodaya Parivena (faculdade) em Colombo, como estando de acordo com o cânone da Igreja budista do sul.

Isso prova a você que, enquanto as qualidades imperecíveis da personalidade – tais como amor, bondade, caridade etc. – aderem ao ego imortal, deixando nele a fotografia, por assim dizer, uma imagem permanente do aspecto divino do ser humano que ele foi, seus *skandhas* materiais – aqueles que geram os mais incisivos efeitos kármicos – são tão evanescentes quanto um relâmpago e são incapazes de imprimir no novo cérebro da nova personalidade; todavia, o seu fracasso na realização disso de modo algum prejudica a identidade do ego reencarnante.

I: *Você pretende concluir que aquilo que sobrevive é somente a memória da alma, como vocês a denominam, essa alma ou ego sendo una e a mesma, enquanto nada da personalidade permanece?*

T: Não exatamente. Alguma coisa de cada personalidade, a menos que esta tenha sido a de um materialista *absoluto* destituído até de uma estreita fenda em sua natureza para a passagem de um raio espiritual, deve sobreviver, na medida em que deixa sua impressão eterna no eu permanente encarnante ou ego espiritual[117]. A personalidade com seus *skandhas* está sempre mudando a cada novo nascimento. É, como foi dito antes, somente o papel interpretado pelo ator, o verdadeiro ego, por uma noite. Esta é a razão por que não conservamos nenhuma memória no plano físico de nossas vidas passadas, embora o ego *real* as tenha vivido e conheça todas elas.

I: *Então como acontece de o ser humano real ou espiritual não imprimir em seu novo "eu" pessoal esse conhecimento?*

T: Por que criadas de uma pobre casa de fazenda demonstram a capacidade de falar hebraico e tocar violino em seu transe ou estado de sonambulismo e nada conhecem em seu estado normal? Porque, como todo psicólogo autêntico da velha escola – não da moderna de vocês – lhe dirá, o ego espiritual só pode atuar quando o ego pessoal está paralisado. O "eu" espiritual no ser humano é onisciente e tem todo o conhecimento inato nele, ao passo que o eu pessoal é a criatura de seu ambiente e o escravo da memória física. Se o primeiro

---

117. Ou o espiritual, em contraste com o eu pessoal. O estudante não deve confundir esse ego espiritual com o Eu Superior, que é Atma, o Deus dentro de nós, e inseparável do Espírito Universal. (Ver Seção IX, "Sobre a consciência pós-morte e pós-natal".)

pudesse se manifestar ininterruptamente e sem obstáculo, não haveria mais seres humanos sobre a Terra, pois nós todos deveríamos ser deuses.

I: *Ainda assim, deve haver exceções e alguns devem se lembrar.*
T: E se lembram. Mas quem acredita em seus relatos? Tais sensitivos são geralmente considerados histéricos alucinados, entusiastas doidos ou impostores pelos materialistas modernos. Mas que leiam obras a respeito desse assunto, sobretudo *Reincarnation, a Study of forgotten truth*, da autoria de E. D. Walker, membro da ST, e vejam nela a massa de provas que o capacitado autor apresenta no tocante a essa questão incômoda. Ao falarmos com algumas pessoas sobre a alma, elas perguntam: O que é alma? Algum dia você provou sua existência? É claro que é inútil discutir com os materialistas. Mas até mesmo a eles eu faria a seguinte pergunta: Vocês podem se lembrar o que foram ou o que fizeram quando eram bebês? Conservaram a mais ínfima recordação de suas vidas, pensamentos ou atos ou de que simplesmente viveram durante os primeiros dezoito meses ou dois anos de suas existências? Nesse caso, por que não negar que vocês algum dia viveram na qualidade de bebês, baseados no mesmo princípio? Quando a tudo isso acrescentamos que o eu reencarnante, ou individualidade, retém durante o período devachânico meramente a essência da experiência de sua vida terrestre passada ou personalidade, toda a experiência física envolvendo um estado de *in potentia*, ou ser, por assim dizer, traduzido em uma fórmula espiritual; quando lembramos adicionalmente que se diz que o período de duração entre dois renascimentos estende-se de dez a quinze séculos, durante os quais a consciência física fica total e absolutamente inativa, não dispondo de quaisquer órgãos pelos quais atuar e, portanto, de qualquer *existência*, a razão da ausência de toda lembrança na memória puramente física é aparente.

I: *Você há pouco disse que o ego espiritual é onisciente. Nesse caso, onde está essa louvável onisciência durante sua vida devachânica, como vocês a chamam?*
T: Durante esse tempo ela está latente e se mantém potencial porque, em primeiro lugar, o ego espiritual, o composto de Buddhi-Manas, *não* é o Eu Superior, que, sendo uno com a Alma ou Mente Universal,

tem a onisciência como exclusividade; e, em segundo lugar, porque Devachan é a continuação idealizada da vida terrestre há pouco deixada para atrás, um período de ajuste retributivo e uma recompensa relativa a injustiças e sofrimentos não merecidos experimentados nessa vida em especial. O ego espiritual é onisciente apenas potencialmente em Devachan; goza de onisciência em ato somente no Nirvana, quando o ego é fundido na Mente-Alma Universal. No entanto, o ego se torna novamente *quase* onisciente durante aquelas horas na Terra quando certas condições anormais e alterações fisiológicas do corpo o libertam dos grilhões da matéria. É nesse sentido que os exemplos citados anteriormente de sonâmbulos – uma criada pobre falando hebraico e outra tocando violino – oferecem a você uma ilustração do caso em pauta. Isso não significa que as explicações desses dois fatos que nos são oferecidas pela ciência médica não contenham verdade, pois uma dessas moças havia, anos antes, ouvido seu senhor, um clérigo, ler em voz alta obras em hebraico, ao passo que a outra tinha ouvido, na fazenda onde moravam, um artista tocando violino. Mas nem uma nem outra o poderiam ter feito tão perfeitamente como fizeram se elas não houvessem sido animadas por *Aquilo* que, devido à semelhança de sua natureza com a Mente Universal, é onisciente. No primeiro caso, o princípio superior atuou sobre os *skandhas* e os impulsionou; no segundo, a personalidade tendo sido paralisada, a individualidade se manifestou. Peço que não confunda as duas.

Sobre individualidade e personalidade

I: *Mas qual é a diferença entre as duas? Confesso que permaneço na ignorância a respeito disso.*

T: Em seu *Buddhist catechism*, o coronel Olcott, forçado pela lógica da filosofia esotérica, viu-se obrigado a corrigir os erros de orientalistas anteriores que não estabeleceram essa distinção, e indica ao leitor suas razões nos seguintes termos:

> Os sucessivos surgimentos sobre uma ou muitas Terras, ou "descidas na geração" das partes tanhaicamente coerentes (skandhas) de determinado ser são uma sucessão de personalidades. Em cada nascimento a personalidade difere daquela do nascimento

anterior ou próximo e sucessivo. Karma, o deus ex machina, se mascara (ou, diríamos, se reflete?) ora na personalidade de um sábio, depois naquela de um artesão, e assim por diante, através do enfileiramento de nascimentos. Mas, embora as personalidades sempre mudem, a linha singular de vida ao longo da qual elas são enfileiradas permanece constante: trata-se sempre dessa linha particular, nunca qualquer outra. É, portanto, individual, uma ondulação vital individual que começou em Nirvana, ou o lado subjetivo da natureza, tal como a ondulação de luz ou de calor através do éter se iniciou como sua fonte dinâmica; corre através do lado objetivo da natureza sob o impulso do Karma e a direção criadora de tanha (o desejo insatisfeito pela existência); e conduz através de múltiplas mudanças cíclicas de volta ao Nirvana. O senhor Rhys-Davids chama aquilo que passa de personalidade para personalidade ao longo da cadeia individual de "caráter" ou "conduta". Como "caráter" não é mera abstração metafísica, mas a soma das qualidades mentais e propensões morais de alguém, não ajudaria a afastar o que o senhor Rhys-Davids chama de "o expediente desesperado de um mistério" (Buddhism, p. 101) se considerássemos a ondulação vital como individualidade e cada uma de suas séries de manifestações natais como uma personalidade separada? Eu diria que o indivíduo perfeito, budistamente falando, é um Buda, pois Buda é apenas a flor rara da humanidade sem a mínima mistura sobrenatural. E, como gerações incontáveis ("quatro asankheyyas e cem mil ciclos" – Buddhist birth stories, p. 13, de Fausböll e Rhys-Davids) são necessárias para transformar um ser humano em um Buda, e a vontade de ferro de tornar-se um atravessa todos os nascimentos sucessivos, do que chamaremos aquilo que assim tem vontade e persevera? Caráter? A individualidade de alguém; uma individualidade apenas parcialmente manifestada em qualquer nascimento, mas construída de fragmentos de todos os nascimentos?

Há muito tempo tenho tentado imprimir essa distinção entre individualidade e personalidade nas mentes das pessoas, mas... ai de mim... com algumas é mais difícil do que fazê-las sentir grande respeito por impossibilidades pueris, isto somente porque são ortodoxas e porque a ortodoxia é respeitável. Para compreender bem a ideia é preciso que você primeiramente estude os conjuntos duplos de princípios, o *espiritual*, ou aqueles que pertencem ao ego imperecível, e o *material*, ou aqueles princípios que compõem os corpos que mudam sempre ou a série de personalidades daquele ego. Vamos fixar nomes para eles e dizer que:

I. Atma, o Eu Superior, não é nem o seu espírito nem o meu, mas, como a luz do sol, brilha sobre todos. É o princípio divino universalmente difundido e inseparável de seu metaespírito uno e absoluto, como o raio solar é inseparável da luz solar.

II. Buddhi, a alma espiritual, é somente seu veículo. Nem Atma nem Buddhi separadamente, nem ambos coletivamente têm mais utilidade para o corpo do ser humano do que a luz solar e seus raios têm para uma massa de granito enterrada, a menos que a díade divina seja assimilada por *alguma consciência* ou nesta refletida. Nem Atma nem Buddhi jamais são alcançados pelo Karma, porque o primeiro é o aspecto mais elevado do Karma, *o agente atuante de Si mesmo* em um aspecto, e o segundo é inconsciente *neste plano*. Essa consciência ou mente é...

III. Manas,[118] o derivado ou produto sob uma forma refletida de *ahamkara*, "a concepção do eu," ou "egoidade". É, portanto, quando indissociavelmente unido aos dois primeiros, chamado de ego espiritual e *taijasa*, o radiante. Este é a real individualidade, ou o ser humano divino. É esse ego que – tendo originalmente encarnado na forma humana destituída de senso e animada pela presença em si da mônada dupla, mas desta inconsciente, uma vez que não possuía consciência – fez daquela forma humanoide um *ser humano* real. É esse ego, esse "corpo causal", que eclipsa toda personalidade na qual o Karma o força a encarnar. É esse ego que é responsabilizado por todas as faltas cometidas por meio de e em todo novo corpo ou personalidade – as máscaras evanescentes que escondem o verdadeiro indivíduo através da longa série de renascimentos.

---

118. *Mahat* ou a mente universal é a fonte de Manas. Esse último é *mahat*, isto é, a mente no ser humano. Manas também recebe o nome de *kshetrajna*, espírito encarnado porque é, conforme nossa filosofia, os *manasa-putras*, ou "filhos da mente universal" que criaram, ou melhor, produziram, o ser humano pensante, *manu*, encarnando na terceira raça da espécie humana em nosso circuito. É, portanto, Manas que é o real ego espiritual encarnante e permanente, a individualidade, sendo nossas diversas e inúmeras personalidades apenas suas máscaras externas.

I: *Mas isso é justo? Por que deveria esse ego ser punido pelas consequências de ações que ele esqueceu?*

T: Ele não as esqueceu. Ele conhece e se lembra de suas más ações tão bem quanto você lembra o que fez ontem. É porque a memória daquele feixe de compostos físicos chamado "corpo" não recorda o que o seu predecessor (a personalidade *que foi*) fez que você imagina que o ego real as esqueceu? Da mesma maneira, poder-se-ia dizer que é injusto que as novas botas calçadas por um menino que é açoitado por furtar maçãs devessem ser punidas por aquilo de que nada conhecem.

I: *Mas não existem formas de comunicação entre a consciência espiritual e a consciência humana ou memória?*

T: É claro que existem, mas nunca foram reconhecidas pelos seus modernos psicólogos científicos. Ao que você atribui a intuição, a "voz da consciência", as premonições, as reminiscências vagas e indefinidas senão a tais comunicações? Tivesse, ao menos, a maioria das pessoas educadas as finas percepções espirituais de Coleridge[119], o qual mostra como é intuitivo em alguns de seus comentários! Veja o que ele diz com relação à probabilidade de "todos os pensamentos serem em si imperecíveis".

> *Se a faculdade inteligente [repentinos "renascimentos" da memória] fosse tornada mais ampla, exigiria somente uma organização diferente e apropriada, o* corpo celestial *em lugar do* corpo terrestre, *para apresentar a toda alma humana a experiência coletiva de sua existência passada integral [ou melhor, existências].*

E esse *corpo celestial* é nosso ego manásico.

Sobre a recompensa e a punição do ego

I: *Ouvi você dizer que o ego, independentemente de qual possa ter sido a vida da pessoa em que ele encarnou na Terra, nunca é atingido pela punição pós-morte.*

---

119. Samuel Taylor Coleridge (1772-1834), filósofo e poeta inglês. (N.T.)

T: Nunca, exceto em casos excepcionalíssimos e raros dos quais não falaremos aqui, visto que a natureza da "punição" de maneira alguma se aproxima de nenhuma de suas concepções teológicas de condenação.

I: *Mas, se o ego é punido nesta vida pelas más ações cometidas em vidas anteriores, então também devia ser recompensado, quer aqui, quer quando desencarnado.*

T: E o é. Se não admitimos nenhuma punição fora desta Terra é porque o único estado que o eu espiritual conhece futuramente é o de pura felicidade.

I: *O que você quer dizer com isso?*

T: Simplesmente o seguinte: *crimes e faltas cometidos em um plano de objetividade e em um mundo de matéria não podem ser punidos em um mundo de pura subjetividade.* Não acreditamos em nenhum inferno ou paraíso como lugares; em nenhum real fogo do inferno e em vermes que nunca morrem, tampouco em Jerusaléns com ruas pavimentadas com safiras e diamantes. O que acreditamos é em um estado pós-morte ou condição mental tal como aqueles em que nos encontramos durante um sonho vívido. Cremos em uma lei imutável de Amor, Justiça e Misericórdia absolutos. E nela crendo dizemos: seja qual tenha sido a falta e sejam quais tenham sido os resultados horrendos da transgressão kármica original dos egos agora encarnados,[120] nenhum ser humano – ou a forma externa, material e periódica da entidade espiritual – pode ser responsabilizado, com qualquer grau de justiça, pelas consequências de seu nascimento. Ele não pede para nascer nem pode escolher os pais que lhe concederão

---

120. É com base nessa transgressão que foi construído o dogma cruel e ilógico dos "anjos caídos", que é explicado no segundo volume de *A doutrina secreta*. Todos os nossos egos são entidades pensantes e racionais (*manasa-putras*) que haviam vivido sob forma humana ou sob outras formas no ciclo vital (*manvantara*) precedente, e cujo Karma foi encarnar no *ser humano* deste ciclo. Foi ensinado nos Mistérios que, tendo demorado para sujeitar-se a essa lei (ou tendo "se recusado a criar", como declara o hinduísmo acerca dos *kumaras* e a lenda cristã do arcanjo Miguel), isto é, não conseguindo encarnar no devido tempo, os corpos a eles predestinados se tornaram maculados. Daí o pecado original das formas sem sentido e a punição dos egos. O que se quer dizer com os anjos rebeldes sendo arremessados ao inferno é simplesmente explicado pelo entendimento de que esses espíritos puros ou egos foram aprisionados em corpos de matéria impura, carne.

a vida. Em todos os aspectos, ele é uma vítima de seu ambiente, fruto de circunstâncias sobre as quais não tem nenhum controle; e, se cada uma de suas transgressões fosse investigada imparcialmente, seria descoberto que, em nove de cada dez casos, a falta foi cometida contra ele e não cometida por ele. A vida é, na melhor das hipóteses, uma peça cruel, um mar tempestuoso a ser atravessado e um pesado fardo com frequência demasiado difícil de ser carregado. Os maiores filósofos tentaram em vão sondar e descobrir sua *raison d'étre* [razão de ser] e – salvo aqueles que tiveram a chave para isso, a saber, os sábios orientais – falharam todos. A vida é, como Shakespeare a descreve:

> *[...] tão só uma sombra ambulante – uma pobre atriz,*
> *que se exibe e tem seus momentos sobre o palco,*
> *E em seguida não recebe mais atenção. É um conto*
> *Narrado por um idiota, repleto de som e fúria,*
> *Que não significa nada. [...]*

Nada em seus papéis separados, e no entanto de suma importância em seu conjunto ou série de vidas. Em quaisquer casos, quase toda vida individual constitui, no seu desenvolvimento pleno, um padecimento. E teremos de acreditar que aquele homem pobre e desamparado, depois de ser arremessado de cá para lá como um pedaço de madeira podre nos ameaçadores vagalhões da vida, deve, se se revelar fraco demais para lhes oferecer resistência, ser punido por uma condenação sempiterna, ou mesmo uma punição temporária? Nunca! Não importa se um grande pecador ou um pecador medíocre, bom ou mau, culpado ou inocente, uma vez libertado do fardo da vida física, o fatigado e desgastado *manu*, ou "ego pensante", conquistou o direito a um período de repouso e felicidade absolutos. A mesma Lei infalivelmente sábia e justa, preferivelmente à misericordiosa, que inflige ao ego encarnado a punição kármica por toda falta cometida durante a vida precedente na Terra, concedeu à entidade agora desencarnada um prolongado período de repouso mental e o total esquecimento de todo acontecimento penoso, sim, até o mais ínfimo pensamento doloroso, que ocorreram em sua última vida como uma personalidade, deixando na memória da alma nada senão a reminiscência daquilo que foi venturoso, ou que conduziu à felicidade. Plotino, que declarou que nosso corpo é o verdadeiro rio de Lethe[121], pois "as almas nele mergulhadas tudo esquecem", queria dizer mais do que declarou, pois, tal como nosso corpo terrestre sobre a Terra assemelha-se a Lethe, assim também é nosso *corpo celestial* em Devachan, e muito mais.

I: *Então devo entender que se permite que o assassino, o transgressor das leis divina e humana sob todas as formas, fique impune?*

T: Quem disse isso? Nossa filosofia tem uma doutrina punitiva tão severa quanto aquela do mais rígido calvinista, apenas com a ressalva de ser muito mais filosófica e coerente com a absoluta justiça. Nenhuma ação, nenhum pensamento pecaminoso sequer permanecerão impunes. De fato, esse último é ainda mais severamente punido do que o primeiro, porquanto um pensamento é sumamente mais potente na produção de consequências maléficas do que as ações.[122] Acreditamos em uma lei infalível de retribuição denominada Karma, que se afirma em uma natural concatenação de causas e seus resultados inevitáveis.

I: *E como, ou onde, ela funciona?*

T: Todo trabalhador é merecedor de seu salário, diz a Sabedoria no *Evangelho*; toda ação, boa ou má, é um pai prolífico, diz a Sabedoria das eras. Junte essas duas coisas e você descobrirá o "por quê". Após conferir à alma, depois de esta escapar das angústias da vida pessoal, uma suficiente, sim... uma compensação centuplicada, o Karma, com seu exército de *skandhas*, aguarda no limiar de Devachan, de onde o ego ressurge para assumir uma nova encarnação. É nesse momento que o futuro destino do agora repousado ego tremula na balança da retribuição justa, na medida em que *ele* volta a se submeter à oscilação produzida pela ação da lei kármica. É nesse renascimento que está pronto para *ele*, um renascimento selecio-

---

121. Em grego, λήθη (*léthe*). Também Platão na última página de *A República* (621c), refere-se ao ...Λήθης ποταμόν... (*Léthes potamón*), rio do esquecimento. Na penúltima página (621a), sua referência é a *planície do esquecimento* (...Λήθης πεδίον... [*Léthes pedíon*]) e ao *rio da negligência* (...Ἀμέλητα ποταμόν... [*Améleta potamón*]). (N.T.)

122. "Mas eu vos digo que quem quer que olha para uma mulher abrigando desejo por ela já cometeu adultério com ela em seu coração." (*Mateus* 5,28).

nado e preparado por essa Lei misteriosa e inexorável (mas infalível na equidade e sabedoria de seus decretos), que as faltas da vida anterior do ego são punidas. A diferença é que não é em nenhum inferno imaginário, repleto de chamas e ridículos demônios dotados de chifres e rabos que o ego é arremessado, mas na verdade ele o é a esta Terra, o plano e região de suas faltas, onde ele terá de expiar cada pensamento e ação maus. O que ele semeou, terá de colher. A reencarnação reunirá em torno dele todos aqueles outros egos que sofreram, direta ou indiretamente, nas mãos, ou mesmo através da instrumentalidade inconsciente, de sua personalidade passada. Serão lançados por Nêmesis no caminho do *novo* ser humano, ocultando o *antigo*, o ego eterno, e...

I: *Mas onde está a equidade da qual você fala, já que essas novas personalidades não estão cientes de que cometeram faltas ou de que foram objeto das faltas alheias?*

T: O casaco retalhado tirado das costas daquele que o furtou pelo outro homem que foi vítima do furto e que o identificou como seu representa que a justiça foi feita? A nova personalidade não passa de um novo conjunto de roupas com suas características específicas, cor, forma e qualidades; mas o ser humano real que o veste é o mesmo culpado de outrora. É a individualidade que sofre por meio de sua personalidade. E é isso, e exclusivamente isso, que pode explicar a terrível *aparente* injustiça da distribuição das sortes atribuídas na vida ao ser humano. Quando os seus filósofos modernos conseguirem nos indicar uma boa razão para tantas pessoas aparentemente boas e inocentes nascerem somente para sofrer durante a vida inteira; por que tantos nascem pobres e condenados a passar fome nos cortiços das grandes cidades, abandonados pelo destino e pelos homens; por que, enquanto alguns nascem na sarjeta, outros abrem os olhos para contemplar a luz dos palácios; por que um nascimento nobre e a fortuna parecem frequentemente dados às piores pessoas e só raramente às pessoas dignas; por que há mendigos cujos eus *interiores* igualam os dos indivíduos mais dignos e nobres; quando isso e muito mais for satisfatoriamente explicado ou por seus filósofos ou seus teólogos, somente então vocês terão o direito de rejeitar a teoria da reencarnação. Os melhores e mais grandiosos poetas perceberam imprecisamente essa verdade das verdades. Shelley[123] nela acreditava, Shakespeare deve ter pensado nela ao escrever sobre a inutilidade do nascimento. Lembre-se de suas palavras:

> *Por que deveria meu nascimento rebaixar meu espírito que se eleva?*
> *Não estão todas as criaturas sujeitas ao tempo?*
> *Há agora legiões de mendigos sobre a Terra,*
> *Cujos progenitores em verdade foram reis,*
> *E agora muitos monarcas cujos pais foram*
> *A ralé de seu tempo. [...]*

Mude a palavra "pais" para egos e você terá a verdade.

---

123. Percy Bysshe Shelley (1792-1822), poeta inglês. (N.T.)

IX
Sobre Kama Loka e Devachan

Sobre o destino dos princípios inferiores

I: *Você se referiu a Kama Loka. O que é isso?*

T: Quando a pessoa morre, seus três princípios inferiores deixam-na para sempre, isto é, o corpo, a vida[124] e o veículo dessa última, ou seja, o corpo astral ou duplo do ser humano *vivo*. E então seus quatro princípios – o princípio central ou médio (a alma animal ou Kama Rupa), acompanhado daquilo que assimilou do Manas inferior e a tríade superior – se acham em Kama Loka. Esta é uma localidade astral, o *limbo* da teologia escolástica, o *Hades*[125] dos antigos e, a rigor, uma *localidade* apenas em um sentido relativo. Não possui nem uma área definida nem limites, porém existe *dentro do* espaço subjetivo, isto é, está além de nossas percepções sensíveis. Ainda assim, ela existe e é aí que os *eidolons*[126] astrais de todos os seres que viveram, inclusive animais, esperam sua "segunda morte". No que se refere aos animais, ela ocorre com a desintegração e o completo desaparecimento de suas partículas *astrais* até a última. No caso do *eidolon* humano, essa "segunda morte" inicia-se quando a tríade atma-buddhi-manas, segundo se diz, "dissocia-se" de seus princípios inferiores, ou o reflexo da ex-personalidade, ao cair no estado devachânico.

I: *E o que acontece depois disso?*

T: Então o fantasma kama-rúpico, ficando privado do princípio pensante que o informa, o Manas superior, e do aspecto inferior deste, a inteligência animal, não recebendo mais luz da mente superior e não mais possuidor de um cérebro físico por meio do qual possa funcionar, decai.

---

124. O princípio vital, o sopro da vida: נפש (*nephesh*) para os hebreus, ψυχή (*psykhé*) para os gregos, 𓂓 (*ka*) para os antigos egípcios, प्राण (*prana*) para os indianos, e *anima* para os latinos, para nos restringirmos a cinco línguas sagradas. (N.T.)

125. Na mitologia grega, o "mundo subterrâneo dos mortos". (N.T.)

126. Ver nota 114. (N.T.)

I: *Decai como?*

T: Bem, decai para a condição da rã quando certas porções de seu cérebro são removidas pelo vivisseccionista. Não é mais capaz de pensar, mesmo no mais baixo plano animal. Doravante não é mais sequer o Manas inferior, posto que esse "inferior" nada é sem o "superior".

I: *É essa não entidade que encontramos se materializando nas salas de sessão espírita com os médiuns?*

T: É essa não entidade. Uma verdadeira não entidade, no entanto, quanto aos poderes de raciocinar ou pensar, mas ainda uma *entidade*, embora astral e fluídica. Isso é mostrado em certos casos em que essa entidade, sendo atraída magnética e inconscientemente para um médium, é revivida por algum tempo e nele vive, por assim dizer, por procuração. Essa "assombração", ou o Kama Rupa, é comparável à água-viva, que apresenta uma aparência etérea e gelatinosa enquanto se acha no seu próprio elemento, ou água (a *aura* específica do médium); tão logo, porém, é lançada fora da água, dissolve-se na mão ou sobre a areia, sobretudo sob a luz do sol. Na aura do médium ela vive uma espécie de vida delegada e raciocina e fala ou por meio do cérebro do médium ou daqueles de outras pessoas presentes. Mas isso nos levaria longe demais e aos domínios de outras pessoas, onde não desejo penetrar. Vamos nos manter no assunto reencarnação.

I: *E quanto ao segundo? Por quanto tempo o ego encarnante permanece no estado devachânico?*

T: Isso, conforme nos foi ensinado, depende do grau de espiritualidade e do mérito ou demérito da última encarnação. O tempo mediano é de dez a quinze séculos, como eu já lhe disse.

I: *Mas por que esse ego não poderia se manifestar e se comunicar com os mortais como os espíritas o sustentam? O que há para impedir que uma mãe se comunique com os filhos que deixou na Terra, um marido de fazê-lo com sua esposa, e assim por diante? Trata-se de uma crença extremamente consoladora, devo confessá-lo. Tampouco me surpreende o fato de aqueles que alimentam tal crença serem tão contrários a desistir dela.*

T: Tampouco são forçados a assim agir, a não ser que prefiram a verdade à ficção, por mais "consoladora" que esta seja. É possível que nossas doutrinas sejam inadequadas aos espíritas. Entretanto, nada daquilo em que acreditamos e ensinamos tem nem a metade do egoísmo e da crueldade do que eles pregam.

I: *Eu não a entendo. O que é egoísta?*

I: A doutrina deles do retorno dos espíritos, as "personalidades" reais, como dizem, e vou lhe dizer por quê. Se Devachan – chame de "paraíso", se preferir, um "lugar de bem-aventurança e suprema felicidade", se é que é alguma coisa – é um tal lugar, ou digamos *estado*, diz-nos a lógica que nenhuma tristeza, sequer uma sombra de dor pode ser aí experimentada. "Deus extinguirá todas as lágrimas" dos olhos daqueles no paraíso, lemos no livro de muitas promessas. E, se os "espíritos dos mortos" são capazes de retornar e ver tudo o que está acontecendo na Terra, e especialmente *em seus lares*, que tipo de felicidade pode estar para eles reservada?

Por que os teosofistas não creem no retorno dos "espíritos" puros

I: *O que você quer dizer? Por que isso interferiria na felicidade deles?*

T: É muito simples. Tomemos um exemplo. Uma mãe morre deixando seus filhos pequenos desamparados, os quais ela adora, e talvez também um amado marido. Dizemos que seu espírito ou ego – aquela individualidade que está agora completamente impregnada por todo o período devachânico dos mais nobres sentimentos mantidos por sua recente personalidade, do amor por seus filhos, da compaixão por aqueles que sofrem, e assim por diante – está agora inteiramente separado do "vale de lágrimas", que sua futura felicidade consiste da abençoada ignorância de todos os infortúnios que deixou para trás. Os espíritas, pelo contrário, dizem que ele está vividamente ciente deles, *e mais agora do que antes*, pois "espíritos veem mais do que mortais na carne veem". Dizemos que a felicidade do Devachan consiste em sua completa convicção de que nunca deixou a Terra, de que não existe em absoluto essa coisa chamada morte; que a consciência espiritual pós-morte da mãe a fará pensar que vive cercada por seus filhos e por todos aqueles que amava; que nenhuma lacuna, nenhum elo faltará para fazer de seu estado desencarnado a mais perfeita e absoluta felicidade. Os espíritas negam isso terminantemente. De acordo com sua doutrina, a pessoa infeliz não é libertada, mesmo pela morte, das dores desta vida. Nem uma gota do cálice de amargura e sofrimento da vida faltará nos seus lábios; e, querendo ou não, uma vez que ela então tudo vê, beberá desse cálice até a borra amarga. Assim, a esposa amorosa, que durante sua existência esteve pronta para poupar a dor de seu marido ao preço do sangue de seu coração, está agora condenada a assistir, completamente impotente, ao desespero dele e a registrar cada lágrima pungente que ele verte por tê-la perdido. Pior do que isso, é possível que ela veja essas lágrimas secarem demasiado depressa e um outro rosto amado se revelar para ele, o pai de seus filhos; que ele encontre outra mulher que a substitua em sua afeição, e ela estará condenada a ouvir seus filhos darem o sagrado nome de "mãe" a alguém que os trata com indiferença, e ver aqueles pequenos negligenciados, se não maltratados. Em conformidade com essa doutrina, o "doce transporte para a vida imortal" converte-se no caminho para uma nova senda de sofrimento mental sem qualquer transição. E, no entanto, as colunas do *Banner of light*, o traquejado jornal dos espíritas americanos, estão repletas de mensagens provenientes dos mortos, os "entes queridos que partiram", todos se pondo a escrever para comunicar quão imensamente *felizes* estão! Será um tal estado de conhecimento coerente com felicidade? Nesse caso, "felicidade" representa a maior das maldições, e a condenação ortodoxa deve ser um alívio se comparada a isso!

I: *Mas como a teoria de vocês evita isso? Como podem harmonizar a teoria da onisciência da alma com sua cegueira diante daquilo que está ocorrendo na Terra?*

T: Porque tal é a lei do amor e da misericórdia. Durante todo período devachânico o ego, onisciente como ele é por si mesmo, veste-se, por assim dizer, do *reflexo* da personalidade que foi. Eu já lhe disse que o desabrochamento *ideal* de todas as qualidades ou atributos abstratos e, por conseguinte, imperecíveis e eternos – tais como amor e misericórdia, o amor ao bem, à verdade e à beleza – que sempre se expressaram no coração da personalidade viva, depois da morte se prendem ao ego e, portanto, o seguem até o Devachan. Nesse ínterim, então, o ego torna-se o reflexo ideal do ser humano que foi quando pela última vez na Terra, e *esse* não é onisciente. Se o fosse, pura e simplesmente jamais estaria no estado que denominamos Devachan.

I: *Quais são suas razões para afirmá-lo?*

T: Se você quiser uma resposta que se alinha estritamente com nossa filosofia, então eu diria que é porque tudo é *ilusão* (*maya*) fora da verdade eterna, a qual não possui nem forma, nem cor, nem limitação. Aquele que se instalou além do véu de *maya* – e esses são os mais augustos Adeptos e Iniciados – não pode ter nenhum Devachan. No que toca ao mortal ordinário, sua felicidade em Devachan é completa. É um esquecimento *absoluto* de tudo que nele produziu dor ou tristeza na encarnação passada, e até mesmo esquecimento do fato de que tais coisas como dor e tristeza simplesmente existem. O Devachaní vive seu ciclo intermediário entre duas encarnações cercado por tudo aquilo a que havia aspirado em vão e na companhia de todos que amou na Terra. Ele alcançou a realização de todos os anseios de sua alma. E, assim, ele vive através de longos séculos uma existência de *pura* felicidade, que é a recompensa por seus sofrimentos na vida terrestre. Em síntese, ele se banha em um mar de felicidade ininterrupta que é somente intercalado por acontecimentos de felicidade ainda gradativamente maior.

I: *Mas isso é mais do que simples ilusão. É uma existência de alucinações insanas!*

T: Pode ser do seu ponto de vista, mas não daquele da filosofia. Além disso, não é toda a nossa vida terrestre preenchida com tais ilusões? Você nunca conheceu homens e mulheres que vivem por anos em um paraíso dos tolos? E porque acontece de você saber que o marido que uma esposa adora, crendo ela, por sua vez, ser por ele amada, lhe é infiel, você se dirigiria a ela e lhe partiria o coração e destruiria seu belo sonho despertando-a rudemente para a realidade? Acho que não. Digo novamente que tal esquecimento e alucinação, como você o chama, são apenas uma lei misericordiosa da natureza e estrita justiça. De qualquer modo, é uma perspectiva muito mais fascinante do que a harpa dourada ortodoxa com um par de asas. A confiança de que "a alma que vive ascende frequentemente e corre de modo familiar pelas ruas da Jerusalém celestial, visitando os patriarcas e os profetas, saudando os apóstolos e admirando o exército de mártires" pode parecer de um caráter mais piedoso a alguns. Todavia, constitui uma alucinação detentora de um caráter muito mais ilusório, porquanto mães amam seus filhos com um amor imortal, todos nós o sabemos, ao passo que os personagens mencionados na "Jerusalém celestial" são ainda de uma natureza um tanto duvidosa. De qualquer maneira, eu ainda preferiria admitir a "Nova Jerusalém" com suas ruas pavimentadas à semelhança de vitrines de joalherias a encontrar consolo na doutrina impiedosa dos espíritas. Só a ideia de que as *almas intelectuais conscientes* do pai, da mãe, da filha ou da irmã de alguém encontram felicidade em uma "terra de veraneio" – apenas um pouco mais natural, porém tão ridícula em sua descrição quanto a "Nova Jerusalém" – bastaria para fazer alguém perder todo o respeito pelos seus próprios "mortos". Acreditar que um espírito puro pode sentir-se feliz enquanto condenado a testemunhar as faltas, os erros e as traições e, sobretudo, os sofrimentos daqueles dos quais foi separado pela morte e os quais mais ama, sem ser capaz de ajudá-los, seria uma ideia delirante.

I: *Há algo no seu argumento. Confesso jamais haver encarado isso sob essa luz.*

T: Realmente, e alguém teria de ser extremamente egoísta e inteiramente desprovido da percepção da justiça retributiva para algum dia ter imaginado tal coisa. Estamos com aqueles que perdemos na forma material e muito, muito mais próximos deles agora do que quando estavam vivos. E não é só na fantasia do Devachaní, como alguns poderiam imaginar, mas na realidade. Pois o puro amor divino não é meramente a flor de um coração humano, mas tem suas raízes fincadas na eternidade. O sagrado amor espiritual é imortal e o Karma mais cedo ou mais tarde leva todos aqueles que se amaram com tal afeição espiritual a encarnar mais uma vez no mesmo grupo familiar. Voltamos a dizer que o amor além-túmulo, ainda que seja ilusão, como você o classifica, possui um poder mágico e divino que reage em relação aos vivos. O ego de uma mãe repleto de amor pelos filhos imaginários que vê perto de si mesma, vivendo uma vida de felicidade, tão real para *ele* como quando sobre a Terra, sempre fará esse amor ser sentido pelos filhos na carne. Ele se manifestará nos sonhos deles e com frequência em vários acontecimentos – em proteções e fugas "providenciais", pois o amor é um escudo poderoso e não é limitado por espaço ou tempo. Tal como com essa "mãe" devachânica, o mesmo ocorre com o resto dos relacionamentos e apegos humanos, à exceção daqueles que são puramente egoístas ou materiais. Fica por conta da analogia sugerir a você o resto.

I: *Portanto, em nenhum caso vocês admitem a possibilidade da comunicação dos vivos com o espírito desencarnado?*

T: Sim, mas há um caso, e mesmo duas exceções à regra. A primeira exceção ocorre durante os poucos dias que imediatamente sucedem a morte de uma pessoa e antes que o ego passe para o estado devachânico. Se, entretanto, algum mortal vivo extraiu muito benefício do retorno do espírito ao plano *objetivo*, isso é outra questão. Talvez isso aconteça em alguns casos excepcionais, quando a intensidade do desejo na pessoa moribunda para retornar, impulsionada por algum propósito, forçou a consciência superior a *permanecer desperta* e, consequentemente, foi realmente a *individualidade*, o "espírito", que se comunicou. Mas em geral o espírito entra em um torpor após a morte e mergulha logo no que chamamos de "inconsciência pré--devachânica". A segunda exceção ocorre por conta dos *nirmanakayas*.

I: *O que eles têm a ver com isso? Qual o significado desse nome para vocês?*

T: Esse é o nome dado àqueles que, embora tenham conquistado o direito ao Nirvana e ao repouso cíclico,[127] ainda assim, por compaixão pela espécie humana e por aqueles que deixaram na Terra, renunciam a esse estado nirvânico. Tal Adepto, ou santo, ou seja lá como você queira chamá-lo, acreditando ser uma ação egoísta repousar na bem--aventurança enquanto a espécie humana geme sob a carga da infelicidade produzida pela ignorância, renuncia ao Nirvana e se decide a permanecer invisível *em espírito* sobre esta Terra. Os *nirmanakayas* não possuem corpo físico, pois o deixaram para trás; mas, de um outro modo, eles conservam todos os seus princípios, mesmo *na vida astral na nossa esfera*. Eles podem se comunicar e efetivamente o fazem com alguns médiuns eleitos, mas certamente não com médiuns ordinários.

I: *Eu lhe fiz essa pergunta acerca dos* **nirmanakayas** *porque li em algumas obras alemãs e em outras obras que esse era o nome dado nos ensinamentos do budismo do norte às aparições ou corpos terrestres assumidos pelos Budas.*

T: É isso mesmo, apenas com a ressalva de que os orientalistas se confundiram com esse corpo "terrestre" o concebendo como sendo objetivo e físico em lugar de puramente astral e subjetivo.

---

127. *Não* Devachan, visto ser este uma ilusão de nossa consciência, um sonho feliz, e visto que aqueles que estão aptos ao Nirvana devem ter perdido inteiramente todo desejo ou possibilidade de desejo pelas ilusões do mundo.

I: *E qual é o bem que esses* nirmanakayas *podem realizar na Terra?*

T: No que se refere aos indivíduos, não muito, uma vez que eles não têm o direito de interferir no Karma, podendo apenas aconselhar e inspirar os mortais a favor do bem em geral. Entretanto, eles realizam mais ações benéficas do que você imagina.

I: *Com isso a ciência jamais concordaria, nem mesmo a moderna psicologia. Para a ciência e a psicologia, nenhuma porção de inteligência pode sobreviver ao cérebro físico. Qual a resposta que você daria para isso?*

T: Eu nem sequer me preocuparia em responder, mas simplesmente citaria as palavras de "M. A. Oxon":

> *A inteligência é perpetuada depois da morte do corpo. Embora não seja uma questão que diga respeito apenas ao cérebro [...]. Com base no que sabemos, é razoável propor a indestrutibilidade do espírito humano.*[128]

I: *Mas "M. A. Oxon" é um espírita?*

T: Decididamente, e o único espírita verdadeiro de que tenho conhecimento, ainda que possamos discordar dele em muitas questões secundárias. Fora isso, nenhum espírita se aproxima mais das verdades ocultas do que ele o faz. Como qualquer um de nós, ele fala incessantemente "dos evidentes perigos que acossam o trapalhão despreparado e cabeça de vento que lida com o oculto, o qual cruza o limiar sem avaliar o custo disso".[129] Nosso único ponto de discordância diz respeito à questão da "identidade do espírito". No mais, ao menos eu concordo quase por completo com ele e aceito as três proposições por ele expressas em seu discurso de julho de 1884. É, ao contrário, esse eminente espírita que discorda de nós e não nós dele.

I: *Quais são essas proposições?*

T: As seguintes:

---

128. *Spirit identity*, p. 69.
129. "Algumas coisas que *realmente* conheço do espiritismo e algumas que *não* conheço."

I. Que há uma vida simultânea à vida física corpórea e desta independente.
II. Que, como um corolário necessário, essa vida se estende além da vida do corpo. (Nós dizemos que se estende através de Devachan).
III. Que há comunicação entre os habitantes desse estado de existência e aqueles do mundo no qual agora vivemos.

Tudo depende, você percebe, dos aspectos menores e secundários dessas proposições fundamentais. Tudo depende das concepções que temos de espírito e alma, ou *individualidade* e *personalidade*. Os espíritas as confundem, juntando uma com a outra. Nós as separamos e afirmamos que, com as exceções indicadas anteriormente, nenhum espírito volta a visitar a Terra, ainda que a alma animal o possa fazer. Mas voltemos mais uma vez ao nosso assunto específico, os *skandhas*.

I: *Começo a entender melhor agora. É o espírito, por assim dizer, daqueles* skandhas *que são os mais enobrecedores que, unindo-se ao ego encarnante, sobrevive e é adicionado ao estoque de suas experiências angélicas. E são os atributos ligados aos* skandhas *materiais, aos motivos egoístas e pessoais, que, desaparecendo do campo de ação entre duas encarnações, reaparecem na encarnação subsequente na qualidade de consequências kármicas a ser expiadas; e, portanto, o espírito não deixará Devachan. É isso?*

T: Muito próximo disso. Se você acrescentar a isso que a lei da retribuição, ou Karma, recompensando os mais elevados e mais espirituais atributos em Devachan, nunca deixa de recompensá-los novamente na Terra, conferindo-lhes um desenvolvimento adicional e suprindo o ego de um corpo adequado para isso – então você estará inteiramente correto.

Algumas palavras sobre os *skandhas*

I: *No que se convertem os outros* skandhas, *aqueles inferiores da personalidade, após a morte do corpo? São completamente destruídos?*

T: São e, no entanto, não são – um novo mistério metafísico e oculto para você. São destruídos como o suprimento funcional disponível da personalidade; conservam-se como *efeitos kármicos*, como germes que adejam na atmosfera do plano terrestre, prontos para voltar à vida, na qualidade de demônios vingadores que se prendem à nova personalidade do ego quando este reencarna.

I: *Isso realmente vai além de minha compreensão e é muito difícil de entender.*

T: Não se você tiver assimilado todos os detalhes, pois, neste caso, verá que, a considerar a lógica, a coerência, a filosofia profunda, a misericórdia e a equidade divinas, essa doutrina da reencarnação não tem páreo sobre a Terra. É a crença em um progresso perpétuo a favor de cada ego que encarna, ou alma divina, em uma evolução do exterior para o interior, do material para o espiritual, chegando no fim de cada estágio à unidade absoluta com o princípio divino. A partir de uma força para outra, da beleza e perfeição de um plano para a maior beleza e perfeição de outro, com acréscimos de uma nova glória, de conhecimento e poder novos a cada ciclo, tal é o destino de todo ego, que assim se torna seu próprio salvador em cada mundo e encarnação.

I: *Mas o cristianismo ensina o mesmo. Ele também prega o progresso.*

T: Sim, só que adiciona algo mais. Ele nos fala da *impossibilidade* de alcançar a salvação sem a ajuda de um salvador miraculoso e, ademais, condena à perdição todos os que não aceitarem o dogma. Essa é precisamente a diferença entre a teologia cristã e a teosofia. A primeira impõe a crença na descida do ego espiritual ao *eu* inferior; a segunda inculca a necessidade de empenhar-se para se elevar ao estado de Cristos, ou estado Buddhi.

I: *Ensinando, entretanto, o aniquilamento da consciência no caso de fracasso, você não acha que isso resulta no aniquilamento do* eu, *na opinião dos não metafísicos?*

T: Do ponto de vista dos que acreditam literalmente na ressurreição do corpo, e insistem que todo osso, toda artéria e todo átomo da carne ressuscitarão corporeamente no Dia do Juízo – é claro que resulta. Se você ainda insiste que são a forma perecível e as qualidades finitas que compõem o ser humano *imortal*, então dificilmente chegaremos a um mútuo entendimento. E, se você não entende que limitar a existência de todo ego a uma vida na Terra faz da Divindade um Indra[130] constantemente embriagado da letra morta dos Puranas, um cruel Moloque[131], um deus que produz uma inextricável confusão na Terra e, ainda assim, reclama agradecimentos por isso, então, quanto mais cedo abandonarmos este diálogo, melhor.

I: *Mas voltemos, agora que o tema dos* skandhas *está resolvido, à questão da consciência que sobrevive à morte. Esse é o ponto que interessa à maioria das pessoas. Possuímos mais conhecimento em Devachan do que possuímos na vida terrestre?*

T: Em certo sentido, podemos adquirir mais conhecimento, isto é, podemos desenvolver mais qualquer faculdade que estimamos e buscamos com empenho durante a vida, contanto que relacionada com coisas abstratas e ideais, tais como música, pintura, poesia etc., uma vez que Devachan é meramente uma continuação idealizada e subjetiva da vida terrestre.

I: *Mas, se em Devachan o espírito está livre da matéria, por que não deveria ele possuir todo o conhecimento?*

T: Porque, como eu disse a você, o ego está, por assim dizer, casado com a memória de sua última encarnação. Assim, se você ponderar o que eu disse e reunir todos os fatos, compreenderá que o estado devachânico não é um estado de onisciência, mas um prosseguimento transcendental da vida pessoal há pouco encerrada. É o repouso da alma das fadigas da vida.

I: *Mas os cientistas materialistas afirmam que depois da morte humana nada resta; que o corpo humano simplesmente se desintegra, reduzido aos elementos que o compuseram; e que aquilo que chamamos de alma não passa de uma autoconsciência temporária produzida como um subproduto da ação*

---

130. No âmbito dos Vedas, deus maior que personifica a abóbada celeste. Indra sobreviveu ao período védico, mas posteriormente passou a ocupar posição inferior no panteão indiano. (N.T.)

131. Um deus dos amonitas e antigos fenícios, cujo culto incluía o sacrifício humano, mais precisamente de crianças. (N.T.)

orgânica, que evaporará como vapor. Não é estranha a disposição mental deles?

T: Pelo que eu percebo, não é de modo algum estranha. Se dizem que a autoconsciência cessa com o corpo, então, em seu caso, simplesmente proferem uma predição inconsciente, pois, uma vez que estão firmemente convencidos do que afirmam, nenhuma vida pós-morte consciente é possível para eles. Pois *há* exceções para toda regra.

Sobre a consciência pós-morte e pós-natal[132]

I: *Mas, se a autoconsciência humana sobrevive à morte como uma regra, por que deveria haver exceções?*

T: Dentro dos princípios fundamentais do mundo espiritual nenhuma exceção é possível. Mas há regras para aqueles que veem e regras para aqueles que preferem permanecer cegos.

I: *É bem assim, eu entendo. É apenas uma aberração do indivíduo cego, o qual nega a existência do sol porque não o vê. Mas após a morte seus olhos espirituais certamente o obrigarão a ver. É o que você quer dizer?*

T: Nem será ele obrigado a ver nem verá nada. Tendo durante a vida negado persistentemente o prosseguimento da existência após a morte, será incapaz de percebê-la porque, tendo sido sua capacidade espiritual atrofiada durante a vida, não pode se desenvolver depois da morte e ele continuará cego. Ao insistir que ele *tem de* ver, você evidentemente quer dizer uma coisa e eu outra. Você se refere ao espírito a partir do Espírito, ou da chama a partir da Chama – em síntese, de Atma –, e o confunde com a alma humana – Manas... Você não me compreende. Deixe-me tentar tornar isso claro. O ponto principal de sua questão é saber se, no caso de um materialista categórico, a perda completa da autoconsciência e da percepção de si depois da morte é possível? Não é isso? Eu respondo: é possível. Acreditando

---

132. Algumas porções deste capítulo e do precedente foram publicadas em *Lucifer*, sob forma de um "Diálogo sobre os mistérios da vida além-túmulo", no número de janeiro de 1889. Esse artigo não foi assinado, como se fosse escrito pelo editor, mas era da autoria da autora do presente volume.

firmemente em nossa doutrina esotérica – que toca ao período pós-morte, ou ao intervalo entre duas vidas ou nascimentos, como um estado apenas transitório –, eu digo que, se esse intervalo pós-morte entre dois atos do drama ilusório da vida dura um ano ou um milhão de anos, é possível, sem qualquer violação da lei fundamental, que se revele ser precisamente um estado idêntico àquele de um ser humano em um desmaio profundo.

I: *Mas, considerando que você disse há pouco que as leis fundamentais do estado pós-morte não admitem quaisquer exceções, como isso pode acontecer?*

T: Tampouco digo agora que realmente admitem uma exceção. Mas a lei espiritual da continuidade somente se aplica a coisas que são verdadeiramente reais. Para alguém que leu e entendeu o *Mundaka Upanishad* e o *Vedanta Sara*, tudo isso se torna muito claro. E vou dizer mais: basta entender o que queremos dizer com Buddhi e a dualidade de Manas para perceber claramente por que o materialista pode não conseguir ter uma sobrevivência autoconsciente após a morte. Como Manas, em seu aspecto inferior, é a sede da mente terrestre, ele pode, portanto, oferecer apenas aquela percepção do universo que é baseada na evidência dessa mente; não pode oferecer visão espiritual. Diz-se na escola oriental que entre Buddhi e Manas, o ego, ou Ishvara e Prajna,[133] na realidade não há mais diferença do que entre uma floresta e suas árvores, um lago e suas águas, como ensina o *Mundaka*. Uma árvore ou cem árvores mortas por perda de vitalidade ou arrancadas são ainda incapazes de impedir que a floresta seja ainda uma floresta.

I: *Mas, da forma que eu o entendo, Buddhi representa nessa comparação a floresta e Manas-Taijasa[134] as árvores. E, se Buddhi é imortal, como pode aquilo que lhe é similar, isto é, Manas-Taijasa,*

---

133. Ishvara é a consciência coletiva da Divindade manifestada, Brahmâ, isto é, a consciência coletiva da Hoste de Dhyan Chohans (ver *A doutrina secreta*); e Prajna é sua sabedoria individual.
134. *Taijasa* significa o radiante resultante de sua união com Buddhi, isto é, Manas, a alma humana iluminada pela radiação da alma divina. Portanto, Manas-Taijasa pode ser descrita como mente radiante, a razão *humana* acesa pela luz do espírito; e Buddhi-Manas é a revelação do intelecto divino *mais* humano e da autoconsciência.

perder completamente sua consciência até o dia de sua nova encarnação? Não consigo entender isso.

T: Não consegue porque confunde uma representação abstrata do todo com suas mudanças casuais de forma. Lembre-se de que se é possível dizer de Buddhi-Manas que ele é incondicionalmente imortal; o mesmo não pode ser dito do Manas inferior, e menos ainda de Taijasa, que é meramente um atributo. Nenhum deles, nem Manas nem Taijasa, pode existir independentemente de Buddhi, a alma divina, porque o primeiro (Manas) é, no seu aspecto inferior, um atributo qualificativo da personalidade terrestre, e o segundo (Taijasa) é idêntico ao primeiro, porque é o mesmo Manas, apenas com a luz de Buddhi nele refletida. Por sua vez, Buddhi permaneceria tão só um espírito impessoal sem esse elemento que ele toma emprestado da alma humana, que o condiciona e faz dele, neste universo ilusório, *como se fosse algo separado* da alma universal durante todo o período do ciclo de encarnação. Diga, de preferência, que Buddhi-Manas não pode nem morrer nem perder sua autoconsciência unida na eternidade, nem a recordação das encarnações anteriores nas quais os dois – isto é, a alma espiritual e a humana – haviam estado intimamente unidos. Mas não é assim no caso de um materialista, cuja alma humana não só nada recebe da alma divina, como também se recusa a reconhecer sua existência. Você dificilmente pode aplicar esse axioma aos atributos e qualificações da alma humana, pois isso seria semelhante a dizer que, porque sua alma divina é imortal, consequentemente a exuberância de suas faces também tem de ser imortal, quando essa exuberância, como Taijasa, é simplesmente um fenômeno transitório.

I: *O que você quer dizer é que não devemos confundir em nossas mentes o* nôumeno *com o fenômeno, a causa com o seu efeito?*

T: É realmente o que eu digo, e repito que, limitada exclusivamente a Manas ou à alma humana, a radiação do próprio Taijasa converte-se em uma mera questão de tempo, porque tanto a imortalidade quanto a consciência após a morte tornam-se, para a personalidade terrestre do ser humano, simplesmente atributos condicionados, na medida em que dependem inteiramente das condições e crenças criadas pela própria alma humana durante a vida de seu corpo. O Karma atua incessantemente: colhemos em *nossa vida futura além-túmulo* somente o fruto daquilo que nós mesmos semeamos nesta.

I: *Mas, se meu ego pode, após a destruição de meu corpo, mergulhar em um estado de completa inconsciência, então onde pode estar a punição das faltas de minha vida passada?*

T: Nossa filosofia ensina que a punição kármica atinge o ego somente em sua próxima encarnação. Após a morte, ele apenas recebe a recompensa pelos sofrimentos imerecidos suportados durante sua encarnação passada.[135] A punição total depois da morte, mesmo para o materialista, consiste, portanto, da ausência de qualquer recompensa, e da completa perda da consciência da própria felicidade e do próprio repouso. O Karma é o filho do ego terrestre, o fruto das ações da árvore que é a personalidade objetiva visível a todos, tanto quanto o fruto de todos os pensamentos e mesmo motivos do "eu" espiritual; mas o Karma também é a mãe terna que cura os ferimentos infligidos por ela durante a vida precedente antes que ela principie a torturar o ego infligindo-lhe novos ferimentos. Se é possível dizer que não há um sofrimento mental ou físico na vida de um mortal que não seja fruto e consequência diretos de alguma falta em uma existência precedente, por outro lado, visto que o ser humano não conserva a mais leve recordação dela em sua vida atual, sente-se não merecedor de tal punição e, portanto, pensa que sofre por uma culpa, isso basta para conceder à alma humana o direito ao consolo, repouso e felicidade mais plenos em sua existência pós-morte. A morte sempre surge para os nossos eus espirituais como libertadora e amiga. Para o materialista que, apesar de seu materialismo, não foi uma pessoa má, o intervalo entre as duas vidas será como o sono contínuo e plácido de uma criança, ou totalmente destituído de sonhos, ou preenchido por imagens das quais ele não terá uma percepção definida, ao passo que, para o mortal mediano, será um sonho tão vívido quanto a vida, e repleto de felicidade e visões realistas.

I: *Então a pessoa humana tem sempre de continuar sofrendo cegamente as penalidades kármicas nas quais o ego incorreu?*

---

135. Alguns teosofistas discordaram desta frase, mas as palavras são as do Mestre e o significado vinculado à palavra "imerecidos" é esse apresentado. No *Theosophical siftings*, v. I, n. 6, uma frase, depois criticada em *Lucifer*, foi empregada com o propósito de transmitir a mesma ideia. Entretanto, do prisma da forma ela era inadequada e aberta à crítica de que foi objeto; mas a ideia essencial era a de que os seres humanos frequentemente sofrem devido aos efeitos das ações realizadas por outros indivíduos, efeitos que, assim, não pertencem a rigor aos seus próprios Karmas – e por esses sofrimentos eles certamente merecem compensação.

T: Não é bem assim. No solene momento da morte, todo ser humano, até mesmo quando a morte é súbita, vê a totalidade de sua vida passada a desfilar diante dele nos seus detalhes mais precisos. Por um breve instante, o *pessoal* torna-se idêntico ao ego *individual* e onisciente. Mas esse instante basta para lhe mostrar o encadeamento integral de causas que foram atuantes durante sua vida. Ele vê e agora compreende a si mesmo como ele é, sem os adornos da lisonja e do autoengano. Ele lê sua vida, permanecendo como um espectador que observa a arena que está deixando; ele sente e conhece a justiça de todo o sofrimento que o assaltou.

I: *Isso acontece a todos?*

T: Sem nenhuma exceção. Ensinaram-nos que pessoas muito boas e santas veem não só a vida que estão deixando, como também até várias vidas precedentes nas quais foram produzidas as causas que as tornaram o que foram nessa vida que está agora terminando. Reconhecem a lei do Karma em toda sua majestade e justiça.

I: *Há algo que corresponde a isso antes do renascimento?*

T: Há. Tal como o ser humano no momento da morte tem uma visão retrospectiva da vida que levou, no momento que renasce na Terra, o ego, despertando do estado de Devachan, tem uma visão prospectiva da vida que o espera, e compreende todas as causas que conduziram a ela. Ele as compreende e contempla o futuro porque é entre Devachan e o renascimento que o ego recupera sua plena consciência manásica e se torna novamente de maneira efêmera o deus que foi, antes, em sujeição à lei kármica, de haver descido pela primeira vez à matéria e ter encarnado no primeiro ser humano de carne. O "fio de ouro" vê todas as suas "pérolas" e não perde nenhuma delas.

O que realmente significa aniquilamento

I: *Ouvi alguns teosofistas falarem de um fio de ouro no qual suas vidas foram enfiadas. O que querem dizer com isso?*

T: Diz-se nos livros sagrados hindus que aquilo que experimenta a encarnação periódica é o *sutratma*, que significa literalmente "alma-fio". É um sinônimo de ego reencarnante – Manas unido com Buddhi

– que absorve as recordações manásicas de todas as nossas vidas precedentes. É assim denominado porque, como as pérolas em um fio, a longa sucessão de vidas humanas é enfiada conjuntamente nesse único fio. Em alguns *Upanishads* esses renascimentos recorrentes são comparados à vida de um mortal que oscila periodicamente entre o sono e o despertar.

I: *Isso, devo declarar, não parece muito claro e vou lhe dizer por quê. Para a pessoa que desperta, começa um outro dia, mas ela é a mesma em corpo e alma que foi no dia anterior, ao passo que a cada encarnação ocorre uma completa mudança, não só do invólucro externo, sexo e personalidade, como também das faculdades mentais e psíquicas. A analogia não me parece totalmente correta. A pessoa que desperta do sono lembra com total clareza o que fez ontem, anteontem, e mesmo do que fez há meses e anos atrás. Mas nenhum de nós tem a mais ligeira recordação de uma vida precedente ou de qualquer fato ou acontecimento que diz respeito a ela. É possível que eu esqueça de manhã o que sonhei durante a noite; ainda assim, sei que dormi e tenho a certeza de que vivi durante o sono. Mas que recordação posso ter de minha encarnação passada até o momento da morte? Como você harmoniza uma coisa com outra nesse caso?*

T: Algumas pessoas realmente recordam de suas encarnações passadas durante a vida. Mas são Budas e Iniciados. Isso é o que os iogues chamam de *samma-sambuddha*, ou o conhecimento da série inteira das encarnações passadas de alguém.

I: *Mas como nós, mortais ordinários, que não alcançamos samma-sambuddha, podemos entender essa analogia?*

T: Estudando-a e tentando compreender mais corretamente os três tipos de sono e suas características. O sono é uma lei geral e imutável tanto para o ser humano quanto para os animais, mas há diferentes tipos de sono e, ainda mais, sonhos e visões diferentes.

I: *Mas isso nos conduz a um outro assunto. Voltemos ao materialista que, embora não negue os sonhos – pois dificilmente poderia fazê-lo –, ainda assim nega a imortalidade em geral e a sobrevivência de sua própria individualidade.*

T: E o materialista, sem o saber, está certo. Em alguém que carece de percepção interior da imortalidade e de fé na imortalidade de sua alma, a alma jamais pode se tornar Buddhi-Taijasa, mas permanecerá simplesmente Manas, e para Manas isoladamente não há imortalidade possível. Para viver uma vida consciente no mundo vindouro, é necessário em primeiro lugar acreditar nessa vida durante a existência terrestre. É com fundamento nesses dois aforismos da ciência secreta que toda a filosofia relativa à consciência pós-morte e à imortalidade da alma é construída. O ego sempre recebe de acordo com seus méritos. Depois da dissolução do corpo, para ele se inicia um período de plena consciência desperta, ou um estado de sonhos caóticos, ou um sono inteiramente destituído de sonhos e que não é distinguível do aniquilamento, sendo esses os três tipos de sono. Se nossos fisiólogos encontram a causa dos sonhos e das visões em um preparo inconsciente para eles durante as horas de vigília, por que o mesmo não pode ser admitido para os sonhos pós-morte? Eu o repito: *a morte é sono*. Depois da morte, diante dos olhos espirituais da alma, inicia-se uma encenação conforme um programa aprendido e muito frequentemente inconscientemente composto por nós mesmos: a execução de crenças *corretas* ou de ilusões que foram criadas por nós mesmos. O metodista será um metodista, o muçulmano um muçulmano, ao menos por algum tempo – em um perfeito paraíso dos tolos que é criação e produção de cada ser humano. Esses são os frutos pós-morte da árvore da vida. Naturalmente, nossa crença ou descrença no fato da imortalidade consciente é incapaz de influenciar a realidade incondicionada do próprio fato, uma vez que ele existe; mas a crença ou descrença nessa imortalidade como a propriedade de entidades independentes ou separadas não pode deixar de conferir cor a esse fato em sua aplicação a cada uma dessas entidades. Agora você começa a entender?

I: *Acho que sim. Os materialistas, desacreditando de tudo o que não pode ser provado a eles por seus cinco sentidos, ou pelo raciocínio científico baseado exclusivamente nos dados fornecidos por esses sentidos, a despeito de sua inadequação, e rejeitando toda manifestação espiritual, aceitam a vida como a única existência consciente. Portanto, de acordo com suas crenças, assim será ela para eles. Perderão seu ego pessoal e mergulharão em um sono sem sonhos até um novo despertar. É isso?*

T: Quase. Lembre-se do ensinamento praticamente universal dos dois tipos de existência consciente – a terrestre e a espiritual. É imperioso que essa última seja considerada real com base no simples fato de que é habitada pela Mônada eterna, imutável e imortal, enquanto o ego que encarna veste a si mesmo de novos trajes que são inteiramente diferentes daqueles de suas encarnações anteriores, e nos quais tudo, exceto seu protótipo espiritual, está condenado a uma mudança tão radical a ponto de não deixar nenhum rastro.

I: *Como assim? É possível que meu "eu" terrestre consciente pereça não só por algum tempo, como a consciência do materialista, mas tão completamente a ponto de não deixar nenhum rastro?*

T: Conforme o ensinamento, ele tem de assim perecer, e na sua totalidade, tudo salvo o princípio de que, unindo-se com a Mônada, com isso se torna uma essência puramente espiritual e indestrutível, una consigo na eternidade. No caso, porém, de um consumado materialista, em cujo "eu" pessoal nenhum Buddhi jamais refletiu a si mesmo, como pode esse Buddhi levar para a eternidade uma partícula dessa personalidade terrestre? O seu "eu" espiritual é imortal, mas do seu eu presente ele só pode levar para a eternidade aquilo que se tornou digno da imortalidade, a saber, o simples aroma da flor que foi ceifada pela morte.

I: *Bem, e a flor, o "eu" terrestre?*

T: A flor, como todas as flores passadas e futuras que floresceram e terão de florescer no ramo matriz, o *sutratma*, todos os filhos de uma raiz ou Buddhi, retornará ao pó. O seu "eu" presente, como você mesmo sabe, não é o corpo sentado agora diante de mim, nem, todavia, é o que eu chamaria de Manas-Sutratma, mas Sutratma-Buddhi.

I: *Mas isso de modo algum me esclarece por que você classifica a vida pós-morte como imortal, infinita e real e a vida terrestre como um simples fantasma ou ilusão, uma vez que mesmo essa vida pós-morte possui limites, ainda que possam ser muito mais amplos do que os da vida terrestre.*

T: Não há dúvida. O ego espiritual do ser humano move-se na eternidade como um pêndulo entre as horas do nascimento e da morte.

Mas, se essas horas, marcando os períodos de vida terrestre e de vida espiritual, são limitadas em sua duração, e se mesmo o próprio número de tais estágios na eternidade entre o sono e o despertar, ilusão e realidade, é limitado, por outro lado o peregrino espiritual é eterno. E assim a única realidade, na nossa concepção, são as horas da vida pós-morte do ser humano, quando, desencarnado – durante o período dessa peregrinação que chamamos de "o ciclo de renascimentos" –, ele permanece face a face com a verdade, e não com as miragens de suas existências terrestres transitórias. Tais intervalos, entretanto, a despeito de sua limitação, não impedem o ego, enquanto continuamente se aperfeiçoando, de seguir sem desvios, embora gradual e lentamente, a senda para a sua última transformação, quando, tendo alcançado sua meta, torna-se um ser divino. Esses intervalos e estágios contribuem para esse resultado final em lugar de barrá-lo; e, sem tais intervalos limitados, o ego divino não poderia jamais atingir sua meta final. Eu já lhe ofereci uma vez uma ilustração comum ao comparar o ego, ou a individualidade, a um ator e as numerosas e diversas encarnações do ego aos papéis que o ator interpreta. Você chamaria esses papéis ou seus trajes de individualidade do próprio ator? Assim como o ator, o ego é constrangido, durante o ciclo da necessidade, que prossegue até o próprio limiar de *parinirvana*, a desempenhar muitos papéis que lhe podem ser desagradáveis. Mas, tal como a abelha colhe seu mel de toda flor, deixando o resto como alimento dos vermes da terra, assim faz nossa individualidade espiritual, chamemo-la de *sutratma* ou de ego. Colhendo de toda personalidade terrestre (na qual o Karma o força a encarnar) somente o néctar das qualidades espirituais e da autoconsciência, ele une tudo isso em um único todo e emerge de sua crisálida como o glorificado Dhyan Chohan. Tanto pior para aquelas personalidades terrestres das quais ele não pôde nada colher. Tais personalidades certamente não podem sobreviver conscientemente à sua existência terrena.

I: *Assim, então, parece que, para a personalidade terrena, a imortalidade é ainda condicional. É, então, a própria imortalidade não incondicional?*

T: De maneira alguma. Entretanto, a imortalidade não pode tocar ao não existente, pois tudo aquilo que existe como *sat*, ou que emana de *sat*, imortalidade e eternidade, é absoluto. A matéria é o polo oposto do espírito e, no entanto, os dois são um. A essência de tudo isso, isto é, espírito, força e matéria, ou os três em um, é tão destituída de fim quanto destituída de começo. Mas a forma adquirida por essa tripla unidade durante suas encarnações, sua exterioridade, é certamente apenas a ilusão de nossas concepções pessoais. Daí classificarmos como realidade somente o Nirvana e a vida universal, relegando a vida terrestre, sua personalidade terrestre, inclusive, e até sua existência devachânica ao domínio fantasmagórico da ilusão.

I: *Mas por que em tal caso classificar o sono como a realidade e a vigília como a ilusão?*

T: É simplesmente uma comparação feita para facilitar a compreensão do assunto, e do ponto de vista das concepções terrestres é uma analogia corretíssima.

I: *E ainda assim não consigo compreender por que motivo, se a vida vindoura está baseada na justiça e na merecida retribuição por todos os nossos sofrimentos na Terra, no caso dos materialistas, muitos dos quais são realmente pessoas honestas e caridosas, deveria restar da personalidade deles apenas o resíduo de uma flor murcha.*

T: Tal coisa jamais foi afirmada. Nenhum materialista, por mais incrédulo que seja, pode morrer para sempre na plenitude de sua individualidade espiritual. O que foi dito é que a consciência pode desaparecer total ou parcialmente no que diz respeito ao materialista, de modo que nenhum resto consciente de sua personalidade sobreviva.

I: *Mas com certeza isso é aniquilamento!*

T: Decerto que não. Pode-se dormir um sono profundo e perder a consciência por diversas estações durante uma longa viagem de trem, ficando assim sem a mais ligeira recordação ou consciência, e acordar em uma nova estação e continuar a viagem passando por outros inúmeros pontos de parada até o fim da viagem ou até que a meta seja atingida. Três tipos de sono foram mencionados a você: o destituído de sonhos, o caótico e aquele que é tão real que os sonhos se convertem em plenas realidades para aquele que dorme. Se você acredita nesse último, por que não pode acreditar no primeiro? De acordo com a vida pós-túmulo na qual uma pessoa acreditou e que esperou, esta é a vida que ela terá. Aquele que não teve expectativa de nenhuma vida vindoura terá um vazio absoluto, semelhante a um aniquilamento, no intervalo entre os dois nascimentos. Isso é apenas a execução do programa de que falamos, um programa criado pelos próprios materialistas. Mas, como você diz, há vários tipos de materialista. Um egoísta perverso, aquele que jamais verteu uma só lágrima por ninguém, a não ser por si mesmo, adicionando assim à sua incredulidade uma completa indiferença pelo mundo todo, deve, no limiar da morte, perder sua personalidade para sempre. Como essa personalidade não tem quaisquer laços de simpatia pelo mundo a sua volta e, consequentemente, nada para ligá-la ao *sutratma*, conclui-se que, com o derradeiro suspiro, toda conexão entre os dois é rompida. Não havendo nenhum Devachan para esse materialista, o *sutratma* reencarnará quase imediatamente. Quanto, porém, aos materialistas cujo único erro foi sua descrença, estes dormirão, mas perderão somente uma estação. E virá o tempo em que tais ex-materialistas perceberão a si mesmos na eternidade e, talvez, se arrependerão de ter perdido mesmo um dia, uma estação, da vida eterna.

I: *De qualquer modo, não seria mais correto dizer que a morte é nascimento para uma nova vida, ou um novo retorno para a eternidade?*

T: Você pode entendê-lo assim, se preferir. Somente lembre-se de que os nascimentos diferem e que há nascimentos de seres natimortos, que constituem falhas da natureza. Ademais, com suas ideias ocidentais estabelecidas sobre a vida material, as palavras "vivo" e "ser" são inteiramente inaplicáveis ao puro estado subjetivo da existência pós-morte. À exceção de uns poucos filósofos que não são lidos pela maioria das pessoas e que são, eles mesmos, demasiado confusos para apresentar um retrato distinto disso, suas ideias ocidentais de vida e morte se tornaram tão estreitas que, por um lado, conduziram a um materialismo grosseiro e, por outro, à concepção ainda mais material da outra vida, que os espíritas têm formulado em sua "terra de veraneio". Nela, as almas humanas comem, bebem, se casam e vivem em um paraíso inteiramente tão sensual como aquele de Maomé[136], e ainda menos filosófico. Tampouco são melhores as concepções comuns dos cristãos desprovidos de educação; possivelmente são ainda mais materiais. Entre anjos truncados, trombetas de bronze, harpas de ouro e fogos do inferno materiais, o céu cristão parece uma cena feérica em uma pantomima de Natal. É devido a essas concepções estreitas que você tem essa dificuldade para compreender. É exatamente porque a vida da alma desencarnada, embora possuindo toda a vivacidade da realidade, como em certos sonhos, é destituída de toda forma grosseiramente objetiva de vida terrestre, que os filósofos ocidentais a compararam com as visões que ocorrem durante o sono.

Palavras precisas para coisas precisas

I: *Você não acha que é porque não há termos precisos e fixos para indicar cada "princípio" no ser humano que nasce em nossas mentes tal confusão de ideias com respeito às respectivas funções desses "princípios"?*

T: Eu mesma já pensei a respeito disso. Todo o problema surgiu pelo fato de havermos começado com termos sânscritos em nossa exposição e discussão sobre os "princípios" em lugar de imediatamente cunharmos, para o uso dos teosofistas, os seus equivalentes em inglês. Devemos tentar remediar isso agora.

I: *Seria bom que o fizesse, pois isso poderia evitar mais confusão. Parece-me que até agora não houve dois autores de teosofia que tenham concordado em designar o mesmo princípio com o mesmo nome.*

T: Entretanto, a confusão é mais aparente do que real. Tenho ouvido alguns de nossos teosofistas expressarem surpresa e criticarem diversos ensaios que abordam esses "princípios". Ao serem examinados, porém, não se detecta neles pior erro do que o emprego da palavra "alma" cobrindo os três princípios sem especificar as distinções. O primeiro e positivamente o mais claro de nossos autores de teosofia, o

---

136. Maomé (570 d.C.-632 d.C.), profeta árabe e fundador do Islã (religião dos muçulmanos ou maometanos). (N.T.)

senhor A. P. Sinnett, escreveu admiravelmente e de forma compreensível algumas passagens acerca do "Eu Superior".[137] Contudo, suas efetivas ideias têm sido também mal compreendidas por algumas pessoas devido ao seu uso da palavra "alma" em um sentido geral. Apesar disso, indicamos algumas passagens que mostrarão a você quão claro e compreensível é tudo que ele escreve a respeito desse assunto:

> *A alma humana, uma vez lançada nas correntes de evolução na qualidade de uma individualidade humana*[138]*, atravessa períodos alternados de existência física e relativamente espiritual. Passa de um plano, estrato ou condição de natureza para o outro sob a orientação de suas afinidades kármicas; vivendo em encarnações a vida predeterminada por seu Karma, modificando seu progresso dentro das limitações das circunstâncias e desenvolvendo um novo Karma mediante seu uso ou abuso das oportunidades, ela retorna à existência espiritual (Devachan) após cada vida física – através da mediação da região de Kamaloka – para repouso e restauração e para a gradual absorção em sua essência, como progresso cósmico da experiência de vida ganhada "na Terra" ou durante a existência física. Essa concepção da matéria terá, ademais, sugerido muitas inferências colaterais a qualquer um que pondere sobre o assunto; por exemplo, que a transferência de consciência do Kamaloka ao estágio devachânico dessa progressão seria necessariamente gradual;*[139] *que, na verdade, nenhuma linha rigorosa separa as variedades de condições espirituais, que mesmo os planos espiritual e físico, como mostram as faculdades psíquicas nas pessoas vivas, não são tão irremediavelmente separados entre si como o sugerem as teorias materialistas; que todos os estados da natureza estão simultaneamente ao redor de nós e recorrem a distintas faculdades de percepção; e assim por diante. [...] Está claro que durante a existência física as pessoas que possuem faculdades psíquicas permanecem em conexão com os planos de consciência superfísica; e, embora a maioria das pessoas possam não ser*

---

137. Ver *Transactions of the London Lodge of the Theosophical Society*, n. 7, outubro de 1885.

138. O ego reencarnante, ou alma humana, como ele a chamou, o "corpo causal" para os hindus.

139. A duração dessa "transferência" depende, entretanto, do grau de espiritualidade na ex-personalidade do ego desencarnado. Para aqueles cujas vidas foram muito espirituais, essa transferência, embora gradual, é muito rápida. O tempo de duração se torna maior para aqueles com propensão materialista.

> *dotadas de tais faculdades, todos nós, como os fenômenos do sono, inclusive, e especialmente [...] aqueles do sonambulismo ou mesmerismo mostram, somos capazes de ingressar em condições de consciência com as quais os cinco sentidos físicos nada têm a ver. Nós – as almas no interior de nós – não estamos completamente à deriva, por assim dizer, no oceano da matéria. Claramente retemos algum interesse ou direitos que sobrevivem na praia da qual, por algum tempo, sobrenadamos. O processo de encarnação, portanto, não é totalmente descrito quando falamos de uma existência alternada nos planos físico e espiritual e, assim, representamos a alma como uma entidade completa deslizando inteiramente de um estado de existência para outro. As definições mais corretas do processo provavelmente representariam a encarnação como ocorrendo neste plano físico da natureza em razão de um efluxo emanando da alma. A esfera espiritual seria, por enquanto, o hábitat apropriado da alma, que nunca o abandonaria inteiramente; e aquela porção não materializável da alma que tem como morada permanente o plano espiritual pode apropriadamente, talvez, ser chamada de Eu Superior.*

Esse "Eu Superior" é Atma e, é claro, é "não materializável", como diz o senhor Sinnett. Mais do que isso, jamais pode ser objetivo sob quaisquer circunstâncias, mesmo à mais elevada percepção espiritual. Com efeito, Atman, ou o "Eu Superior", é realmente Brahma, o Absoluto, e dele indistinguível. Em horas de *Samadhi*, a consciência espiritual mais elevada do Iniciado é inteiramente absorvida na Essência Única, que é Atman, e, portanto, sendo una com o todo, nada pode haver para ela de objetivo. Ora, alguns de nossos teosofistas adquiriram o hábito de empregar as palavras "eu" e "ego" como sinônimos; de associar o termo "eu" somente ao "eu" ou "ego" individual, ou mesmo pessoal, mais elevado do ser humano, quando esse termo não deveria nunca ser aplicado a não ser ao *Eu Universal Uno*. Daí a confusão. Ao nos referirmos ao Manas, o "corpo causal", e o vincularmos à radiação búdica, podemos chamá-lo de o "Ego Superior", jamais de o "Eu Superior". Pois nem sequer Buddhi, a alma espiritual, não é o *eu*, mas apenas o veículo do *eu*. Todos os demais eus – tais como o *eu* individual e o *eu* pessoal – não devem jamais ser expressos, quer no discurso falado, quer no escrito, sem seus adjetivos qualificativos e característicos.

Assim, no primoroso ensaio sobre o "Eu Superior", o termo é aplicado ao sexto princípio ou Buddhi – decerto em conjunção com Manas, porquanto, na ausência de tal união, não haveria princípio ou elemento *pensante* na alma espiritual –, resultando justamente no surgimento de tais mal-entendidos. A afirmação de que "uma criança não adquire seu *sexto* princípio – ou se torna um ser moralmente responsável capaz de gerar Karma – até os 7 anos de idade", prova o que se quer dizer aí pela expressão "Eu Superior". Portanto, o capacitado autor está justificado plenamente ao explicar que, depois de o "Eu Superior" ter se transferido ao ser humano e saturado a personalidade – somente em algumas das organizações mais refinadas – com sua consciência, "pessoas detentoras de faculdades psíquicas podem realmente perceber esse Eu Superior por meio de seus sentidos mais refinados ocasionalmente". Mas também estão "justificados" aqueles que, limitando a expressão "Eu Superior" ao Princípio Divino Universal, o entendem mal. Com efeito, quando, sem estarmos preparados para essa mudança de termos metafísicos[140], lemos que "se manifestando plenamente no plano físico [...] o Eu Superior ainda permanece um ego espiritual consciente no plano correspondente da natureza", estamos aptos a ver, no "Eu Superior" dessa sentença, Atma e, no ego espiritual, Manas, ou melhor, Buddhi-Manas, e de imediato criticar toda a coisa como incorreta.

A fim de evitar doravante tais mal-entendidos, proponho traduzir literalmente os termos orientais do oculto para os seus equivalentes em inglês[141], e oferecê-los para uso futuro.

O Eu Superior é: Atma, o raio inseparável do EU Universal e Uno. É mais o Deus acima do que no interior de nós. Feliz o ser humano que consegue saturar seu *ego interior* com ele!

---

140. "Mudança de termos metafísicos" aplica-se aqui somente à mudança de seus equivalentes traduzidos a partir de expressões orientais, visto que até hoje nunca existiu quaisquer termos como esses em inglês, sendo todo teosofista obrigado a cunhar seus próprios termos para traduzir seu pensamento. Já é tempo, portanto, de estabelecer alguma nomenclatura definida.

141. O texto original da presente obra encontra-se em inglês, motivo pelo qual a autora traduz os termos para tal idioma. No entanto, apresentamos aqui as respectivas traduções para o português. (N.E.)

O Ego Divino Espiritual é:	A alma espiritual ou Buddhi em estreita união com Manas, o princípio da mente sem o qual o primeiro não é de modo algum ego, mas somente o veículo de Atma.
O Ego Interior ou Superior é:	Manas, o "quinto" princípio, assim chamado independentemente de Buddhi. O princípio da mente somente é o *Ego Espiritual* quando fundido em um com Buddhi; não se supõe que nenhum materialista tenha em si *tal* Ego, não importa quão grandes sejam suas capacidades intelectuais. É a *individualidade* permanente ou o ego reencarnante.
O Ego inferior ou pessoal é:	O ser humano físico em conjunção com seu eu *inferior*, isto é, instintos, paixões, desejos animais etc. É chamado de falsa *personalidade* e consiste no Manas inferior combinado com Kama Rupa e operando através do corpo físico e de seu fantasma ou duplo.

O princípio restante, Prana, ou vida, é, a rigor, a força ou energia radiante de Atma – como a Vida Universal e o Eu Uno –, Seu aspecto inferior, ou melhor, (em seus efeitos) mais físico (porque manifestante). Prana ou vida permeia todo o ser do universo objetivo, e somente é chamado de princípio porque é um fator indispensável e o *deus ex machina* do ser humano vivo.

I: *Creio que essa divisão produz um resultado melhor, já que é muito simplificada em suas combinações. A outra é metafísica demais.*

T: Se tanto aqueles que não estão na Sociedade Teosófica quanto teosofistas concordarem com ela, não há dúvida de que tornaria essas matérias muito mais compreensíveis.

X
Sobre a natureza de nosso princípio pensante

O mistério do ego

I: *Na citação que você apresentou há pouco, extraída do* Buddhist catechism, *eu percebo uma discrepância para a qual gostaria de uma explicação. É nela afirmado que os* skandhas *– incluída a memória – mudam a cada nova encarnação. E, no entanto, é asseverado que o reflexo das vidas passadas, que, nos foi dito, são inteiramente compostas de* skandhas, *"tem de sobreviver". Neste momento em minha mente não está completamente claro o que precisamente sobrevive, e gostaria de uma explicação. O que é? É somente aquele "reflexo", ou aqueles* skandhas, *ou sempre aquele mesmo ego, o* Manas?

T: Eu já expliquei que o princípio reencarnante, ou aquilo que chamamos de o ser humano divino, é indestrutível através do ciclo de vida, indestrutível como uma *entidade* pensante, e mesmo como uma forma etérea. O "reflexo" é somente a *lembrança* espiritualizada, durante o período devachânico, da ex-personalidade – o senhor A ou a senhora B – com a qual o ego se identifica durante aquele período. Como o período devachânico é tão só a continuação da vida terrestre, por assim dizer – os próprios auge e cerne, em uma série ininterrupta, dos poucos momentos felizes naquela agora existência passada –, o ego precisa se identificar com a consciência pessoal daquela vida terrestre caso alguma coisa vier a restar dela.

I: *Isso significa que o ego, a despeito de sua natureza divina, passa todo tal período entre duas encarnações em um estado de obscuridade mental ou insanidade temporária.*

T: Você pode considerá-lo como preferir. Na crença de que, fora da Realidade Una, nada é mais do que uma ilusão passageira – incluindo o universo inteiro –, nós não o encaramos como insanidade, mas como uma sequência ou desenvolvimento naturalíssimos da vida terrestre. O que é vida? Um feixe das mais variadas experiências, de ideias, emoções e opiniões que mudam a cada dia. Em nossa juventude somos com frequência entusiasticamente devotados a um ideal, a algum herói ou heroína que tentamos seguir e reviver; alguns anos depois, quando o frescor de nossos sentimentos juvenis se enlanguesceu e se acalmou, somos os primeiros a rir de nossas fantasias. E, todavia, houve um dia em que tínhamos tão cabalmente identificado nossa própria personalidade com aquela do ideal abrigado em nossa mente – sobretudo se era aquele de um ser vivo – que ela se tornou inteiramente fundida e perdida em nosso ideal. Pode ser dito de um homem de 50 anos que é o mesmo ser que era aos 20? O homem interior é o mesmo, ao passo que a personalidade viva exterior está completamente transformada e alterada. Você também chamaria essas mudanças nos estados mentais humanos de insanidade?

I: *Como você as chamaria e, sobretudo, como explicaria a permanência de uma e a evanescência da outra?*

T: Dispomos de nossa própria doutrina e, para nós, ela não apresenta nenhuma dificuldade. A pista para o entendimento reside na dupla consciência de nossa mente e também na natureza dupla do princípio mental. Há uma consciência espiritual – a mente manásica iluminada pela luz de Buddhi – que subjetivamente percebe abstrações, e uma consciência sensível – a luz manásica inferior – que é inseparável de nossos cérebro e sentidos físicos. Essa última é mantida sob sujeição do cérebro e dos sentidos físicos e, sendo, por sua vez, igualmente dependente deles, tem, é claro, de dissolver-se e finalmente perecer com o desaparecimento do cérebro e dos sentidos físicos. É somente a consciência espiritual, cuja raiz está na eternidade, que sobrevive e vive para sempre e pode, assim, ser considerada imortal. Tudo o mais pertence às ilusões passageiras.

I: *O que você entende realmente por ilusão nesse caso?*
T: Ela é muito bem descrita no ensaio mencionado anteriormente sobre o "Eu Superior", no qual o autor diz:

> *A teoria que estamos considerando (o intercâmbio de ideias entre o Ego Superior e o eu inferior) se harmoniza muito bem com a concepção deste mundo em que vivemos como um mundo fenomênico ilusório, os planos espirituais da natureza sendo, por outro lado, o mundo noumênico ou plano real. Aquela região*

> *da natureza na qual, por assim dizer, a alma permanente está enraizada, é mais real do que aquela na qual suas flores transitórias aparecem por um breve período para murcharem e se despedaçarem, enquanto a planta recupera energia para produzir uma nova flor. Supondo que as flores fossem somente perceptíveis aos sentidos ordinários, e que suas raízes existissem em um estado da natureza que fosse para nós intangível e invisível, filósofos em tal mundo que conjecturassem que havia coisas como raízes em um outro plano de existência estariam aptos a dizer com respeito às flores: Estas não são as plantas reais; carecem de importância relativa, sendo meramente fenômenos ilusórios do momento.*

Isso é o que eu quero dizer. Não é o mundo no qual florescem as flores transitórias e evanescentes das vidas pessoais que é o mundo real e permanente, mas sim aquele no qual descobrimos a raiz da consciência, a raiz que está além da ilusão e que reside na eternidade.

I: *O que você quer dizer com a raiz que reside na eternidade?*

T: Essa raiz é para mim a entidade pensante, o ego que encarna, consideremo-lo um anjo, um espírito ou uma força. Daquilo que se subordina às nossas percepções sensíveis somente o que cresce diretamente a partir dessa raiz invisível superior ou que está a ela ligado pode participar da sua vida imortal. Daí que todo pensamento, ideia e aspiração nobres da personalidade que ela informa, procedendo dessa raiz e por ela alimentados, se torna necessariamente permanente. No que se refere à consciência física, como é uma qualidade do "princípio" sensível, mas inferior – Kama Rupa ou instinto animal iluminado pelo reflexo manásico inferior, ou pela alma humana –, ela necessariamente desaparece. É a consciência superior que exibe atividade, ao passo que o corpo está adormecido ou paralisado, nossa memória registrando, mas de maneira débil e imprecisa – porque automaticamente – tais experiências, e com frequência não conseguindo sequer ser ligeiramente marcada por elas.

I: *Mas como se explica que Manas, embora você o chame de noys, um "deus", é tão fraco durante suas encarnações a ponto de ser realmente dominado e acorrentado por seu corpo?*

T: Eu poderia responder com uma pergunta semelhante e indagar: Como explicar que aquele que você considera "o Deus dos deuses" e o Único Deus Vivo seja tão fraco a ponto de permitir que o mal (ou o demônio) possua o melhor *dele* e de todas as suas criaturas, tanto enquanto está no céu quanto, inclusive, durante o tempo em que se achava encarnado nesta Terra? Você certamente responderia: Isso é um mistério e estamos proibidos de inquirir os mistérios de Deus. Mas, como nós não estamos proibidos de agir assim segundo nossa filosofia religiosa, respondo que, a menos que um deus desça como um *Avatar*, outra coisa não pode suceder a um princípio divino senão ser restringido e paralisado pela turbulenta matéria animal. A heterogeneidade sempre predominará sobre a homogeneidade neste plano de ilusões, e, quanto mais próxima estiver uma essência de seu princípio-raiz, a homogeneidade primordial, mais difícil é para essa última se afirmar sobre a Terra. Poderes espirituais e divinos estão dormentes em todo ser humano, e, quanto mais amplo for o alcance de sua visão espiritual, mais poderoso será o deus no seu interior. Mas poucos seres humanos são capazes de sentir esse deus. Como regra geral, a divindade, em nosso pensamento, é sempre constrangida e limitada por preconceitos, ideias em nós inculcadas desde a infância. Daí ser tão difícil para você entender nossa filosofia.

I: *E é esse nosso ego que é nosso Deus?*
T: De modo algum. "*Um* Deus" não é a Divindade universal, mas tão só uma centelha do oceano único de Fogo Divino. Nosso Deus *dentro de* nós, ou "Nosso Pai em segredo", é o que chamamos de Eu Superior, Atma. Nosso ego que encarna foi um deus em sua origem, como o foram todas as emanações primevas do Princípio Desconhecido Único. Mas, desde sua "queda na matéria", tendo de encarnar através do ciclo sucessivamente da primeira à última encarnação, ele não é mais um deus livre e feliz, mas um pobre peregrino em seu caminho para recuperar aquilo que perdeu. Posso responder a você mais minuciosamente repetindo o que é dito do ser humano interior em *Ísis desvelada* (v. II, p. 593):

> *Desde a mais remota antiguidade a* espécie humana *como um todo* sempre esteve convencida da existência de uma entidade espiritual pessoal dentro do ser humano físico pessoal. *Essa entidade interior era mais ou menos divina de acordo com sua proximidade da* coroa. *Quanto mais estreita a união, mais sereno o destino do ser humano, menos perigosas as condições externas. Essa crença não*

> é nem fanatismo nem superstição, somente um sentimento instintivo e sempre presente da proximidade de outro mundo espiritual e invisível que, embora seja subjetivo aos sentidos do ser humano exterior, é perfeitamente objetivo ao ego interior. Além disso, havia a crença de que há condições externas e internas que afetam a determinação de nossa vontade sobre nossas ações. O fatalismo era rejeitado, pois o fatalismo implica um curso cego de algum poder ainda mais cego. Sua crença, porém, era no destino (ou Karma), o qual, do nascimento à morte, toda pessoa está tecendo fio por fio em torno de si, tal como uma aranha produz sua teia; e esse destino é guiado ou por aquela presença que alguns chamam de anjo guardião, ou pelo nosso ser humano interior astral mais íntimo, que com demasiada frequência é o gênio mau do ser humano de carne (ou a personalidade). Ambos conduzem o ser humano, mas um deles tem de prevalecer; e desde o próprio começo da rixa invisível a severa e implacável lei de compensação (e retribuição) entra e assume seu curso, seguindo fielmente as flutuações do conflito. Quando o último fio é tecido, e o ser humano está aparentemente envolvido na rede de suas próprias ações, é então que ele se encontra completamente sob o império desse destino construído por ele mesmo. Este, então, ou o fixa como a concha inerte contra a rocha imóvel, ou como uma pena o leva para longe em um redemoinho erguido por suas próprias ações.

Tal é o destino do *ser humano* – o verdadeiro ego, não o autômato, a *carapaça* que responde por esse nome. Cabe a esse *ser humano* tornar-se o conquistador da matéria.

A natureza complexa de Manas

I: *Mas você queria dizer-me algo sobre a natureza essencial de Manas e sobre a relação que os* skandhas *do ser humano físico têm com ele.*

T: É essa natureza, misteriosa, proteana, que vai além de qualquer compreensão e quase nebulosa em suas correlações com os outros princípios que é tão difícil de compreender e ainda mais difícil de explicar. Manas é um princípio e, todavia, é uma entidade e individualidade, ou ego. Ele é um deus e, no entanto, está condenado a um ciclo infindável de encarnações, sendo responsável por cada uma delas, e tendo de sofrer por cada uma delas. Tudo isso parece tão contraditório quanto enigmático. Contudo, há centenas de pessoas, mesmo na Europa, que compreendem tudo isso perfeitamente, uma vez que compreendem o ego não só em sua integridade, mas também em seus múltiplos aspectos. Mas, se eu quiser me fazer compreensível, tenho de começar pelo começo e apresentar a você a genealogia desse ego em breves linhas.

I: *Continue.*

T: Tente imaginar um espírito, um ser celestial, não importa se o designamos por um nome ou outro, divino em sua natureza essencial, porém não suficientemente puro para ser uno com o TODO e, consequentemente, na necessidade de purificar sua natureza de modo a poder finalmente atingir essa meta. Só lhe é possível fazer isso passando *individual* e *pessoalmente*, isto é, espiritual e fisicamente, por toda experiência e sentimento que existem no universo múltiplo ou diferenciado. Ele tem, portanto, após ganhar experiência nos reinos inferiores e haver ascendido cada vez mais alto em todos os graus da escala do ser, de passar por todas as experiências nos planos humanos. Em sua própria essência ele é *pensamento*, sendo, portanto, chamado em sua pluralidade de *manasa-putras*, ou "filhos da mente (universal)". Esse pensamento individualizado é o que nós, teosofistas, denominamos ego real humano, a entidade pensante aprisionada em um invólucro de carne e ossos. É certamente uma entidade espiritual, não matéria, e tais entidades são os egos que encarnam, informando o feixe de matéria animal chamado espécie humana, que são denominados *manasa-putras* e são "mentes". Mas, uma vez aprisionados, ou encarnados, sua essência torna-se dupla, isto é, os *raios* da Mente Divina eterna, considerados entidades individuais, assumem dois atributos: (a) sua inerente característica *essencial*, mente de aspiração celestial ou Manas superior, e (b) a qualidade humana do pensar, ou do cogitar animal racionalizado devido à superioridade do cérebro humano, o Manas que tende para *kama*[142] ou Manas inferior. Um gravita rumo a Buddhi, o outro tende para baixo, para a sede das paixões e dos desejos animais. Não há espaço para esse último em Devachan nem podem esses dois atributos se associar à tríade divina que ascende como *una*

---

142. Ou Kama Rupa, na constituição setenária do ser humano o quarto princípio do quaternário inferior, sede dos desejos e paixões animais. (N.T.)

para a felicidade mental. No entanto, é o ego, a entidade manásica, que é responsabilizado por todas as faltas dos atributos inferiores, tal como um pai tem de responder pelas transgressões do filho enquanto este permanece irresponsável.

I: *Esse "filho" é a personalidade?*

T: É. Mas, quando se afirma que a personalidade morre com o corpo, isto não é tudo. O corpo, que foi apenas o símbolo objetivo do senhor A ou da senhora B, decompõe-se com todos os *skandhas* materiais que são suas expressões visíveis. Mas tudo aquilo que durante a vida constituiu o feixe *espiritual* de experiências, as aspirações mais nobres, as afeições imorredouras e a natureza *altruísta* do senhor A ou da senhora B, liga-se durante a duração do período devachânico ao ego, e este é identificado com a porção espiritual da entidade terrestre que agora morreu e desapareceu. O *ator* encontra-se tão imbuído do *papel* que recentemente interpretou que sonha com ele durante toda a noite devachânica, e essa *visão* persiste até soar a hora para ele de retornar ao palco da vida para desempenhar outro papel.

I: *Mas como se explica que essa doutrina, que você diz ser tão antiga quanto os seres humanos pensantes, não tenha encontrado espaço, digamos, na teologia cristã?*

T: Você está enganado. Ela encontrou espaço, sim. Mas a teologia a desfigurou, tornando-a irreconhecível, como o fez no que toca a muitas outras doutrinas. A teologia chama o ego de o anjo que Deus nos concede no momento de nosso nascimento *para cuidar de nossa alma*. A lógica teológica, em lugar de responsabilizar esse "anjo" pelas transgressões da pobre e desamparada "alma", torna essa última punível por todas as faltas tanto da carne quanto da mente! É a alma, o "alento" imaterial de Deus e sua suposta "criação", que mediante alguma espantosa impostura intelectual é condenada a queimar em um inferno material sem ser jamais consumida,[143] enquanto o "anjo" escapa impune depois de dobrar suas alvas asas e molhá-las com umas poucas lágrimas. Sim, esses são os nossos "espíritos servidores", os "mensageiros da misericórdia" que são enviados, diz-nos o bispo Mant:

---

143. Que é de "uma natureza semelhante ao asbesto", de acordo com a eloquente e ardente expressão de um moderno Tertuliano inglês.

> [...] *para realizar*
> *O bem a favor dos herdeiros da salvação, por nós eles ainda*
> *Se afligem quando pecamos, se alegram quando nos arrependemos.*

Todavia, fica evidente que, caso se pedisse a todos os bispos de todo o mundo para definir de uma vez por todas o que querem dizer com *alma* e suas funções, eles seriam tão incapazes de fazê-lo quanto de nos mostrar qualquer vestígio de lógica na crença ortodoxa!

A doutrina é ensinada no *Evangelho segundo São João*

I: *Os adeptos dessa crença poderiam responder a isso que, mesmo que o dogma ortodoxo realmente prometa ao pecador impenitente e ao materialista uma condição pungente em um inferno um tanto realista demais, a eles concede, por outro lado, uma chance para arrependimento até o derradeiro minuto. Some-se a isso que não ensinam o aniquilamento, ou a perda da personalidade, o que resulta no mesmo.*

T: Se a Igreja nada ensina a respeito disso, por outro lado Jesus ensina, o que constitui alguma coisa ao menos para aqueles que colocam Cristo em uma posição mais elevada do que o cristianismo.

I: *E Cristo ensina alguma coisa desse tipo?*

T: Sim, e todo ocultista devidamente informado e até mesmo um cabalista dirá a você isso. Cristo ou, de qualquer modo, o quarto *Evangelho* instrui sobre a reencarnação e também sobre o aniquilamento da personalidade, bastando para isso que você se esqueça da literalidade e se atenha ao espírito esotérico. Lembre-se dos versículos 1 e 2 do capítulo 15 do *Evangelho segundo São João*. Do que fala a parábola senão da tríade superior no ser humano? Atma é o "agricultor"; o ego espiritual, ou Buddhi (Cristos), é a "videira"; enquanto a alma animal e vital, a personalidade, é o "ramo". "Eu sou a videira *verdadeira* e meu Pai o agricultor. Todo ramo em mim que não gera frutos é eliminado por ele. [...] O ramo não pode gerar frutos de si mesmo, exceto se estiver unido à videira; tampouco podeis vós, exceto se unidos a mim. Eu sou a videira, vós sois os ramos. [...] Se alguém não está unido a mim, será lançado fora como um ramo e *secará*" – e será lançado ao fogo e queimado.

Ora, nós o explicamos deste modo. Desacreditando no fogo do inferno que a teologia descobre como subjacente à ameaça aos "ramos", dizemos que o "agricultor" significa Atma, o símbolo do princípio infinito impessoal, enquanto a "videira"[144] significa a alma espiritual, Cristos, e cada "ramo" representa uma nova encarnação.

I: *Mas de quais provas você dispõe para dar respaldo a tal interpretação arbitrária?*

T: A simbologia universal constitui uma garantia de sua exatidão e de que não é arbitrária. Hermas[145] diz de "Deus" que ele "plantou a videira", isto é, criou a espécie humana. Na Cabala é mostrado que o Ancião dos Anciões, ou o "Longo Rosto" planta um "vinhedo", que tipifica a espécie humana, e uma "videira", que significa a vida. O Espírito do "Rei Messias" é, portanto, mostrado como lavando suas vestes *no vinho* proveniente do alto, proveniente da criação do mundo.[146] E o Rei Messias é o ego purificado "lavando suas vestes" – isto é, suas personalidades no renascimento – no "vinho proveniente do alto", ou Buddhi. Adão, ou A-dão, é "sangue". A vida da carne está no sangue – *nephesh*, alma (*Levítico*, XVII). Adão-Kadmon é o Unigênito. Noé também planta um vinhedo – o canteiro aquecido alegórico da humanidade futura. Como consequência da adoção de idêntica alegoria, encontramo-la reproduzida no *Codex Nazaraeus*. Sete videiras – nossas sete raças com seus sete salvadores ou Budas – são procriadas. Essas sete videiras originam-se de Jukabar Zivo, e Ferho (ou Parcha) Raba as rega.[147] Quando os abençoados ascenderem entre as criaturas da Luz, verão Javar Zivo, Senhor da Vida, e a Primeira Videira.[148] Essas metáforas cabalísticas são, assim, naturalmente repetidas no *Evangelho segundo São João* (15,1).

Não esqueçamos que – mesmo conforme as filosofias que ignoram nossa divisão setenária – no sistema humano o ego, ou *ser humano pensante*, é chamado de Logos, ou o "Filho" de alma e espírito. "Manas

---

144. Durante os Mistérios, era o hierofante, o "Pai", quem plantava a "videira". Todo símbolo dispõe de *sete* chaves para decifrá-lo. O revelador do *pleroma* era sempre chamado de "Pai".
145. Autor grego antigo. (N.T.)
146. *Zohar*, XL, 10.
147. *Codex Nazaraeus*, v. III, p. 60-61.
148. *Ibid.*, v. II, p. 281.

é o filho adotado do Rei ____ e da Rainha ____" (os equivalentes esotéricos de Atma e Buddhi), diz uma obra do ocultismo. É o "deus--homem" de Platão, que se crucifica no "espaço", ou na duração do ciclo vital, para a redenção da matéria. Isso ele realiza encarnando sucessivas vezes, conduzindo, assim, a espécie humana à perfeição e, com isso, dando ensejo para que formas inferiores evoluam para superiores. Nem sequer durante uma vida ele cessa de progredir e de também contribuir para o progresso de toda a natureza física; até mesmo o acontecimento ocasional, bastante raro, constituído pela perda de uma de suas personalidades – no caso dessa última ser inteiramente destituída de qualquer centelha de espiritualidade – ajuda para o seu progresso individual.

I: *Mas certamente, se o ego é responsabilizado pelas transgressões de suas personalidades, também tem de responder pela perda, ou melhor, pelo completo aniquilamento de uma de tais personalidades.*

T: De maneira alguma, a não ser que nada tenha feito para evitar esse destino horrendo. Mas se, a despeito de todos os seus esforços, sua voz, a *voz da consciência*, foi incapaz de penetrar através da muralha de matéria, o resultado é a obtusidade dessa última, que procede da natureza imperfeita do material, ser classificada juntamente com outras falhas da natureza. O ego é suficientemente punido pela perda de Devachan e, sobretudo, por ter de encarnar quase imediatamente.

I: *Essa doutrina da possibilidade de perder a própria alma – ou personalidade, é assim que você a chama? – atua contra as teorias ideais tanto dos cristãos quanto dos espíritas, ainda que Swedenborg, em uma certa medida, a adote no que chama de "morte espiritual". Cristãos e espíritas jamais a aceitarão.*

T: Isso de modo algum altera um fato da natureza, se for um fato, ou impede que tal coisa ocasionalmente ocorra. O universo e tudo nele, moral, mental, físico, psíquico ou espiritual, está construído com base em uma lei perfeita de equilíbrio e harmonia. Como foi dito antes em *Ísis desvelada*, a força centrípeta não podia se manifestar sem a centrífuga nas revoluções harmoniosas das esferas, e todas as formas e o progresso de tais formas são produtos dessa força dupla na natureza. Ora, o espírito, ou Buddhi, é a energia espiritual centrífuga, e a alma, ou Manas, a energia espiritual centrípeta e, para produzir um resultado, eles têm de estar necessariamente em união e harmonia perfeitas. Transtorne ou prejudique o movimento centrípeto da alma terrestre que tende para o centro que a atrai; detenha seu progresso obstruindo-o mediante uma carga de matéria mais pesada do que ela pode suportar ou do que a apropriada para o estado devachânico, e a harmonia do todo será destruída. A vida pessoal, ou talvez, de preferência, seu reflexo ideal, só pode ter continuidade se sustentada pela dupla força, isto é, pela união estreita de Buddhi e Manas a cada renascimento ou vida pessoal. O mais leve desvio da harmonia a danifica; e, quando é destruída, estando demasiado devastada para ser retificada ou melhorada, as duas forças separam-se por ocasião da morte. Por um breve intervalo, a forma *pessoal* – denominada indiferentemente *kama rupa* e *mayavi rupa* –, cuja eflorescência espiritual, ligando-se ao ego, o segue a Devachan e confere à *individualidade* permanente sua coloração *pessoal*, por enquanto, por assim dizer, é arrebatada para permanecer em Kama Loka e ser gradativamente aniquilada. Com efeito, é após a morte dos inteiramente depravados, dos destituídos de espiritualidade e perversos à prova de redenção que se instaura o momento crítico e supremo. Se durante a vida o esforço derradeiro e desesperado do Eu Interior (Manas) para unir algo da personalidade a si mesmo e ao elevado raio bruxuleante do Buddhi divino é contrariado; se é permitido que esse raio seja crescentemente obstruído, impedido de penetrar na crosta do cérebro físico, que ganha continuamente espessura, o ego espiritual ou Manas, uma vez libertado do corpo, se mantém inteiramente separado da relíquia etérea da personalidade e esta, ou Kama Rupa, seguindo as suas atrações terrestres, é arrastada para o Hades e permanece no Hades, que chamamos de Kama Loka. Esses são "os ramos secos" mencionados por Jesus como sendo cortados da "videira". O aniquilamento, porém, jamais é instantâneo e às vezes exige séculos para sua realização. Mas em Kama Loka a personalidade permanece juntamente com os *restos* de outros egos pessoais mais felizes, e se torna com eles um *cascão* e um *elemental*. Como foi dito em *Ísis desvelada* são essas duas classes de "espíritos", os cascões e os elementais, que são os "protagonistas" no grande palco espiritual das "materializações". E você pode se assegurar que não são eles que encarnam e, consequentemente, pouquíssimos desses "entes queridos que partiram" conhecem alguma coisa sobre reencarnação, com isso enganando os espíritas.

I: *Mas não foi a autora de* Ísis desvelada *acusada de haver se pronunciado contra a reencarnação?*

T: Sim, mas por aqueles que não entenderam o que foi afirmado naquele livro. Na época em que essa obra foi escrita nenhum espírita, inglês ou americano, acreditava na reencarnação, e o que foi ali dito sobre reencarnação foi dirigido contra os espíritas franceses, cuja teoria é tão não filosófica e absurda quanto o ensinamento oriental é lógico e evidente por si em sua verdade. Os reencarnacionistas da escola de Allan Kardec[149] creem em uma reencarnação arbitrária e imediata. Para eles, o pai morto pode encarnar em sua própria filha por nascer, e assim por diante. Eles não dispõem nem de Devachan, Karma, nem de qualquer teoria filosófica que garantiria ou provaria a necessidade de renascimentos consecutivos. Mas como poderia a autora de *Ísis desvelada* contestar que a reencarnação *kármica* ocorre em longos intervalos que variam entre 1.000 e 1.500 anos quando isso constitui a crença fundamental tanto dos budistas quanto dos hindus?

I: *Então você rejeita inteiramente as teorias tanto dos espíritas franceses quanto dos espíritas ingleses e americanos?*

T: Não inteiramente, mas somente com referência às respectivas crenças fundamentais deles. Ambos confiam naquilo que seus "espíritos" lhes dizem e ambos divergem entre si tanto quanto nós, teosofistas, divergimos de ambos. A verdade é uma e, quando ouvimos os fantasmas franceses pregando a reencarnação e os fantasmas ingleses negando e denunciando a doutrina, dizemos que ou os "espíritos" franceses ou os ingleses não sabem do que estão falando. Acreditamos, juntamente com todos os espíritas, na existência de "espíritos", ou seres invisíveis dotados de maior ou menor inteligência. Mas, enquanto segundo nossos ensinamentos seus tipos e *gêneros* são inúmeros, para os nossos opositores o único tipo que existe são os "espíritos" desencarnados dos seres humanos, os quais, pelo que sabemos, são na maioria *cascões* kamalókicos.

I: *Você parece muito cáustica contra os espíritos. Como já me apresentou suas concepções e suas razões para não acreditar*

---

149. Hippolyte Léon Denizard Rivail (1804-1869), formado em Ciências e Letras, pedagogo e professor de ciências, poliglota. Codificador do espiritismo francês. (N.T.)

na materialização dos espíritos desencarnados – ou "espíritos dos mortos" – e na comunicação direta com eles nas sessões espíritas, se importaria em me esclarecer no tocante a mais um fato? Por que alguns teosofistas nunca se cansam de dizer quão perigosa é a relação com os espíritos e a mediunidade? Eles têm alguma razão em particular para isso?

T: Devemos supor que sim. Eu sei que *eu* tenho. Por conta de minha familiaridade de mais de meio século com essas "influências" invisíveis, mas demasiado tangíveis e inegáveis, dos elementais conscientes e cascões semiconscientes aos fantasmas totalmente inconscientes e indefiníveis de todos os tipos, reivindico certo direito em favor de minhas opiniões.

I: *Poderia fornecer um exemplo ou exemplos de modo a mostrar por que essas práticas deveriam ser consideradas perigosas?*

T: Isso exigiria mais tempo do que aquele que posso disponibilizar a você. Toda causa deve ser julgada pelos efeitos que produz. Examine a história do espiritismo dos últimos cinquenta anos, desde seu ressurgimento neste século na América, e julgue por si mesmo se proporcionou aos seus adeptos mais benefícios ou mais danos. Por favor, me entenda. Não me oponho ao verdadeiro espiritismo, mas ao moderno movimento que ostenta esse nome e à assim chamada filosofia inventada para explicar seus fenômenos.

I: *Você não acredita em absoluto em seus fenômenos?*

T: É porque acredito neles com base em boas razões e – salvo por alguns casos de fraude intencional – sei que são tão verdadeiros quanto o fato de você e eu vivermos que todo o meu ser se indigna contra eles. Mais uma vez me refiro somente a fenômenos físicos, não aos mentais ou mesmo psíquicos. O semelhante atrai o semelhante. Há diversos homens e mulheres generosos, puros e bons que conheci pessoalmente que passaram anos de suas vidas sob a orientação direta e mesmo a proteção de "espíritos" elevados, quer desencarnados, quer planetários. Mas *essas* inteligências não são do tipo dos "John Kings" e dos "Ernests" que figuram nas sessões espíritas. Essas inteligências guiam e controlam mortais unicamente em casos raros e excepcionais aos quais são atraídas e magneticamente evocadas pelo passado kármico do indivíduo. Não basta sentar-se "para o desenvolvimento" a fim de atraí-las. Isso tão só abre a porta para um enxame de fantasmas... bons, maus e indiferentes... dos quais o médium se torna escravo por toda a vida. É contra essa mediunidade e relacionamento promíscuo com duendes que ergo minha voz, não contra o misticismo espiritual. Esse último é enobrecedor e santo; o primeiro é precisamente da mesma natureza dos fenômenos de dois séculos atrás, pelos quais tantas bruxas e bruxos foram condenados ao sofrimento. Leia Glanvil e outros autores sobre o assunto bruxaria e aí você encontrará o registro de paralelos da maioria, senão de todos os fenômenos físicos do "espiritismo" do século XIX.

I: *Está sugerindo que tudo isso é bruxaria e nada mais?*

T: O que quero dizer é que, seja consciente, seja inconsciente, toda essa transação com os mortos é necromancia e uma prática extremamente perigosa. Durante eras antes de Moisés[150], tal ressuscitar dos mortos era considerado por todas as nações esclarecidas pecaminoso e cruel, porquanto perturba o repouso das almas e interfere no seu desenvolvimento evolucionário rumo a estados mais elevados. A sabedoria conjunta de todos os séculos passados sempre elevou sua voz denunciando tais práticas. Digo, enfim, o que jamais deixei de repetir tanto nos discursos falados quanto no que escrevi durante quinze anos: Enquanto alguns dos chamados "espíritos" não sabem do que estão falando, apenas repetindo, como papagaios, o que encontram nos cérebros dos médiuns e de outras pessoas, outros são extremamente perigosos e só podem conduzir alguém ao mal. Esses são dois fatos evidentes. Ingresse nos círculos espíritas da escola de Allan Kardec e você encontrará "espíritos" afirmando a reencarnação e falando como pessoas que nasceram católicos romanos. Volte-se para os "entes queridos que partiram" na Inglaterra e na América e você os ouvirá negando a reencarnação terminantemente, denunciando aqueles que a ensinam e aderindo a concepções protestantes. Os seus[151] melhores médiuns,

---

150. Exotericamente libertador dos hebreus do cativeiro no Antigo Egito e legislador dos mesmos (século XIII a.C.). Esotericamente falando, a figura de Moisés é mais complexa e mesmo controvertida. Há, por exemplo, correntes do ocultismo que o consideram um sumo sacerdote *egípcio* (hierofante) que teria assumido a causa dos hebreus. A ele também é atribuída a autoria da Torah, ou seja, em linguagem exotérica, o *Pentateuco* (os primeiros cinco Livros do Antigo Testamento da Bíblia). (N.T.)
151. Aqui, Blavatsky usa *your*, e não *their*. Como já o fez antes mais de uma vez, dirige-se ao Indagador, seu interlocutor, e não explicitamente aos espíritas, colocando-o como um representante destes. (N.T.)

os seus[152] mais poderosos médiuns, todos eles sofreram de problemas de saúde física e mental. Pense no triste fim de Charles Foster, que morreu em um manicômio na condição de um louco alucinado; pense em Slade, um epilético; em Eglington – o melhor médium hoje na Inglaterra –, sujeito à mesma doença. Remonte à vida de D. D. Home, um homem cuja mente se saturou de rancor e amargura, que nunca teve uma única palavra favorável a dizer de qualquer pessoa que ele suspeitasse ser detentora de poderes psíquicos e que até o fim caluniou qualquer outro médium. Esse Calvino[153] do espiritismo padeceu durante anos de uma terrível doença da coluna espinal produzida por seu intercâmbio com os "espíritos" e morreu na mais completa ruína. Pense também no triste destino do pobre Washington Irving Bishop. Eu o conheci em Nova York quando ele tinha 14 anos e ele era inegavelmente um médium. É verdade que o pobre homem tirou vantagem de seus "espíritos" e os batizou de "ação muscular inconsciente" para o grande regozijo de todas as corporações dos tolos altamente instruídos e científicos e para encher o seu próprio bolso. Mas *de mortuis nil nisi bonum*[154], e ele teve um triste fim. Ele escondera vigorosamente seus ataques de epilepsia – o primeiro e mais forte sintoma de genuína mediunidade – e quem sabe se ele estava morto ou em um transe quando foi realizado o exame *post-mortem*? Seus parentes insistem que estava vivo, se dermos crédito aos telegramas da Reuter. Finalmente, contemple as médiuns veteranas, as fundadoras e primeiros motores do espiritismo moderno – as irmãs Fox. Após mais de quarenta anos de intercâmbio, os "anjos" levaram-nas a se tornar bêbadas incuráveis que estão agora denunciando em palestras públicas seu próprio trabalho e filosofia ao longo de suas vidas como uma fraude. Pergunto a você então: Que espécies de "espíritos" devem ser essas que as induziram?

I: *Mas será que sua conclusão é correta?*

T: Mas o que você concluiria se os melhores alunos de determinada escola de canto falhassem devido a gargantas irritadas pelo excesso de esforço? Que o método adotado foi ruim. Consequentemente, acho que a conclusão é igualmente justa relativamente ao espiritismo

---

152. *Idem.* (N.T.)
153. John Calvin (1509-1564), reformador protestante. (N.T)
154. Em tradução livre: "dos mortos só se diz o bem". (N.E.)

quando assistimos a seus melhores médiuns serem vítimas de tal destino. Só podemos dizer: Que aqueles que estão interessados nessa questão julguem a árvore do espiritismo por seus frutos e reflitam na lição. Nós, teosofistas, sempre consideramos os espíritas como irmãos que têm a mesma tendência mística que nós temos, mas eles sempre nos consideraram inimigos. Nós, tendo em mãos uma filosofia mais antiga, tentamos ajudá-los e adverti-los. Eles, porém, nos retribuíram com insultos e difamação dirigidos a nós e às nossas causas de todas as maneiras possíveis. Entretanto, os melhores espíritas ingleses dizem o que nós dizemos toda vez que tratam seriamente de sua crença. Escute "M. A. Oxon" confessando essa verdade:

> *Espíritas tendem exageradamente a se deter exclusivamente na intervenção de espíritos externos neste nosso mundo* e a ignorar os poderes do Espírito *encarnado*.[155]

Por que, então, nos vilipendiar e insultar por dizermos exatamente a mesma coisa? Daqui por diante nada mais teremos a ver com o espiritismo. E agora voltemos à reencarnação.

---
155. *Second Sight*, Introdução.

XI
Sobre os mistérios da reencarnação

Renascimentos periódicos

I: *Você quer dizer, então, que todos nós vivemos na Terra antes, em muitas encarnações passadas, e que continuaremos assim vivendo?*
T: Sim. O ciclo vital, ou melhor, o ciclo de vida consciente, principia com a separação do ser humano animal mortal em sexos e findará com o encerramento da última geração de seres humanos, na sétima etapa e sétima raça da espécie humana. Considerando que estamos apenas na quarta etapa e na quinta raça, é mais fácil imaginar do que expressar sua duração.

I: *E nós nos mantemos encarnando em novas personalidades todo o tempo?*
T: Com toda a certeza, porque é possível comparar esse ciclo vital ou período encarnatório com a vida humana, o que constitui a melhor comparação. Tal como essa vida é composta de dias de atividade separados por noites de sono ou de inação, no ciclo encarnatório, uma vida ativa é sucedida por um repouso devachânico.

I: *E é essa sucessão de nascimentos que é geralmente definida como reencarnação?*
T: Precisamente. É somente por meio desses nascimentos que o progresso perpétuo dos incontáveis milhões de egos rumo à perfeição final, e a um repouso final tão longo quanto foi o período de atividade, pode ser alcançado.

I: *E o que regula a duração ou as qualidades especiais dessas encarnações?*
T: O Karma, a lei universal da justiça retributiva.

I: *É uma lei inteligente?*
T: Para o materialista, que classifica a lei da periodicidade que regula a ordenação dos corpos e todas as outras leis da natureza como forças

cegas e leis mecânicas, sem dúvida o Karma seria nada mais do que uma lei do acaso. Para nós, nenhum adjetivo ou qualificação poderia descrever aquilo que é impessoal e não uma entidade, mas uma lei atuante universal. Se você me indagar a respeito da inteligência causal presente no Karma, terei que responder a você que desconheço. Mas se você me pedir para definir seus efeitos e transmitir-lhe quais são segundo nossa crença, é-me possível dizer que a experiência de milhares de eras tem nos mostrado que são equidade, sabedoria e inteligência absolutas e infalíveis. Pois o Karma, nos seus efeitos, é um retificador infalível da injustiça humana e de todas as falhas da natureza, um severo ajustador de erros, uma lei retributiva que recompensa e pune com igual imparcialidade. Ele, no sentido mais rigoroso, "se aplica a todos sem distinção e de maneira idêntica", ainda que, por outro lado, nem possa ser propiciado, nem dissuadido mediante orações. É uma crença comum aos hindus e aos budistas, que creem no Karma.

I: *Nisso os dogmas cristãos se opõem a ambos e duvido que qualquer cristão venha a aceitar esse ensinamento.*

T: Não aceitará e Inman deu a razão para isso muitos anos atrás. Como ele o exprime:

> *Os cristãos aceitarão qualquer absurdo desde que promulgado pela Igreja como uma matéria de fé. [...] Os budistas sustentam que nada que seja contrariado pela sólida razão pode ser uma doutrina verdadeira do Buda.*

Os budistas não creem em nenhum perdão por seus pecados, exceto depois de uma punição adequada e justa por cada ação ou pensamento mau em uma encarnação futura e uma compensação proporcional para as partes lesadas.

I: *Onde é isso afirmado?*

T: Na maioria de seus livros sagrados. No *Wheel of the law* [Roda da lei] (p. 57) você pode encontrar o seguinte princípio teosófico:

> *Os budistas acreditam que todo ato, palavra ou pensamento tem sua consequência, que surgirá mais cedo ou mais tarde no*

estado presente ou no futuro. Atos maus produzirão más consequências, bons atos produzirão boas consequências: prosperidade neste mundo, ou nascimento no céu (Devachan)... no estado futuro.

I: *Os cristãos acreditam na mesma coisa, não acreditam?*

T: Oh, não. Acreditam no perdão e na remissão de todos os pecados. A eles foi prometido que basta acreditarem no sangue de Cristo – uma vítima *inocente*! –, no sangue por Ele oferecido para a expiação dos pecados de toda a humanidade, para haver reparação no que respeita a todo pecado mortal. Quanto a nós, não acreditamos nem em reparação delegada, nem na possibilidade da remissão do mais ínfimo pecado mediante qualquer deus, nem sequer mediante um "*pessoal* Absoluto" ou "Infinito", se é que tal coisa pudesse existir. Nossa crença é na justiça rigorosa e imparcial. Nossa ideia da Divindade Universal desconhecida, representada pelo Karma, é a de que se trata de um poder infalível e que, portanto, não pode ter nem ira nem misericórdia, mas somente equidade absoluta, que deixa que cada causa, grande ou pequena, produza seus efeitos inevitáveis. As palavras de Jesus "com a mesma medida que vós julgardes sereis vós julgados" (*Mateus* 7,2), nem pelo que exprimem, nem por suas implicações, apontam para qualquer esperança de futura misericórdia ou salvação por procuração. Eis porque, reconhecendo como o fazemos em nossa filosofia a justiça dessa afirmação, nossa ênfase jamais é demasiada ao recomendar a misericórdia, a caridade e o perdão das mútuas ofensas. "Não resista ao mal", e "retribua o mal com o bem" são preceitos budistas e foram em primeiro lugar pregados em vista do caráter implacável da lei kármica. Com efeito, em qualquer caso, constitui uma presunção sacrílega o ser humano tomar a justiça em suas próprias mãos. A lei humana pode tomar medidas restritivas, não punitivas; mas alguém que, acreditando no Karma, ainda assim se vinga, ainda se recusa a perdoar toda ofensa, com o que estaria retribuindo o bem com o mal – é um criminoso e só prejudica a si mesmo. Como é certo que o Karma punirá o ser humano que feriu o semelhante, aquele que, buscando infligir uma punição adicional ao seu inimigo, em vez de deixar a punição a cargo da grande Lei acrescenta a ela a sua própria bagatela, apenas gera uma causa para a futura recompensa de seu inimigo e uma futura punição para si mesmo. O "regulador" infalível em cada encarnação afeta a qualidade de sua sucessora, e a soma do mérito ou demérito em encarnações precedentes determina o renascimento seguinte.

I: *É o caso, então, de concluirmos qual o passado de alguém a partir de seu presente?*

T: Apenas até o ponto de acreditar que sua vida presente é o que com justiça deveria ser a título de reparação pelos pecados da vida passada. É claro que – à exceção de profetas e grandes Adeptos – na qualidade de mortais medíocres não somos capazes de saber quais foram esses pecados. Por conta de nossa escassez de dados, é-nos impossível determinar até o que deve ter sido a juventude de um velho; tampouco somos capazes, por razões semelhantes, de tirar conclusões definitivas sobre o que possa ter sido a vida passada de alguém meramente com base no que vemos na sua vida.

O que é Karma?

I: *Mas o que é Karma?*

T: Como eu disse, nós o consideramos como a *lei suprema* do universo, fonte, origem e manancial de todas as demais leis que existem por toda a natureza. Karma é a lei infalível que ajusta o efeito à causa nos planos físico, mental e espiritual do ser. Como nenhuma causa permanece sem seu devido efeito do mais grandioso ao ínfimo, de uma perturbação cósmica ao movimento de sua mão, e como o semelhante produz o semelhante, o Karma é aquela lei invisível e desconhecida que *ajusta sabiamente, inteligentemente e equitativamente* cada efeito a sua causa, fazendo remontar esta última ao seu produtor. Ainda que ele próprio seja incognoscível, sua ação é perceptível.

I: *Então é o "absoluto", o "incognoscível" novamente, e não é de muito valor como uma explicação dos problemas da vida.*

T: Pelo contrário, pois, embora não saibamos o que o Karma é em si, e o que é em sua essência, *realmente* sabemos *como* ele funciona, e podemos definir e descrever seu modo de ação com precisão. Somente *não* conhecemos sua causa *final*, tal como a filosofia moderna universalmente admite que a causa *final* de uma coisa é "incognoscível".

I: *E o que a teosofia tem a dizer relativamente à solução das necessidades mais práticas da humanidade? Qual a explicação oferecida por ela para o horrível sofrimento e as terríveis carências que predominam entre as chamadas "classes inferiores"?*

T: Apontamos que conforme nosso ensinamento, todos esses grandes males sociais – a distinção de classes na sociedade e dos sexos nos assuntos da vida, a distribuição desigual do capital e do trabalho – todos se devem ao que denominamos concisamente, mas verdadeiramente, Karma.

I: *Mas certamente todos esses males que parecem atingir as massas um tanto indiscriminadamente não constituem Karma real, merecido e individual?*

T: Não... não podem ser tão estritamente definidos em seus efeitos a ponto de mostrar que cada ambiente individual e as condições particulares de vida em que cada pessoa se acha não são mais do que o Karma retributivo que o indivíduo gerou em uma vida anterior. Não devemos perder de vista o fato de que todo átomo está sujeito à lei geral que rege o corpo inteiro ao qual ele pertence e aqui atingimos a bitola mais larga da lei kármica. Você não percebe que o agregado de Karma individual se torna aquele da nação à qual esses indivíduos pertencem e, ademais, que a soma total do Karma nacional é a do mundo? Os males aos quais você se refere não são próprios do indivíduo ou mesmo da nação, são mais ou menos universais; e é nessa ampla linha de interdependência humana que a lei do Karma encontra o seu fluxo legítimo e uniforme.

I: *Devo eu, então, entender que a lei do Karma não é necessariamente uma lei individual?*

T: É precisamente o que eu quero dizer. Seria impossível que o Karma pudesse reajustar o equilíbrio de poder na vida e progresso do mundo a não ser que dispusesse de uma esfera de ação ampla e geral. Os teosofistas sustentam como uma verdade que a interdependência da humanidade é a causa do que é chamado de Karma distributivo e é esta lei que fornece a solução à grande questão do sofrimento coletivo e o seu alívio. Constitui, ademais, uma lei oculta que nenhum ser humano pode ascender acima de seus fracassos individuais sem elevar, ainda que o seja sempre pouco, todo o corpo do qual ele é uma parte integrante. Analogamente, ninguém pode cometer faltas nem sofrer os efeitos delas sozinho. Na realidade, não existe essa coisa chamada "isolamento" e a abordagem mais próxima a esse estado egoísta, que as leis da vida permitem, está na intenção ou motivo.

I: *E não há meios pelos quais o Karma distributivo ou nacional pudesse, por assim dizer, ser concentrado ou reunido, e conduzido ao seu cumprimento natural e legítimo sem todo esse prolongado sofrimento?*

T: Como uma regra geral, e no âmbito de certos limites que definem a era a qual pertencemos, a lei do Karma não pode ser acelerada ou retardada no seu cumprimento. Mas disto eu estou certa, o ponto de possibilidade em uma ou outra dessas direções ainda não foi atingido. Escute a seguinte narrativa sobre uma fase de sofrimento nacional e, então, pergunte a si mesmo se, admitindo a força atuante do Karma individual, relativo e distributivo, esses males não são capazes de extensiva modificação e alívio geral. O que estou prestes a ler para você é da lavra de uma salvadora nacional, alguém que, tendo superado o *eu*, e sendo livre para escolher, escolheu servir a humanidade, carregando ao menos tanto quanto os ombros de uma mulher podem carregar do Karma nacional. Eis o que ela diz:

> *Sim, a natureza realmente sempre fala, não acha? O problema é que às vezes fazemos tanto barulho que afogamos sua voz. Essa é a razão por que é tão repousante sair da cidade e aninhar-se algum tempo nos braços da Mãe. Estou pensando no anoitecer em Hampstead Heath quando observávamos o pôr do sol. Oh, mas sobre que sofrimento e miséria aquele sol se pôs! Uma senhora me trouxe ontem um grande cesto de flores silvestres ao qual, pensei, minha família do East End tinha mais direito do que eu, de modo que o levei esta manhã a uma escola muito pobre em Whitechapel*[156]*. Você deveria ter visto o brilho daqueles*

---

156. O mesmo distrito de Londres onde ocorreram os célebres assassinatos brutais de cinco mulheres pobres, das quais quatro eram prostitutas, fato ocorrido um ano antes da publicação desta obra, isto é, em 1888. O caso de Jack, o Estripador, permanece até hoje carente de uma solução clara, definitiva e convincente, embora muitas das especulações em torno dele apontem para um assassino que pertencia, ou, ao menos, estava ligado de alguma maneira, à realeza ou nobreza britânica. Bem, se as vítimas foram prostitutas miseráveis e o assassino provavelmente foi

rostinhos pálidos! Por isso eu me dirigi a uma pequena taberna para pagar algumas refeições a algumas crianças. A taberna era em uma rua secundária, estreita, cheia de gente se acotovelando, com um fedor indescritível oriundo do peixe, carne e outros comestíveis, todos exalando esse cheiro desagradável sob um sol que em Whitechapel faz apodrecer em lugar de purificar. Aquela pequena taberna era a quintessência de todos os cheiros. Bolos de carne indescritíveis a um penny[157], *montículos asquerosos de "comida" e enxames de moscas, um verdadeiro altar de Belzebu*[158]*! Em toda parte ao redor, bebês rondando em busca de restos de comida, um deles com o rosto de um anjo recolhendo caroços de cereja como uma forma leve e nutritiva de dieta. Dirigi-me para o lado oeste da cidade com todos os nervos a tremer e ranger, imaginando se qualquer coisa pode ser feita com algumas regiões de Londres exceto fazê-las serem tragadas em um terremoto e oferecer um novo começo aos seus habitantes, depois de um mergulho em algum Lethe purificador, do qual nem uma só memória pudesse emergir! E então pensei em Hampstead Heath e – ponderei. Se por qualquer sacrifício alguém pudesse conquistar o poder de salvar essas pessoas, o preço disso seria inestimável. Mas, você percebe, elas têm de ser mudadas – e como pode ser isso produzido? Na condição em que se acham agora, não tirariam proveito de nenhum ambiente no qual pudessem ser instaladas; e, todavia, nas circunstâncias em que vivem no presente, elas têm de continuar a apodrecer. Parte meu coração essa miséria sem fim e sem esperança e a brutal degradação que é ao mesmo tempo seu rebento e sua raiz. É como a figueira-de-bengala [*banyan tree*]*: todo ramo enraíza-se e produz novos rebentos. Que diferença entre esses sentimentos e o cenário sereno em Hampstead! E, no entanto, nós que somos os irmãos e irmãs dessas pobres*

---

um aristocrata, qual a necessidade de uma solução e punição? Não é mesmo? É estarrecedor constatar que em sociedades pautadas pela profunda desigualdade social, que se dizem civilizadas e cristãs, vítimas da penúria, da degradação e do desespero *ainda* têm de tombar sob os golpes sanguinários de um membro privilegiado e parasita dessas sociedades, ou de um lacaio seu. (N.T.)

157. No sistema monetário britânico, moeda de bronze, outrora de cobre, cujo valor era 1/12 de um xelim, que, por sua vez, corresponde a 1/20 de uma libra. (N.E.)

158. Ou *Baal-zebub*, senhor das moscas, divindade dos antigos cananeus transformada em demônio pela religião monoteísta dos antigos hebreus e, posteriormente, via cristianismo, elevada à posição de príncipe dos demônios e identificado com Satã (em hebraico, *inimigo*), o qual, por sua vez, é geralmente identificado com Lúcifer (em latim, *portador da luz*), segundo a teologia judaico-cristã o anjo que liderou a insurreição contra Deus. Tudo isso sob o prisma exotérico. (N.T.)

criaturas, só temos o direito de usar os Hampstead Heaths para ganhar forças para salvar os Whitechapels. (Assinado com um nome demasiado respeitado e demasiado bem conhecido para ser dado aos escarnecedores.)

I: *Essa é uma mensagem triste, embora bela, e acho que apresenta com uma evidência pungente as terríveis operações do que você chamou de Karma "relativo" e "distributivo". Mas, ai de mim, parece não haver nenhuma esperança imediata de qualquer alívio fora um terremoto ou algum engolfamento geral semelhante.*

T: Que direito temos nós de pensar assim quando a metade da humanidade está em posição de produzir um alívio imediato das privações sofridas por seus semelhantes? Quando todo indivíduo tiver contribuído para o bem geral no que puder mediante dinheiro, trabalho e pensamento enobrecedor, nesse momento e somente nesse momento, o equilíbrio do Karma nacional será afetado e até lá não temos direito nem quaisquer razões para afirmar que existe mais vida na Terra do que a natureza pode suportar. Está reservado às almas heroicas, aos salvadores de nossa raça e nação descobrir a causa dessa pressão desigual do Karma retributivo, e mediante um esforço supremo reajustar o equilíbrio de poder e poupar as pessoas de um terremoto moral mil vezes mais desastroso e mais permanentemente maléfico do que a catástrofe física semelhante na qual você parece ver a única saída possível para essa infelicidade acumulada.

I: *Bem, nesse contexto, transmita-me em termos gerais como vocês descrevem essa lei do Karma.*

T: Descrevemos o Karma como aquela lei do reajuste que sempre tende a restaurar a harmonia física abalada por uma perturbação do equilíbrio no mundo moral. Dizemos que o Karma não atua sempre deste ou daquele modo particular, mas que ele sempre *realmente* atua de modo a restaurar a harmonia e preservar a proporção do equilíbrio em virtude da qual o universo existe.

I: *Dê-me uma ilustração disso.*

T: Mais tarde darei a você uma ilustração completa. Pense agora em uma lagoa. Uma pedra cai na água e gera ondas perturbadoras.

Essas ondas oscilam para trás e para a frente até finalmente, devido à operação daquilo que os físicos chamam de lei da dissipação de energia, serem levadas ao repouso e a água retorna a sua condição de tranquilidade. De maneira similar, *toda* ação, em todos os planos, produz perturbação na harmonia balanceada do universo, e as vibrações assim produzidas continuarão ocorrendo para trás e para a frente, se a área for limitada, até o equilíbrio ser restaurado. Mas como cada perturbação dessas principia a partir de algum ponto particular, está claro que o equilíbrio e a harmonia só podem ser restaurados pela reconversão *àquele mesmo ponto* de todas as forças que foram postas em movimento a partir dele. Aqui tem você a prova de que as consequências das ações, pensamentos etc. de um ser humano devem todas elas reagir sobre *ele mesmo* com a mesma força com a qual foram postas em movimento.

I: *Mas eu não vejo nenhum caráter moral nessa lei. A mim ela parece ser semelhante à simples lei física que afirma que ação e reação são iguais e opostas.*

T: Não me surpreende ouvir isso de você. Os europeus foram longe no hábito arraigado de considerar o certo e o errado, o bom e o mau, como matérias de um código de lei arbitrário estabelecido ou pelos homens, ou a este imposto por um Deus pessoal. Entretanto, nós, teosofistas, dizemos que "bem" e "harmonia", e "mal" e "desarmonia", são sinônimos. Adicionalmente, sustentamos que toda a dor e sofrimento são o resultado de falta de harmonia e que a única causa terrível da perturbação da harmonia é o *egoísmo* em uma forma ou outra. Consequentemente, o Karma restitui a todo ser humano as *consequências reais* de suas próprias ações, independentemente do caráter moral delas; mas como ele recebe o que lhe é devido por *tudo*, é óbvio que ele será obrigado a reparar todos os sofrimentos que causou, tal como colherá em alegria e contentamento os frutos de toda a felicidade e harmonia que ajudara a produzir. O melhor que posso fazer é citar para o seu benefício certas passagens de livros e artigos escritos por aqueles nossos teosofistas que possuem uma ideia correta do Karma.

I: *Gostaria que o fizesse, visto que a literatura de vocês parece ser bastante escassa em torno desse assunto.*

T: Isso porque é *a* mais difícil de todas as nossas doutrinas. Há pouco tempo um autor cristão trouxe a público a seguinte objeção:

> *Admitindo que o ensinamento ligado à teosofia está correto e que "o ser humano tem de ser seu próprio salvador, tem de superar o eu e dominar o mal que se encontra em sua dupla natureza a fim de obter a libertação de sua alma" – o que cabe ao ser humano fazer após ter despertado e ter se convertido, em uma certa medida, em seu afastamento do mal ou da perversidade? Como pode ele conseguir a libertação, ou o perdão, ou a extinção do mal ou perversidade que já cometeu?*

A isso o senhor J. H. Connelly responde de maneira bastante pertinente que ninguém pode esperar "fazer o motor teosófico funcionar na bitola teológica." Como ele o formula:

> *A possibilidade de esquivar-se à responsabilidade individual não está entre os conceitos da teosofia. Neste credo não existe algo como perdão ou "apagar o mal ou perversidade já cometidos", salvo mediante a adequada punição, por isto ou por aquilo, da parte de quem os cometeu e a restauração da harmonia no universo que foi perturbada por seu ato mau. O mal foi obra dele, e se por um lado outros têm de sofrer suas consequências, a reparação não pode ser realizada por ninguém a não ser por ele próprio.*
> *A condição contemplada [...] na qual um ser humano terá sido "despertado e ter se convertido, em certa medida, em seu afastamento do mal ou da perversidade" é aquela em que um ser humano terá compreendido que suas ações são más e merecem punição. Nessa compreensão, um sentimento de responsabilidade pessoal é inevitável, e precisamente em proporção ao grau de seu despertar ou "converter" tem de ser o sentimento daquela tremenda responsabilidade. Nesse ínterim, nele é vigoroso o estímulo a aceitar a doutrina da reparação delegada.*
> *Dizem-lhe que ele tem também que se arrepender, mas nada é mais fácil do que isso. Constitui uma afável fraqueza da natureza humana aquela que consiste em estarmos totalmente propensos a nos arrepender do mal que fizemos quando chamam nossa atenção, e nós ou sofremos em função dela ou fruímos de seus frutos. Possivelmente uma análise rigorosa do sentimento de arrependimento nos mostraria que o que lamentamos é mais a necessidade que pareceu exigir o mal como um meio de atingir nossos fins egoístas do que o próprio mal.*

Por mais atraente que essa perspectiva de lançar nosso fardo de pecados "aos pés da cruz" possa ser para a mente ordinária, ela não se faz recomendável ao estudante de teosofia. Ele não entende por que o pecador pelo fato de obter o conhecimento de seu mal pode com isso merecer qualquer perdão ou a extinção de sua perversidade passada; ou por que o arrependimento e uma futura forma correta de viver lhe dão o direito a uma suspensão em seu favor da lei universal da relação entre causa e efeito. Os resultados de suas ações más continuam a existir, o sofrimento causado aos outros por sua maldade não é extinto. O estudante de teosofia entende que o resultado da maldade sobre os ombros da vítima é o seu problema. Ele não considera somente a pessoa culpada, mas também suas vítimas.

O mal é uma infração às leis da harmonia que regem o universo e a punição dessa infração tem de recair sobre o próprio transgressor da lei. Cristo proferiu a advertência "Não peques mais para que algo pior não venha a suceder a ti", e São Paulo disse "Realiza a tua própria salvação. O que for que alguém semeia, isso será também o que colherá". A propósito temos aqui uma excelente tradução metafórica da sentença dos Puranas que em muito antecedeu São Paulo – que "toda pessoa colhe as consequências de seus próprios atos".

Esse é o princípio da lei do Karma que é ensinada pela teosofia. Sinnett, em seu Esoteric buddhism *traduziu Karma como "a lei da causação ética". "A lei de retribuição", como Madame Blavatsky traduz seu significado, é melhor. É o poder que...*

> *Embora misterioso, nos conduz por infalíveis caminhos,*
> *não assinalados, partindo da culpa à punição.*

Mas é mais. Recompensa o mérito tão infalível e amplamente quanto pune o demérito. É o resultado de todo ato, de todo pensamento, de toda palavra e ação, e por ele os seres humanos moldam a si mesmos, suas vidas e acontecimentos. A filosofia oriental rejeita a ideia da criação de uma nova alma para cada bebê nascido. Deposita sua crença em um número limitado de mônadas, evoluindo e se tornando crescentemente perfeitas por meio de sua assimilação de muitas personalidades sucessivas. Essas personalidades são o produto do Karma e é por meio do Karma e da reencarnação que a mônada humana, no devido tempo, retorna à sua fonte – divindade absoluta.

E. D. Walker, em seu *Reincarnation*, oferece a seguinte explicação:

> *Em síntese, a doutrina do Karma é a de que nós próprios fizemos o que somos mediante ações anteriores e que estamos construindo nossa futura eternidade mediante as ações presentes. Não há destino, mas o que nós próprios determinamos. Não há salvação ou condenação exceto aquelas que nós mesmos produzimos. [...] Por não oferecer abrigo para ações culpáveis e exigir genuína coragem, é menos bem-vinda às naturezas fracas do que as doutrinas religiosas fáceis de reparação delegada, intercessão, perdão e conversões de leito de morte. [...] No domínio da justiça eterna, a ofensa e a punição estão inseparavelmente ligadas como o mesmo evento, porque não há nenhuma distinção real entre a ação e o seu resultado. [...] É o Karma, ou nossos velhos atos, que nos arrasta de volta à vida terrena. A morada do espírito muda de acordo com seu Karma, e este Karma proíbe qualquer longa continuação em uma única condição, porque ele está sempre mudando. O tempo em que a ação for regida por motivos materiais e egoístas será precisamente e necessariamente o mesmo tempo em que o efeito dessa ação será manifestado nos renascimentos físicos. Somente o ser humano perfeitamente sem egoísmo é capaz de esquivar-se à gravitação da vida material. Poucos o atingiram, mas é a meta da espécie humana.*

E então o autor cita *A doutrina secreta*:

> *Aqueles que creem no Karma têm de crer no destino que, do nascimento à morte, todo ser humano tece, fio a fio, em torno de si mesmo, tal como a aranha constrói sua teia, e esse destino é guiado ou pela voz celestial do protótipo invisível exterior a nós, ou por nosso ser humano astral ou interior mais íntimo, que com muita frequência é o gênio mau da entidade encarnada chamada ser humano. Ambos conduzem o ser humano exterior, mas um deles tem de prevalecer; e desde o princípio da rixa invisível, a lei severa e implacável da compensação ingressa e assume seu curso, seguindo fielmente as flutuações. Ao ser tecido o último fio, e o ser humano aparentemente estar envolvido na rede de suas próprias ações, ele se encontra, então, completamente sob o império desse destino feito por ele mesmo. [...]*
> *Um ocultista ou um filósofo não se expressará em termos da bondade ou crueldade da Providência, mas a identificando com Karma-Nêmesis ensinará que ela, no entanto, preserva o bem e zela por eles tanto nesta quanto nas vidas futuras; e que ela pune*

aquele que faz o mal – sim, mesmo até seu sétimo renascimento – em suma, enquanto o efeito de ter ele abalado até mesmo o mais ínfimo átomo no mundo infinito da harmonia não tiver sido finalmente reajustado. Pois o único decreto do Karma – eterno e imutável – é a absoluta harmonia no mundo da matéria tal como é no mundo do espírito. Não é, portanto, o Karma que recompensa ou pune, mas somos nós que recompensamos ou punimos a nós mesmos conforme trabalhamos com a natureza, por meio dela e juntamente com ela, obedecendo às leis das quais depende essa harmonia, ou – as violando.

Tampouco seriam inescrutáveis os caminhos do Karma se os seres humanos agissem em união e harmonia, em lugar de agirem na desunião e disputa. De fato, nossa ignorância desses caminhos – que uma porção da humanidade chama de caminhos da Providência, obscuros e intricados, ao passo que outra neles vê a ação de um fatalismo cego, e uma terceira o simples acaso, sem deuses nem demônios para lhes dar um rumo – certamente desapareceria se os atribuíssemos todos a sua correta causa. [...]

Permanecemos perplexos diante do mistério de nossa própria criação e dos enigmas da vida que não solucionaremos e, então, acusamos a grande Esfinge de nos devorar. Mas, na verdade, não há um único acidente em nossas vidas, nem um dia feio, ou um infortúnio que não se possa remontar às nossas próprias ações nesta ou em outra vida. [...]

A lei do Karma está inextricavelmente entrelaçada à da reencarnação. [...] É somente essa doutrina que nos pode esclarecer sobre o misterioso problema do bem e do mal e harmonizar o ser humano com a terrível e aparente injustiça da vida. Somente essa certeza é capaz de trazer serenidade ao nosso sentimento de justiça indignado[159]*. Pois, quando alguém não familiarizado com a nobre doutrina olha ao redor de si e observa as desigualdades de nascimento e de fortuna, de intelectualidade e capacidades; quando alguém vê a honra concedida aos tolos e libertinos, para os quais a sorte acumulou seus favores por mero privilégio de nascimento, e o seu vizinho mais próximo, dotado de toda sua inteligência e nobres virtudes – sumamente mais merecedor em todos os aspectos – a perecer devido à carência e à falta de solidariedade; quando alguém vê tudo isso e tem de*

---

159. Ou *sentimento de indignação diante de uma injustiça*, que é um dos sentidos principais da palavra grega νέμεσις (*némesis*), contemplado pelo autor em conjunção com o de Karma. (N.T.)

dar as costas, impotente para aliviar o sofrimento não merecido, os ouvidos a zumbir e o coração dolorido com o pranto de dor a sua volta – apenas aquele conhecimento abençoado do Karma o impede de amaldiçoar a vida e os homens, bem como o seu suposto Criador. [...]
Essa lei, seja consciente ou inconsciente, não predestina nada e ninguém. Existe verdadeiramente a partir da eternidade e na eternidade, pois ela mesma é eternidade, e como tal, visto que nenhum ato pode igualizar-se à eternidade, não se pode dizer que ela atua, pois ela é a própria ação.[160] *Não é a onda que afoga o homem, mas a ação pessoal do infeliz que se move deliberadamente e se coloca sob a ação impessoal das leis que regem o movimento do oceano. O Karma nada cria nem planeja. É o ser humano que planta e cria causas, enquanto a lei kármica ajusta os efeitos, e esse ajuste não é um ato, mas a harmonia universal sempre tendendo a retomar sua posição original, semelhante a um galho que, curvado com demasiada força, ressalta com o mesmo vigor. Se acontecer de o braço que tentou curvá-lo, tirando-o de sua posição natural, ser deslocado, diremos que o galho quebrou nosso braço ou que foi nossa própria insensatez que nos ocasionou essa aflição? O Karma nunca procurou destruir a liberdade intelectual e individual como o Deus inventado pelos monoteístas. Não envolveu propositalmente seus decretos na obscuridade para a perplexidade do ser humano, nem punirá aquele que ousa examinar detidamente seus mistérios. Pelo contrário, aquele que mediante estudo e meditação desvela as sendas intricadas do Karma e arroja luz sobre esses caminhos obscuros em cujas sinuosidades tantos seres humanos perecem devido a sua ignorância do labirinto da vida – está trabalhando para o bem de seus semelhantes. O Karma é uma lei absoluta e eterna no mundo da manifestação, e como só pode haver um Absoluto, como uma Causa eterna e constantemente presente, aqueles que creem no Karma não podem ser considerados ateístas ou materialistas, e menos ainda fatalistas, pois o Karma identifica-se com o Incognoscível, do qual constitui um aspecto em seus efeitos no mundo fenomênico.*

Outra autora teosofista, a senhora P. Sinnett em seu *Purpose of Theosophy* [Propósito da teosofia] diz:

---

160. Que é o significado da palavra em sânscrito. (N.T.)

Todo indivíduo está produzindo Karma bom ou mau em cada ação e pensamento do seu dia a dia, e está ao mesmo tempo saldando nesta vida o Karma produzido pelos atos e desejos da última. Quando vemos pessoas que padecem de doenças congênitas pode-se supor seguramente que essas doenças são os resultados inevitáveis de causas desencadeadas por elas mesmas em um nascimento anterior. Poder-se-ia contestar que como essas doenças são hereditárias, pode ser que nada tenham a ver com a encarnação passada. Mas é preciso lembrar que o ego, o ser humano real, a individualidade, não tem origem espiritual no âmbito da paternidade pela qual é reencarnado, mas é atraído pelas afinidades que seu prévio modo de vida instalou à sua volta para a corrente que o carrega, chegada a hora para o renascimento, para o lar mais adequado ao desenvolvimento daquelas tendências. [...] Essa doutrina do Karma, quando entendida corretamente, é devidamente calculada de modo a guiar e assistir aqueles que compreendem sua verdade rumo a um modo de vida mais elevado e melhor, pois não deve ser esquecido que não só nossas ações, como também nossos pensamentos, são com toda a certeza acompanhados por uma grande quantidade de circunstâncias que influenciarão, para o bem ou para o mal, nosso próprio futuro e, o que é ainda mais importante, o futuro de muitos de nossos semelhantes. Se faltas de omissão e ação pudessem em qualquer caso dizer respeito apenas ao interesse próprio, o fato do Karma do pecador seria uma questão de consequência secundária. O efeito que cada pensamento e ação ao longo da vida carrega consigo, para o bem ou para o mal, correspondendo a uma influência sobre outros membros da família humana, torna um estrito senso de justiça, moralidade e altruísmo necessário à felicidade ou progresso futuros. Um crime uma vez cometido, um pensamento maléfico enviado da mente, são revocação do passado – nenhuma quantidade de arrependimento pode apagar seus resultados no futuro. O arrependimento, se sincero, impedirá que uma pessoa repita erros, mas não pode poupá-la ou outras pessoas dos efeitos de erros já produzidos, que de modo maximamente infalível o atingirão ou nesta vida ou no renascimento seguinte.

O senhor J. H. Connelly prossegue:

Aqueles que creem em uma religião baseada em tal doutrina desejam que seja comparada a uma doutrina na qual o destino do

> ser humano rumo a eternidade é determinado pelos acidentes de uma única e breve existência terrena, durante a qual ele é confortado pela promessa de que "tal como a árvore tomba, assim ficará", na qual sua esperança mais favorável, quando ele acorda para tornar-se ciente de sua maldade, é a doutrina da reparação delegada, e na qual até isso é dificultado segundo a Confissão Presbiteriana de Fé.
> "Pelo decreto de Deus, para a manifestação de sua glória, alguns seres humanos e anjos estão predestinados à vida eterna e outros preordenados à morte eterna.
> "Esses anjos e seres humanos assim predestinados e preordenados são particular e inalteravelmente planejados e seu número é tão certo e definido que não pode ser nem aumentado nem diminuído. [...] Tal como Deus apontou os eleitos para a glória. [...] Tampouco são quaisquer outros redimidos por Cristo efetivamente chamados, justificados, adotados, santificados e salvos, mas tão só os eleitos.
> "O resto da humanidade agradou a Deus, de acordo com o desígnio insondável de sua própria vontade, mediante o qual ele estendeu ou negou misericórdia segundo lhe apraz, para a glória de seu poder soberano sobre suas criaturas, preteri-las e condená-las à desonra e à ira por seus pecados para o louvor de sua gloriosa justiça."

Isso é o que o capacitado defensor diz. E tampouco podemos fazer melhor do que encerrar o assunto, como ele o faz, com a citação de um magnífico poema. É como ele diz:

> A beleza delicada da exposição sobre o Karma de Edwin Arnold em The Light of Asia nos tenta a reproduzi-la aqui, mas é longa demais para uma citação completa. Eis uma porção dela:
>
>> O Karma, todo esse total de uma alma
>> Que é as coisas que fez, os pensamentos que teve,
>> O 'eu" que ela teceu com uma trama de um tempo que não oferece visão
>> Atravessado na urdidura invisível dos atos.
>> [...]
>> Antes do começo e destituído de fim,
>> Eterno como o espaço e como a certeza, certo
>> Um Poder divino está fixado que se move para o bem,
>> Apenas às suas leis sujeito.

XI • SOBRE OS MISTÉRIOS DA REENCARNAÇÃO

> *Por ninguém será ele menosprezado;*
> *Aquele que o desobedece perde, e aquele que o serve ganha;*
> *O bem oculto ele compensa com paz e felicidade,*
> *O mal oculto com sofrimentos.*
> *Vê em toda parte e tudo detecta.*
> *Age com justiça e serás recompensado. Se fores injusto com alguém...*
> *Serás atingido por igual retribuição,*
> *Ainda que* Dharma *muito demore.*
> *Ele não conhece nem a ira nem o perdão; é verdade por inteiro,*
> *Suas medidas são precisamente distribuídas e a pesagem de sua balança é à prova de erro;*
> *O tempo para ele nada é – julgará amanhã*
> *Ou muitos dias depois.*
> *[...]*
> *Tal é a lei que se move rumo à justiça*
> *Da qual ninguém no final pode se esquivar ou pode deter;*
> *Seu coração é amor, sua finalidade*
> *É paz e doçura na consumação. Obedece.*

E agora eu o aconselho a comparar nossas concepções teosóficas a respeito do Karma, a lei da retribuição, e declarar se não são ambas mais filosóficas e justas do que esse dogma cruel e idiota que faz de "Deus" um demônio insensível, a doutrina nomeadamente de que "somente os eleitos" serão salvos, e o resto condenado à perdição eterna!

I: *Sim, eu percebo no geral o que você quer dizer. Mas desejaria que pudesse me dar algum exemplo concreto da atuação do Karma.*

T: Isso eu não posso fazer. Só podemos nos sentir certos, como eu disse antes, de que nossas vidas presentes e suas circunstâncias são os resultados diretos de nossas próprias ações e pensamentos em vidas do passado. Mas nós, que não somos videntes ou Iniciados, nada podemos saber sobre os detalhes do funcionamento da lei do Karma.

I: *Pode alguém, mesmo um Adepto ou vidente, acompanhar esse processo kármico de reajuste nas suas minúcias?*

T: Certamente: "aqueles que conhecem" podem realizá-lo pelo exercício de poderes que, inclusive, estão latentes em todos os seres humanos.

Quem são aqueles que conhecem?

I: *Isso vale igualmente para nós mesmos bem como para os outros?*

T: Igualmente. Como já declarado, a mesma visão limitada existe para todos, exceto para aqueles que alcançaram, na presente encarnação, o acme da visão espiritual e da clarividência. Tudo que podemos perceber é que se as coisas tivessem que ser diferentes conosco, teriam sido diferentes; que somos o que fizemos de nós mesmos e só temos o que conquistamos para nós mesmos.

I: *Receio que tal concepção apenas nos tornaria amargos.*

T: Creio que é precisamente o contrário. É mais provável que seja a justa lei da retribuição que desperta todo sentimento combativo no ser humano. Uma criança, tanto quanto uma pessoa adulta, ressente-se de uma punição, ou mesmo de uma repreensão que julga não merecida, sumamente mais do que se ressente de uma punição mais severa, se sente ser esta merecida. A crença no Karma constitui o mais elevado motivo para nos resignarmos com nosso lote nesta vida e o mais vigoroso incentivo para o esforço no sentido de melhorar o renascimento sucessivo. Ambos, realmente, seriam destruídos se supuséssemos que nosso lote é produto de qualquer coisa que não fosse a *lei* rigorosa, ou que o destino estivesse em quaisquer outras mãos e não em nossas próprias.

I: *Você afirmou que esse sistema da reencarnação sob a lei kármica se recomendava à razão, à justiça e ao sentimento moral. Mas, se for esse o caso, não o é às custas de algum sacrifício das qualidades mais doces da solidariedade e da compaixão e assim um endurecimento dos instintos mais delicados da natureza humana?*

T: Isso é somente o que parece, mas não o que ocorre realmente. Nenhum ser humano pode receber mais ou menos do que merece sem uma correspondente injustiça ou parcialidade em relação a outras pessoas; e uma lei que pudesse ser evitada por meio da compaixão aumentaria a infelicidade em lugar de reduzi-la, produziria mais irritação e imprecações do que agradecimentos. Lembre-se, ademais, que não administramos a lei se criarmos causas para seus efeitos; ela administra a si mesma; e, além disso, lembre-se de que a mais copiosa provisão para a manifestação da *justa* compaixão e misericórdia é mostrada no estado de Devachan.

I: *Você fala dos Adeptos como sendo uma exceção à regra de nossa ignorância geral. Eles realmente sabem mais do que nós sabemos acerca da reencarnação e dos estados posteriores?*

T: Realmente sabem. Treinando faculdades que todos nós possuímos, mas que exclusivamente eles desenvolveram até a perfeição, eles ingressaram em espírito nesses vários planos e estados sobre os quais estivemos discutindo. Durante longas eras, geração após geração de Adeptos têm estudado os mistérios do ser, da vida, da morte e do renascimento, e todos têm ensinado, cada um a seu turno, alguns dos fatos assim aprendidos.

I: *E o objetivo da teosofia é a produção de Adeptos?*

T: A teosofia considera a humanidade uma emanação da divindade em sua senda de retorno à divindade. Em um ponto avançado da senda, a condição de Adepto é alcançada por aqueles que devotaram diversas encarnações a essa realização. Lembre-se bem que nenhum ser humano jamais alcançou a condição de Adepto nas ciências secretas em uma vida, muitas encarnações são necessárias para isso após a formação de um propósito consciente e o início do treinamento necessário. É possível que tenham sido muitos os homens e mulheres no próprio seio de nossa Sociedade que iniciaram esse esforço ascendente rumo à iluminação várias encarnações atrás e que ainda, devido às ilusões pessoais da vida presente, ou estão ignorantes do fato ou a caminho de perder todas as chances, nesta existência, de progredir mais. Experimentam uma atração irresistível pelo ocultismo e a "vida mais elevada", e ainda assim estão demasiado concentrados em suas pessoas e são teimosos demais, demasiadamente apaixonados pelas seduções enganosas da vida mundana e pelos prazeres efêmeros do mundo para desistirem deles, com o que perdem a chance proporcionada pelo seu presente nascimento. Mas, no que diz respeito às pessoas ordinárias, por conta das obrigações práticas da vida diária, tal resultado remoto é inadequado como uma meta e totalmente ineficaz como um motivo.

I: *Qual então poderia ser a meta dessas pessoas, ou seu distinto propósito ao aderir à Sociedade Teosófica?*

T: Muitos estão interessados em nossas doutrinas e sentem instintivamente que são mais verdadeiras do que aquelas de quaisquer religiões dogmáticas. Outros chegaram a uma firme resolução de atingir o mais elevado ideal do dever humano.

A diferença entre fé e conhecimento, ou fé cega e raciocinada

I: *Você diz que eles aceitam e creem nas doutrinas da teosofia. Mas, como não pertencem aos Adeptos mencionados há pouco, então eles têm de aceitar os ensinamentos de vocês com base em uma "fé cega". No que esta difere daquela das religiões convencionais?*

T: Tal como difere em quase todos os outros pontos, também difere neste. O que você chama de "fé" e aquilo que é "fé cega", na realidade, com relação aos dogmas das religiões cristãs, converte-se conosco em *conhecimento*, a sequência lógica de coisas que *conhecemos* acerca de *fatos* na natureza. As doutrinas de vocês são baseadas em interpretações e, portanto, no testemunho de *segunda mão* dos videntes; as nossas no testemunho uniforme e invariável dos videntes. A teologia cristã comum, por exemplo, sustenta que o ser humano é uma criatura de Deus, composta de três partes – corpo, alma e espírito – todas essenciais a sua integridade, e todas, ou sob a forma grosseira da existência física terrena ou sob a forma etérea da experiência pós-ressurreição, necessárias para assim constituí-lo para sempre, cada ser humano tendo, desse modo, uma existência permanente separada de outros seres humanos e do divino. A teosofia, por outro lado, sustenta que, o ser humano, sendo uma emanação da Essência Divina desconhecida, mas sempre presente e infinita, seu corpo e tudo o mais são impermanentes e daí uma ilusão, somente o espírito nele sendo a substância duradoura e mesmo esta perdendo sua individualidade separada no momento de sua completa reunião com o Espírito Universal.

I: *Se perdemos até nossa individualidade, então não se torna simplesmente aniquilamento?*

T: Digo que não, posto que falo de individualidade *separada*, não universal. Essa individualidade se torna uma parte transformada no todo; a "gota de orvalho" não é evaporada, mas se torna o mar. É o ser humano físico aniquilado quando a partir de um feto torna-se um velho? Que tipo de orgulho satânico deve ser o nosso a ponto de colocarmos nossa consciência e individualidade infinitesimalmente pequenas acima da consciência universal e infinita!

I: *Conclui-se então que, de fato, não existe nenhum ser humano, mas que tudo é espírito?*

T: Você está errado. Conclui-se que a união do espírito com a matéria é apenas temporária; ou, para o formular com maior clareza, visto que espírito e matéria são unos, sendo os dois polos opostos da substância universal manifestada – conclui-se que o espírito perde o direito a este nome enquanto a menor partícula e o menor átomo de sua substância manifestante continuarem ligados a qualquer forma, o resultado da diferenciação. Acreditar em outra coisa é "fé cega".

I: *Então, é com base no conhecimento, não na fé, que vocês afirmam que o princípio permanente, o espírito, simplesmente realiza um trânsito através da matéria?*

T: Eu o formularia de outro modo e diria: Afirmamos que o aparecimento do princípio permanente e *uno* – espírito – *na qualidade de matéria* é transitório e, portanto, nada melhor do que uma ilusão.

I: *Muito bem, e isso é com base no conhecimento e não na fé?*

T: Precisamente. Mas, como percebo claramente o que você está insinuando, posso igualmente bem dizer-lhe que consideramos a fé, tal como você a defende, uma doença mental, e a verdadeira fé, isto é, a *pistis* dos gregos, como "crença baseada em conhecimento", seja suprida pela evidência dos sentidos físicos, seja suprida pelos sentidos espirituais.

I: *O que você quer dizer?*

T: Se o que você quer saber é a diferença entre as duas, quero dizer que entre a *fé baseada na autoridade* e a *fé baseada na própria intuição espiritual* há uma enorme diferença.

I: *E qual é ela?*

T: Uma é credulidade e superstição humanas, a outra é crença e intuição humanas. Como diz o professor Alexander Wilder em sua Introdução aos *Eleusinian Mysteries* [Mistérios de Elêusis]:

> *É a ignorância que leva à profanação. As pessoas ridicularizam o que não compreendem adequadamente. [...] O fluxo subterrâneo deste mundo é estabelecido na direção de uma meta, e dentro da credulidade humana [...] existe um poder quase infinito, uma fé sagrada capaz de apreender as verdades mais supremas de toda a existência.*

Aqueles que limitam essa "credulidade" exclusivamente a dogmas humanos fixados por autoridades, jamais sondarão esse poder nem sequer o perceberão em suas naturezas. Ele está firmemente fixado ao plano externo e é incapaz de pôr em movimento a essência que o rege, pois para fazê-lo essas pessoas têm de reivindicar seu direito a sua opinião particular, e isso nunca *ousam* fazer.

I: *E é essa "intuição" que os obriga a rejeitar Deus como um pai pessoal, administrador e regente do universo?*

T: Precisamente. Cremos em um Princípio sempre incognoscível, pois somente uma aberração cega pode fazer alguém afirmar que o universo, o ser humano pensante e todas as maravilhas contidas mesmo no mundo material poderiam ter sido desenvolvidos sem alguns *poderes inteligentes* para produzir a organização extraordinariamente sábia de todas suas partes. É possível que a natureza erre, e com frequência erra em suas particularidades e nas manifestações externas de seus materiais, mas nunca em suas causas e resultados internos. Os antigos pagãos tinham concepções sumamente mais filosóficas em torno dessa questão do que os modernos filósofos, sejam estes agnósticos, materialistas ou cristãos; e nenhum autor pagão jamais apresentou a proposição de que a crueldade e a misericórdia não são sentimentos finitos, podendo, portanto, ser transformadas em atributos de um deus *infinito*. Consequentemente, os deuses dos pagãos eram todos finitos. O autor siamês de *Wheel of the law* expressa uma ideia idêntica a nossa sobre o Deus pessoal de vocês; diz ele (p. 25):

> *Um budista poderia crer na existência de um deus, sublime acima de todas as qualidades e atributos humanos – um deus perfeito, acima do amor, do ódio e do ciúme, calmamente em repouso em uma quietude que nada poderia perturbar, e com referência a esse deus ele não diria nada de depreciativo, não pelo desejo de agradá--lo ou medo de ofendê-lo, mas por uma veneração natural; mas é*

incapaz de compreender um deus com os atributos e qualidades dos seres humanos, um deus que ama e odeia e que se mostra colérico, uma Divindade que, descrita seja pelos missionários cristãos, seja pelos maometanos ou brâmanes[161], ou judeus, cai abaixo de seu padrão ou mesmo daquele de um homem bom ordinário.

I: *Fé por fé, não é a fé do cristão que acredita, em sua impotência e humildade humanas, que existe um Pai misericordioso no Céu que o protegerá da tentação, ajudará na vida e perdoará suas transgressões, melhor do que a fé fria, orgulhosa e quase fatalista dos budistas, vedantinos e teosofistas?*

T: Continue chamando de "fé" a nossa crença, se assim deseja. Mas, já que voltamos a essa questão sempre recorrente, eu, por minha vez, pergunto: fé por fé, não é a que se baseia na lógica e razão rigorosas melhor do que aquela baseada simplesmente na autoridade humana ou na veneração dos heróis? Nossa "fé" possui todo o vigor lógico do truísmo aritmético de que dois e dois têm como produto quatro. A fé de vocês é semelhante à lógica de algumas mulheres emotivas, a respeito das quais Turguêniev[162] disse que, para elas, dois mais dois eram geralmente cinco e uma vela de sebo de quebra. Além disso, a fé de vocês é uma fé que se choca não só com toda visão que se possa conceber de justiça e lógica, mas que, se analisada, conduz o ser humano à sua perdição moral, tolhe o progresso da humanidade e, positivamente legitimando o poder – transforma um entre dois homens em um Caim para seu irmão Abel.

I: *Ao que você está se referindo?*[163]

Tem Deus o direito de perdoar?

T: À doutrina da redenção. Refiro-me àquele perigoso dogma no qual vocês creem e que nos ensina que independentemente da enormidade

---

161. A alusão aqui é aos brâmanes sectários. O Parabrahman dos vedantinos é a Divindade que aceitamos e na qual acreditamos.
162. Ivan Serguêievitch Turguêniev (1818-1883), escritor russo. (N.T.)
163. No original, a autora inseriu a indagação nesta posição, ou seja, antes do subtítulo e separada da resposta da teosofista. Optamos por manter a disposição original. (N.E.)

de nossos crimes contra as leis de Deus e dos homens, basta acreditarmos no autossacrifício de Jesus para a salvação da humanidade e seu sangue lavará todas as máculas. Faz hoje vinte anos que eu discursei contra essa doutrina, e posso agora chamar sua atenção para um parágrafo de *Ísis desvelada*, escrito em 1875. Isso é o que o cristianismo ensina e o que nós combatemos:

> *A misericórdia de Deus é ilimitada e insondável. É impossível conceber um pecado humano tão condenável que o preço pago antecipadamente pela redenção do pecador não o extinguisse, se mil vezes pior. E, ademais, nunca é tarde demais para se arrepender. Ainda que o ofensor aguarde até o último minuto da última hora do último dia de sua vida mortal, antes de seus lábios lívidos pronunciarem a confissão de fé, ainda é possível para ele ir para o Paraíso; o ladrão moribundo assim fez, e assim podem fazer todos os outros tão vis como ele. Essas são as hipóteses da Igreja e do clero, hipóteses marteladas nas cabeças de seus compatriotas pelos pregadores favoritos da Inglaterra, bem no "iluminismo do século XIX" - esta que é a mais paradoxal de todas as épocas!*

Ora, ao que isso conduz?

I: *Isso não torna o cristão mais feliz do que o budista ou o brâmane?*

T: Não. Ao menos não as pessoas educadas, já que a maioria destas há muito tempo perderam virtualmente toda a crença nesse dogma cruel. Mas esse dogma conduz aqueles que ainda nele creem mais facilmente *ao limiar de todo crime concebível* do que qualquer outro que conheço. Deixe-me fazer a você mais uma citação de *Ísis desvelada* (v. II, p. 542-543):

> *Se sairmos do pequeno círculo do credo e considerarmos o universo como um todo equilibrado pelo excelente ajuste das partes, como toda a sólida lógica, como o mais débil e bruxuleante lampejo de senso de justiça se insurge contra essa Reparação delegada! Se o criminoso pecasse somente contra si mesmo e ferisse apenas a si mesmo, se por meio do arrependimento sincero ele pudesse produzir a supressão dos acontecimentos passados, não apenas da memória do ser humano, como também*

> *daquele registro imperecível, que nenhuma divindade – nem mesmo a mais suprema das supremas – pode fazer desaparecer, então esse dogma poderia não ser incompreensível. Mas sustentar que se pode cometer injustiça contra o semelhante, matar, perturbar o equilíbrio da sociedade e a ordem natural das coisas e então – por meio de covardia, esperança ou compulsão, não importa – ser perdoado ao acreditar que o derramamento do sangue de alguém lava o outro sangue derramado – isso é ridículo! Podem os resultados de um crime serem suprimidos ainda que o próprio crime fosse perdoado? Os efeitos de uma causa nunca estão limitados às fronteiras da causa, nem podem os resultados do crime serem confinados ao ofensor e sua vítima. Toda boa ação bem como má ação têm seus efeitos, isto tão palpavelmente quanto a pedra arremessada nas águas tranquilas. Esta analogia é trivial, mas é a melhor até hoje concebida, portanto vamos empregá-la. Os círculos do remoinho são maiores e mais velozes dependendo da grandeza ou pequenez do objeto que causou a perturbação, mas o menor dos seixos, sim, a mais diminuta partícula produz suas ondulações. E essa perturbação não é apenas visível e superficial. Abaixo, invisível, em todas as direções – para fora e para baixo – uma gota impulsiona outra gota até as margens e o fundo serem atingidos pela força. Adicionalmente, o ar acima da água é agitado, e essa perturbação passa, como nos informam os físicos, de estrato para estrato, rumo ao espaço para sempre e sempre; a matéria recebeu um impulso e este jamais é perdido, jamais pode ser anulado! [...]*
> *O mesmo vale para o crime e o mesmo vale para o seu oposto. A ação pode ser instantânea, mas os efeitos são eternos. Quando, após a pedra ser arremessada na lagoa, pudermos restituí-la à nossa mão, desfazer as ondulações, suprimir a força despendida, restaurar as ondas etéricas devolvendo-as ao prévio estado de não-ser e extinguir todos os traços do ato de arremessar o projétil, de modo que o registro do tempo não indicará que isso algum dia aconteceu, então... então poderemos ouvir pacientemente os cristãos argumentar a favor da eficácia dessa reparação [...].*

...e cessar de crer na lei kármica. Estando as coisas como estão agora, conclamamos o mundo inteiro para decidir qual de nossas duas doutrinas é a que mais contempla a justiça divina, e qual é mais racional, mesmo com base na simples evidência e lógica humanas.

I: *E, no entanto, milhões acreditam no dogma cristão e são felizes.*

T: Puro sentimentalismo sobrepondo-se à sua capacidade de pensar que nenhum verdadeiro filantropo ou altruísta jamais aceitará. Não chega a ser sequer um sonho de egoísmo, mas um pesadelo do intelecto humano. Observe para onde ele conduz e me indique o nome de um país pagão em que crimes são mais facilmente cometidos ou mais numerosos do que nos países cristãos. Veja os longos e horrendos registros anuais de crimes cometidos nos países europeus, e observe a América protestante e bíblica. Lá, as *conversões* efetuadas nas prisões são mais numerosas do que as realizadas pelo *despertar religioso* e as pregações.

Veja a situação do livro de contas da justiça (!) cristã. Assassinos sanguinários incitados pelos demônios da licenciosidade, da vingança, da cupidez, do fanatismo ou a mera sede brutal por sangue, que matam suas vítimas, na maioria dos casos, sem lhes dar tempo para se arrependerem ou chamarem por Jesus. Estes, talvez, morreram no pecado e, é claro – em coerência com a lógica teológica –, encontraram a retribuição de suas ofensas maiores ou menores. Mas o assassino, colhido pela justiça humana, é aprisionado, se torna objeto de pranto dos sentimentalistas, participa de orações, pronuncia as palavras encantadas da conversão e caminha para o patíbulo como um filho redimido de Jesus! Se não fosse pelo assassinato, ele não teria participado de orações, não teria sido redimido, perdoado. Está claro que esse homem fez bem em assassinar, pois disso resultou conquistar a felicidade eterna! E quanto à vítima e a família dele ou dela, parentes, dependentes, pessoas de seu relacionamento social? A justiça não tem nenhuma recompensa para eles? Têm eles que sofrer neste mundo e no próximo, enquanto aquele que cometeu a injustiça contra eles senta-se ao lado do "bom ladrão" do calvário e é abençoado para sempre? No que respeita a essa questão o clero mantém um prudente silêncio.[164]

E agora você sabe por que os teosofistas – cuja crença e esperança fundamentais são justiça para todos, no Céu bem como na Terra, e no Karma – rejeitam esse dogma.

---

164. *Ísis desvelada, ibid.*

I: *O destino último do ser humano, então, não é um Céu presidido por Deus, mas a transformação gradual da matéria no seu elemento primordial, o espírito?*

T: Na natureza tudo tende para essa meta definitiva.

I: *Alguns de vocês não consideram essa associação ou "queda do espírito na matéria" como um mal e o renascimento como uma dor?*

T: Alguns consideram e, portanto, lutam para encurtar seu período de provação na Terra. Não é, contudo, um mal puro, uma vez que ele assegura a experiência com base na qual nós nos elevamos ao conhecimento e à sabedoria. Eu me refiro aquela experiência que *ensina* que as necessidades de nossa natureza espiritual nunca podem ser atendidas a não ser pela felicidade espiritual. Enquanto estivermos no corpo, estamos sujeitos à dor, ao sofrimento e a todos os incidentes decepcionantes que ocorrem durante a vida. Portanto, e para aliviá-lo, finalmente adquirimos conhecimento, o qual unicamente pode nos proporcionar alívio e esperança de um futuro melhor.

XII
O que é teosofia prática?

Dever

I: *Por que, então, a necessidade de renascimentos, já que todos igualmente falham em assegurar uma paz permanente?*

T: Porque a meta final não pode ser atingida de modo algum exceto por meio de experiências de vida, e porque o volume maior destas consiste em dor e sofrimento. É somente por meio destes últimos que somos capazes de aprender. Alegrias e prazeres nada nos ensinam; são evanescentes e só conseguem proporcionar satisfação com o tempo. Ademais, nosso constante insucesso em descobrir qualquer satisfação permanente na vida que atendesse às carências de nossa natureza superior, mostra-nos claramente que essas carências só podem ser atendidas no próprio plano delas, isto é, o espiritual.

I: *Será a consequência natural disso um desejo de deixar a vida por um meio ou outro?*

T: Se você entende como tal desejo o *suicídio*, digo nesse caso que positivamente não. Tal consequência jamais pode ser uma consequência "natural", mas é invariavelmente devida a uma enfermidade cerebral mórbida ou a fortes e radicais concepções materialistas. É o pior dos crimes e acarreta resultados medonhos. Mas se por desejo, você entende simplesmente a aspiração de atingir a existência espiritual, e não um desejo de abandonar a Terra, então eu o chamaria de um desejo realmente bastante natural. Fora isso, a morte voluntária seria um abandono do posto que presentemente ocupamos e dos deveres dos quais estamos incumbidos, bem como uma tentativa de nos furtarmos às responsabilidades kármicas e assim implicar a criação de um novo Karma.

I: *Mas se as ações no plano material são insatisfatórias, por que deveriam os deveres, que são tais ações, ser imperativos?*

T: Antes de mais nada, porque nossa filosofia nos ensina que o objetivo de cumprirmos nossos deveres, primeiramente para com todas as pessoas e em último lugar para com nós próprios, não é a consecução da felicidade pessoal, mas a das outras pessoas; o cumprimento do que é correto em prol do que é correto, não em prol do que isso possa nos trazer. É possível que a felicidade, ou melhor, o contentamento, seja uma consequência do cumprimento do dever, mas não é, nem deve ser o motivo para ele.

I: *O que vocês entendem precisamente por* dever *em teosofia? Não pode ser os deveres cristãos pregados por Jesus e seus apóstolos, uma vez que vocês não reconhecem nem um nem outros.*

T: Mais uma vez você está errado. O que chama de deveres "cristãos" foi inculcado por todo grande reformador moral e religioso muitas eras antes da era cristã. Tudo que era grandioso, generoso, heroico foi, na Antiguidade, não apenas objeto de discurso e pregação nos púlpitos como no nosso próprio tempo, mas *praticado* às vezes por nações inteiras. A história da reforma budista está repleta dos atos mais nobres e mais heroicamente altruístas. "Sejam todos vós de uma só disposição, vos compadecendo uns dos outros, vos amando como irmãos, sendo piedosos e gentis, não retribuindo o mal com o mal, ou a injúria com a injúria, mas, pelo contrário, abençoai aqueles que vos maldizem" foi uma doutrina praticamente posta em ação pelos seguidores do Buda muitos séculos antes de Pedro. Não há dúvida que a ética do cristianismo é grandiosa, mas também não há dúvida que não é nova e que nasceu como deveres "pagãos".

I: *E como você definiria esses deveres, ou "dever" em geral, como vocês entendem o termo?*

T: Dever é aquilo que é *devido* à humanidade, aos nossos semelhantes, aos vizinhos, à família e, sobretudo, aquilo que devemos aos que são mais pobres e mais desamparados do que nós mesmos. Esse é um débito que, se não saldado durante a vida, deixa-nos espiritualmente insolventes e falidos moralmente na nossa próxima encarnação. Teosofia é a quintessência do dever.

I: *O mesmo é o cristianismo quando corretamente entendido e praticado.*

T: Não há dúvida que sim. Não fosse, na prática, uma *religião simulada*[165], a teosofia teria pouco a realizar entre os cristãos. Infelizmente, não passa dessa simulação de ética. Aqueles que praticam seu dever em relação a todos e a favor do próprio dever, são poucos; e mais poucos ainda aqueles que cumprem esse dever permanecendo contentes com a satisfação de sua própria consciência íntima. É...

> [...] A voz pública
> Do louvor que honra a virtude e a recompensa [...]

...que é sempre o mais importante nas mentes dos filantropos "de renome mundial". A ética moderna se resume em uma bela teoria para ser lida e belos discursos e discussões para serem ouvidos. Mas de que servem palavras que não são convertidas em ações? Finalmente, se você me perguntar como entendemos o dever teosófico praticamente e em vista do Karma, posso lhe responder que nosso dever é beber do cálice da vida, não importa qual seja seu conteúdo a nós reservado, até a derradeira gota sem nenhum murmúrio, apanhar as rosas da vida tão só pela fragrância que possam verter sobre as outras pessoas, e nos contentarmos apenas com os espinhos, caso essa fragrância não possa ser fruída sem que tenhamos de privar alguém mais dela.

I: *Tudo isso é muito vago. O que vocês realizam mais do que os cristãos?*

T: Não é o que nós membros da Sociedade Teosófica realizamos – ainda que alguns de nós procurem fazer o melhor – mas quão mais longe a teosofia orienta para o bem comparado ao que realiza o moderno cristianismo. Eu digo *ação*, ação aplicada em lugar de meras intenções e discursos. Um indivíduo pode ser o que quiser, o mais mundano, egoísta e cruel entre os homens, até um patife inveterado e isso não o impedirá de julgar a si mesmo um cristão, ou outros de considerá-lo como tal. Mas nenhum teosofista tem direito a esse nome a não ser que esteja inteiramente imbuído da correção do truísmo de Carlyle[166]: "A finalidade do ser humano é uma *ação* e não

---

165. No original, *lip-religion*, religião de fachada, religião de "boca pra fora", religião cujos princípios não saem da teoria e não são praticados. (N.T.)
166. Thomas Carlyle (1795-1881), escritor e historiador escocês. (N.T.)

uma *ideia*, mesmo que esta seja a mais nobre das ideias" – a não ser que ele estabeleça e molde sua vida diária com base nessa verdade. A profissão da verdade não é ainda a sua promulgação, e quanto mais bela e grandiosa ela soar, quanto mais alto se elevarem os discursos em torno da virtude e do dever em lugar de serem objeto de prática e conduta, tanto mais forçosamente nos lembrará sempre de um dos frutos do Mar Morto. *Hipocrisia* é o mais abjeto de todos os vícios, e hipocrisia é a característica mais destacada do maior país protestante deste século: a Inglaterra.

I: *O que você considera como devido à humanidade em geral?*

T: Pleno reconhecimento de iguais direitos e privilégios para todos, sem distinção de raça, cor, posição social ou nascimento.

I: *Quando julgaria tal coisa que é devida não concedida?*

T: Quando ocorre a mais ligeira invasão do direito alheio, seja o alheio um ser humano ou uma nação; quando há qualquer fracasso em mostrar-lhe a mesma justiça, bondade, consideração ou misericórdia que desejamos para nós mesmos. Todo o sistema político atual está construído com base no esquecimento desses direitos e na mais selvagem afirmação de egoísmo nacional. Os franceses dizem "Tal como é o senhor, é o homem"; devem acrescentar: "Tal como é a política nacional, é o cidadão".

I: *Vocês têm alguma participação na política?*

T: Como uma Sociedade, nós cuidadosamente a evitamos pelas razões apresentadas anteriormente. Procurar realizar reformas políticas antes de havermos realizado uma reforma na natureza humana é como pôr vinho novo em velhas garrafas. Faça as pessoas sentir e reconhecer no mais íntimo de seus corações qual é o seu real e verdadeiro dever para com todos os seres humanos e todo velho abuso do poder, toda lei iníqua da política nacional baseados no egoísmo humano, social ou político desaparecerão por si mesmos. Tolo é o jardineiro que tenta limpar de ervas daninhas o seu canteiro cortando-as à superfície do solo, em lugar de arrancá-las pelas raízes. Nenhuma reforma política duradoura jamais poderá ser atingida com os mesmos homens egoístas de sempre no governo.

As relações da ST com as reformas políticas

I: *Portanto, a Sociedade Teosófica não é uma organização política?*

T: Decerto que não. Seu caráter é internacional na mais elevada acepção na medida em que seus membros compreendem homens e mulheres de todas as raças, credos e formas de pensamento, que atuam juntos com uma única finalidade, a saber, o aperfeiçoamento da humanidade; porém, como uma sociedade, não participa de maneira alguma de qualquer política nacional ou partidária.

I: *E por que isso?*

T: Pelas mesmas razões que mencionei. Ademais, a ação política tem necessariamente que variar conforme as circunstâncias do tempo e segundo as idiossincrasias dos indivíduos. Embora, com base na própria natureza de sua posição na qualidade de teosofistas, os membros da ST concordam no que respeita aos princípios da teosofia, caso contrário não pertenceriam de modo algum à Sociedade, disso não se conclui que concordem em todos os demais assuntos. Como Sociedade, somente podem atuar juntos em matérias que são comuns a todos – isto é, na própria teosofia; como indivíduos, cada um (ele ou ela) é deixado completamente à vontade para adotar sua linha particular de pensamento e ação políticos, enquanto isso não entre em conflito com os princípios teosóficos ou prejudique a Sociedade Teosófica.

I: *Mas certamente a ST não se mantém totalmente indiferente às questões sociais que agora estão tão rapidamente se impondo?*

T: Os próprios princípios da ST são uma prova de que ela – ou melhor, de que a maioria de seus membros não se mantêm indiferentes. Se a humanidade só pode ser desenvolvida mental e espiritualmente por meio da aplicação, antes de tudo o mais, das leis fisiológicas mais sólidas e mais científicas, é dever sagrado de todos que lutam por esse desenvolvimento dar o máximo de si para ver essas leis amplamente cumpridas. Todos os teosofistas estão cientes de que, muito lamentavelmente, especialmente nos países ocidentais, a condição social da grande massa da população torna impossível a educação tanto do corpo dessas pessoas quanto de seu espírito, com o que o desenvolvimento de um e outro é impedido. Na medida em que essa educação e desenvolvimento constituem um dos expressos objetivos da teosofia, a ST se solidariza e se harmoniza inteiramente com todos os autênticos esforços nessa direção.

I: *Mas o que vocês querem dizer com "autênticos esforços"? Cada reformador social possui sua própria panaceia e cada um crê que a sua é a única coisa capaz de melhorar e salvar a humanidade.*

T: Isso é totalmente verdadeiro e é a verdadeira razão por que tão pouco trabalho social satisfatório é executado. Na maioria dessas panaceias não existe realmente uma diretriz e certamente não existe um princípio único que una todas elas. Assim, perde-se tempo e energia valiosos, uma vez que as pessoas, em lugar de cooperarem entre si, lutam umas contra as outras e, frequentemente, é de se recear, mais em busca de prestígio e recompensa do que em prol da causa grandiosa que professam defender de coração, e que deveria preponderar em suas vidas.

I: *Como então se deveria aplicar princípios teosóficos de forma que essa cooperação social pudesse ser promovida e esforços autênticos de melhoria social levados a cabo?*

T: Deixe-me sumariamente lembrá-lo quais são esses princípios: unidade e causação universais, solidariedade humana, a lei do Karma, a reencarnação. Esses são os quatro elos da corrente dourada que congregaria a humanidade em uma só família, uma Fraternidade Universal.

I: *Como?*

T: No atual estado da sociedade, sobretudo nos chamados países civilizados, nos encontramos continuamente diante do fato de que grandes contingentes da população padecem de miséria, pobreza e doenças. Sua condição física é deplorável e suas faculdades mentais e espirituais acham-se frequentemente quase em dormência. Por outro lado, muitas pessoas no extremo oposto da hierarquia social vivem vidas de franca indiferença, luxo material e indulgência egoísta. Nem uma nem outra dessas duas formas de existência é produto do mero acaso. Ambas são os efeitos das condições que cercam aqueles que estão sujeitos a elas, e a omissão do dever social de um lado, tem estreitíssima conexão com o desenvolvimento retardado e tolhido do outro. Em sociologia, como em todos os ramos da verdadeira ciência, a lei da causação universal se faz valer. Mas essa causação inclui necessariamente, como seu produto lógico, aquela solidariedade humana na qual a teosofia insiste com tanta ênfase. Se a ação de alguém reage sobre as vidas de todos, e esta é a verdadeira ideia científica, conclui-se que é somente mediante a transformação de todos os homens em irmãos e todas as mulheres em irmãs e a prática de todos em suas vidas cotidianas da verdadeira fraternidade masculina e feminina, que a efetiva solidariedade humana, que está na raiz da elevação da raça, pode algum dia ser atingida. É essa ação e interação, essa genuína fraternidade entre homens e fraternidade entre mulheres, em que cada um viverá para todos e todos para cada um, que é um dos princípios teosóficos fundamentais ao qual todo teosofista deve estar obrigado, não só a ensinar, como igualmente praticar em sua vida individual, dele ou dela.

I: *Tudo isso é excelente como um princípio geral, mas como você o aplicaria de uma maneira concreta?*

T: Observe por um momento aquilo que você chamaria de fatos concretos da sociedade humana. Compare as vidas não só da massa da população, mas também dos muitos entre aqueles que se diz pertencerem à classe média e à classe alta com o que poderia ser sob condições mais saudáveis e mais nobres nas quais a justiça, a bondade e o amor reinassem em lugar do egoísmo, da indiferença e da brutalidade que hoje, com demasiada frequência, parecem imperar soberanos. Todas as coisas boas e más da humanidade têm suas raízes no caráter humano, e este é e foi condicionado pela cadeia interminável de causa e efeito. Esse condicionamento, porém, aplica-se ao futuro bem como ao presente e ao passado. Egoísmo, indiferença e brutalidade nunca podem ser o estado normal da raça – acreditá-lo mergulharia a humanidade no desespero, e isso nenhum teosofista pode fazer. O progresso pode ser obtido exclusivamente mediante o desenvolvimento das qualidades mais nobres. Ora, a verdadeira evolução nos ensina que, alterando as imediações do organismo, nos capacitamos a alterar e melhorar o organismo, o que no seu sentido mais estrito vale para o ser humano. Todo teosofista, portanto, está obrigado a fazer, de sua parte, o máximo para contribuir, por todos os meios que possa, com todo esforço social sábio e ponderado que tenha como objetivo a melhoria da condição dos pobres. Tais esforços deveriam ser realizados tendo em vista a emancipação social definitiva deles, ou o desenvolvimento do senso de dever da parte daqueles que atualmente com tanta frequência o omitem em quase todas as relações da vida.

I: *Estou de acordo, mas a quem cabe decidir se os esforços sociais são sábios ou não?*

T: Nenhuma pessoa e nenhuma sociedade são capazes de estabelecer uma regra fixa no que se refere a isso. Muito tem necessariamente que ficar a critério do julgamento individual. Entretanto, pode-se submeter essa situação a uma prova geral. Tenderá a ação proposta a promover aquela verdadeira fraternidade que a teosofia visa a produzir? Nenhum teosofista autêntico terá muita dificuldade quanto a aplicar essa prova e, uma vez satisfeita, seu dever será direcionado no sentido de formar opinião pública. E essa tarefa só será realizada com sucesso inculcando-se aquelas concepções mais elevadas e mais nobres dos deveres públicos e privados que estão na raiz de todo aprimoramento espiritual e material. Em todos os casos que se possa conceber, ele próprio tem de ser um centro de ação espiritual, e dele e de sua própria vida cotidiana individual devem irradiar aquelas forças espirituais superiores que, com exclusividade, são capazes de regenerar seus semelhantes.

I: *Mas por que ele deveria fazer isso? Não estão ele e tudo mais, segundo vocês ensinam, condicionados por seus Karmas e não deve o Karma necessariamente funcionar por si mesmo dentro de certas linhas?*

T: É essa mesma lei do Karma que transmite força a tudo que eu disse. O indivíduo não pode se separar da raça, nem a raça do indivíduo. A lei do Karma aplica-se igualmente a todos, embora todos não estejam igualmente desenvolvidos. Ao contribuir para o desenvolvimento dos outros, o teosofista acredita que ele não está apenas os auxiliando a cumprir seu Karma, mas que também ele, no mais rigoroso sentido, está cumprindo o seu próprio. É o desenvolvimento da humanidade, da qual tanto ele quanto os outros constituem partes integrais, que ele sempre tem em vista, e ele sabe que qualquer fracasso seu no sentido de não corresponder ao que há de mais elevado dentro de si produz um retardamento, não só na sua marcha progressiva, mas também naquela de todos. Por meio de suas ações, ele é capaz de ou dificultar ou facilitar para a humanidade a consecução do próximo plano superior do ser.

I: *E qual a conexão disso com o quarto princípio mencionado por você, isto é, a reencarnação?*
T: Essa conexão é estreitíssima. Se as nossas vidas presentes dependem do desenvolvimento de certos princípios que constituem um crescimento ocorrido a partir de gérmens herdados de uma existência anterior, essa lei é vigente no que toca ao futuro. Uma vez que se compreenda a ideia de que a causação universal não é meramente presente, mas passado, presente e futuro, e toda ação do nosso plano presente encaixa-se natural e facilmente em seu verdadeiro lugar e é percebida em sua verdadeira relação com nós mesmos e com os outros. Toda ação má e egoísta remete-nos para trás e não para a frente, ao passo que todo pensamento nobre e toda ação altruísta são degraus de acesso aos planos mais elevados e mais gloriosos do ser. Se esta vida fosse tudo, consequentemente em muitos aspectos seria realmente precária e mesquinha; mas considerada como uma preparação para a próxima esfera de existência, torna-se possível o seu uso como o portal de ouro através do qual podemos passar, não de maneira egoísta e sozinhos, mas na companhia de nossos semelhantes, aos palácios que estão além.

Sobre o autossacrifício

I: *É a justiça igual para todos e o amor a todas as criaturas o padrão mais elevado da teosofia?*
T: Não, há um ainda mais elevado.

I: *E o que poderia ser?*
T: O dar aos outros *mais* do que a si mesmo – *autossacrifício*. Tal foi o padrão e medida de abundância que marcaram de forma tão preeminente os maiores preceptores e mestres da humanidade – tais como Gautama Buda na história e Jesus de Nazaré nos Evangelhos. Essa característica por si só foi suficiente para lhes assegurar a reverência e gratidão perpétuas das gerações das pessoas que os sucederam. Dizemos, contudo, que o autossacrifício tem de ser executado com discernimento, e tal abandono de si mesmo, se realizado na ausência de justiça, ou de maneira cega sem considerar os resultados subsequentes, pode com frequência não só ter sido realizado

em vão, como também se revelar prejudicial. Uma das regras fundamentais da teosofia é justiça para consigo mesmo – contemplando-se como uma unidade da humanidade coletiva, não como um eu pessoal –, justiça não mais, mas não menos, do que para com os outros; desde que, realmente, pelo sacrifício do próprio eu possamos beneficiar os muitos.

I: *Poderia tornar sua ideia mais clara dando um exemplo?*

T: Há muitos exemplos na história para ilustrá-lo. A teosofia tem como sumamente mais elevado o autossacrifício a favor do bem prático de muitas pessoas, ou de várias, do que a autoabnegação a favor de uma ideia sectária, tal como aquela de "salvar os pagãos da condenação", por exemplo. Em nossa opinião, o padre Damien[167], o jovem de 30 anos que ofereceu sua vida inteira em sacrifício em prol do benefício e alívio dos sofrimentos dos leprosos em Molokai, que depois de viver por dezoito anos isolado em companhia deles, finalmente, contraiu essa doença repugnante e morreu, não morreu em vão. Ele proporcionou alívio e uma relativa felicidade a milhares de pobres desgraçados. Trouxe a eles consolo mental e físico. Arrojou um fio de luz à noite negra e horrível de uma existência, cuja ausência de esperança não tem paralelo nos registros do sofrimento humano. Ele foi um verdadeiro teosofista e sua memória viverá para sempre em nossos anais. A nosso ver, esse pobre sacerdote belga se posiciona incomensuravelmente acima de, por exemplo, todos aqueles tolos sinceros, porém dotados de vanglória, ou seja, os missionários que sacrificaram suas vidas nas ilhas do mar do Sul ou na China. Que bem que fizeram? Por um lado, se dirigiram a pessoas que não estavam ainda maduras para qualquer verdade; por outro, a uma nação cujos sistemas de filosofia religiosa são tão grandiosos como quaisquer outros, bastando apenas que os homens que os professam vivessem de acordo com o padrão de seu Confúcio e de outros sábios. Caíram vítimas de canibais e selvagens irresponsáveis e do fanatismo e ódio do povo. Em lugar disso, caso se dirigissem aos bairros pobres de Whitechapel, ou a alguma outra localidade semelhante daqueles

---

167. Joseph Damien de Veuster (1840-1889). (N.T.) [Conhecido no Brasil como São Damião de Molokai ou Padre Damião, foi beatificado em 1995 pelo papa João Paulo II e canonizado em 11 de outubro de 2009 pelo papa Bento XVI. (N.E.)]

que se conservam estagnados bem abaixo do sol fulgurante de nossa civilização, cheia de cristãos selvagens e lepra mental, poderiam ter realizado um bem real e preservado suas vidas em favor de uma causa melhor e mais digna.

I: *Mas os cristãos não pensam assim.*

T: Claro que não, pois sua conduta se baseia em uma crença errônea. Acham que batizando o corpo de um selvagem irresponsável salvam sua alma da danação. Uma igreja esquece seus mártires, a outra beatifica e ergue estátuas a homens como Labro, o qual sacrificou seu corpo durante quarenta anos tão só para beneficiar os vermes que dele se nutriram. Tivéssemos nós recursos para isso e erguríamos uma estátua do padre Damien, o verdadeiro santo pragmático, e perpetuaríamos sua memória para sempre como um exemplo vivo de heroísmo teosófico e de misericórdia e autossacrifício semelhantes ao do Buda e de Cristo.

I: *Então vocês consideram o autossacrifício um dever?*

T: Sim, e o explicamos mostrando que o altruísmo é uma parte integral do autodesenvolvimento. Mas é preciso discernir. Um indivíduo não tem o direito de *morrer* de fome para que um outro indivíduo possa ter alimento, a não ser que a vida deste último seja obviamente mais útil para muitas pessoas do que a sua própria. Mas é seu dever sacrificar seu próprio conforto e trabalhar para os outros se estes estão incapacitados de trabalharem para si mesmos. É seu dever dar tudo que lhe pertence inteiramente e que possa beneficiar exclusivamente a ele, caso ele o guarde de forma egoísta privando os outros. A teosofia ensina a autoabnegação, mas não ensina o autossacrifício temerário e inútil, nem justifica o fanatismo.

I: *Mas como conseguirmos alcançar tal elevada posição?*

T: Pela aplicação esclarecida de nossos preceitos. Pelo emprego de nossa razão, intuição espiritual e senso moral mais elevados, e acatando os ditames do que chamamos de "a serena pequena voz" de nossa consciência, que é aquela de nosso ego, e que fala mais alto em nós do que os terremotos e os trovões de Jeová, nos quais "o Senhor não está."

I: *Se tais são nossos deveres com a humanidade em geral, quais são os deveres, segundo o seu entendimento, com aqueles que nos cercam mais de perto?*

T: Exatamente os mesmos *mais* aqueles que nascem das obrigações especiais relativas aos laços familiares.

I: *Então não é verdade, como se diz, que mal um homem ingressa na Sociedade Teosófica começa a ser gradualmente separado de sua esposa, dos filhos e dos deveres familiares?*

T: Isso é uma calúnia sem fundamento, como tantas outras. O primeiro dos deveres teosóficos é aquele para com todos os seres humanos e, sobretudo, com aqueles em relação aos quais temos responsabilidades *específicas*, porque ou voluntariamente as assumimos – tais como os laços do casamento – ou porque nosso destino nos vinculou a certas responsabilidades – tais como as que devemos aos pais ou parentes mais próximos.

I: *E qual poderia ser o dever de um teosofista consigo mesmo?*

T: Controlar e vencer, *por meio* do Eu Superior, o eu inferior. Purificar-se intimamente e moralmente; não temer a ninguém e nada, exceto o tribunal de sua própria consciência. Nunca fazer uma coisa pela metade, isto é, se a julga a coisa certa a fazer, que a faça aberta e ousadamente, e se a julga a coisa errada, que absolutamente a esqueça. É o dever de um teosofista aliviar seu fardo ponderando sobre o sábio aforismo de Epicteto[168], que diz:

> *Não te desvies de teu dever por conta de nenhuma reflexão inútil que o mundo insensato possa te trazer, pois suas censuras não se acham sob teu controle e, consequentemente, não deveriam constituir parte de tua preocupação.*

I: *Mas suponha que um membro da Sociedade de vocês alegue incapacidade de praticar o altruísmo com as outras pessoas sob o fundamento de que "a caridade começa em casa", insistindo que ele é demasiado ocupado ou demasiado pobre para beneficiar a espécie humana ou mesmo qualquer de suas unidades – em tal caso, quais são as regras de vocês?*

---

168. Epicteto de Hierápolis (*c.* 50 d.C.-*c.* 120 d.C.), filósofo estoico grego. (N.T.)

T: Nenhuma pessoa, sob qualquer pretexto, tem o direito de dizer que nada pode fazer pelos outros. "Ao cumprir o correto dever no local correto é possível que uma pessoa faça do mundo seu devedor", diz um escritor inglês. Um copo de água fresca dado oportunamente a um viajante sedento revela-se um dever mais nobre e de maior valor do que uma dúzia de jantares oferecidos não oportunamente a pessoas que possam pagar por eles. Nenhuma pessoa que não abrigue isso dentro de si se tornará algum dia um teosofista, embora possa se manter como um membro de nossa Sociedade. Não dispomos de regras pelas quais possamos forçar qualquer pessoa a se converter em um teosofista na prática, se ela não desejar sê-lo.

I: *Então, afinal, por que ingressa na Sociedade?*

T: Quem saberia responder a essa pergunta é a própria pessoa que age dessa maneira. Quanto a nós, não temos o direito de prejulgar uma pessoa, nem mesmo se a voz de toda uma comunidade se pronunciar contra ela. E posso lhe dizer por quê. Nos dias de hoje, a voz do povo, ao menos na medida em que diz respeito à voz dos educados, não é mais a voz de Deus, mas sempre aquela do preconceito, dos motivos egoístas e com frequência simplesmente da impopularidade. Nosso dever é semear sementes a mancheias para o futuro e ver que são boas; não nos deter a fim de investigar *por que* deveríamos agir assim, e como e para que somos compelidos a perder nosso tempo, já que aqueles que farão a colheita nos dias vindouros jamais seremos nós mesmos.

Sobre a caridade

I: *Como vocês teosofistas encaram o dever cristão da caridade?*

T: A qual caridade você se refere? Caridade da mente ou caridade prática no plano físico?

I: *Eu me refiro a caridade prática, visto que a ideia de vocês de fraternidade universal incluiria, é claro, a caridade da mente.*

T: Então, você tem em mente a realização prática dos mandamentos transmitidos por Jesus no Sermão da Montanha?

I: *Precisamente.*

T: Então, por que chamá-los de "cristãos"? Com efeito, embora seu Salvador os tenha pregado e praticado, a última coisa que os cristãos de hoje pensam é praticá-los em suas vidas.

I: *E, no entanto, são muitos os que passam suas vidas dispensando caridade.*

T: Sim, isso com o excedente de suas grandes fortunas. Mas me aponte o cristão, entre os mais filantrópicos, que entregaria ao ladrão que treme de frio e passa fome, que rouba seu casaco, também a sua capa, ou que ofereceria a face direita àquele que tivesse esbofeteado a sua esquerda, e jamais pensasse em guardar ressentimento por isso?

I: *Ah, mas você precisa lembrar que tais preceitos não têm de ser tomados literalmente. Os tempos e as circunstâncias mudaram desde a época de Cristo, além do que Ele falava mediante parábolas.*

T: Então, por que as Igrejas de vocês não ensinam que a doutrina da danação e do fogo do inferno também deve ser entendida como uma parábola? Por que alguns de seus pregadores mais populares, embora permitindo virtualmente que essas parábolas sejam entendidas como vocês as entendem, insistem no sentido literal do fogo do inferno e das torturas físicas de uma alma "semelhante ao asbesto"? Se uma é parábola, então a outra também é. Se o fogo do inferno é uma verdade literal, então os mandamentos de Cristo do Sermão da Montanha têm de ser obedecidos ao pé da letra. E eu digo a você que muitos que não creem na divindade de Cristo – como o conde Lev Tolstoy[169] e mais de um teosofista – realmente põem em prática esses nobres preceitos universais literalmente, e muito mais homens e mulheres bons o fariam se não fosse mais do que certo que tal conduta na vida muito provavelmente os levaria a serem internados em um hospício – de tão cristãs que são as leis de vocês!

I: *Mas com certeza todos sabem que milhões e milhões são gastos anualmente em campanhas de caridade privadas e públicas.*

---

169. Lev Nikolayevich Tolstoy (1828-1910), escritor russo que também atuou nas causas sociais. (N.T.)

T: Oh, sim, e a metade disso fica nas mãos dos intermediários antes de chegar aos necessitados, enquanto uma boa porção do restante chega às mãos dos mendigos profissionais, preguiçosos demais para trabalhar, com isso não beneficiando de modo algum os que estão realmente na miséria e sofrem. Você não ouviu falar que a primeira consequência do grande fluxo de recursos de caridade para o East End de Londres foi o aumento dos aluguéis em Whitechapel em cerca de 20%?

I: *O que você faria então?*

T: Aja individualmente e não coletivamente. Siga os preceitos do budismo do norte:

> Nunca ponha comida na boca do faminto por meio de outra pessoa.
> Nunca permita que a sombra de teu vizinho [uma terceira pessoa] se coloque entre ti próprio e o objeto de tua generosidade.
> Nunca ofereças ao sol tempo para enxugar uma lágrima antes de tu tê-la extinguido.
> Nunca ofereças dinheiro aos necessitados, ou alimento ao sacerdote que pede à tua porta, por meio de teus servos, para que o teu dinheiro não diminua a gratidão e o teu alimento não se converta em amargura.

I: *Mas como aplicar isso na prática?*

T: A noção teosófica de caridade significa esforço *pessoal* em favor dos outros; misericórdia e bondade *pessoais*; interesse *pessoal* no bem-estar daqueles que sofrem; solidariedade, providência e assistência *pessoais* nos seus problemas ou necessidades. Os teosofistas não acreditam em oferecer dinheiro (note bem, se o tivéssemos) por meio de outras pessoas ou de organizações. Acreditamos atribuir ao dinheiro um poder e eficiência mil vezes maiores o acompanhando do nosso contato pessoal solidário conferido aos que o necessitam. Acreditamos em aliviar a fome da alma tanto quanto, se não mais, que a do estômago vazio, pois a gratidão faz maior bem àquele que a sente do que àquele por quem é sentida. Onde está a gratidão que os seus "milhões de libras" deveriam ter trazido à tona, ou os sentimentos positivos que deveriam ter gerado? São exibidos pelo ódio que os pobres do East End têm dos ricos, pelo crescimento do partido da anarquia e da desordem, ou por aquelas milhares de jovens trabalhadoras infelizes, vítimas do sistema de "fazer suar"[170], impulsionadas diariamente a suplementar os meios de sobrevivência indo para as ruas?[171] Os seus velhos e velhas desamparados agradecem a vocês pelas *workhouses*[172]; ou os seus pobres pelas moradias venenosamente insalubres onde lhes permitem fazer nascer novas gerações de crianças doentes, escrofulosas e raquíticas somente para pôr dinheiro nos bolsos dos Shylocks[173] insaciáveis que são donos das casas? O resultado é que cada soberano[174] de todos aqueles "milhões", produto da contribuição de boas e pretensas pessoas caridosas, cai como uma candente maldição, em lugar de uma bênção, sobre o pobre ao qual deveria aliviar. Consideramos isso *gerar Karma nacional*, o qual acarretará terríveis consequências no dia do ajuste de contas.

Teosofia para as massas

I: *E vocês acham que a teosofia, ingressando nesse quadro, ajudaria a eliminar esses males nas condições efetivas e adversas de nossa vida moderna?*

T: Tivéssemos nós mais dinheiro, e não tivesse a maioria dos teosofistas que trabalhar pelo seu ganha-pão, eu convictamente acreditaria que poderíamos fazê-lo.

I: *Como? Vocês esperam que as suas doutrinas algum dia possam conquistar as massas sem educação, quando são tão abs-*

---

170. No original, "*sweating*" *system*, ou seja, fazer as trabalhadoras trabalharem até ficarem extenuadas. (N.T.)
171. Forma eufemística para "se prostituindo". (N.T.)
172. Na história britânica, as *workhouses* (casas de trabalho) eram locais onde indivíduos pobres, sem condições de subsistência, podiam viver e trabalhar em troca de comida e abrigo. (N.E.)
173. Shylock: personagem da peça de Shakespeare *O Mercador de Veneza*. Ao emprestar uma quantia a Antônio, o mercador, ele estabelece que na falta do pagamento da dívida na data combinada estaria autorizado, isto a título de compensação, a cortar e remover uma libra da carne do corpo do próprio devedor. Mescla horrenda de cupidez e vingança de um agiota, porém, não gratuita, já que provocada pelo intenso antissemitismo que os nobres venezianos cristãos devotavam aos judeus. (N.T.)
174. Trata-se, aqui, da antiga moeda de ouro britânica. (N.E.)

trusas e difíceis, que mesmo as pessoas que têm boa educação mal conseguem entendê-las?

T: Você esquece uma coisa, ou seja, que a sua educação moderna, objeto de tanto alarde, é precisamente o que dificulta o entendimento de vocês sobre teosofia. Suas mentes estão tão cheias de sutilezas e preconceitos intelectuais que sua intuição e percepção natural da verdade fica impossibilitada de atuar. Para fazer alguém entender as francas verdades do Karma e da reencarnação não há necessidade de metafísica ou de educação. Basta olhar para os milhões de budistas e hindus pobres e destituídos de educação, para os quais Karma e reencarnação são sólidas realidades, simplesmente porque suas mentes jamais foram tolhidas e distorcidas à força de serem encaixadas em uma rotina não natural. Nunca tiveram o inato senso de justiça humano pervertido neles, sendo-lhes dito para acreditar que seus pecados seriam perdoados porque uma outra pessoa havia sido executada em favor deles. E os budistas, note bem, fazem o necessário para viver de acordo com suas crenças, sem um único murmúrio contra o Karma ou o que consideram uma justa punição, ao passo que a população cristã nem faz o necessário para viver conforme seu ideal moral, nem aceita a sua sorte com contentamento. Daí os murmúrios e a insatisfação, a se somarem à intensidade da luta pela existência nos países ocidentais.

I: *Mas esse contentamento que você tanto louva, acabaria com todos os motivos para o esforço e levaria o progresso à paralisação.*

T: E nós, teosofistas, dizemos que o seu jactancioso progresso e civilização não são melhores do que um bando de fogos-fátuos a adejar sobre um pântano que exala um miasma venenoso e mortal. Isto porque vemos egoísmo, crime, imoralidade e todos os males imagináveis, a se derramarem sobre a infeliz espécie humana, provindo dessa caixa de Pandora que vocês chamam de era do progresso e que crescem no mesmo passo do desenvolvimento de sua civilização materialista. A um tal preço, é preferível a inércia e inatividade dos países budistas, que surgiram unicamente como o resultado de eras de escravidão política.

I: *Então toda essa metafísica e misticismo dos quais vocês se ocupam tanto, não têm nenhuma importância?*

T: Para as massas, as quais necessitam apenas de orientação e apoio práticos, não têm grande importância; mas para os que detêm educação, os líderes naturais das massas, esses cujos gêneros de pensamento e de ação serão mais cedo ou mais tarde adotados pelas massas, eles são de suma importância. É exclusivamente por meio da filosofia que uma pessoa inteligente e educada é capaz de se esquivar ao suicídio intelectual de crer com base em uma fé cega; e é exclusivamente por meio da assimilação da continuidade rigorosa e coerência lógica das doutrinas orientais, se não esotéricas, que ela é capaz de compreender a verdade nelas contida. A convicção gera entusiasmo, e "entusiasmo", diz Bulwer-Lytton[175], "é o gênio da sinceridade, e a verdade não obtém vitórias sem ele", ao passo que Emerson[176] observa com suma verdade que "todo movimento grandioso e dominante nos anais do mundo é o triunfo do entusiasmo". E o que é mais estimável para produzir tal sentimento do que uma filosofia tão grandiosa, tão coerente, tão lógica e tão abrangente como nossas doutrinas orientais?

I: *E, no entanto, o contingente de seus inimigos é imenso e a cada dia a teosofia conquista novos opositores.*

T: E isso é precisamente o que prova sua intrínseca excelência e valor. As pessoas somente odeiam as coisas que temem e ninguém se desvia de seu caminho para derrubar aquilo que nem ameaça nem se eleva acima da mediocridade.

I: *Você espera algum dia transmitir esse entusiasmo às massas?*

T: Por que não, já que a história nos informa que as massas adotaram o budismo com entusiasmo, e, como afirmado antes, o efeito prático dessa filosofia ética sobre elas se mostra ainda pelo pequeno percentual de crime entre as populações budistas quando comparado ao percentual de populações que vivem sob quaisquer outras religiões? O ponto principal é desarraigar essa fonte extremamente fértil de todos os crimes e imoralidade: a crença de que é possível para os seres humanos escaparem das consequências de suas próprias ações. Uma vez que tenham aprendido aquela que é a maior de todas as leis, a do

---

175. Edward George Earle Bulwer-Lytton (1803-1873), romancista e ocultista inglês, autor de *Zanoni*. (N.T.)

176. Ralph Waldo Emerson (1803-1882), ensaísta, filósofo e poeta americano. (N.T.)

Karma e reencarnação, e tenham, além disso, sentido em si mesmos a verdadeira dignidade da natureza humana, eles se afastarão do mal e dele fugirão como fugiriam de um perigo físico.

Como os membros podem ajudar a Sociedade

I: *Como você espera que os membros de sua Sociedade ajudem no trabalho?*

T: Primeiro estudando e compreendendo as doutrinas teosóficas, de maneira que possam ensinar aos outros, especialmente os jovens. Em segundo lugar, aproveitando todas as chances de conversar com outras pessoas e lhes explicar o que é a teosofia e o que não é, isto eliminando concepções errôneas e disseminando um interesse no assunto. Em terceiro lugar, auxiliando a favor da circulação de nossa literatura, comprando livros quando disponham de recursos para isso, emprestando-os, dando-os e induzindo seus amigos a fazê-lo. Em quarto lugar, defendendo a Sociedade de difamações injustas que lhe são dirigidas, por meio de todo dispositivo legítimo em seu poder. Em quinto lugar, e o que é o mais importante de tudo, pelo exemplo de suas próprias vidas.

I: *Mas toda essa literatura, a cuja difusão vocês dão tanta importância, não me parece de muita utilidade prática para ajudar a espécie humana. Isso não é caridade prática.*

T: Nós pensamos de outro modo. Sustentamos que um bom livro que proporciona às pessoas alimento para o pensamento, que fortalece e esclarece suas mentes e as capacita a apreender verdades que elas sentiram imprecisamente, mas não puderam formular – sustentamos que um tal livro produz um bem efetivo e substancial. Quanto ao que você chama de ações práticas de caridade, ou seja, beneficiar os corpos de nossos semelhantes, fazemos o pouco que podemos. Como já disse a você, a maioria de nós é pobre, ao passo que a própria Sociedade não possui sequer o dinheiro para remunerar uma equipe de trabalho. Todos nós que trabalhamos arduamente por ela, dispensamos nosso trabalho gratuitamente e muitas vezes também colaboramos com dinheiro. Os poucos que têm recursos para realizar o que é costumeiramente chamado de ações caridosas seguem os preceitos budistas e executam esse trabalho pessoalmente, não por procuração ou subscrevendo publicamente fundos de caridade. O que o teosofista tem de fazer acima de tudo é esquecer sua personalidade.

O que um teosofista não deve fazer

I: *Vocês têm quaisquer leis ou cláusulas de feitio proibitivo para os teosofistas em sua Sociedade?*

T: Muitas, mas ai de nós, nenhuma delas é imposta. Expressam o ideal de nossa organização, mas a aplicação prática de tais coisas somos obrigados a deixar a critério dos próprios membros. Infelizmente, o estado das mentes das pessoas neste século[177] é tal que a menos que deixemos essas cláusulas permanecerem, por assim dizer, obsoletas, nenhum homem ou mulher ousaria arriscar-se a se associar a Sociedade Teosófica. Essa é precisamente a razão por que me sinto forçada a dar essa ênfase relativa à diferença entre a verdadeira teosofia e seu veículo combativo e bem intencionado, mas ainda assim indigno, a Sociedade Teosófica.

I: *Posso saber quais são esses escolhos perigosos no mar aberto da teosofia?*

T: Você bem poderia chamá-los de escolhos, quando mais de um membro sincero e bem intencionado da ST já teve sua canoa teosófica despedaçada contra eles! E, todavia, evitar certas coisas parece ser o que há de mais fácil no mundo de se fazer. Por exemplo, eis aqui uma série de tais negativas abrigando deveres teosóficos positivos: "Nenhum teosofista deveria silenciar ao ouvir a maledicência ou calúnias disseminadas contra a Sociedade, ou contra pessoas inocentes, sejam colegas seus ou estranhos".

I: *Mas suponha que o que se ouve é verdade, ou que possa ser verdadeiro sem que alguém o saiba?*

---

177. Blavatsky escreve no fim do século XIX. (N.T.)

T: Nesse caso, você tem de exigir provas satisfatórias da afirmação e ouvir imparcialmente ambos os lados antes de permitir que a acusação avance sem contestação. Você não tem o direito de dar crédito ao mal até obter uma prova inegável da correção da afirmação.

I: *E o que vocês fariam em seguida?*

T: Compaixão e indulgência, caridade e paciência, devem estar sempre à mão para nos incitar a desculpar nossos irmãos faltosos e sentenciar com a maior brandura possível aqueles que erram. Um teosofista nunca deve esquecer o que é devido às deficiências e fraquezas da natureza humana.

I: *Nesses casos, ele deve perdoar inteiramente?*

T: Em todos os casos, especialmente aquele que foi o alvo da falta.

I: *Mas se ao agir assim, ele arrisca ferir alguém ou permitir que outros sejam feridos? O que ele deve fazer então?*

T: Seu dever, aquilo que sua consciência e elevada índole lhe sugerem. Mas somente após madura deliberação. A justiça consiste em não causar dano a nenhum ser vivo; mas a justiça também nos ordena nunca permitir que o dano seja causado a muitas pessoas, ou mesmo a uma pessoa inocente, ao permitir que o culpado vá em frente sem ser detido.

I: *Quais são as outras cláusulas negativas?*

T: Nenhum teosofista deve se contentar com uma vida ociosa ou frívola, sem produzir benefícios reais para si mesmo e menos ainda para outros. Seu dever seria trabalhar em benefício dos poucos que necessitam de sua assistência, se estiver impossibilitado de atuar arduamente em favor da humanidade, e assim estará trabalhando para o avanço da causa teosófica.

I: *Isso requer uma natureza excepcional e, no caso de algumas pessoas, seria bastante difícil de acontecer.*

T: Então seria preferível que ficassem fora da ST em lugar de navegarem sob uma bandeira errônea. De ninguém se exige que dê mais do que pode oferecer, seja em matéria de dedicação, tempo, trabalho ou dinheiro.

I: *O que vem a seguir?*

T: Nenhum membro atuante deve atribuir demasiado valor ao seu progresso ou proficiência pessoais nos estudos teosóficos, devendo, em lugar disso, realizar o máximo de trabalho altruísta que esteja em seu poder. Não é de se esperar que deixe todo o fardo pesado e responsabilidade do movimento teosófico sobre os ombros dos poucos trabalhadores devotados. Cada membro deve encarar como seu dever assumir a parcela do trabalho comum que tenha capacidade de executar e contribuir para o trabalho comum por todos os meios em seu poder.

I: *O que não é nada mais, senão o justo. O que vem a seguir?*

T: Nenhum teosofista deveria pôr sua vaidade, ou sentimentos pessoais, acima dos objetivos de sua Sociedade como um corpo. Aquele que sacrifica esta última ou a reputação de outras pessoas no altar de sua vaidade pessoal, das vantagens mundanas, ou do orgulho, não deve ter a permissão de continuar sendo um membro. Um membro com câncer conduz o corpo inteiro à doença.

I: *Constitui dever de todos os membros ensinar os outros e pregar a teosofia?*

T: Realmente constitui. Nenhum membro tem o direito de se manter ocioso sob o pretexto de que conhece demasiado pouco para ensinar. Com efeito, poderá sempre se assegurar de que encontrará outros que conhecem ainda menos do que ele próprio. Ademais, é somente quando uma pessoa principia a tentar ensinar outras que ela descobre sua própria ignorância e procura eliminá-la. Mas esta é uma cláusula secundária.

I: *Nesse caso, qual desses deveres teosóficos negativos você considera o principal?*

T: Estar sempre preparado para reconhecer e confessar as próprias faltas. É preferível elogiar exageradamente os esforços do vizinho a não os apreciar o suficiente. Nunca caluniar ou difamar outra pessoa. Sempre dizer franca e diretamente qualquer coisa que você tem contra ela. Nunca se fazer eco de qualquer coisa que você possa ter ouvido contra uma outra pessoa, nem alimentar sentimento de vingança contra aqueles que tenham lhe ofendido.

I: *Mas é frequentemente perigoso dizer a verdade na cara das pessoas. Você não pensa assim? Conheço um dos seus membros que foi causticamente ofendido. Ele deixou a Sociedade e se tornou o maior dos inimigos dela simplesmente porque lhe arrojaram ao rosto algumas verdades desagradáveis e ele foi culpabilizado por elas.*

T: Como ele temos tido muitos. Nenhum membro, destacado ou insignificante, jamais nos deixou sem se tornar nosso inimigo ferrenho.

I: *E como você explica isso?*

T: É simplesmente o seguinte. Tendo sido, na maioria dos casos, intensamente devotado à Sociedade inicialmente e tendo concedido a ela profusamente os mais exagerados louvores, a única desculpa possível que tal apóstata pode apresentar para o seu comportamento subsequente e a passada imprevidência é *se fazer de vítima inocente e ludibriada*, transferindo assim a culpa de seus próprios ombros para aqueles da Sociedade em geral e, especialmente, para aqueles de seus líderes. Tais pessoas nos lembra de uma velha fábula sobre o homem que tinha o rosto distorcido e que quebrou seu espelho na crença de que este refletia distorcidamente as suas feições.

I: *Mas o que faz essas pessoas se voltarem contra a Sociedade?*

T: A vaidade ferida de uma forma ou outra, quase em todos os casos. Geralmente, porque seus dizeres e conselhos não são tomados como a palavra final e peremptórios; ou então, porque são esse tipo de gente que preferiria reinar no inferno a servir no céu. Porque, em síntese, não suportam ser preteridos em relação a ninguém em nada. Assim, por exemplo, um membro – um verdadeiro "senhor Oráculo" – criticou e quase difamou, tanto para as pessoas estranhas à Sociedade quanto para os teosofistas, todos os membros da ST sob a alegação de que eram todos "não teosóficos", condenando-os precisamente pelo que ele próprio estava fazendo todo o tempo. Finalmente, deixou a Sociedade, apresentando como seu motivo uma convicção profunda de que éramos todos (sobretudo, os fundadores) fraudes! Um outro, depois de fazer intriga de todos os modos possíveis para ser instalado como chefe de um grande setor da Sociedade, descobrindo que os membros não o aceitariam, voltou-se contra os fundadores da ST e se converteu no mais ferrenho inimigo destes, denunciando um ou outro deles sempre que podia, simplesmente porque essa pessoa não podia e não iria impô-lo aos membros. Esse foi simplesmente um caso de uma vaidade ferida ultrajada. Um outro ainda quis praticar, e virtualmente o fez, magia negra, isto é, influência psicológica pessoal indevida sobre certos membros, enquanto fingia ser devotado e detentor de todas as virtudes teosóficas. Quando foi dado um fim a isso, o membro rompeu com a teosofia e agora calunia e mente contra os infelizes líderes da maneira mais virulenta, empenhando-se na destruição da Sociedade, manchando a reputação daqueles que essa "digna pessoa" foi incapaz de enganar.

I: *O que vocês fariam com esse tipo de pessoas?*

T: Deixamo-las por conta de seu Karma, porque o fato de uma pessoa fazer o mal não constitui razão para outras fazê-lo.

I: *Mas, voltando à difamação, onde traçarmos a linha demarcatória entre a calúnia e a crítica justa? Não é o dever de uma pessoa advertir os amigos e vizinhos contra aqueles que se sabe serem associados perigosos?*

T: Se ao permitir irem em frente sem ser detidos, o resultado pode ser o dano a outras pessoas, é decerto nosso dever afastar o perigo, advertindo-as em particular. Mas verdadeira ou falsa, nenhuma acusação contra outra pessoa jamais deveria ser difundida. Se verdadeira, e a falta somente prejudica a quem a cometeu, que isto fique a cargo do seu Karma. Se falsa, então você terá evitado aumentar a injustiça no mundo. Portanto, fique calado no tocante a essas coisas com todos que não estão diretamente envolvidos. Mas se é provável que sua discrição e silêncio venham a causar dano a outras pessoas, ou colocá-las em perigo, então eu acrescentaria: fale a verdade a qualquer custo, e diga, com Annesly: "Consulte o dever, não os acontecimentos". Há casos nos quais se é forçado a exclamar: "Que pereça a discrição, de preferência a permitir que ela interfira no dever".

I: *A mim parece que se vocês puserem em prática essas máximas, provavelmente irão fazer uma bela colheita de problemas!*

T: É também o que nos parece. Temos de admitir que estamos agora vulneráveis ao mesmo escárnio de que foram alvo os primeiros cristãos. "Vejam como esses teosofistas se amam entre si!" pode agora ser dito de nós sem uma sombra de injustiça.

I: *Com sua admissão de que há ao menos tanto, se não mais, calúnia, difamação e disputa dentro da ST quanto nas Igrejas cristãs, isto sem contar as Sociedades Científicas, que tipo de fraternidade é essa, se me permite perguntar?*

T: No presente, realmente, um espécime bastante precário, e até ser cuidadosamente submetida a um crivo e reorganizada, não melhor do que todas as demais. Lembre-se, contudo, que a natureza humana é idêntica dentro da Sociedade Teosófica e fora dela. Seus membros não são santos: são, na melhor das hipóteses, pecadores tentando melhorar e passíveis de recuar devido à fraqueza pessoal. Acrescente a isso que nossa "Fraternidade" não é um corpo reconhecido ou estabelecido e permanece, por assim dizer, fora do âmbito da jurisdição. Além disso, encontra-se em uma condição caótica e mais injustamente impopular do que qualquer outra organização. Não é, portanto, de se surpreender que os membros que não conseguem concretizar seu ideal devam, após deixarem a Sociedade, procurar uma simpática proteção junto aos nossos inimigos, e que despejem todo seu ódio e amargor em seus ouvidos sumamente desejosos de ouvi-los! Sabendo que encontrarão apoio, simpatia e crédito imediato para qualquer acusação, por mais absurda que seja, que possa lhes agradar lançar contra a Sociedade Teosófica, eles se apressam em fazê-lo e desafogam sua ira no inocente espelho, o qual refletiu seus rostos com demasiada fidelidade. As pessoas nunca perdoam aqueles que prejudicaram. Acolhido o sentimento de bondade, retribuído por eles com ingratidão, isso os leva a uma loucura de autojustificação perante o mundo e suas próprias consciências. Os primeiros estão demasiado prontos para crer em qualquer coisa proferida contra uma Sociedade que odeia. Quanto aos segundos... mas eu não direi mais nada, receando que já tenha dito demais.

I: *Vocês estão em uma posição que não me parece muito invejável.*

T: Não é. Mas você não acha que deve haver algo muito nobre, muito enaltecedor, muito verdadeiro, por trás da Sociedade e de sua filosofia, quando os líderes e fundadores do movimento ainda prosseguem trabalhando para ela com todo seu vigor? Sacrificam em prol dela todo o conforto, toda a prosperidade e sucesso mundanos, até o seu bom nome e reputação – e, sim, até sua honra – para receber como retribuição maledicência contínua e incessante, perseguição implacável, difamação infatigável, ingratidão constante e incompreensão por seus melhores esforços, golpes e bofetadas de todos os lados – quando simplesmente desistindo de seu trabalho se veriam imediatamente liberados de toda responsabilidade, blindados contra qualquer novo ataque.

I: *Confesso que tal perseverança a mim parece espantosa e fico curioso por saber por que vocês fizeram tudo isso.*

T: Acredite-me que não foi para satisfação própria. Apenas na esperança de treinar alguns indivíduos que deem prosseguimento ao nosso trabalho em favor da humanidade segundo o seu programa original, após a morte e desaparecimento de seus fundadores. Eles já encontraram algumas almas nobres e devotadas para substituí-los. As gerações vindouras, graças a esses poucos, acharão o caminho para a paz um pouco menos espinhoso, e a estrada um pouco mais larga e assim todo esse sofrimento terá produzido bons resultados, e seu autossacrifício não terá sido em vão. Atualmente, o objetivo principal, fundamental da Sociedade é lançar sementes nos corações dos seres humanos, que possam com o tempo germinar e sob circunstâncias mais favoráveis conduzirem a uma reforma saudável, que contribua para conceder maior felicidade às massas do que a que experimentaram até agora.

XIII
Sobre os mal-entendidos acerca da Sociedade Teosófica

Teosofia e ascetismo

I: *Tenho ouvido as pessoas dizerem que as regras de vocês exigem que todos os membros sejam vegetarianos, celibatários e ascetas rígidos. Mas você nada me disse ainda a respeito disso. Poderia, de uma vez por todas, contar-me a verdade sobre isso?*

T: A verdade é que as nossas regras não exigem nada disso. A Sociedade Teosófica sequer espera, e muito menos exige de qualquer um de seus membros que sejam de algum modo ascetas, exceto – se você classifica *isso* como ascetismo – que procurem beneficiar outras pessoas e sejam altruístas em suas próprias vidas.

I: *Mas ainda assim muitos dos seus membros são rigorosos vegetarianos e confessam abertamente sua intenção de permanecerem fora do casamento. Ademais, é o que ocorre com extrema frequência no que toca àqueles que assumem um papel destacado relativamente ao trabalho de sua Sociedade.*

T: O que é apenas natural, já que a maioria de nossos trabalhadores realmente sérios são membros do setor interno da Sociedade, da qual lhe falei antes.

I: *Oh! Então vocês realmente exigem práticas ascéticas nesse setor interno?*

T: Não. Não as exigimos ou as prescrevemos mesmo nesse setor, mas percebo que seria melhor explicar a você nossas concepções a respeito do assunto ascetismo em geral, e então você entenderá nossa posição acerca de vegetarianismo etc.

I: *Por favor, vá em frente.*

T: Como já lhe disse, a maioria das pessoas que se tornam realmente sérios estudantes da teosofia, e trabalhadores ativos em nossa Sociedade, desejam fazer mais do que se limitarem ao estudo teórico das verdades que ensinamos. Desejam *conhecer* a verdade por meio de sua própria experiência pessoal direta, e estudar o ocultismo com o objetivo de conquistar a sabedoria e poder que sentem que precisam a fim de ajudar os outros, de maneira efetiva e judiciosa, em lugar de o fazer de maneira cega e a esmo. Assim, mais cedo ou mais tarde ingressam no setor interno.

I: *Mas você disse que "práticas ascéticas" não são obrigatórias mesmo nesse setor interno.*

T: Não são, mas a primeira coisa que os membros ali aprendem é uma concepção verdadeira da relação do corpo, ou invólucro físico, com o ser humano interior, o ser humano verdadeiro. A relação e mútua interação entre esses dois aspectos da natureza humana são explicadas e demonstradas a eles, de modo que não demoram a se tornarem imbuídos da suprema influência do ser humano interior sobre o invólucro exterior, ou corpo. Aprendem que o ascetismo cego e estúpido não passa de loucura; que tal conduta, como a de São Labro, a qual me referi antes, ou a dos faquires indianos e ascetas da selva, que cortam, queimam e maceram seus corpos da forma mais cruel e horrível, é simplesmente infligir tortura a si mesmos visando a fins egoístas, isto é, desenvolver força de vontade, sendo, porém, perfeitamente inútil para o propósito de dar autêntica assistência espiritual ou promover desenvolvimento teosófico.

I: *Entendo que vocês consideram necessário somente o ascetismo moral. É como um meio para um fim, este sendo o perfeito equilíbrio da natureza interior do ser humano e a consecução do completo domínio sobre o corpo com todas suas paixões e desejos.*

T: Precisamente. Mas esses meios precisam ser usados de modo inteligente e sábio, não de maneira cega e estúpida; como um atleta que treina e se prepara para uma grande competição, e não como o avarento que passa fome até ficar doente de modo a poder satisfazer sua paixão pelo ouro.

I: *Entendo agora sua ideia geral, mas vejamos como vocês a põem em prática. Por exemplo, no que toca ao vegetarianismo.*

T: Um grande cientista alemão mostrou que todo tipo de tecido animal, não importa como você possa cozinhá-lo, retém certas características marcantes do animal ao qual ele pertence, e essas características podem ser reconhecidas. Que se acresça a isso que todos sabem, julgando pelo sabor, que carne está comendo. Damos um passo a mais e provamos que quando a carne dos animais é assimilada pelo ser humano na qualidade de alimento, a ele transmite, fisiologicamente, algumas das características do animal de que proveio. Ademais, a ciência oculta não só o ensina como o prova aos seus estudantes mediante demonstração ocular, mostrando, inclusive, que esse efeito de "embrutecimento" ou "animalização" no ser humano é máximo quando a fonte é a carne dos animais maiores, menor no caso das aves, menor ainda no caso dos peixes e outros animais de sangue frio, e o mínimo possível quando o alimento é exclusivamente vegetal.

I: *Então seria melhor que ele não comesse nada?*

T: Se o ser humano pudesse viver sem comer, é claro que sim, mas considerando as coisas como são, ele necessita comer para viver, e assim aconselhamos os estudantes realmente sérios que comam o alimento que produza o mínimo de obstrução e peso nos seus cérebros e corpos, e que produza o menor efeito tolhedor e retardador no desenvolvimento de sua intuição, de suas faculdades e poderes interiores.

I: *Então vocês não adotam todos os argumentos que os vegetarianos em geral têm o hábito de empregar?*

T: Certamente não. Alguns de seus argumentos são fraquíssimos e com frequência baseados em hipóteses totalmente infundadas. Mas, por outro lado, muitas das coisas que afirmam são inteiramente verdadeiras. Por exemplo, acreditamos que muitas doenças e, sobretudo, a grande predisposição à enfermidade que está se tornando um traço tão marcante de nosso tempo, são largamente devidas à ingestão de carne, e especialmente de carne enlatada. Mas demandaria tempo demais examinar cuidadosamente essa questão do vegetarianismo no tocante aos seus méritos. Assim, por favor, passe para alguma outra coisa.

I: *Mais uma pergunta. O que fazem os seus membros do setor interno quanto à sua comida quando estão doentes?*

T: Certamente seguem o melhor aconselhamento prático que possam obter. Você ainda não entendeu que nunca impomos quaisquer obrigações rígidas no que diz respeito a isso? Lembre-se, de uma vez por todas, que em todas essas questões adotamos uma concepção racional das coisas, e nunca fanática. Se por causa de uma doença ou devido a um hábito prolongado, alguém não pode se privar da carne, ora, que a coma. Não é crime, apenas retardará um pouco o seu progresso, pois após tudo o que se diga ou se faça, as ações e funções puramente corpóreas são sumamente menos importantes do que aquilo que um ser humano *pensa* e *sente*, que desejos alimenta em sua mente e permite que finquem aí raízes e se desenvolvam.

I: *Assim, no que diz respeito a tomar vinho e bebidas alcoólicas em geral, suponho que vocês não aconselhem as pessoas a tomá-los?*
T: São piores para o seu desenvolvimento moral e espiritual do que a carne, pois o álcool, sob todas as suas formas, exerce uma influência direta, marcante e muito deletéria na condição psíquica humana. Tomar vinho e bebidas alcoólicas é tão só menos destrutivo no que se refere ao desenvolvimento dos poderes interiores do que o uso costumeiro do haxixe, o ópio e drogas semelhantes.

Teosofia e casamento

I: *Vamos agora a uma outra pergunta. O indivíduo deve casar ou se conservar celibatário?*
T: Isso depende do tipo de indivíduo ao qual você se refere. Se sua referência é a alguém que tenciona viver uma vida mundana, alguém que, embora seja um teosofista bom e sério, e um fervoroso trabalhador a serviço de nossa causa, ainda assim possui laços e desejos que o prendem ao mundo, que, em resumo, não sente que encerrou definitivamente o que as pessoas chamam de vida, desejando exclusivamente uma coisa – conhecer a verdade e ser capaz de ajudar os outros –, então digo que para tal pessoa não há nenhuma razão para que não se case, se lhe agradar correr os riscos dessa loteria, na qual há muito mais bilhetes em branco do que premiados. Com certeza você não nos julga tão absurdos e fanáticos a ponto de discursar em termos radicais contra o casamento? Pelo contrário, salvo em alguns casos excepcionais do ocultismo prático, o casamento constitui o único antídoto contra a imoralidade.

I: *Mas por que alguém não pode adquirir esse conhecimento e poder quando tem uma vida conjugal?*

T: Meu caro senhor, não posso ingressar em questões fisiológicas consigo, mas posso lhe dar uma resposta óbvia e, penso, suficiente, que o esclarecerá quanto às razões morais que apresentamos para isso. Pode um homem servir a dois senhores? Não! Assim é igualmente impossível para ele dividir sua atenção entre a busca do ocultismo e uma esposa. Se o tentar, seguramente não conseguirá realizar ambas as coisas adequadamente; e deixe-me lembrá-lo que o ocultismo prático constitui para um indivíduo um estudo demasiado sério e perigoso para ele assumir a não ser que ele esteja imbuído da mais plena seriedade e pronto a sacrificar *tudo, em primeiro lugar ele mesmo*, para atingir esse propósito. Mas isso não se aplica aos membros de nosso setor interno. Estou apenas me referindo àqueles que estão determinados a trilhar a senda do discípulo que conduz a mais elevada das metas. A maioria, se não todos entre aqueles que ingressam em nosso setor interno, não passam de principiantes que se preparam nesta vida para entrar, na realidade, naquela senda nas vidas vindouras.

Teosofia e educação

I: *Um de seus argumentos mais fortes referente à impropriedade das formas existentes de religião no ocidente e, também, em alguma medida, tocante à filosofia materialista atualmente tão popular, mas que vocês parecem considerar como uma ruína execrável, é o grande contingente de miséria e infelicidade que inegavelmente existe, sobretudo em nossas grandes cidades. Mas, decerto vocês têm de reconhecer quanto foi feito e está sendo feito para remediar esse estado de coisas mediante a expansão da educação e a difusão da intelectualidade.*

T: As futuras gerações dificilmente agradecerão a vocês por tal "difusão da intelectualidade", e tampouco a atual educação de vocês beneficiará muito ao povo pobre que passa fome.

I: *Ah, mas vocês têm de nos dar tempo. Foi somente há poucos anos que começamos a educar o povo.*

T: E o que, afinal, a sua religião cristã tem feito desde o século XV, uma vez que reconhecem que a educação das massas não foi tentada até hoje – o próprio trabalho, se algum dia pudesse haver um, que um cristão, isto é, uma Igreja e um povo seguidores de Cristo deviam executar?

I: *Bem, é possível que você tenha razão, mas agora...*

T: Vamos examinar essa questão da educação de um amplo ponto de vista, e eu provarei a você que estão causando dano em lugar de benefício, com muitos de seus melhoramentos dos quais se gabam. As escolas para as crianças mais pobres, embora muito menos úteis do que deveriam ser, são boas se comparadas com o ambiente sórdido ao qual elas estão condenadas por sua moderna sociedade. A *infusão* de um pouco de teosofia prática ajudaria cem vezes mais na vida das pobres massas que sofrem do que toda essa infusão de intelectualidade inútil.

I: *Mas realmente...*

T: Deixe-me terminar, por favor. Você suscitou um assunto que afeta profundamente a nossa sensibilidade de teosofistas, e eu tenho de fazer minhas declarações. Concordo inteiramente que há uma grande vantagem para uma criança pequena criada nos cortiços, que brinca na sarjeta e que vive em meio à grosseria contínua de gestos e palavras, em ser colocada diariamente em uma sala de aula clara e limpa com quadros nas paredes e em um ambiente alegre ornado de flores. Nesse local lhe é ensinado ser asseada, gentil, ordeira; nesse local ela aprende cantar e brincar; possui brinquedos que despertam sua inteligência; aprende a usar seus dedos destramente; dirigem-lhe a palavra com um sorriso em lugar de uma carranca; é censurada com brandura ou adulada em vez de xingada. Tudo isso humaniza as crianças, desperta seu cérebro e as torna suscetíveis a influências intelectuais e morais. As escolas não são tudo que poderiam ser e deveriam ser, mas comparadas com os lares dessas crianças, são paraísos, além do que estão lentamente produzindo uma reação nos lares. Mas embora isso seja verdadeiro no que toca a muitos internatos, o sistema de vocês merece a pior das avaliações.

I: *Que seja. Continue.*

T: Qual é o real objetivo da educação moderna? É cultivar e desenvolver a mente na direção correta? Ensinar às pessoas deserdadas e infelizes a carregar com fortaleza o fardo da vida que lhes foi aquinhoado pelo Karma? Fortalecer sua vontade? Nelas inculcar o amor ao seu semelhante e o sentimento de mútua interdependência e fraternidade, e assim educar e formar o caráter para a vida prática? Nem um pingo disso. E, no entanto, esses são os objetivos incontestáveis de toda educação verdadeira. Ninguém o nega. Todos os seus pedagogos o admitem, e realmente discursam em termos grandiloquentes a respeito da matéria. Mas qual é o resultado prático da ação deles? Todo rapaz e todo menino... não, todos da geração mais jovem de professores responderão: "O objetivo da educação moderna é passar nos exames", um sistema não para desenvolver a correta emulação, mas para gerar e reproduzir ciúme, inveja, quase ódio dos jovens entre si, e assim educá-los para uma vida de egoísmo feroz e luta em busca de honras e emolumentos em lugar de sentimento de afeição.

I: *Tenho de admitir que você tem razão nesse ponto.*

T: E o que são esses exames, o terror dos meninos e rapazes modernos e da juventude moderna em geral? São simplesmente um método de classificação pelo qual os resultados do ensino da escola de vocês são organizados sob forma de tabela. Em outras palavras, constituem a aplicação prática do método da ciência moderna ao *genus homo, qua* intelecção. Ora, a ciência ensina que o intelecto é um produto da interação mecânica da matéria cerebral. Portanto, é tão só lógico que a educação moderna deva ser quase inteiramente mecânica – uma espécie de máquina automática para a fabricação de intelecto em uma enorme quantidade. Basta um mínimo de experiência com os exames para mostrar que a educação que produzem é simplesmente um treinamento da memória física, e mais cedo ou mais tarde todas as escolas de vocês afundarão nesse nível. Quanto a qualquer cultivo real e sadio da capacidade de pensar e raciocinar, revela-se simplesmente impossível enquanto tudo tiver que ser julgado pelos resultados obtidos por teste com base em exames competitivos. Ademais, a educação escolar é de suma importância na formação do caráter, especialmente no que toca ao seu aspecto moral. Agora, do começo ao fim, o seu sistema moderno é baseado nas chamadas revelações científicas: "a luta pela existência" e a "sobrevivência do mais apto". Durante toda a fase inicial de sua vida, todo ser humano tem essas revelações nele inculcadas pelo exemplo e pela experiência práticos, bem como pelo ensino direto, até se tornar impossível erradicar de sua mente a ideia de que o "eu" – o eu pessoal, inferior, animal – é a finalidade plena e o ser pleno da vida. É aqui que você descobre a grande fonte de toda a infelicidade posterior, do crime e do egoísmo insensível que você admite tanto quanto eu. Egoísmo, como afirmado reiteradamente, é a maldição da humanidade e o genitor prolífico de todos os males e crimes nesta vida, e são as suas escolas os canteiros e viveiros de tal egoísmo.

I: *Tudo isso é ótimo como generalidades, mas eu gostaria de alguns fatos e também saber como isso pode ser remediado.*

T: Muito bem, eu tentarei satisfazê-lo. Há três grandes divisões de estabelecimentos escolásticos, a saber, escolas tipo internato, classe média e públicas, variando em uma escala que vai da mais grosseiramente comercial até a escola clássica ideal, permeadas por muitas permutas e combinações. A comercial e prática gera o lado moderno, e a antiga, ortodoxa e clássica reflete sua acentuada respeitabilidade até no que se refere aos estabelecimentos tipo internato, quer para os professores, quer para os alunos. Aqui assistimos nitidamente a comercial, científica e materialista suplantando a esgotada escola ortodoxa e clássica. Tampouco é a razão para isso muito difícil de ser buscada e descoberta. Os objetivos desse ramo da educação são libras, xelins e *pence*[178], o *summum bonum* [bem supremo] do século XIX. Assim, as energias geradas pelas moléculas do cérebro de seus adeptos estão todas concentradas em um ponto e são, portanto, em um certo grau, um exército organizado de intelectos educados e especulativos da minoria dos seres humanos, treinados contra as hostes de massas ignorantes e simplórias, condenadas a serem vampirizadas, submetidas ao controle e domínio de seus irmãos intelectualmente mais fortes. Esse treinamento não é só não teosófico, é simplesmente não cristão. Consequência: o resultado direto desse ramo da educação é uma enxurrada no mercado de máquinas de fazer dinheiro, com homens insensíveis e egoístas – animais – que foram com extremo cuidado treinados para agirem como predadores de seus semelhantes e tirarem proveito da ignorância de seus irmãos mais fracos!

---

178. Plural de *penny*. Ver nota 157. (N.T.)

I: *Bem, mas você não pode dizer isso, ao menos, com referência a nossas grandes escolas públicas.*

T: Não exatamente, é verdade. Mas embora a *forma* seja diferente, o espírito que as anima é o mesmo: não teosóficas e não cristãs, quer Eton e Harrow produzam cientistas ou sacerdotes e teólogos.

I: *Certamente você não pretende classificar Eton e Harrow como "comerciais"?*

T: Não. É claro que o sistema clássico é acima de tudo *respeitável*, e atualmente produz algum benefício. Ainda permanece o preferido nas nossas grandes escolas públicas, onde não apenas uma educação intelectual é obtenível, como também uma educação social. É, portanto, de primordial importância que os garotos obtusos que são filhos de pais aristocratas e abastados frequentem tais escolas para conhecer o restante da vida jovem das classes "de sangue nobre" e ricas. Mas, infelizmente, há uma enorme competição até para admissão, pois as classes ricas estão aumentando, e garotos pobres, porém inteligentes, procuram ingressar nas escolas públicas por meio de gordas bolsas de estudo, tanto nas próprias escolas quanto a partir delas rumo às Universidades.

I: *Segundo essa opinião, os "broncos" mais ricos têm de trabalhar ainda mais arduamente do que seus companheiros mais pobres.*

T: É isso. Mas, e é estranho dizê-lo, os fiéis do culto da "sobrevivência dos mais aptos" não praticam seu credo, pois todo o seu esforço é no sentido de fazer os naturalmente inaptos suplantarem os aptos. Assim, por meio de subornos envolvendo grandes somas de dinheiro, eles persuadem os melhores professores de seus alunos natos a mecanizar a sua progênie naturalmente inapta rumo a profissões que eles tornam inutilmente saturadas.

I: *E ao que você atribui isso?*

T: Tudo isso é devido à nocividade de um sistema que produz bens sob encomenda independentemente das inclinações e talentos naturais do jovem. O pequeno candidato pobre a esse paraíso progressivo de aprendizado vem quase direto do berçário para a atividade árdua e mecânica de uma escola preparatória para filhos de cavalheiros. Neste lugar ele é imediatamente agarrado pelos trabalhadores da fábrica materialista-intelectual e saturado de latim, francês e declinações do grego, datas e tabelas, de forma que se tiver qualquer gênio natural, este será logo esmagado e dele retirado pelos cilindros do que Carlyle tão bem chamou de "palavras mortas".

I: *Mas certamente ele aprende algo além de "palavras mortas" e muito daquilo que pode conduzi-lo diretamente à teosofia, se não inteiramente à Sociedade Teosófica?*

T: Não muito, pois de história obterá apenas conhecimento suficiente de sua própria nação para equipá-lo com uma blindagem de aço de preconceito contra todos os outros povos e ser mergulhado nas cloacas imundas do constante ódio nacional e da sede de sangue. E certamente você não chamaria isso de... teosofia?

I: *E quais são as suas outras objeções?*

T: Adicionado a isso há um conhecimento rudimentar, com base em uma seleção, dos chamados fatos bíblicos, de cujo estudo está excluída toda a inteligência. Não passa de uma lição mnemônica, o *porquê* do professor sendo um *porquê* das circunstâncias e não da razão.

I: *Sim; mas tenho ouvido que você se dá os parabéns diante do número continuamente crescente dos agnósticos e ateus dos dias de hoje, de maneira que parece que até pessoas educadas no sistema que você insulta tão veementemente* realmente *aprendem a pensar e raciocinar por si mesmas.*

T: Sim, porém é mais devido a uma saudável reação a esse sistema do que devido a ele. Nós, de longe, preferimos agnósticos, e mesmo ateus consumados, em nossa Sociedade do que fanáticos de qualquer religião. A mente de um agnóstico está sempre aberta à verdade, ao passo que a verdade cega o fanático como o sol cega uma coruja. Os melhores, isto é, os membros mais amantes da verdade, mais filantrópicos e mais honestos de nossa Sociedade foram e são agnósticos e ateus, no sentido de não acreditarem em um Deus *pessoal*. Mas não há meninos e meninas que sejam livres pensadores, e geralmente a educação inicial que receberam deixará sua marca sob a forma de uma mente tolhida e distorcida. Um sistema educacional apropriado e sadio deveria produzir mentes maximamente vigorosas e liberais, treinadas rigorosamente no pensamento lógico e meticuloso, e não em uma fé cega. Como podem vocês esperar bons resultados quando pervertem a capacidade de raciocinar de seus filhos os instruindo a crer nos milagres da Bíblia no domingo, enquanto durante os outros seis dias da semana vocês lhes ensinam que tais coisas são cientificamente impossíveis?

I: *E o que vocês têm, então, para oferecer?*

T: Se tivéssemos dinheiro, fundaríamos escolas que produziriam algo mais do que candidatos a passar fome que leem e escrevem. Acima de tudo, às crianças se deveria ensinar autoconfiança, amor a todos os seres humanos, altruísmo, solidariedade mútua e mais do que qualquer outra coisa, pensarem e raciocinarem por si mesmas. Reduziríamos o trabalho puramente mecânico da memória ao mínimo dos mínimos e devotaríamos o tempo ao desenvolvimento e treinamento dos sentidos e faculdades interiores e das capacidades latentes. Nos empenharíamos em lidar com cada criança como uma unidade, e a educaríamos, assim, de modo a produzir a revelação mais harmoniosa e uniforme de seus poderes, objetivando que suas aptidões especiais encontrassem o seu pleno desenvolvimento natural. Visaríamos criar homens *livres* e mulheres *livres*, intelectualmente livres, moralmente livres, em todos os aspectos destituídos de preconceitos e, acima de tudo, *destituídos de egoísmo*. E acreditamos que muito, se não tudo isso, poderia ser obtido mediante uma educação própria e verdadeiramente teosófica.

Por que, então, há tanto preconceito contra a ST?

I: *Se a teosofia é sequer a metade do que você diz, por que a existência dessa terrível predisposição negativa contra ela? Esse problema supera qualquer outra coisa.*

T: Sim, mas você precisa ter em mente quantos adversários poderosos nós conquistamos desde a formação de nossa Sociedade. Como eu já disse, se o movimento teosófico fosse uma dessas numerosas manias modernas, tão inicialmente inócuas quanto evanescentes, se limitaria a ser um objeto de riso – como o é atualmente por parte daqueles que ainda não compreendem o seu real significado – e deixado rigorosamente em paz. Mas ele não é nada disso. Intrinsecamente, a teosofia é o movimento mais sério desta época, e um movimento, ademais, que ameaça a própria existência da maioria das imposturas, preconceitos e males sociais atuais que gozam de respeito há muito tempo – esses males que engordam e tornam felizes os 10% da classe superior e seus imitadores e bajuladores, as dúzias de ricos da classe média, enquanto definitivamente esmagam e matam de fome milhões de pobres. Pense nisso e você facilmente compreenderá a razão de tal cruel perseguição movida por aqueles outros que, mais observadores e perspicazes, realmente percebem a verdadeira natureza da teosofia e, portanto, experimentam apreensão em relação a ela, julgando-a um perigo.

I: *Você pretende me dizer que é porque uns poucos entenderam ao que a teosofia conduz, que tentam esmagar o movimento? Mas se a teosofia conduz somente ao bem, decerto você não pode estar disposta a proferir tal terrível acusação de crueldade e traição pérfidas, mesmo contra esses poucos.*

T: Pelo contrário, eu estou disposta. Não classifico os inimigos que tivemos que combater durante os primeiros nove ou dez anos de existência da Sociedade de poderosos ou perigosos, mas somente aqueles que se ergueram contra nós nos últimos três ou quatro anos. E esses nem discursam ou escrevem, nem pregam contra a teosofia, mas atuam em silêncio e por trás das costas dos bonecos tolos que agem na qualidade de suas marionetes visíveis. Todavia, embora invisíveis para a maioria dos membros de nossa Sociedade, são bem conhecidos para os verdadeiros fundadores e os protetores. Mas, em função de certas razões, eles têm de permanecer hoje anônimos.

I: *E eles são conhecidos por muitos de vocês, ou somente por você?*

T: Eu nunca disse que *eu* os conhecia. É possível ou não que eu os conheça – mas sei sobre eles e isto basta. E eu os desafio a fazerem o pior ao seu alcance. Eles podem causar grande dano e semear confusão nas nossas fileiras, sobretudo entre os medrosos e aqueles somente capazes de julgar pelas aparências. Não esmagarão a Sociedade, não importa o que possam fazer. À parte desses inimigos verdadeiramente perigosos – perigosos, contudo, apenas para aqueles teosofistas que são indignos desse nome e cujo lugar é, de preferência, fora da ST e não dentro dela – o número de nossos opositores é mais do que considerável.

I: *E você pode nomeá-los ao menos, já que não vai se referir aos outros?*

T: Claro que posso. Temos de lutar contra (1) o ódio dos espíritas americanos, ingleses e franceses; (2) a oposição constante do clero de todas as denominações; (3) especialmente o ódio e perseguição implacáveis dos missionários na Índia; (4) isso levou ao famoso e infame ataque feito a nossa Sociedade Teosófica pela Sociedade de Pesquisa Psíquica (SPP), um ataque que foi incitado por uma conspiração regular organizada pelos missionários na Índia. Finalmente, temos de considerar a deserção de vários membros proeminentes (?) pelas razões que já expliquei, tendo todos eles contribuído maximamente para aumentar o preconceito contra nós.

I: *Você não poderia me fornecer mais detalhes sobre essas pessoas, de modo que eu possa saber o que responder quando indagado: em resumo, uma breve história da Sociedade, e por que o mundo acredita em tudo isso?*

T: A razão é simples. A maioria das pessoas de fora não sabiam absolutamente nada da própria Sociedade, de seus motivos, objetivos ou crenças. Desde o seu início, tudo que o mundo viu na teosofia foram certos fenômenos maravilhosos, nos quais dois terços dos não espíritas não acreditam. Logo a Sociedade passou a ser considerada como uma organização que pretendia estar de posse de poderes "miraculosos". O mundo nunca compreendeu que a Sociedade ensinava a absoluta descrença em *milagre* ou sequer a possibilidade de tais; que na Sociedade havia apenas umas poucas pessoas possuidoras de tais poderes psíquicos e somente umas poucas que se importavam com eles. Tampouco compreenderam que os fenômenos jamais eram produzidos publicamente, porém apenas privadamente para amigos e meramente dados na qualidade de um acessório, visando a provar por demonstração direta que tais coisas podiam ser produzidas sem salas escuras, espíritos, médiuns, ou quaisquer elementos da parafernália usual. Infelizmente, esse mal-entendido foi largamente fortalecido e exagerado pelo primeiro livro sobre o assunto, o qual excitou muita atenção na Europa: *O mundo oculto*, do senhor Sinnett. Se esse trabalho muito fez para dar destaque à Sociedade, por outro lado, atraiu ainda mais maledicência, escárnio e representação equívoca sobre os seus heróis e heroína infelizes. Quanto a isso, o autor foi mais do que advertido em *O mundo oculto*, mas não deu atenção à *profecia* – pois foi isso que foi, embora semivelada.

I: *Devido ao que e desde quando os espíritas odeiam vocês?*

T: Desde o primeiro dia de existência da Sociedade. Tão logo se tornou conhecido o fato de que, como uma organização, a ST não acreditava em comunicações com os espíritos dos mortos, mas considerava os chamados "espíritos", na maioria dos casos, reflexos astrais das personalidades desencarnadas, cascas etc., os espíritas geraram um ódio violento contra nós e especialmente contra os fundadores. Esse ódio encontrou expressão em toda espécie de calúnia, observações pessoais cruéis e informações falsas absurdas a respeito dos ensinamentos teosóficos em todos os órgãos espíritas americanos. Durante anos fomos perseguidos, denunciados e insultados. Isso teve início em 1875 e perdura até hoje. Em 1879 a sede da ST foi transferida de Nova York para Bombaim[179], na Índia, e então permanentemente para Madras[180]. Quando a primeira ramificação de nossa Sociedade, a ST britânica, foi fundada em Londres, os espíritas ingleses saíram brandindo armas contra nós, como o haviam feito os americanos. E os espíritas franceses os imitaram.

I: *Mas por que deveria o Clero hostilizá-los quando, afinal, a tendência principal das doutrinas teosóficas se opõe ao materialismo, o grande inimigo de todas as formas de religião em nossos dias?*

T: O Clero se opôs a nós com base no princípio geral de que "Aquele que não está comigo, está contra mim". Como a teosofia não concorda com nenhuma seita ou credo, é considerada igualmente inimiga de todos, porque ensina que estão todos, mais ou menos, errados. Os missionários na Índia nos odiaram e tentaram nos esmagar porque viram a flor da juventude indiana educada e os brâmanes, que são quase inacessíveis a eles, se unirem à Sociedade em um grande número. E, no entanto, independentemente desse ódio geral de classe, a ST conta em suas fileiras com muitos clérigos, e até com um ou dois bispos.

---

179. Atual Mumbai. (N.T.)
180. Atual Chennai. (N.T.)

I: *E o que levou a SPP a ir ao campo de batalha contra vocês? Ambas as Sociedades adotavam a mesma linha de estudo em alguns aspectos e muitos dos pesquisadores psíquicos pertenciam a Sociedade de vocês.*

T: No começo entretínhamos excelente amizade com os líderes da SPP, mas quando o ataque aos fenômenos apareceu na *Christian College Magazine*, apoiado pelas pretensas revelações de um lacaio, a SPP achou que haviam se comprometido ao publicarem em sua *Proceedings* fenômenos demais que tinham ocorrido em conexão com a ST. A ambição deles é posar como uma organização *detentora de autoridade* e *estritamente científica*, de modo que tiveram de escolher entre reter essa posição abandonando a ST e mesmo tentando destrui-la, e ver a si mesmos misturados, na opinião dos saduceus do *grand monde*, aos "crédulos" teosofistas e espíritas. Não houve saída para eles, duas alternativas, e optaram por nos abandonar. Para eles foi uma questão de terrível necessidade. Mas tão duramente pressionados se acharam para encontrar qualquer motivo aparentemente razoável para a vida de devoção e trabalho incessante levada pelos dois fundadores[181], e para a completa ausência de qualquer vantagem pecuniária ou de outra natureza que os beneficiasse, que nossos inimigos foram obrigados a recorrer a triplamente absurda e eminentemente ridícula "teoria da espiã russa" (agora famosa) para explicar essa devoção. Mas o velho adágio "O sangue dos mártires é a semente da Igreja" se revelou mais uma vez correto. Depois do primeiro choque desse ataque, a ST duplicou e triplicou seu contingente. Mas a má impressão produzida ainda persiste. Um autor francês estava certo ao declarar: "*Calomniez, calomniez toujours et encore il en restera toujours quelque chose*".[182] A consequência é que os preconceitos injustos são correntes e tudo que está ligado a ST e, especialmente aos seus fundadores, é assim falsamente distorcido porque se baseia exclusivamente em boatos maliciosos.

I: *Todavia, nos catorze anos de existência da Sociedade, vocês devem ter tido tempo de sobra e oportunidade para mostrarem a si próprios e o seu trabalho na sua verdadeira luz?*

---

181. A alusão da Blavatsky é a si mesma e ao coronel Olcott. (N.T.)
182. "Caluniai, caluniai sempre e ainda disso sempre restará alguma coisa." (N.T.)

T: Como e quando nos foi dada tal oportunidade? Nossos membros mais destacados tinham uma aversão a qualquer coisa que parecesse se justificarem publicamente. Sua postura sempre foi: "Temos de conviver com isso até que passe", e "O que importa o que dizem os jornais ou o que as pessoas pensam?". A Sociedade era pobre demais para produzir promocionalmente conferencistas públicos, de modo que as exposições de nossas concepções e doutrinas ficaram confinadas a umas poucas obras teosóficas que foram bem sucedidas, mas que foram com frequência mal compreendidas pelas pessoas ou que estas somente conheciam por meio de rumores. Nossos periódicos foram, e ainda são, boicotados; nossas obras literárias ignoradas, e até hoje ninguém parece sequer sentir-se inteiramente certo se os teosofistas são uma espécie de adoradores da *Serpente e Demônio* ou simplesmente "budistas esotéricos", seja lá o que for que isso possa significar. Foi inútil continuarmos negando dia após dia e durante anos todo tipo de contos da carochinha sobre nós, pois tão logo descartávamos um, outro, ainda mais absurdo e malicioso, nascia das cinzas do primeiro. Infelizmente, a constituição da natureza humana é tal que qualquer bem dito de uma pessoa é imediatamente esquecido e jamais repetido. Mas basta alguém proferir uma calúnia, ou desencadear uma história – não importa quão absurda, falsa ou incrível que possa ser – é suficiente que seja ligada a uma personalidade impopular para obter êxito e ser imediatamente aceita como um fato histórico. Como *Calumnia* de *Don Basílio*[183], o rumor nasce inicialmente como uma doce e suave brisa que mal agita a relva sob seus pés e que surge ninguém sabe de onde; em seguida com máxima celeridade é transformada em um vento vigoroso, desencadeia um temporal e de imediato se converte em uma tempestade formidável! Uma calúnia no noticiário é como um polvo entre os peixes; explora e faz a cabeça das pessoas, fixa-se em nossa memória, a qual se alimenta dela, deixando marcas indeléveis mesmo depois da calúnia ter sido fisicamente destruída. Uma mentira caluniosa é a única chave-mestra que abrirá qualquer cérebro, todo cérebro. É certo ser ela bem acolhida e receber hospitalidade em toda mente humana, tanto na mais elevada quanto na mais baixa, bastando que uma ou outra seja um pouco preconceituosa, não importando a origem e o motivo, por mais vis que sejam, que a desencadearam.

---

183. A referência é à famosa ópera de Rossini *O barbeiro de Sevilha*. (N.T.)

I: *Você não acha que suas afirmações são demasiadamente radicais? O inglês nunca foi predisposto a crer em qualquer coisa que se diz e nossa nação é proverbialmente conhecida por seu amor ao jogo limpo. A mentira tem pernas curtas e com o tempo acaba por...*

T: O inglês está tão pronto a crer no mal quanto alguém de qualquer outra nação, pois isso diz respeito à natureza humana e não é uma característica nacional. Quanto às mentiras, se tem pernas curtas de acordo com o provérbio, têm também asas extraordinariamente rápidas e podem voar e realmente voam com um alcance e amplitude superiores a qualquer outro tipo de notícias, tanto na Inglaterra quanto em qualquer outro lugar. Lembre-se que mentiras e calúnias são o único tipo de literatura que podemos conseguir grátis e sem pagar qualquer assinatura. Podemos, se você quiser, fazer o experimento. Você, que está tão interessado em assuntos teosóficos, e tem ouvido tanto sobre nós, me fará perguntas acerca de tantos desses rumores e "boatos" quantos possa pensar? Responderei a verdade e nada mais que a verdade, sujeita a mais rigorosa verificação.

I: *Antes de mudarmos de assunto, vamos apurar a completa verdade sobre este. Ora, alguns autores têm considerado os ensinamentos de vocês "imorais e perniciosos"; outros, com base no fato de que muitas das chamadas "autoridades" e orientalistas só encontram nas religiões indianas culto ao sexo sob suas muitas formas, acusam vocês de ensinarem o culto fálico e nada melhor do que isso. Dizem que visto que a teosofia moderna está tão estreitamente ligada ao pensamento oriental, e particularmente indiano, não pode estar livre dessa mácula. De vez em quando chegam, inclusive, a acusar os teosofistas europeus de estarem revivendo as práticas relacionadas a esse culto. O que acha disso?*

T: Já ouvi falar disso e li a respeito antes, e respondo que não há precedentes em matéria de calúnia mentirosa e totalmente infundada que tenha sido concebida e divulgada antes maior do que essa. "Pessoas tolas só são capazes de ter sonhos tolos", diz um provérbio russo. É de ferver o sangue ver tais acusações vis feitas sem o mais ínfimo fundamento e com base em meras inferências. Pergunte às centenas de homens e mulheres ingleses honrados que têm sido membros da

Sociedade Teosófica há anos se algum dia lhes foi ensinado um preceito *imoral* ou uma doutrina perniciosa. Abra *A doutrina secreta* e você encontrará sucessivas páginas denunciando os judeus e outras nações precisamente por conta dessa devoção a ritos fálicos, devida à interpretação literal do simbolismo natural e às concepções grosseiramente materialistas de seu dualismo em todos os credos *exotéricos*. Tais informações falsas, incessantes e maldosas sobre nossos ensinamentos e crenças são realmente infames.

I: *Mas você não pode negar que o elemento fálico realmente existe nas religiões do Oriente?*

T: Não o nego. Apenas sustento que tudo que isso prova é também sua presença no cristianismo, a religião do Ocidente. Caso você queira se assegurar disso, leia *Rosicrucians* de Hargrave Jenning. No Oriente o simbolismo fálico é, talvez, mais tosco, visto ser mais verdadeiro em relação à natureza ou, eu preferiria dizê-lo, mais *naïve*[184] e sincero do que no ocidente. Mas não é mais licencioso, nem sugere à mente oriental as mesmas ideias grosseiras e vulgares que sugere à mente ocidental, com, talvez, uma ou duas exceções, tais como a seita vergonhosa conhecida como seita *Maharajah* ou *Vallabhacharya*.

I: *Um articulista do jornal* Agnostic *– um dos acusadores de vocês – acabou de insinuar que os seguidores dessa seita infame são teosofistas e "reivindicam uma genuína compreensão teosófica".*

T: Ele escreveu algo falso e ponto final. Jamais houve, ou há no presente, um único *Vallabhacharya* em nossa Sociedade. Quanto a possuírem ou reivindicarem compreensão teosófica, trata-se de outra patranha baseada em uma crassa ignorância das seitas indianas. Tudo que o seu *Maharajah* reivindica é um direito ao dinheiro, às esposas e filhas de seus seguidores insensatos – nada mais. Essa seita é desprezada por todos os outros hindus.

Entretanto, você encontrará em *A doutrina secreta* uma abordagem extensiva desse assunto em sua totalidade, para a qual mais uma vez devo remetê-lo para que obtenha explicações pormenorizadas. A título de conclusão, a própria alma da teosofia é positiva e absolutamente contra o culto fálico; e seu setor oculto ou esotérico,

---

184. Cândido, ingênuo. (N.T.)

ainda mais do que seus ensinamentos exotéricos. Nunca houve uma afirmação mais mentirosa do que essa supracitada. E agora faça-me outras indagações.

A Sociedade Teosófica é uma organização para ganhar dinheiro?

I: *Concordo. Bem, um ou outro dos fundadores, o coronel H. S. Olcott ou H. P. Blavatsky alguma vez ganhou algum dinheiro, lucrou ou extraiu qualquer benefício mundano da ST, como afirmam alguns jornais?*

T: Nem um centavo. Os jornais mentem. Pelo contrário, ambos deram à Sociedade tudo o que possuíam e se converteram literalmente em mendigos. Quanto a "benefícios mundanos", pense nas calúnias e nos insultos a que foram submetidos e então refaça a pergunta!

I: *No entanto, li em um grande número de órgãos missionários que as taxas de inscrição e subscrições superavam de longe todas as despesas; e alguém disse que os fundadores estavam ganhando 20 mil libras por ano!*

T: Isso é uma mentira, como tantas outras. Na contabilidade publicada de janeiro de 1889, você encontrará uma declaração exata de *todo* o dinheiro recebido de quaisquer fontes desde 1879. O total recebido de todas as fontes (inscrições, doações etc. etc.) durante esses dez anos é menos de 6 mil libras, e grande parte deste valor foi contribuição dos próprios fundadores, dinheiro proveniente de seus recursos particulares e de seu trabalho literário. Tudo tem sido aberta e oficialmente admitido, até pelos nossos inimigos, a Sociedade de Pesquisa Psíquica. E atualmente ambos os fundadores não têm um centavo: um deles, muito velha e doente para trabalhar como o fazia antes, incapaz de dispensar tempo a um trabalho literário externo a fim de ajudar financeiramente a Sociedade, só podendo escrever em favor da causa teosófica;[185] o outro prossegue

---

185. Blavatsky se refere a si mesma. Para os nossos padrões atuais de longevidade, Blavatsky não era tão velha assim (ao escrever estas linhas tinha 57 anos), mas essa não era a realidade no fim do século XIX, sobretudo para uma pessoa extremamente ativa e laboriosa como H. P. B.; no tocante à enfermidade, ela já padecia

trabalhando em prol da Sociedade como antes, e recebe tão pouco agradecimento por isso.

I: *Mas certamente precisam de dinheiro para viver?*

T: De modo algum. Enquanto dispõem de alimento e abrigo, mesmo que o devam à dedicação de uns poucos amigos, pouco mais necessitam.

I: *Mas não poderia Madame Blavatsky, em especial, produzir mais do que o suficiente se vivesse do que escreve?*

T: Quando estava na Índia, recebia em média cerca de mil rupias por ano, contribuindo com artigos para jornais russos e outros, mas tudo foi doado para a Sociedade.

I: *Artigos políticos?*

T: Jamais. Tudo que ela escreveu ao longo dos sete anos de permanência na Índia foi impresso lá na sua totalidade. Trata exclusivamente de religiões, etnologia, costumes da Índia e teosofia – jamais de política, da qual ela nada conhece e ao que menos importância atribui. Que se acrescente que há dois anos ela recusou vários contratos que totalizavam cerca de 1.200 rublos em ouro por mês – motivo: não podia aceitá-los sem abandonar seu trabalho para a Sociedade, a qual necessitava de todo seu tempo e energia. Ela tem documentos que o provam.

I: *Mas, por que não poderiam tanto ela quanto o coronel Olcott fazer como os outros – notadamente muitos teosofistas – fazem, ou seja, dar prosseguimento às suas respectivas profissões e dedicar o excedente de seu tempo ao trabalho da Sociedade?*

T: Porque ao servir dois senhores, ou a atividade profissional ou a filantrópica teria que ser prejudicada. Todo autêntico teosofista está moralmente obrigado a sacrificar o pessoal pelo impessoal, o seu próprio *bem presente* pelo benefício *futuro* de outras pessoas. Se os fundadores não derem o exemplo, quem dará?

---

do mal de Bright (doença renal) desde 1882 e em 1889 fazia uso de uma cadeira de rodas. Aliás, ter sido vítima de um surto de gripe cerca de dois anos depois (aos 59 anos) aponta para o fato de estar debilitada. (N.T.)

I: *E há muitos que o seguem?*
T: Sou obrigada a dizer-lhe a verdade. Na Europa cerca de meia dúzia no total, extraídos de um número superior a esse de ramificações.

I: *Então não é verdade que a Sociedade Teosófica possui um grande capital e volume de doações próprios?*
T: Isso é falso, pois não os possui em absoluto. Agora que a inscrição de uma libra e a pequena taxa anual foram abolidas, ficamos até em dúvida se a equipe da sede na Índia não irá logo morrer de fome.

I: *Então por que não aumentar as subscrições?*
T: Não somos o Exército da Salvação. *Não podemos e jamais* pedimos caridade e tampouco jamais seguimos o exemplo das Igrejas e seitas que se põem a "fazer coletas". Aquilo que é de vez em quando enviado para apoio da Sociedade, as pequenas contribuições feitas por alguns membros dedicados, são todas doações voluntárias.

I: *Mas ouvi falar de grandes somas dadas a Madame Blavatsky. Foi dito há quatro anos que ela obteve 5 mil libras de um "membro" jovem e rico que viajou para juntar-se a eles na Índia, e 10 mil libras de um outro cavalheiro americano abastado e famoso, um de seus membros que morreu na Europa há quatro anos.*
T: Diga àqueles que lhe disseram isso que ou eles próprios proferem uma grosseira falsidade ou a estão repetindo. *Nunca* Madame Blavatsky *pediu ou recebeu um centavo* dos senhores mencionados, nem qualquer coisa semelhante a isso de qualquer outra pessoa, desde que a Sociedade Teosófica foi fundada. Que qualquer indivíduo vivo tente confirmar essa calúnia: será para ele mais fácil provar que o Banco da Inglaterra está falido do que provar que tal fundadora ganhou algum dia qualquer dinheiro com a teosofia. Essas duas calúnias tiveram origem com duas damas de elevada estirpe, pertencentes à aristocracia londrina, e foram imediatamente rastreadas e desmentidas. São os cadáveres, as carcaças de duas invenções que, depois de haverem sido sepultadas no mar do esquecimento, são mais uma vez elevadas à superfície das águas estagnadas da difamação.

I: *Então fui informado sobre vários grandes legados em favor da ST. Um deles, por volta de 8 mil libras, foi deixado para ela por um certo inglês excêntrico que nem sequer pertencia à*

Sociedade. O outro – 3 ou 4 mil libras – foi deixado sob testamento por um membro australiano. Isso é verdade?

T: Ouvi falar do primeiro; e sei que, deixado legalmente ou não, a ST nunca tirou proveito dele ou foram os seus fundadores oficialmente notificados a respeito. Com efeito, como nossa Sociedade não era, então, uma organização instituída por alvará e, por conseguinte, não tinha existência jurídica, o juiz do Tribunal de Sucessões, segundo fomos informados, não deu atenção a esse legado e restituiu a soma aos herdeiros. Isso basta no tocante ao primeiro. Quanto ao segundo, é inteiramente verdadeiro. O testador era um de nossos dedicados membros e deixou um testamento legando tudo que possuía a ST. Mas quando o presidente da Sociedade, o coronel Olcott, se pôs a examinar a matéria, descobriu que o testador tinha filhos que havia deserdado por certos motivos familiares. Assim, ele convocou um conselho e foi decidido que o legado não deveria ser aceito e o dinheiro deveria ser transferido aos herdeiros legais. A Sociedade Teosófica seria desleal com o nome que exibe se tirasse proveito de um dinheiro ao qual outros virtualmente têm direito, ao menos com base em princípios teosóficos, se não legalmente.

I: *Além disso, e eu o digo com base na autoridade do próprio jornal de vocês,* The Theosophist, *há um rajá da Índia que doou 25 mil rupias à Sociedade. Vocês não o agradeceram por sua grande generosidade na edição de janeiro de 1888 de* The Theosophist?

T: Nós o fizemos nos seguintes termos: "Que os agradecimentos da Convenção sejam transmitidos a H. H., o Marajá... por sua *prometida dádiva generosa* de 25 mil rupias aos fundos da Sociedade". Os agradecimentos foram devidamente comunicados, mas o dinheiro é ainda uma "promessa", e jamais chegou à sede.

I: *Mas com certeza se o Marajá fez uma promessa e recebeu os agradecimentos por sua dádiva publicamente e por escrito, ele irá honrar sua promessa.*

T: Ele pode fazê-lo, embora a promessa tenha sido feita há dezoito meses. Eu falo do presente e não do futuro.

I: *Então como vocês pretendem continuar?*

T: Enquanto a ST tiver alguns membros dedicados dispostos a trabalhar por ela dispensando remuneração e gratidão, enquanto uns poucos bons teosofistas a apoiarem com doações ocasionais, ela existirá e nada irá destrui-la.

I: *Eu tenho ouvido muitos teosofistas falarem de um "poder por trás da Sociedade" e de certos Mahatmas, mencionados, inclusive, nas obras do senhor Sinnett, que se diz terem fundado a Sociedade, para a supervisionar e proteger.*

T: Você pode rir, mas é isso mesmo.

A equipe de trabalho da ST

I: *Esses homens, conforme ouvi falar, são grandes Adeptos, alquimistas e não sei o que mais. Se, então, são capazes de transformar chumbo em ouro e produzir tanto dinheiro quanto for de seu gosto, além de produzirem todos os tipos de milagres segundo sua vontade, tal como relatado em* O mundo oculto *do senhor Sinnett, por que não encontram dinheiro para vocês e sustentam os fundadores e a Sociedade confortavelmente?*

T: Porque eles não fundaram um "clube dos milagres". Porque o objetivo da Sociedade é ajudar os seres humanos a desenvolver os poderes neles latentes mediante os seus próprios esforços e méritos. Porque seja o que for que possam ou não possam produzir em matéria de fenômenos, não são *moedeiros falsos*; e tampouco iriam instalar no caminho dos membros e candidatos uma tentação adicional e poderosíssima: *a teosofia não é para ser comprada*. Até hoje, durante os catorze anos que se passaram, nem um só membro atuante jamais recebeu pagamento ou salário quer dos Mestres, quer da Sociedade.

I: *Então, em toda a equipe de trabalho, absolutamente ninguém recebe remuneração?*

T: Até agora, ninguém. Mas como todos têm de comer, beber e se vestir, todos aqueles destituídos de quaisquer recursos próprios, e que dedicam tempo integral ao trabalho da Sociedade, são supridos do necessário à vida na sede em Madras, Índia, ainda que esse "necessário à vida" seja na verdade bastante modesto! Mas agora que o trabalho da Sociedade aumentou enormemente e continua ainda aumentando (note-se bem, *devido às difamações*) na Europa, precisamos de mais trabalhadores. Esperamos ter alguns membros que serão doravante remunerados – se é que *podemos* usar essa palavra nos casos em pauta. Com efeito, todos esses membros que estão se preparando para oferecer *todo* seu tempo à Sociedade, estão abandonando boas situações como funcionários, com excelentes perspectivas, para trabalhar para nós por *menos da metade de seu antigo salário*.

I: *E quem suprirá os fundos para isso?*

T: Alguns de nossos membros que são precisamente um pouco mais ricos do que os outros. A pessoa que se dispusesse a fazer especulação financeira ou ganhar dinheiro com a teosofia seria indigna de permanecer em nossas fileiras.

I: *Mas vocês devem certamente ganhar dinheiro com seus livros, revistas e outras publicações?*

T: Unicamente *The Theosophist* de Madras, entre as revistas, dá lucro, o qual é regularmente revertido à Sociedade anualmente, como mostram as prestações de contas publicadas. *Lucifer* está lenta, mas continuamente dando prejuízo, nunca cobrindo suas despesas – graças a ser boicotado pelos livreiros devotos e pelas bancas das ferrovias. *Lotus*, na França, principiada com base nos recursos privados e não muito expressivos de um teosofista, que a ela dedicou todo o seu tempo e trabalho, deixou de existir por conta das mesmas causas, ai de mim! Tampouco o *New York Path* cobre suas despesas, enquanto a *Revue Théosophique* de Paris apenas acabou de ser lançada, também graças aos recursos privados de uma senhora que é membro da Sociedade. Ademais, sempre que quaisquer das obras publicadas pela Theosophical Publishing Company de Londres *realmente* gerar lucro, este será aplicado a serviço da Sociedade.

I: *E agora, por favor, informe-me de tudo que puder sobre os Mahatmas. Fala-se tantas coisas absurdas e contraditórias a respeito deles, que não se sabe no que acreditar, e todos os tipos de histórias ridículas se tornaram correntes.*

T: Bem, você pode classificá-las como ridículas!

XIV
Os "Mahatmas teosóficos"

Eles são "espíritos de luz" ou "duendes danados"?

I: *Quem são, então, esses que vocês chamam de seus "Mestres"? Alguns dizem que são "espíritos", ou algum outro tipo de seres sobrenaturais, enquanto outros os classificam como "mitos".*

T: Nem uma coisa nem outra. Eu uma vez ouvi uma pessoa de fora dizer a outra que eram uma espécie de "sereias masculinas", seja lá o que possam ser tais criaturas. Mas, se você der ouvidos ao que as pessoas dizem, jamais fará uma ideia verdadeira deles. Para começar, são *homens vivos*, que nasceram como nós nascemos, e estão fadados a morrer como qualquer outro mortal.

I: *Sim, mas há rumores de que alguns deles têm 1.000 anos de idade. Isso é verdade?*

T: Tão verdadeiro quanto o miraculoso crescimento de cabelo na cabeça do Shagpat de Meredith[186]. Verdadeiramente, semelhante ao "Idêntico", nenhum corte à navalha teosófico foi capaz até agora de apará-lo. Quanto mais negamos esses rumores, quanto mais procuramos levar as pessoas ao que é correto, mais absurdas realmente se tornam as invenções. Ouvi dizer que Matusalém tinha 969 anos, mas não sendo coagida a crê-lo, ri dessa afirmação, atitude que me custou ser imediatamente considerada por muitos uma herege blasfema.

I: *Mas, seriamente, eles superam a idade ordinária dos seres humanos?*

T: O que você classifica como idade ordinária? Lembro-me de ter lido no *Lancet* sobre um mexicano que tinha quase 190 anos, mas nunca ouvi falar de um ser humano mortal, leigo ou Adepto, que pudesse viver sequer a metade dos anos atribuídos a Matusalém. Alguns Adeptos realmente excedem, e em muito, o que você classificaria como idade

---
186. George Meredith (1828-1909), poeta e romancista inglês. (N.T.)

ordinária; entretanto, nada há de miraculoso nisso e pouquíssimos entre eles se importam em ser longevos.

I: *Mas o que significa realmente a palavra Mahatma?*

T: Simplesmente "grande alma": grande por meio de elevação moral e alcance intelectual. Se o título de "grande" é dado a um soldado bêbado como Alexandre[187], por que não deveríamos chamar de "grandes" aqueles que realizaram conquistas no seio dos segredos da natureza sumamente maiores do que Alexandre jamais realizou no campo de batalha? Além disso, trata-se de um termo indiano e palavra antiquíssima.

I: *E por que vocês os chamam de "Mestres"?*

T: Nós os chamamos de "Mestres" porque eles são nossos professores e porque foi deles que extraímos todas as verdades teosóficas, independentemente de quão inadequadamente alguns de nós possam tê-las expressado, e outros tê-las entendido. São homens de grande saber, e de santidade ainda maior na vida, que denominamos Iniciados. Não são ascetas na acepção usual desta palavra, embora certamente se mantenham afastados do tumulto e das disputas do mundo ocidental de vocês.

I: *Mas não é uma atitude egoísta se isolarem assim?*

T: Onde está o egoísmo? Será que o destino da Sociedade Teosófica não basta para provar que o mundo nem está pronto para reconhecê-los nem para tirar proveito do seu ensinamento? Qual teria sido a utilidade do professor Clerk Maxwell[188] se houvesse instruído uma classe de garotinhos a usar a tabuada deles? Ademais, eles se isolam apenas do Ocidente. Em seu próprio país, circulam publicamente como o fazem as outras pessoas.

I: *Vocês não atribuem poderes sobrenaturais a eles?*

T: Não acreditamos em nada sobrenatural, como eu já disse a você. Tivesse Edison[189] vivido e inventado seu fonógrafo há duzentos anos

---

187. Alexandre da Macedônia (356 a.C.-323 a.C.), rei do Império Macedônio. (N.T.)
188. James Clerk Maxwell (1831-1879), físico e matemático escocês. (N.T.)
189. Thomas Alva Edison (1847-1931), cientista, inventor e teosofista americano. (N.T.)

e muito provavelmente teria sido queimado junto com ele, e tudo atribuído ao demônio. Os poderes que eles exercem são simplesmente o produto do desenvolvimento de poderes que jazem latentes em todo homem e toda mulher, poderes cuja existência até mesmo a ciência oficial começa a reconhecer.

I: *É verdade que esses homens inspiram alguns de seus escritores e que muitas, se não todas as suas obras teosóficas foram ditadas por eles?*

T: Algumas delas sim. Há passagens inteiramente ditadas por eles literalmente, mas na maioria dos casos eles apenas inspiram as ideias, deixando a forma literária a cargo dos escritores.

I: *Mas isso é em si miraculoso. É, de fato, um* milagre. *Como conseguem fazê-lo?*

T: Meu caro senhor, você está enormemente enganado e é a própria ciência que refutará seus argumentos em um futuro próximo. Por que deveria ser um "milagre", como você o classifica? Supõe-se que um milagre seja alguma operação sobrenatural, ao passo que nada há realmente acima ou além da natureza e das leis da natureza. Entre as muitas formas de "milagre" que receberam o reconhecimento científico moderno está o hipnotismo, e uma fase de seu poder é conhecida como "sugestão", uma forma de transferência de pensamento, que tem sido empregada com sucesso no combate de moléstias físicas particulares etc. Não tardará para o mundo científico ser forçado a reconhecer que existe tanta interação entre uma mente e outra, não importa a qual distância, quanto entre um corpo e outro no mais estreito dos contatos. Quando duas mentes se relacionam por simpatia, e os instrumentos por meio dos quais funcionam são sintonizados para responder magnética e eletricamente entre si, nada há que irá impedir a transmissão de pensamentos voluntária de uma mente para outra, pois como a mente não é de tal natureza tangível que a distância pudesse separá-la do objeto de sua contemplação, conclui-se que a única diferença que pode existir entre duas mentes é uma diferença de *estado*. Assim, se este último obstáculo é superado, onde está o "milagre" da transferência de pensamento, a qualquer distância que seja?

I: *Mas você admitirá que o hipnotismo não produz nada que seja tão miraculoso ou maravilhoso como isso?*

T: Pelo contrário, é fato positivamente estabelecido que um hipnotizador é capaz de afetar o cérebro daquele que está submetido a ele a ponto de produzir uma expressão de seus próprios pensamentos, e até de suas palavras, através do organismo do submetido; e, embora os fenômenos ligados a esse método de transferência efetiva de pensamento sejam ainda em um número escasso, ninguém, eu presumo, se prontificará a dizer a que ponto sua ação poderá se estender no futuro, quando as leis que regem sua produção forem estabelecidas mais cientificamente. E assim, se tais resultados podem ser produzidos mediante o conhecimento dos meros rudimentos do hipnotismo, o que poderia impedir o Adepto nos poderes psíquicos e espirituais de produzir resultados que, segundo o seu presente conhecimento limitado dessas leis, você está inclinado a classificar de "miraculosos"?

I: *Então por que nossos médicos não experimentam e tentam se não podem fazer tanto quanto eles?*[190]

T: Porque, em primeiro lugar, não são Adeptos com um completo entendimento dos segredos e leis dos domínios psíquico e espiritual, mas sim materialistas que têm medo de sair do estreito sulco da matéria; e, em segundo lugar, porque no momento *necessariamente fracassam* e realmente assim será até serem levados a reconhecer que tais poderes podem ser atingidos.

I: *E poderiam ser ensinados?*

T: Não, a menos que estivessem, antes de mais nada, preparados por meio da varredura total até o último átomo da escória materialista que acumularam em seus cérebros.

I: *Isso é interessantíssimo. Diga-me, os Adeptos têm assim inspirado ou ditado a muitos de seus teosofistas?*

T: Não, pelo contrário, a pouquíssimos. Tais operações exigem condições especiais. Um Adepto inescrupuloso, porém hábil, da "Fraternidade Negra" – nós os chamamos de "Irmãos da Sombra", e Dugpas

---

190. Tais, por exemplo, como o professor Bernheim e o doutor C. Lloyd Tuckey, da Inglaterra; os professores Beaunis e Liégeois, de Nancy; Delboeuf, de Liège; Burot e Bourru, de Rochefort; Fontain e Sigard, de Bordeaux; Forel, de Zurique; e os doutores Despine, de Marselha; Van Renterghem e Van Eeden, de Amsterdã; Wetterstrand, de Estocolmo; Schrenck-Notzing, de Leipzig, e muitos outros médicos e escritores ilustres.

– tem muito menos dificuldades para enfrentar, pois não tendo nenhuma lei de natureza espiritual para impedir suas ações, tal feiticeiro Dugpa obterá, sem absolutamente qualquer cerimônia, o controle sobre qualquer mente e a submeterá completamente aos seus poderes maléficos. Nossos Mestres, porém, jamais farão isso. Eles não têm o direito – caso se esquivem a cair na "magia negra"– de obter domínio total sobre o ego imortal de nenhuma pessoa, podendo, portanto, apenas atuar sobre a natureza física e psíquica do indivíduo, deixando, com isso, o livre arbítrio dele completamente isento de perturbação. Daí, a menos que uma pessoa tenha sido levada a uma relação psíquica com os Mestres e é assistida em virtude de sua plena fé e devoção aos seus professores, estes, quando transmitem seus pensamentos a alguém que não preenche essas condições, experimentam grandes dificuldades para penetrar o caos nebuloso da esfera daquela pessoa. Mas este não é o lugar para abordar um assunto desta natureza. Basta dizer que se o poder existe, então há Inteligências (encarnadas ou desencarnadas) que guiam esse poder, e instrumentos conscientes vivos através de quem ele é transmitido e por quem ele é recebido. Temos somente que nos acautelar com a "magia *negra*".

I: *Mas o que você entende realmente por* **magia negra?**

T: Simplesmente o abuso dos poderes psíquicos, ou de qualquer segredo da natureza; o fato de empregar os poderes do ocultismo para fins egoístas e maléficos. Um hipnotizador que, tirando proveito de seus poderes de "sugestão", força um sujeito a roubar ou assassinar, seria por nós chamado de "mago negro". O famoso "sistema de rejuvenescimento" do doutor Brown-Sequard de Paris, por meio de uma injeção animal repugnante no sangue humano – uma descoberta que todos os periódicos médicos da Europa estão atualmente discutindo – se verdadeiro, é magia negra inconsciente.

I: *Mas isso é crença medieval em bruxaria e feitiçaria! Até a própria lei parou de acreditar nessas coisas.*

T: Tanto pior para a lei, na medida em que tem sido levada, por meio de tal falta de discriminação, a cometer mais de um erro e crime judiciários. É somente o termo que amedronta você com sua aura "supersticiosa". A lei não puniria um abuso dos poderes hipnóticos que acabei de mencionar? Não, já o puniu na França e na Alemanha; ainda assim negaria com indignação que aplicou punição a um crime de evidente "feitiçaria". Você não pode acreditar na eficácia e realidade dos poderes de sugestão exercidos por médicos e mesmerizadores (ou hipnotizadores), e depois se recusar a crer em poderes idênticos quando utilizados por motivos maléficos. E se acredita, então acredita em "feitiçaria"! Você não pode acreditar no bem e não dar crédito ao mal, aceitar dinheiro verdadeiro e se recusar a dar crédito a tal coisa como moeda falsa. Nada pode existir sem seu contraste, e nenhum dia, nenhuma luz, nenhum bem poderiam possuir qualquer representação como tais em sua consciência, se não houvesse nenhuma noite, nenhuma escuridão, nenhum mal para compensá-los e contrastá-los.

I: *Realmente, conheci pessoas que embora acreditando inteiramente naquilo que você chama de grandes poderes psíquicos ou mágicos, riram à simples menção da bruxaria e feitiçaria.*

T: O que isso prova? Simplesmente que pecam por falta de lógica. Mais uma vez, tanto pior para eles. E nós, sabendo como sabemos da existência de Adeptos bons e santos, acreditamos cabalmente na existência de Adeptos maus e ímpios, ou – Dugpas.

I: *Mas se os Mestres existem, por que não se apresentam diante de todas as pessoas e refutam, de uma vez por todas, as muitas acusações que são feitas contra Madame Blavatsky e a Sociedade?*

T: Quais acusações?

I: *Que eles não existem e que ela os inventou. Que são homens de palha, "Mahatmas de musselina e balões". Tudo isso não prejudica a reputação dela?*

T: De que maneira pode uma tal acusação prejudicá-la na realidade? Algum dia ela ganhou dinheiro graças a presumida existência deles, ou extraiu benefício ou fama disso? Respondo que tudo que ela ganhou foram insultos, abuso e calúnias, que teriam sido muito dolorosos não tivesse ela aprendido, há muito tempo, a se conservar perfeitamente indiferente a tais acusações falsas. Pois, no que resulta tudo isso afinal? Ora, em um elogio implícito que, se os tolos, seus acusadores, não tivessem sido levados por seu ódio cego, teriam pensado duas vezes antes de pronunciar. Afirmar que ela inventou os Mestres significa o seguinte, a saber, que ela deve ter inventado cada fragmento de filosofia que já foi comunicado na literatura teosófica. Ela deve ser a autora das cartas[191] com base nas quais *Esoteric Buddhism* foi escrito; a única inventora de cada princípio encontrado em *A doutrina secreta*, que se o mundo fosse justo, seria reconhecida como tendo suprido muitos dos elos perdidos da ciência, como será descoberto daqui há cem anos. Dizendo o que dizem, estão também lhe atribuindo o crédito de ser sumamente mais inteligente do que as centenas de homens (muitos deles *muito* inteligentes e não poucos cientistas), que acreditam no que ela diz – visto que ela deve ter enganado todos eles! Estejam eles falando a verdade e então ela deve ser vários Mahatmas sobrepostos entre si, como um conjunto de caixas chinesas, uma vez que entre as assim chamadas "cartas dos Mahatmas" encontram-se muitas em estilos totalmente diferentes e distintos, sendo que todas, segundo declaram seus acusadores, foram escritas por ela.

I: *É precisamente o que eles dizem. Mas não é muito doloroso para ela ser denunciada publicamente como "a mais consumada impostora de nossa era, cujo nome merece passar à posteridade", como consta no relatório da Sociedade de Pesquisa Psíquica?*

T: Poderia ser doloroso se fosse verdade ou se viesse de pessoas menos raivosamente materialistas e preconceituosas. Mas do jeito que se apresenta a coisa, ela pessoalmente encara tudo isso com desprezo, ao passo que os Mahatmas se dispõem ao riso. Na verdade, é o maior elogio que poderia ser feito a ela. Eu o repito.

I: *Mas seus inimigos afirmam que o provaram.*

T: Sim, é bastante fácil fazer tal afirmação quando nos constituímos juiz, júri e promotor ao mesmo tempo, como eles fizeram. Mas quem acredita nisso, salvo os seguidores diretos deles e nossos inimigos?

I: *Mas eles enviaram um representante à Índia para investigar a coisa, não enviaram?*

T: Enviaram e sua conclusão final se apoia inteiramente nas afirmações não apuradas e não verificadas desse jovem cavalheiro. Um advogado que leu seu relatório disse a um amigo meu que durante todos

---

191. Conhecidas como *Mahatma Letters*. Quanto a *Esoteric buddhism*, seu autor foi o teosofista A. P. Sinnett. (N.T.)

os seus anos de experiência nunca pousara o olhar em tal "documento *ridículo* e autocondenatório". Constatou-se que está repleto de suposições e "hipóteses *de trabalho*" que se destroem entre si. Isso é uma acusação séria?

I: *No entanto causou um grande dano à Sociedade. Por que, então, ela não defendeu sua própria reputação, ao menos, diante de um tribunal?*

T: Primeiro, porque como uma teosofista, constitui seu dever não dar atenção a todos os insultos pessoais. Segundo, porque nem a Sociedade nem Madame Blavatsky dispunham de dinheiro para desperdiçar em um tal processo. E, por último, porque teria sido ridículo para ambas traírem seus princípios, por causa de um ataque que lhes foi feito por um rebanho de estúpidos e velhos carneiros castrados britânicos, que tinham sido açulados por um cordeirinho especialmente travesso proveniente da Austrália.

I: *Isso é elogioso. Mas você não acha que teria sido realmente benéfico à causa da Sociedade, se ela houvesse com autoridade desmentido toda a coisa de uma vez por todas?*

T: Talvez. Mas você acredita que qualquer júri ou juiz inglês teria admitido a realidade de fenômenos psíquicos, mesmo se, de antemão, inteiramente destituídos de preconceito? E quando você recordar que já haviam se posto contra nós por conta do medo da "espiã russa", pela acusação de *ateísmo e infidelidade* e todas as demais calúnias que circularam contra nós, não deixará de perceber que uma tal tentativa de obter justiça em um tribunal teria sido pior do que infrutífera! Os pesquisadores da SPP sabiam bem de tudo isso e tiraram proveito, de forma vil e mesquinha, de sua posição para se colocarem acima de nossas cabeças e se salvarem às nossas custas.

I: *A SPP nega agora completamente a existência dos Mahatmas. Dizem que, do começo ao fim, eles foram uma ficção inventada pelo próprio cérebro de Madame Blavatsky.*

T: Bem, ela poderia ter feito muitas coisas menos inteligentes do que isso. De qualquer modo, não temos a menor objeção a essa teoria. Como ela sempre diz atualmente, quase prefere que as pessoas não acreditem nos Mestres. Declara abertamente que preferiria que as pessoas pensassem seriamente que a única "terra dos Mahatmas" é a matéria cinzenta do cérebro dela e que, em síntese, ela os desenvolveu a partir das profundezas de sua própria consciência interior, do que seus nomes e ideal grandioso fossem tão infamemente profanados como são atualmente. No início ela costumava protestar com indignação contra quaisquer dúvidas relativas à existência deles. Agora, ela nunca se desvia de seu caminho para prová-lo ou contestá-lo. Que as pessoas pensem o que quiserem.

I: *Mas, é claro, esses Mestres realmente existem?*

T: Nós afirmamos que *existem*. Contudo, isso não é de grande valia. Muitas pessoas, até alguns teosofistas e ex-teosofistas, dizem que nunca tiveram qualquer prova de sua existência. Muito bem. A isso Madame Blavatsky responde com a seguinte alternativa: se ela os inventou, então também inventou a filosofia deles e o conhecimento prático que alguns poucos adquiriram, e neste caso o que importa se existem ou não, posto que ela mesma está aqui e, ao menos, *sua existência* dificilmente por ser negada? Se o conhecimento que se supõe ter sido transmitido por eles é intrinsecamente bom e é aceito como tal por muitas pessoas de inteligência superior à inteligência média, por que deveria haver tal *barulho* em torno dessa questão? O fato de ser ela uma impostora *jamais foi provado*, e sempre permanecerá *sub judice*, enquanto constitui fato certo e incontestável que, quem quer que a tenha inventado, a filosofia pregada pelos "Mestres" é uma das mais grandiosas e benéficas filosofias, uma vez compreendida corretamente. Assim, os difamadores, embora movidos pelos sentimentos mais baixos e mesquinhos, aqueles do ódio, da vingança, da maldade, da vaidade ferida, ou da ambição frustrada, parecem completamente inconscientes de que estão prestando o maior tributo às capacidades intelectuais de Madame Blavatsky. Que assim seja, se esse for o desejo dos pobres tolos. Realmente, ela não faz a menor objeção em ser representada por seus inimigos como uma *tripla* Adepta, e, ademais, uma Mahatma. É apenas a relutância em posar diante de si mesma como um corvo a desfilar com penas de pavão o que a obriga até os dias de hoje a insistir na verdade.

I: *Mas se vocês têm tais homens sábios e bons para guiar a Sociedade, como explicar que tantos erros foram cometidos?*

T: Os Mestres *não* guiam a Sociedade, nem mesmo os fundadores, e ninguém jamais afirmou que o fizeram: eles apenas a supervisionam e protegem. E isso é largamente provado pelo fato de que nenhum dos erros foi capaz de debilitá-la e nenhum escândalo interno, nem os ataques mais danosos foram capazes de derrubá-la. Os Mestres olham para o futuro, não para o presente, e todo erro representa tanto mais sabedoria acumulada para os dias vindouros. Aquele outro "Mestre" que enviou o homem com os cinco talentos não lhe disse como duplicá-los e tampouco impediu que o servo tolo enterrasse seu único talento na terra. Cada um tem de adquirir sabedoria mediante sua própria experiência e seus próprios méritos. As Igrejas cristãs, que reivindicam um Mestre sumamente mais elevado, o próprio Espírito Santíssimo, sempre foram e ainda são culpadas não só de "erros", mas de uma série de crimes sangrentos ao longo das eras. No entanto, suponho que nenhum cristão negaria por tudo isso sua crença *naquele* Mestre, ainda que sua existência seja muito mais hipotética do que a dos Mahatmas, já que ninguém nunca viu o Espírito Santo, e sua orientação da Igreja, ademais, é distintamente contestada pela sua própria história eclesiástica. *Errare humanum est.* Voltemos ao nosso assunto.

O abuso de nomes e termos sagrados

I: *Então, o que eu ouvi, a saber, que muitos de seus escritores teosóficos afirmam ter sido inspirados por esses Mestres, ou tê-los visto e com eles conversado, não é verdade?*

T: Pode ser verdade ou pode não ser. Como posso saber? O ônus da prova cabe a eles. Alguns deles – de fato, pouquíssimos – ou claramente mentiram ou estavam alucinados ao se gabarem de tal inspiração; outros foram verdadeiramente inspirados por grandes Adeptos. A árvore é conhecida por seus frutos, e tal como todos os teosofistas têm de ser julgados por suas ações e não pelo que escrevem ou dizem, *todos* os livros teosóficos têm de ser aceitos com base em seus méritos, e não com base em qualquer reivindicação de autoridade que possam apresentar.

I: *Mas Madame Blavatsky aplicaria esse critério às suas próprias obras, por exemplo, em* A doutrina secreta*?*

T: Certamente. Ela diz expressamente no Prefácio que transmite as doutrinas que aprendeu com os Mestres, mas não alega qualquer tipo de inspiração pelo que veio a escrever mais tarde. No tocante aos nossos melhores teosofistas, eles, inclusive, prefeririam de longe, nesse caso, que os nomes dos Mestres jamais fossem envolvidos com nossos livros de maneira alguma. Salvo por umas poucas exceções, a maioria de tais obras não são só imperfeitas, como também positivamente errôneas e enganosas. São grandes as profanações a que têm sido submetidos os nomes de dois dos Mestres. Dificilmente encontraríamos um médium que não tenha afirmado tê-los visto. Toda Sociedade espúria e fraudulenta, visando a propósitos comerciais, reivindica atualmente ser guiada e dirigida por "Mestres", que se supõe frequentemente serem sumamente superiores aos nossos! São múltiplos e pesados os pecados daqueles que apresentaram tais reivindicações, estimulados ou pelo desejo de lucro, pela vaidade, ou pela mediunidade irresponsável. Muitas pessoas têm sido saqueadas por tais Sociedades, as quais põem à venda os segredos do poder, do conhecimento e da verdade espiritual pelo ouro vil. E o pior de tudo é que os nomes sagrados do ocultismo e de seus santos mantenedores têm sido arrastados para esse lodo abjeto, poluídos mediante sua associação com motivos sórdidos e práticas imorais, enquanto milhares de pessoas têm sido afastadas do caminho da verdade e da luz devido ao descrédito e à reputação negativa que tais imposturas, simulações e fraudes têm atraído para o assunto como um todo. Eu repito: todo teosofista sério se arrepende hoje, do fundo de seu coração, que esses nomes e coisas sagrados tenham sido algum dia mencionados ao público, e deseja fervorosamente que tivessem sido mantidos em segredo dentro de um pequeno círculo de amigos devotados e dignos de confiança.

I: *Esses nomes certamente assomam com muita frequência hoje em dia e eu não me lembro de modo algum de ouvir falar de tais pessoas como "Mestres" até muito recentemente.*

T: É verdade. E tivéssemos nós agido com base no sábio princípio do silêncio em lugar de nos precipitarmos rumo à notoriedade e publicarmos tudo que soubemos e ouvimos, tal profanação jamais teria ocorrido. Observe que há apenas catorze anos, antes da fundação da Sociedade Teosófica, tudo que se conversava era em torno de "espíritos". Eles estavam em todo lugar, nos lábios de todos e ninguém, mesmo por acaso, sonhava em falar sobre "Adeptos", "Mahatmas" ou "Mestres" vivos. Dificilmente se ouvia pronunciar mesmo o nome dos rosacruzes, ao passo que a existência de algo como "ocultismo" era suspeitada somente por muitos poucos. Agora tudo isso mudou. Nós, teosofistas, fomos, infelizmente, os primeiros a falar dessas coisas, tornar conhecidos o fato da existência no Oriente de "Adeptos" e "Mestres", e do conhecimento oculto. Agora esse nome converteu-se em propriedade comum. É sobre nós agora que recaiu o Karma, as consequências da profanação resultante dos nomes e coisas sagrados. Tudo aquilo que você encontra agora acerca de tais matérias na literatura corrente – e o que há não é pouco –, tudo isso deve remontar ao impulso dado nessa direção pela Sociedade Teosófica e seus fundadores. Nossos inimigos tiram proveito desse nosso erro até hoje. Alega-se que o livro mais recente dirigido contra nossos ensinamentos foi escrito *por um Adepto com uma reputação de vinte anos*. Ora, trata-se de uma *mentira palpável*. Conhecemos o amanuense e seus *inspiradores* (visto ser ele próprio demasiado ignorante para ter escrito qualquer coisa desse gênero). Esses "inspiradores" são pessoas vivas, vingativas e inescrupulosas e isto na proporção de suas capacidades intelectuais, e esses *falsos* Adeptos não são um, mas vários. O ciclo de "Adeptos" utilizados na qualidade de marretas para romper as cabeças teosóficas começou doze anos atrás com o "Louis" da senhora Emma Hardinge Britten, de *Art magic* [Magia da arte] e *Ghost land* [Terra de fantasmas], e agora finda com o "Adepto" e "autor" de *The light of Egypt* [A luz do Egito], uma obra escrita por espíritas contra a teosofia e os seus ensinamentos. Mas é inútil afligir-se com o que já está feito e só nos resta sofrer na esperança de que nossas indiscrições tenham facilitado um pouco para outros encontrarem o caminho rumo a esses Mestres, cujos nomes são agora em toda parte tomados em vão e sob cuja cobertura tantas iniquidades já foram perpetradas.

I: *Vocês repudiam "Louis" como um Adepto?*

T: Não denunciamos ninguém, reservando essa nobre tarefa aos nossos inimigos. O autor espírita de *Art magic* etc. pode haver conhecido ou não tal Adepto – e ao dizê-lo, digo sumamente menos do que aquilo que aquela senhora disse e escreveu sobre nós e a teosofia durante muitos dos últimos anos – isso é um assunto da sua própria conta. Somente quando, em uma cena solene de visão mística, um suposto "Adepto" vê "espíritos" presumivelmente em Greenwich, Inglaterra, através do telescópio de Lord Rosse, que foi construído em Parsonstown, Irlanda,[192] e nunca transferido de lá, é bem possível que eu me permita surpreender-me com a ignorância desse "Adepto" em matérias científicas. Isso supera todos os equívocos e erros estúpidos às vezes cometidos pelos *chelas* de nossos professores! E é esse "Adepto" que é usado agora para invalidar os ensinamentos de nossos Mestres!

I: *Entendo perfeitamente seu sentimento sobre essa matéria, e o julgo muito natural. E agora, diante de tudo o que você me disse e explicou, há um assunto a respeito do qual gostaria de fazer algumas perguntas.*

T: Se puder respondê-las, eu o farei. Do que se trata?

---

192. Veja *Ghost land*, parte I, p. 133 *et seq.*

Conclusão

O futuro da Sociedade Teosófica

I: *Diga-me, o que você espera para a teosofia no futuro?*

T: Se você se refere à TEOSOFIA, respondo que, como ela tem existido eternamente ao longo dos ciclos e ciclos infindáveis do passado, do mesmo modo sempre existirá através das infinitudes do futuro, isto porque teosofia é sinônimo de VERDADE ETERNA.

I: *Perdoe-me, eu pretendia, antes, indagar a você sobre as perspectivas da Sociedade Teosófica.*

T: Seu futuro dependerá quase inteiramente do grau de altruísmo, seriedade, dedicação e, por último, embora não menos importante, do grau de conhecimento e sabedoria daqueles membros aos quais caberá dar prosseguimento ao trabalho e dirigir a Sociedade após a morte dos fundadores.

I: *Percebo inteiramente a importância de serem altruístas e dedicados, mas não compreendo bem como seu conhecimento possa ser um fator tão vital nessa questão quanto essas outras qualidades. Com certeza a literatura já existente, e à qual estão ainda sendo feitos constantes acréscimos, deve bastar.*

T: Não me refiro ao conhecimento técnico da doutrina esotérica, embora isso seja de máxima importância. Minha referência foi, antes, à grande necessidade que nossos sucessores na orientação da Sociedade terão em matéria de discernimento não tendencioso e claro. Todas as tentativas nesse sentido como da Sociedade Teosófica até aqui redundaram no fracasso, porque, mais cedo ou mais tarde degeneraram na criação de uma seita, estabeleceram dogmas rígidos próprios e assim perderam de modo imperceptível e gradual aquela vitalidade que somente a verdade viva é capaz de transmitir. Você deve lembrar que todos os nossos membros nasceram e foram criados dentro de algum credo ou religião, que todos pertencem mais ou menos a sua geração física e mentalmente e, por conseguinte, seu discernimento é com muita probabilidade passível de ser deformado e inconscientemente predisposto em função de algumas ou de todas essas influências. Se, então, não podem ser libertados de tais inclinações que lhes são inerentes, ou, ao menos, ensinados a reconhecê-las instantaneamente e assim evitarem ser conduzidos por elas, o resultado só pode ser a Sociedade ir à deriva até um ou outro banco de areia de pensamento e aí permanecer uma carcaça encalhada condenada a deteriorar e perecer.

I: *Mas se esse perigo for afastado?*

T: Então a Sociedade sobreviverá alcançando o século XX e o atravessando. Gradualmente fermentará e permeará a grande massa de pessoas pensantes e inteligentes com suas ideias liberais e nobres de religião, dever e filantropia. Lenta, mas certamente arrebentará os grilhões de ferro dos credos e dogmas, dos preconceitos sociais e de casta; derrubará as antipatias e barreiras raciais e nacionais e franqueará o caminho para a realização da fraternidade de todos os seres humanos. Por meio de seu ensinamento, por meio da filosofia que tornou acessível e compreensível à mente moderna, o Ocidente aprenderá a entender e apreciar o Oriente e o seu verdadeiro valor. Ademais, o desenvolvimento dos poderes e faculdades psíquicos, cujos sintomas premonitórios já são visíveis na América, prosseguirá de forma saudável e normal. A espécie humana será salva dos perigos terríveis, tanto mentais quanto corpóreos, que são inevitáveis quando esse desdobramento ocorre, como já existe uma ameaça, em um canteiro e viveiro de egoísmo e de todas as paixões maléficas. O crescimento mental e psíquico do ser humano caminhará em harmonia com seu aprimoramento moral, enquanto seu ambiente material refletirá a paz e boa vontade fraternal que irão imperar na mente humana, em lugar da discórdia e disputa que se mostram em toda parte ao nosso redor hoje em dia.

I: *Um quadro verdadeiramente encantador! Mas, diga-me: você realmente espera que tudo isso seja realizado em um efêmero século?*

T: Dificilmente. Mas devo dizer-lhe que durante os últimos 25 anos de cada cem anos é feita uma tentativa por aqueles Mestres, dos quais eu falei, com o objetivo de auxiliar o progresso espiritual da humanidade de uma maneira marcante e definida. Rumo ao encerramento de cada século, você invariavelmente perceberá que uma efusão ou elevação da espiritualidade – ou chame isso de misticismo, se preferir – ocorreu. Alguém ou algumas pessoas apareceram no mundo na qualidade de seus agentes, e uma maior ou menor quantidade de conhecimento e ensinamento ocultos foi concedida. Se você se der o cuidado de fazê-lo, pode rastrear esses movimentos do passado, século a século, remontando até onde se estendem nossos registros históricos pormenorizados.

I: *Mas qual a conexão disso com o futuro da Sociedade Teosófica?*

T: Se a presente tentativa sob a forma de nossa Sociedade tiver maior sucesso do que suas predecessoras, então existirá como um corpo organizado, vivo e saudável, quando advir o tempo para o esforço do século XX. A condição geral das mentes e corações dos seres humanos terá sido melhorada e purificada pela difusão de seus ensinamentos e, como eu disse, ao menos em alguma medida, seus preconceitos e ilusões dogmáticas terão sido eliminados. Não somente isso, mas além de uma grande literatura acessível e disponível ao alcance das pessoas, o impulso seguinte encontrará um corpo numeroso e *unido* de pessoas prontas para acolher o novo portador da tocha da verdade. Ele encontrará as mentes dos seres humanos preparadas para sua mensagem, uma linguagem pronta para ele, na qual trajar as novas verdades que ele traz, uma organização aguardando sua chegada, a qual removerá de seu caminho os obstáculos e dificuldades meramente mecânicos, materiais. Pense em quanto alguém, ao qual tal oportunidade é dada, poderia realizar. Avalie, comparando com o que a Sociedade Teosófica realmente *atingiu* nos últimos catorze anos, sem quaisquer dessas vantagens e cercada por numerosas barreiras que não tolherão o novo líder. Considere tudo isso e depois me diga se sou otimista demais ao dizer que, se a Sociedade Teosófica sobreviver e for fiel a sua missão, aos seus impulsos originais, ao longo dos próximos cem anos – diga-me, eu afirmo, se estarei indo longe demais ao afirmar que a Terra será um paraíso no século XXI em comparação ao que é agora!

Glossário

A

Absolutidade. Quando predicado do Princípio Universal, denota uma abstração, o que é mais correto e lógico do que aplicar o adjetivo "absoluto" ao que não pode ter nem atributos nem limitações.

Adão Kadmon (hebr.). Homem arquetípico, humanidade. O "Homem celestial" que não caiu no pecado. Os cabalistas o associam às dez Sephiroth no plano da percepção humana. Na Cabala, Adão Kadmon é o *logos* manifestado correspondente ao nosso terceiro *logos*, o não manifestado, sendo o primeiro Homem ideal paradigmático, e simbolizando o universo *in abscondito*, ou em sua "privação" no sentido aristotélico.
O primeiro *logos* é "a luz do mundo", o segundo e o terceiro, suas sombras se aprofundando gradualmente.

Adepto (latim *adeptus*). Em ocultismo, alguém que atingiu o estágio de Iniciação e se tornou um mestre na ciência da filosofia esotérica.

Agathon (grego). A divindade suprema de Platão, literalmente o "Bem". Nossa *alaya* ou a "alma do mundo".

Agnóstico. Palavra empregada primeiramente pelo professor Huxley, para indicar alguém que não acredita em nada que não possa ser demonstrado pelos sentidos.

Ahamkara (sânscr.). A concepção do "eu", autoconsciência ou autoidentidade; o "eu", ou princípio egoístico e *mayávico* no ser humano, devido a nossa ignorância que separa nosso "eu" do *eu* Uno Universal. Personalidade, também egoísmo.

Ain Suph (hebr.). A Divindade "ilimitada" que emana e se estende. Ain Suph também se escreve En Soph e Ain Soph, pois ninguém, nem mesmo os rabinos, estão completamente certos de suas vogais. Na metafísica religiosa dos antigos filósofos hebreus, o Princípio Uno era uma abstração como *Parabrahman*, ainda que cabalistas modernos tenham conseguido, mediante mera força de sofística e paradoxos, fazer dele um "Deus supremo" e nada mais elevado. Mas segundo os antigos cabalistas caldeus, Ain Soph era "sem forma ou ser" sem "nenhuma semelhança com qualquer outra coisa" (*Die Kabbala*, Franck, p. 126). Que Ain Suph jamais foi considerado como o "criador" é demonstrado conclusivamente pelo fato de um judeu ortodoxo como Fílon dar o nome de "criador" ao *logos*, que permanece próximo ao "Uno Ilimitado", e é "o *segundo* Deus". "O *segundo* Deus está em sua sabedoria (do Ain Suph)", diz Fílon. A Divindade é *Nenhuma Coisa*; é destituída de nome e, portanto, chamada de Ain Suph – a palavra *ain* significa *nada*. (Ver também Franck, *ibid.*, p. 153.)

Alma-fio. O mesmo que *sutratma*, o que vê.

Alma proteana. Nome para o *mayavi rupa* ou corpo de pensamento, a forma astral superior que assume todas as formas e cada forma segundo a vontade do pensamento de um Adepto.

Alquimia (árabe *Ul-Khemi*). É, como o nome sugere, a química da natureza. *Ul-Khemi* ou *Al-Kimia*, entretanto, é realmente uma palavra arabizada tomada do grego χημεία (*khemeía*), de χυμός (*khymós*), "suco" extraído de uma planta. A alquimia lida com as forças mais refinadas da natureza e com as várias condições da matéria nas quais se descobre que operam. Procurando sob o véu da linguagem, mais ou menos artificial, transmitir ao não Iniciado tanto do *mysterium magnum* quanto seja seguro nas mãos de um mundo egoísta, o alquimista postula como seu primeiro princípio a existência de um certo *solvente universal* na substância homogênea, a partir da qual os elementos foram desenvolvidos, substância que ele chama de ouro puro, ou *summum materiae*. Esse solvente, também denominado *menstruum universale*, detém o poder de remover todas as sementes de doença do corpo humano, de renovar a juventude e prolongar a vida. É o *lapis philosophorum* (pedra filosofal). A alquimia começou por penetrar a Europa por meio de Geber, o grande sábio e filósofo árabe, no século VIII de nossa era, mas já sendo conhecida e praticada havia muitas eras na China e no Egito. Numerosos papiros sobre alquimia, e outras provas de que constituía o estudo predileto de reis e sacerdotes, foram exumados e preservados com o nome genérico de tratados herméticos. A alquimia é estudada sob três aspectos distintos que admitem muitas interpretações diferentes, quais sejam, o cósmico, o humano e o terrestre.

Esses três métodos foram tipificados segundo as três propriedades alquímicas: enxofre, mercúrio e sal. Diferentes autores afirmaram que há três, sete, dez e doze processos respectivamente; mas todos estão de acordo que a alquimia tem um só objetivo, que é transmutar metais grosseiros em ouro puro. Mas são pouquíssimas as pessoas que têm uma compreensão correta do que esse *ouro* realmente é. Não há dúvida que existe na natureza tal coisa como transmutação dos metais mais vis nos mais nobres, mas este é apenas um aspecto da alquimia, o terrestre ou puramente material, pois assistimos um idêntico processo ocorrendo nas entranhas da Terra. Todavia, adicionalmente e além dessa interpretação, existe na alquimia um significado simbólico, puramente psíquico e espiritual. Enquanto o alquimista cabalista busca a realização da primeira transmutação, o alquimista ocultista, desprezando o ouro da Terra, concede toda sua atenção e dirige todos seus esforços somente para a transmutação do *quaternário* mais vil na *trindade* superior divina do ser humano que, quando finalmente mesclada, é una. Os planos espiritual, mental, psíquico e físico da existência humana são na alquimia comparados aos quatro elementos: fogo, ar, água e terra, e cada um deles é capaz de uma constituição tripla, isto é, fixa, instável e volátil. O mundo pouco ou nada conhece a respeito da origem desse ramo arcaico da filosofia, mas é certo que ele antecede a construção de qualquer zodíaco conhecido e, na medida em que se ocupa das forças personificadas da natureza, provavelmente também quaisquer das mitologias do mundo. Tampouco há qualquer dúvida de que os verdadeiros segredos da transmutação (no plano físico) eram conhecidos na Antiguidade e se perderam antes da aurora do chamado período histórico. A química moderna deve suas melhores descobertas fundamentais à alquimia, mas independentemente do inegável truísmo desta última, de que existe *um único* elemento no universo, a química classificou os metais entre os elementos e só agora está começando a descobrir seu erro crasso. Mesmo alguns enciclopedistas são forçados a confessar que se a maioria dos relatos sobre transmutação são fraudulentos ou ilusórios, "ainda assim alguns deles são acompanhados de um testemunho *que os torna prováveis*. Foi descoberto mediante a bateria galvânica que mesmo o álcali possui uma base metálica. A possibilidade de obter metal a partir de outras substâncias que contêm os ingredientes que o compõem, de *transformar um metal em outro*... tem, portanto, de ficar em suspenso. Tampouco devem todos os alquimistas serem considerados impostores. Muitos deles trabalharam convictos de alcançar seu objetivo com infatigável paciência e pureza de coração, o que é firmemente recomendado pelos alquimistas como o principal requisito para o êxito de seus trabalhos".

Altruísmo. Do latim *alter*, outro. A qualidade oposta ao egoísmo. Ações tendentes a fazer o bem aos outros, sem considerar a si mesmo.

Alucinações. Estado produzido às vezes por desarranjos fisiológicos, às vezes pela mediunidade, e outras vezes pela embriaguez. Mas a causa que produz as visões precisa ser investigada com maior profundidade, além da fisiologia. Em todos esses casos, particularmente quando produzidas pela mediunidade, as alucinações são precedidas por um relaxamento do sistema nervoso, gerando invariavelmente uma condição magnética anormal que atrai para aquele que padece ondas de luz astral. São essas ondas que provocam as diversas alucinações que, entretanto, nem sempre são, como os médicos as explicariam, meros sonhos vazios e irreais. Ninguém é capaz de ver aquilo que não existe, isto é, que não está impresso nas ondas astrais ou na superfície destas. Um vidente, porém, pode perceber objetos e cenas passadas, presentes ou futuras, que não têm nenhuma relação consigo mesmo; e perceber, ademais, diversas coisas completamente desconexas entre si em um só tempo idêntico, de maneira a produzir as combinações mais grotescas e absurdas. Tanto o bêbado quanto o vidente, o médium e o Adepto, experimentam suas respectivas visões na luz astral, com a ressalva de que enquanto o bêbado, o louco e o médium destreinado, ou alguém acometido de uma febre cerebral, veem porque não podem evitá-lo, e evocam visões confusas inconscientemente para si mesmos, sem serem capazes de controlá-las, o Adepto e o vidente treinado gozam da escolha e do controle de tais visões. Sabem onde fixar seu olhar, como firmar as cenas que desejam observar e como ver além das camadas externas superiores da luz astral. Para os primeiros, tais lampejos das *ondas* são alucinações, ao passo que para os segundos tornam-se a reprodução fiel do que realmente ocorreu, ocorre ou ocorrerá. Os lampejos aleatórios captados pelo médium e suas visões bruxuleantes na luz enganosa são transformados, por força da vontade condutora do Adepto e vidente, em imagens firmes, a representação verdadeira daquilo que ele quer que venha para dentro do foco de sua percepção.

Amônio Sacas. Um grande e bom filósofo que viveu em Alexandria entre o segundo e terceiro séculos de nossa era, o fundador da Escola neoplatônica dos Filaleteanos, ou "amantes da verdade". Ele nasceu em família pobre e de pais cristãos, mas era dotado de uma bondade tão extraordinária, quase divina, que foi chamado de Theodidaktos, o "ensinado pelos deuses". Ele deu apreço ao que era bom no cristianismo, mas rompeu com ele e com as Igrejas ainda jovem, sendo incapaz de nele descobrir qualquer superioridade em relação às religiões antigas.

Analogeticistas. Os discípulos de Amônio Sacas, assim chamados devido a sua prática de interpretar todas as lendas, mitos e mistérios sagrados mediante um princípio de analogia e correspondência, regra que atualmente encontramos no sistema cabalístico, e que se sobressai nas escolas de filosofia esotérica no Oriente. (Ver "The twelve signs of the zodiac" ["Os doze signos do zodíaco"], da autoria de T. Subba Row, em *Five years of theosophy* [Cinco anos de teosofia].)

Ananda (sânscr.). Bem-aventurança, júbilo, felicidade. O nome de um discípulo favorito de Gautama, o Senhor Buda.

Anaxágoras. Um famoso filósofo jônico, que viveu em torno de 500 a.C., estudou filosofia com Anaxímenes de Mileto e se estabeleceu, no tempo de Péricles, em Atenas. Sócrates, Eurípides, Arquelau e homens ilustres e filósofos fizeram parte do círculo de seus discípulos e alunos. Era um astrônomo de máxima erudição e foi um dos primeiros a explicar abertamente aquilo que era ensinado secretamente por Pitágoras, a saber, os movimentos dos planetas, os eclipses do sol e da lua etc. Foi ele que ensinou a teoria do caos, sob o princípio de que "nada provém do nada" – *ex nihilo nihil fit* – e os átomos como a essência e substância subjacentes de todos os corpos, "da mesma natureza dos corpos que formaram". Esses átomos, ministrava ele, foram primariamente postos em movimento pelo *noys* (inteligência universal, o *mahat* dos hindus), sendo o *noys* uma entidade imaterial, eterna e espiritual; o mundo foi formado por essa combinação, os corpos materiais grosseiros se precipitando e os átomos etéreos (ou éter ígneo) ascendendo e se difundindo nas regiões celestes superiores. Antecedendo a ciência moderna em cerca de 2.000 anos, ele ensinava que as estrelas eram do mesmo material de nossa Terra, e o sol era uma massa incandescente; que a lua era um corpo escuro inabitável que recebia sua luz do sol e, além da ciência supracitada, ele se confessava inteiramente convencido de que *a real existência das coisas*, percebida por nossos sentidos, não podia ser provada em caráter demonstrativo. Morreu no exílio em Lâmpsaco, com 72 anos de idade.

Anima Mundi (latim). A "alma do mundo", o mesmo que a *alaya* dos budistas do norte; a essência divina que penetra, permeia, anima e informa todas as coisas do mais minúsculo átomo da matéria ao ser humano e um deus. É, em certo sentido, "a Mãe de sete peles" das *stanzas* em *A doutrina secreta*; a essência dos sete planos de sensibilidade, consciência e diferenciação, tanto moral quanto física. No seu mais elevado aspecto é *nirvana*; no seu mais inferior é *luz astral*. Era feminina com os gnósticos, com os primeiros cristãos e os nazarenos; bissexual com outras seitas, que a consideravam somente em seus quatro planos inferiores, de natureza ígnea e etérea no mundo objetivo das formas, e divina e espiritual em seus três planos superiores. Quando é dito que toda alma humana nasceu destacando-se da *anima mundi*, entende-se esotericamente que nossos egos superiores possuem essência idêntica a *ela*, e que *mahat* é uma radiação do sempre desconhecido Absoluto universal.

Anoia (grego). "Falta de entendimento", "estupidez". Esse termo é aplicado por Platão e outros ao Manas inferior, quando este está aliado demasiado intimamente ao Kama, o qual é caracterizado pela irracionalidade (*anoia*). O grego *anoia* ou *agnoia* é evidentemente derivado do sânscrito *ajnana* (foneticamente *agnyana*), ou ignorância, irracionalidade, e ausência de conhecimento.

Antropomorfismo. Do grego *anthropos*, "ser humano". O ato de dotar Deus ou os deuses de uma forma humana e de atributos e qualidades humanos.

Anugita (sânscr.). Um Upanishad, se empregarmos o termo em um sentido geral. Um dos tratados filosóficos presentes no *Mahabharata*, o grande épico indiano. Um tratado muito oculto. Está traduzido na série dos "Livros sagrados do Oriente".

Apolo Belvedere. De todas as antigas estátuas de Apolo, o filho de Júpiter e Latona[193], chamado de Febo, Helios, o radiante e o Sol – a melhor e mais perfeita é a que ostenta esse nome, a qual está na Galeria Belvedere no Vaticano, em Roma. É chamado de Apolo pítio, uma vez que o deus é representado no momento de sua vitória sobre a serpente Píton. A estátua foi achada nas ruínas de Ânzio em 1503.

Apolônio de Tiana. Um extraordinário filósofo nascido na Capadócia por volta do início do século I; ardente pitagórico, estudou as ciências fenícias com Eutidemo e a filosofia pitagórica e outras matérias com Euxeno de Heracléia. Conforme os princípios da escola pitagórica, ele se manteve um vegetariano durante toda a sua longa vida, comendo apenas frutos e ervas, não bebendo vinho, usando vestimentas feitas somente de fibras vegetais, caminhando descalço e deixando que seus cabelos crescessem o máximo, como todos os Iniciados fizeram antes dele e depois dele. Foi iniciado pelos sacerdotes do templo de Escu-

---

193. Blavatsky emprega a nomenclatura latina. Para os gregos, Zeus e Leto. (N.T.)

lápio (Asclepios) em Ega, e aprendeu muitos dos "milagres" para curar os doentes sob a formação do deus da medicina. Tendo se preparado para uma Iniciação mais elevada mediante um silêncio de cinco anos, e através de viagens – visitando Antióquia, Éfeso, Panfília e outras regiões –, dirigiu-se via Babilônia até a Índia, sozinho, todos seus discípulos o tendo abandonado por terem medo de ir à "terra dos encantamentos". Foi, contudo, acompanhado em suas viagens por um discípulo casual, Damis, que conhecera no caminho. De acordo com Damis, na Babilônia ele foi iniciado pelos caldeus e magos. A narrativa de Damis foi copiada por alguém chamado Filostrato, cem anos mais tarde. Após seu retorno da Índia, ele se mostrou um verdadeiro Iniciado pelo fato de que a pestilência, os terremotos, as mortes de reis e outros eventos que profetizara realmente ocorreram.

Em Lesbos, os sacerdotes de Orfeu se tornaram invejosos dele e se recusaram em iniciá-lo em seus Mistérios peculiares, embora o tenham feito muitos anos depois. Ele pregou ao povo de Atenas e de outros Estados a mais pura e nobre das éticas e os fenômenos por ele produzidos foram igualmente maravilhosos, numerosos e bem autenticados. "Como explicar", indaga Justino, o Mártir, assombrado, "como explicar que os talismãs (*telesmata*) de Apolônio possuem poder, pois impedem, como *vemos*, a fúria das ondas, a violência dos ventos e os ataques de animais selvagens; e *enquanto os milagres de nosso Senhor são preservados somente pela tradição*, os de Apolônio são muito mais numerosos e realmente manifestados nos fatos presentes?" (*Quest.* XXIV). Mas uma resposta para isso é fácil de ser encontrada no fato de que, depois de cruzar o Hindu Koosh, Apolônio havia sido dirigido por um rei à *morada dos sábios*, morada que é possível existir até hoje, e onde ele aprendeu seu conhecimento insuperável. Seus diálogos com o coríntio Menipo, proporciona-nos verdadeiramente o catequismo esotérico e revela (quando compreendido) muitos mistérios importantes da natureza. Apolônio foi amigo, correspondente e hóspede de reis e rainhas e não há poderes maravilhosos ou "mágicos" que tenham sido melhor atestados do que os seus. Próximo ao fim de sua vida longa e admirável, ele abriu uma escola esotérica em Éfeso e morreu em idade avançada, aos 100 anos.

Arcanjo. Anjo que ocupa a posição mais elevada, suprema. Provém de duas palavras gregas, *arch-*, "primeiro", e *angelos*, "mensageiro".

Arhat (sânscr.). cuja pronúncia e grafia também são *arahat, arhan, rahat* etc., o "digno"; um *arya* aperfeiçoado, alguém livre da reencarnação; "merecedor de honras divinas". Esse foi o nome primeiramente dado aos *jainas*[194] e posteriormente aos homens santos budistas iniciados nos mistérios esotéricos. O Arhat é alguém que ingressou na senda derradeira e mais elevada, e é assim libertado do renascimento.

Ariano. Literalmente "santo", referência àqueles que tinham adquirido o domínio das "nobres verdades" (*arya-satyani*) e que entraram na "nobre

---

194. Seguidores do jainismo, doutrina filosófica e religiosa sistematizada por Vardhamana (Mahavira), que viveu na Índia entre 599 a.C. e 527 a.C. Filosoficamente, o jainismo compreende a ontologia, a lógica, a teoria do conhecimento e a ética, a qual se associa ao seu aspecto religioso e inclui a reverência aos homens sábios e santos (*arhats*). Como o budismo original, que lhe é contemporâneo, o jainismo não é teísta nos moldes daquilo que nós, ocidentais, o entendemos. A encarnação da alma em um corpo é determinada por esta conter em si *matéria kármica*. A teoria do conhecimento jainista tem cunho empirista e relativamente cético: todo conhecimento possível não passa de parcial ou provável (teoria do *syadvada*); sua ética, que envolve ascetismo, impõe a prática de cinco virtudes ou ações: jamais recorrer à violência (*ahimsa*), dizer sempre a verdade, não furtar, manter-se casto e não se apegar às coisas mundanas. (N.T.)

senda" (*arya-marga*) rumo a *nirvana* ou *moksha*, a grande senda "quádrupla". Originalmente eram conhecidos como *Rishis*. Essa palavra, porém, converteu-se agora no epíteto de uma raça e nossos orientalistas, privando os brâmanes hindus de seu direito de nascimento, fizeram de todos os europeus, arianos. Como no esoterismo só se pode ter acesso às quatro sendas ou estágios por meio de grande desenvolvimento espiritual e "crescimento em santidade", eles são chamados de os *aryamarga*. Os graus de *santidade* [*arhatship*], denominados respectivamente *srotapatti*, *sakridagamin*, *anagamin* e *arhat*, ou as quatro classes de *Aryas*, correspondem às quatro sendas e verdades.

Arianos. Os seguidores de Ário, presbítero da Igreja em Alexandria no século IV. Sustentava, entre outros, que Cristo era um ser criado e humano, inferior ao Deus Pai, ainda que fosse um homem grandioso e nobre, um verdadeiro Adepto versado em todos os mistérios divinos.

Aristóbulo. Escritor alexandrino e filósofo obscuro. Um judeu que tentou provar que Aristóteles explicava os pensamentos esotéricos de Moisés.

Aspecto. A forma (*rupa*) sob a qual qualquer princípio no ser humano setenário ou na natureza se manifesta é chamada de *aspecto* desse princípio em teosofia.

Astrologia. A ciência que define a ação dos corpos celestes sobre os assuntos mundanos e afirma prever acontecimentos futuros com base nas posições dos astros. Sua antiguidade é tal que podemos situá-la entre os mais remotos registros do saber humano. Manteve-se durante longas eras uma ciência secreta no Oriente e sua expressão final assim permanece até hoje, sua aplicação exotérica somente tendo atingido qualquer grau de perfeição no Ocidente durante o período desde que Varaha Mihira escreveu seu livro sobre astrologia há cerca de 1.400 anos. Cláudio Ptolomeu, o famoso geógrafo e matemático que estabeleceu o sistema de astronomia que leva seu nome, escreveu seu *Tetrabiblos* (que ainda constitui a base da astrologia moderna) em 135 d.C. A ciência da horoscopia é atualmente estudada principalmente sob quatro aspectos, nomeadamente: (1) *mundano*, em sua aplicação à meteorologia, sismologia e agricultura; (2) *do Estado* ou *cívico*, referente ao futuro de nações, reis e governantes; (3) *horário*, referente à solução de dúvidas que ocorrem à mente no tocante a qualquer assunto; (4) *genetlíaco*, ligado ao futuro dos indivíduos do nascimento à morte. Os egípcios e os caldeus se destacaram entre os dedicados adeptos da astrologia, embora seus modos de interpretar os astros sejam consideravelmente diferentes dos métodos modernos. Os primeiros afirmavam que Belus, o Bel ou Elu dos caldeus, um descendente da dinastia divina, ou dinastia dos deuses-reis, pertencera à terra de Chemi e a deixara para fundar uma colônia do Egito às margens do Eufrates, onde um templo foi construído, no qual atuavam como ministros sacerdotes a serviço dos "senhores dos astros". Quanto à origem dessa ciência, sabe-se, por um lado, que Tebas reivindicou a honra de haver inventado a astrologia, enquanto, por outro lado, todos concordam que foram os caldeus que ensinavam essa ciência às outras nações. Ora, Tebas precedia consideravelmente não apenas a "Ur dos caldeus", como também Nipur, onde Bel foi inicialmente venerado, Sin, seu filho (a lua) sendo a divindade que presidia em Ur, a terra do nascimento de Terah, o sabeano e venerador dos astros, e de Abrão, seu filho, o grande astrólogo da tradição bíblica. Todos tendem, portanto, a corroborar a reivindicação egípcia. Se posteriormente o nome de astrólogo caiu em descrédito em Roma e em outras partes foi devido às fraudes daqueles que desejavam ganhar dinheiro com aquilo que fazia parte da ciência sagrada dos Mistérios e que, ignorantes destes últimos, desenvolveram um sistema baseado inteiramente nas matemáticas, em lugar de o ser na metafísica

GLOSSÁRIO

transcendental com os corpos celestes físicos como seu *upadhi* ou base material. No entanto, a despeito de todas as perseguições, o número de seguidores da astrologia entre as mentes de maior intelectualidade e científicas foi sempre enorme. Se Cardan[195] e Kepler[196] estavam entre seus ardentes defensores, então os devotados adeptos posteriores nada têm por que se enrubescer, mesmo a considerar a atual forma imperfeita e distorcida da astrologia. Conforme é afirmado em *Ísis desvelada* (v. I, p. 259): "A astrologia é para a astronomia exata o que a psicologia é para a fisiologia exata. Na astrologia e na psicologia é preciso ultrapassar o mundo visível da matéria e ingressar no domínio do espírito transcendente".

Atenágoras. Filósofo platônico de Atenas que escreveu uma apologia em favor dos cristãos, em 177 d.C., endereçada a Marco Aurélio[197], a fim de provar que as acusações feitas contra eles, a saber, que eram incestuosos e comiam crianças assassinadas, eram falsas.

Atman, ou Atma (sânscr.). O espírito universal, a mônada divina, o sétimo "princípio", assim chamado na classificação setenária *exotérica* do ser humano. A alma suprema.

Aura (grego e latim). Uma essência ou fluído sutil e invisível que emana dos corpos humano, animal e outros. Trata-se de um eflúvio psíquico que participa tanto da mente quanto do corpo, porquanto há tanto uma aura eletrovital quanto, simultaneamente, uma aura eletromental; em teosofia, é chamada de aura *akáshica* ou magnética. Na martirologia católica romana, representa um santo.

Avatar (sânscr.). Encarnação divina. A descida de um deus ou de algum ser excelso que ultrapassou a necessidade do renascimento ao corpo de um simples mortal. Krishna foi um *avatar* de Vishnu. O Dalai Lama é considerado um *avatar* de Avalokiteshvara e o Teschu Lama um de Tson-kha-pa, ou Amitabha. Há dois tipos de *avatares*: um nascido de uma mulher e outro "sem pais" – *anupadaka*.

B

Bhagavad Gita (sânscr.). Literalmente a "Canção do Senhor", uma porção do *Mahabharata*, o grande poema épico da Índia. Encerra um diálogo no qual Krishna – o "auriga" – e Arjuna, seu *chela*, entretêm uma discussão acerca da mais elevada filosofia espiritual. Essa obra é preeminentemente oculta ou esotérica.

Bodismo esotérico. Sabedoria secreta ou inteligência secreta, do grego *esotericos*, "interior", e sânscrito *boddhi*, "conhecimento", contrastando com *buddhi*, "a *faculdade* do conhecimento ou inteligência", e budismo, a filosofia ou lei do *buddha*, o "iluminado". Também escrito "budismo", de *budha* (inteligência, sabedoria), o filho de Soma.

Böhme (Jakob). Um místico e grande filósofo; um dos mais destacados teosofistas na Idade Média. Nasceu por volta de 1575 em Old Diedenberg, aproximadamente 2,5 quilômetros de Görlitz (Silésia) e morreu em 1624, quando beirava 50 anos. Foi um pastor comum na adolescência e, após aprender a ler e escrever em uma escola do povoado, tornou-se aprendiz de um sapateiro pobre em Görlitz. Era um clarividente natural, um poder sumamente espantoso. Desprovido de educação ou de qualquer conhecimento da ciência, escreveu obras atualmente atestadas como repletas

---

195. Jérôme Cardan (Geronimo Cardano) (1501-1576), filósofo, médico e matemático italiano. (N.T.)
196. Johannes Kepler (1571-1630), astrônomo alemão. (N.T.)
197. Marco Aurélio Antonino (121 d.C.-180 d.C.), imperador romano de 161 d.C. a 180 d.C. (N.T.)

de verdades científicas; mas estas, segundo o que ele próprio declara em relação ao que escreveu, ele "viu como se fosse nas grandes profundezas do eterno". Ele tinha "uma visão plena do universo como no caos", que, ainda assim, nele se abria de tempos em tempos, "como se fosse em um planeta jovem", segundo suas palavras. Ele era um completo místico de nascimento e evidentemente detentor de uma constituição extremamente rara; uma daquelas naturezas refinadas cujo invólucro material não impede de modo algum a intercomunicação direta, mesmo se apenas ocasional, entre o intelectual e o ego espiritual. É esse ego que Jakob Böhme, como tantos outros místicos não treinados, confundia com Deus. "O ser humano tem de reconhecer", ele escreve, "que seu conhecimento não lhe pertence, mas provém de Deus, que manifesta as *ideias* de sabedoria à alma humana *na medida que lhe agrada*". Tivesse esse grande teosofista nascido trezentos anos mais tarde e poderia tê-lo expressado de outra maneira. Teria sabido que o "Deus" que falava por meio de seu pobre cérebro inculto e deseducado era o seu próprio ego divino, a divindade onisciente no interior dele mesmo, e que o que essa divindade transmitia não era "na medida que lhe agradava", mas na medida das capacidades da morada mortal e temporária a que ela dava forma.

Brahma (sânscr.). O estudante deve distinguir entre o neutro Brahma e o "criador" masculino do panteão indiano, Brahmâ. O primeiro Brahma ou Brahman é a alma impessoal, suprema e incognoscível do universo, de cuja essência tudo emana e para a qual tudo retorna, o que é incorpórea, imaterial, não nascida, eterna, sem começo e sem fim. Ela tudo penetra, animando desde o mais excelso deus até o mais ínfimo átomo mineral. Brahmâ, por outro lado, o masculino e o suposto "criador", existe em sua manifestação apenas periodicamente e passa para o *pralaya*, isto é, desaparece e também é *aniquilado* periodicamente.

Buda (sânscr.). "O Iluminado". Geralmente conhecido com o título de Gautama Buda, o príncipe de Kapilavastu, o fundador do moderno budismo. O mais elevado grau de conhecimento e santidade. Para tornar-se um Buda tem-se que romper com a escravidão dos sentidos e da personalidade; adquirir uma percepção completa do *eu* real e aprender a não o separar de todos os demais eus; aprender pela experiência a total irrealidade de todos os fenômenos, primeiramente de todo o cosmos visível; alcançar um completo desapego de tudo que é evanescente e finito, e viver enquanto ainda na Terra somente no imortal e eterno.

Buddhi (sânscr.). Alma ou mente universal. *Mahabuddhi* é um nome de *mahat*; também a alma espiritual do ser humano (exotericamente, o sexto princípio), o veículo de Atma, o sétimo, de acordo com a enumeração exotérica.

Buddhi-Taijasa (sâncr.). Termo muito místico sujeito a várias interpretações. Entretanto, no ocultismo e em relação aos "princípios" humanos (exotericamente), é um termo para expressar o estado de nosso Manas duplo, quando, reunidos durante a vida de um ser humano, ele banha na radiação de Buddhi, a alma espiritual. Com efeito, Taijasa significa o "radiante" e Manas, tornando-se radiante em consequência de sua união com Buddhi e sendo, por assim dizer, fundido com ele, é identificado com este último; a trindade tornou-se una, e como o elemento de Buddhi é o mais elevado, se torna Buddhi-Taijasa. Em síntese, é a alma humana iluminada pelos raios da alma divina, a razão humana acesa mediante a luz do espírito ou autoconsciência divina.

Budismo. Budismo é a filosofia religiosa ensinada por Gautama Buda. Está atualmente dividida em duas Igrejas distintas: a do sul e a do norte. Diz-se que a primeira é mais pura, visto que preservou mais religiosamente os ensinamentos originais do Senhor Buda. O budismo do norte está confinado ao Tibete, China e Nepal. Mas essa distinção é incorreta. Se a Igreja do sul está mais próxima e, de fato, não se afastou (exceto, talvez, em dogmas insignificantes devido aos muitos concílios realizados após a morte do Mestre) dos ensinamentos públicos ou exotéricos de Shakyamuni, a Igreja do norte é o resultado dos ensinamentos esotéricos de Sidarta Buda por ele restringidos aos seus eleitos Bhikshus e *Arhats*. Na realidade, o budismo não pode ser julgado com justiça em nossa época por uma ou outra de suas formas populares exotéricas. O budismo real é apreciável somente mediante a combinação da filosofia da Igreja do sul com a metafísica das escolas do norte. Se uma parece demasiado iconoclástica e rígida, ao passo que as outras demasiado metafísicas e transcendentais, os eventos estando sobrecarregados com as ervas daninhas do exoterismo indiano – muitos dos deuses de seu panteão tendo sido transplantados sob novos nomes para o solo tibetano – tal coisa se deve à expressão popular do budismo em ambas as Igrejas. Em termos de correspondência, mantêm-se em sua relação mútua como o protestantismo relativamente ao catolicismo romano. Ambas erram devido a um excesso de zelo e interpretações equívocas, embora nem o clero budista do sul nem o do norte jamais tenham se afastado da verdade conscientemente, e muito menos agiram baseados nos ditames de um *governo de sacerdotes*[198], da ambição ou visando ao ganho pessoal e o poder, como o fizeram as Igrejas posteriores.

C

Cabala (hebr.). "A sabedoria oculta dos rabinos hebreus da Idade Média extraída das doutrinas secretas mais antigas relativas às coisas divinas e à cosmogonia, que foram combinadas em uma teologia depois da época do cativeiro dos judeus na Babilônia." Todas as obras que se enquadram na categoria esotérica são denominadas cabalísticas.

Casta. Originalmente, o sistema das quatro classes hereditárias nas quais era dividida a população indiana: brâmane, *kshatria*, *vaishia* e *shudra* – (a) descendentes de Brahmâ, (b) guerreiros, (c) mercadores e (d) a classe mais baixa, dos agricultores. A partir dessas quatro classes surgiram centenas de divisões e castas secundárias.

Chela (hindi). Um discípulo. O aluno de um *guru* ou sábio, o seguidor de algum Adepto ou escola de filosofia.

Ciclo (grego). Provém de *kyklos*. Os antigos dividiam o tempo em ciclos infindáveis, rodas dentro de rodas, todos esses períodos sendo de durações diversas, e cada um marcando o início ou fim de algum acontecimento cósmico, mundano, físico ou metafísico. Houve ciclos de apenas alguns anos e ciclos de imensa duração. O grande ciclo órfico referente à mudança etnológica de raças durou 120.000 anos e o de Cassandro 136.000. Este último produziu uma completa transformação nas influências planetárias e suas correlações entre seres humanos e deuses: um fato que os modernos astrólogos perderam totalmente de vista.

Ciência sagrada. O epíteto dado às ciências ocultas em geral e pelos rosa-cruzes à Cabala, e sobretudo à filosofia hermética.

Ciências ocultas. A ciência dos segredos da natureza, físicos e psíquicos, mentais e espirituais; chamadas de ciências herméticas e esotéricas. No Ocidente, a Cabala pode receber esse nome; no Oriente é o misticismo, a magia e a filosofia ioga. Essa última é usualmente apresentada pelos *chelas* na Índia como a *sétima darshana* ou escola de filosofia, havendo na Índia somente seis *darshanas* co-

---

198. No original, *priestocracy*, algo semelhante a uma *teocracia*, aproximadamente nos moldes do antigo Egito ou do Irã contemporâneo. (N.T.)

nhecidas pelo mundo profano. Essas ciências são, e têm sido durante eras, ocultadas das pessoas vulgares, pela excelente razão de que jamais seriam apreciadas pelas egoístas classes educadas, que delas abusariam para o seu próprio lucro, com o que transformariam a ciência divina em magia negra, bem como também não seriam apreciadas pelas classes destituídas de educação, que não as entenderiam. Não é raro apresentar-se como uma acusação contra a filosofia esotérica da Cabala, o fato de sua literatura estar repleta de "um jargão bárbaro e sem sentido", ininteligível à mente ordinária. Mas não alegam culpa pela mesma barreira as ciências *exatas* – a medicina, a fisiologia, a química e as demais? Os cientistas oficiais não cobrem com um véu os seus fatos e descobertas mediante uma terminologia greco-latina recentemente cunhada e sumamente estranha? Como observado com justiça por nosso falecido irmão Kenneth Mackenzie "fazer, assim, prestidigitação com as palavras quando os fatos são tão simples, é a arte dos cientistas da atualidade, em um contraste impressionante com aqueles do século XVII, que chamavam as pás de pás e não de 'implementos agrícolas'". Ademais, enquanto seus "fatos" seriam tão simples e tão compreensíveis se traduzidos na linguagem ordinária, os fatos da ciência oculta são de natureza tão abstrusa que, na maioria dos casos, não existem palavras nas línguas europeias para expressá-los. Finalmente, nosso "jargão" é duplamente necessário: (a) para descrever com clareza esses *fatos* a alguém que é versado na terminologia oculta, e (b) para ocultá-los dos profanos.

Cientista cristão. Expressão recentemente cunhada para designar os praticantes de uma arte da cura pela vontade. Trata-se de uma designação errônea, uma vez que um budista, ou um judeu, ou um hindu, ou um materialista pode praticar essa nova forma de "ioga ocidental" com igual sucesso, bastando para isso que ele guie e controle sua vontade com suficiente firmeza. Os "cientistas mentais" são uma outra escola rival. Estes atuam mediante uma negação universal de toda doença e mal imagináveis e afirmam, silogisticamente, que como o espírito universal não pode estar sujeito às enfermidades da carne, e como todo átomo é espírito e *em* espírito, e como, finalmente, eles – os curadores e os curados – são todos absorvidos nesse espírito ou divindade, não há, tampouco pode haver tal coisa que chamamos de doença. Isso evita que de maneira alguma cientistas cristãos e mentais sucumbam à doença e tratem de enfermidades crônicas durante anos em seus próprios corpos tal como outros mortais ordinários.

Clariaudiência. A faculdade (inata ou conquistada mediante treinamento oculto) de ouvir coisas a qualquer distância.

Clarividência. A faculdade de ver por meio do olho interno ou visão espiritual. Segundo o seu emprego atual, é um termo impreciso e frívolo que compreende em seu significado tanto uma conjectura feliz devida à perspicácia natural ou intuição, quanto também a faculdade que foi tão notavelmente exercida por Jakob Böhme e Swedenborg. Todavia, mesmo esses dois grandes videntes, por não poderem jamais irem além do espírito geral da Bíblia judaica e dos ensinamentos sectários, confundiram lamentavelmente o que viram e deixaram muito a desejar em matéria de verdadeira clarividência.

Clemente de Alexandria. Pai da Igreja[199] e autor prolífico que tinha sido neoplatônico e discípulo de Amônio Sacas. Foi um dos poucos filósofos cristãos entre o segundo e o terceiro séculos de nossa era em Alexandria.

Código nazareno. As Escrituras dos nazarenos e também dos nabateanos.

---

199. Ou seja, um dos fundadores da Igreja Apostólica Romana. (N.T.)

De acordo com vários Pais da Igreja, sobretudo Jerônimo e Epifânio, eram ensinamentos heréticos. Na realidade, são uma das numerosas interpretações gnósticas de cosmogonia e teogonia, a qual produziu uma seita distinta.

Colégio de rabinos. Colégio na Babilônia. Foi sumamente famoso durante os primeiros séculos do cristianismo, mas sua glória foi grandemente eclipsada com o aparecimento de professores helênicos em Alexandria, tais como Fílon, o judeu, Josefo, Aristóbulo e outros. Tais rabinos se vingaram de seus rivais de sucesso dizendo que os alexandrinos eram teurgistas e profetas impuros. Mas os crentes na taumaturgia alexandrinos não foram considerados pecadores e impostores quando os judeus ortodoxos dirigiam tais escolas de "Hazim". Estas eram colégios para o ensino da profecia e das ciências ocultas. Samuel foi o diretor de um tal colégio em Ramah, Elisha em Jericó. Hillel possuía uma academia regular para profetas e videntes; e é Hillel, um aluno do Colégio babilônico que foi o fundador da seita dos fariseus e dos grandes rabinos ortodoxos.

Conde de Saint Germain. Personagem misterioso que apareceu no século passado[200] e no começo do atual na França, Inglaterra e em outras partes.

Corpo astral. A contraparte etérica ou duplo de qualquer corpo físico – *döppelganger*[201].

Corpo causal. Este "corpo", que na realidade não é, de modo algum, corpo, objetivo ou subjetivo, mas Buddhi, a alma espiritual, é assim denominado porque ele é a causa direta do estado *sushupti* que conduz ao estado *turiya*, o mais elevado estado de *samadhi*. É chamado de *karanopadhi*, "o fundamento da causa" pelos Raja iogues Taraka, o que no sistema Vedanta corresponde tanto a *vijnanamaya* quanto a *anandamaya kosha* (este último situando-se junto a Atma e sendo, consequentemente, o veículo do espírito universal). Buddhi isoladamente não poderia ser chamado de um "corpo causal", porém torna-se um em conjunção com Manas, a entidade que encarna, ou ego.

Crestos (grego). O termo gnóstico primitivo para Cristo. Este termo técnico foi empregado no século V a.C. por Ésquilo[202], Heródoto[203] e outros. Os *manteymata pythocresta*, ou "oráculos proferidos por um deus pítio" por meio de uma pitonisa são mencionados pelo primeiro (*Os Coéforos*, p. 901) e *pythocrestos* é derivado de *chrao*[204]. *Chresterion* não é só o "teste de um oráculo", mas uma oferenda ao oráculo ou em favor do oráculo. *Chrestes* é aquele que explica oráculos, um "profeta e que prediz", e *Chresterios* alguém que serve a um oráculo ou a um deus. O mais antigo autor cristão, Justino, o Mártir, em sua primeira apologia, chama seus correligionários de *Chrestians*. "É somente por ignorância que as pessoas se denominam cristãs em lugar de crestãs", diz Lactâncio (Livro IV, capítulo VII). Os termos Cristo e cristãos, escritos originalmente Cresto e crestãos, foram tomados emprestados do vocabulário templário dos pagãos. *Chrestos* significava nesse vocabulário "um discípulo em provação", um candidato a hierofante; alguém que o alcançara por meio de Iniciação, longas provas e sofrimento e fora ungido (isto é, "friccionado com óleo", como o eram os Iniciados e mesmo os ídolos dos deuses, como o último toque da observância ritualis-

---

200. Entenda-se século XVIII, já que a autora está escrevendo no fim do século XIX. (N.T.)
201. Ou melhor, *doppelgänger*. (N.T.)
202. Ésquilo de Eleusis (525 a.C.-456 a.C.), poeta trágico grego. (N.T.)
203. Heródoto (*c.* 485 a.C.-*c.* 425 a.C.), historiador grego. (N.T.)
204. Grego χράω (*khráo*), pronunciar (proferir) um oráculo. (N.T.)

ta) era transformado em *Christos* – o "purificado" na linguagem esotérica ou dos Mistérios. Efetivamente, na simbologia mística, *Christes* ou *Christos* significava que o "caminho", a "senda" já fora trilhada e a meta atingida; quando os frutos desse árduo labor – unindo a *personalidade* de barro evanescente à *individualidade* indestrutível – a transformam com isso no ego imortal. "No fim do caminho está o Christes", o purificador; e uma vez realizada a união, o Chrestos, o "homem da dor" tornou-se o próprio Christos. Paulo, o Iniciado, estava ciente disso e quis dizer precisamente isso ao fazer dizer em uma tradução ruim "Estou sofrendo as dores de parto novamente até que Cristo seja formado em vós" (*Gálatas* 4,19), do que a tradução verdadeira é "até que vós formeis o Cristos dentro de vós".[205] Mas o profano, que só sabia que Crestos estava de algum modo conectado ao sacerdote e ao profeta, e nada sabia do significado oculto de Cristos, insistia, como fez Lactâncio e Justino, o Mártir, em ser chamados de crestãos em lugar de cristãos. Todo bom indivíduo, portanto, pode encontrar Cristo em seu "homem interior", como Paulo o expressa (*Efésios* 3,16-17) independentemente de ser judeu, muçulmano, hindu ou cristão.

Cristo. Ver *Crestos*.

Culto fálico. Culto ao sexo; reverência e veneração exibidas aos deuses e deusas que, como Shiva e Durga na Índia, simbolizam respectivamente os dois sexos.

D

Deísta. Aquele que admite a possibilidade da existência de um Deus ou deuses, mas afirma nada conhecer de um ou de outros, e nega a revelação. Um agnóstico de outrora.

Deva (sânscr.). Um deus, uma divindade "resplandecente": *deva* (deus) da raiz *div*, "brilhar". Um Deva é um ser celestial – bom, mau ou indiferente – que habita os três "mundos", ou os três planos acima de nós. Há trinta e três grupos ou 330 milhões deles.

Devachan. A "morada dos deuses". Um estado intermediário entre duas vidas terrenas, no qual o ego (Atma-Buddhi-Manas, ou a trindade tornada una) ingressa após sua separação do Kama Rupa e a desintegração dos princípios inferiores por ocasião da morte do corpo sobre a Terra.

Dhammapada (páli). Obra contendo vários aforismos provenientes das Escrituras budistas.

Dhyan Chohans. Literalmente os "senhores da contemplação". Os deuses mais excelsos, correspondentes aos arcanjos do catolicismo romano. As Inteligências divinas encarregadas da supervisão dos cosmos.

Dhyana (sânscr.). Uma das seis *paramitas* ou perfeições. Um estado de abstração que conduz o asceta que a pratica muito acima da região da percepção sensível e fora do mundo da matéria. Literalmente "contemplação". Os seis estados de *dhyana* diferem tão somente quanto aos graus de abstração do ego pessoal a partir da vida sensível.

Dia de Brahmâ. Período de 2.160.000.000 anos, durante o qual Brahmâ, tendo emergido de seu Ovo Dourado (*hiranya-garbha*), cria e molda o mundo material (pois ele é simplesmente a força fertilizante e criadora na natureza). Depois desse período, sendo os mundos destruídos alternadamente pelo fogo e a água, ele desaparece com a natureza objetiva, e então surge... (ver *Noite de Brahmâ*).

Duplo. O mesmo que corpo astral ou *döppelganger*[206].

---

205. Eis o grego do *Textus Receptus*: ...ὅς πάλιν ὠδίνω, ἄχρι μορφώθῃ Χριστός ἐν ὑμῖν... (*hós pálin odíno, ákhri morphóthe Christós en hymîn*). (N.T.)

206. Ou melhor, *doppelgänger*, alemão cujo significado corrente é *sósia*. (N.T.)

E

Ego (latim). "Eu", no ser humano a consciência do "eu sou eu", ou o sentimento de "egoidade" [*I-am-ship*]. A filosofia esotérica ensina que existem dois egos no ser humano, o mortal ou *pessoal*, e o superior, divino ou *impessoal*, chamando o primeiro de *personalidade* e o segundo de *individualidade*.

Egoidade. Egoidade significa *individualidade* – nunca *personalidade*, porquanto é o oposto de *egoísmo*, a característica *par excellence* dessa última.

Eidolon (grego). Idêntico àquilo que chamamos de fantasma humano, a forma astral.

Elementais. Espíritos dos elementos. As criaturas desenvolvidas nos quatro reinos, ou elementos: terra, ar, fogo e água. Os cabalistas os denominam gnomos (da terra), silfos (do ar), salamandras (do fogo) e ondinas (da água). À exceção de uns poucos dos tipos superiores e seus governantes, são mais forças da natureza do que homens e mulheres etéricos. Essas forças, na qualidade de agentes servis do ocultista, podem produzir vários efeitos, mas se empregadas por "elementares" (Kama Rupas) – caso em que escravizam os médiuns – serão enganosas. Todos os seres invisíveis inferiores gerados no quinto, sexto e sétimo planos de nossa atmosfera terrestre são chamados de elementais: peris, *devs*, djins, silvanos, sátiros, faunos, elfos, anões, *trolls*, nornas, *kobolds*, *brownies*, *nixies*, duendes, *pinkies*, *banshees*, "gente do pântano", "damas brancas", assombrações, fadas etc.

Eleysinia (grego). Os Mistérios de Elêusis foram os mais renomados e os mais antigos de todos os Mistérios gregos (salvo pelos samotrácios) e eram realizados perto do povoado de Elêusis, não longe de Atenas. Epifânio os faz remontar à época de Iachos (1800 a.C.). Eram realizados em honra de Deméter, a grande Ceres e a Ísis egípcia, e o último ato da celebração dizia respeito a uma vítima sacrificial de compensação e a uma ressurreição, ocasião em que o Iniciado era admitido ao mais alto grau, de *epopte*. O festival dos Mistérios começava no mês de *boedromion* (setembro), tempo da colheita da uva e durava do dia 15 e ao dia 22: sete dias. A festa hebraica dos Tabernáculos, festa das colheitas, no mês de *ethanim* (o sétimo) também começava no dia 15 e terminava no dia 22 desse mês. O nome do mês (*Ethanim*) é derivado, segundo alguns, de *adonim*, *adonia*, *attenim*, *ethanim*, e honrava Adonai, ou Adônis (Tham), cuja morte era lamentada pelos hebreus nos bosques de Belém. O sacrifício de "pão e vinho" era realizado tanto nas Eleysinia quanto durante a festa dos Tabernáculos.

Emanação. Esta doutrina, com referência ao seu significado metafísico, é oposta à evolução e, no entanto, identifica-se com ela. A ciência ensina que, fisiologicamente, a evolução é um modo de geração na qual o gérmen que desenvolve o feto já preexiste nos pais, o desenvolvimento, forma final e características desse gérmen sendo obra da natureza; e que (como em sua cosmologia) o processo ocorre *cegamente*, por meio da correlação dos elementos e seus vários compostos. O ocultismo ensina que esse é apenas o modo *aparente*, o processo efetivo sendo a *emanação* conduzida por forças inteligentes de acordo com uma lei imutável. Portanto, embora ocultistas e teosofistas acreditem inteiramente na doutrina da evolução tal como transmitida por Kapila e Manu, eles são mais "emanacionistas" do que "evolucionistas". Houve uma época em que a doutrina da emanação era universal. Era ensinada pelos filósofos de Alexandria, bem como pelos filósofos indianos, pelos hierofantes egípcios, caldeus e helênicos, e também pelos hebreus (em sua Cabala, e mesmo no *Gênesis*). Pois é somente devido a uma deliberada tradução equívoca que a palavra hebraica *asdt* foi traduzida por "anjos" a partir da *Septuagint*, ao passo que significa "emanações", "eons", tal como com os gnósticos. Na verdade, no *Deuteronômio* (33,2) a palavra *asdt* ou *ashdt* é traduzida por "lei do fogo", enquanto a tradução correta da passagem deveria ser "de sua direita vinha (não *uma lei do fogo*, mas) *um fogo de acordo com a lei*," isto é, que o fogo de uma chama é transmitido e colhido por uma outra, como em um rastro de substância inflamável. Isso é precisamente emanação, como mostrado em *Ísis desvelada*. "Em evolução, como atualmente começa a ser entendido, supõe-se existir em toda matéria um impulso para assumir uma forma superior, suposição claramente expressa por Manu e outros filósofos indianos da mais remota antiguidade. A árvore do filósofo o ilustra no caso da solução do zinco. A controvérsia entre os adeptos dessa escola e os emanacionistas pode ser concisamente expressa da seguinte maneira: O evolucionista cessa toda investigação nas fronteiras do 'incognoscível'; o emanacionista acredita que nada pode ser desenvolvido, ou, segundo o significado da palavra, desuterizado ou nascido, exceto que tenha sido primeiramente envolvido, indicando, assim, que a vida provém de uma potência espiritual situada acima do todo."

Esotérico. Oculto, secreto. Do grego *esotericos*, "interno", escondido.

Espiritismo. O mesmo que o segundo verbete a seguir, com a diferença de que os espíritas americanos e ingleses quase que unanimemente rejeitam a doutrina da reencarnação, ao passo que os espíritas franceses fazem dela o princípio fundamental de sua crença. Há, contudo, uma enorme diferença entre as concepções desses últimos e os ensinamentos filosóficos dos ocultistas orientais. Espíritas franceses pertencem à escola francesa fundada por Allan Kardec, e os espíritas da América e da Inglaterra àquela das "garotas Fox", que inauguraram suas teorias em Rochester, EUA. Os teosofistas, embora creiam nos fenômenos mediúnicos tanto de uns quanto de outros, rejeitam a ideia de "espíritos".

Espíritos planetários. Regentes e governantes dos planetas. Deuses planetários.

Espiritualismo.[207] Crença moderna de que os espíritos dos mortos retornam à Terra para se comunicarem espiritualmente com os vivos.

Éter (grego). Para os antigos, a substância luminífera divina que permeia todo o universo; a "vestimenta" da divindade suprema, Zeus ou Júpiter. Para os modernos, éter, cujo significado em física e química deve ser consultado no dicionário *Webster* ou em algum outro. No esoterismo, o éter é o terceiro princípio do setenário cósmico, a matéria (terra) sendo o mais inferior e *akasha* o mais superior.

Eu. Há dois *eus* nos seres humanos: o superior e o inferior, o eu impessoal e o eu pessoal. O primeiro é divino, o segundo é semianimal. Deve-se fazer uma grande distinção entre os dois.

Eurasianos. Abreviação de "europeus-asiáticos". As raças de cor miscigenadas; os filhos dos pais brancos e mães negras da Índia, e vice-versa.

Exotérico. Exterior, externo, público, o oposto de esotérico ou oculto.

Êxtase (grego). Um estado psicoespiritual; transe físico que induz à clarividência e um estado beatífico que produz visões.

Extracósmico. Exterior ao cosmos ou à natureza. Uma palavra desproposita-

---

207. No original, *Spiritualism*: embora tenhamos traduzido literalmente por *espiritualismo* por conta da diferenciação feita linguisticamente por Blavatsky, o leitor de língua portuguesa deve entender *espiritismo*, já que o termo espiritualismo, diferentemente do que ocorre em inglês, não inclui o sentido específico e restrito aqui contemplado pela autora, mas fundamentalmente apenas o sentido amplo e genérico que se contrapõe a materialismo. (N.T.)

da inventada para afirmar a existência de um deus *pessoal* por si mesmo independente da natureza ou exterior a ela; com efeito, como a natureza, ou o universo, é infinita e sem limites, nada pode haver fora dela. O termo foi cunhado em oposição à ideia panteísta de que todo o cosmos é animado ou recebe forma do espírito de divindade, a natureza não passando de vestimenta e a matéria as sombras ilusórias da Presença invisível real.

F

Ferho (siríaco?). O poder criador supremo e mais grandioso na linguagem dos gnósticos nazarenos.

Filadelfianos. Literalmente "aqueles que amam seus irmãos". Seita do século XVII, fundada por uma certa Jane Lead. Contestavam todos os ritos, formas ou cerimônias da Igreja e até a própria Igreja, mas professavam serem guiados na alma e no espírito por uma divindade interna, seu próprio ego, ou Deus no interior deles.

Filaleteanos. Ver *Neoplatônicos*.

Fílon, o Judeu. Judeu helenizado de Alexandria, famoso historiador e filósofo do século I; nasceu por volta de 30 a.C. e morreu entre 45 d.C. e 50 d.C. O simbolismo de Fílon da Bíblia é notabilíssimo. Os animais, pássaros, répteis, árvores e locais mencionados nela são todos, é o que se diz, "alegorias das condições da alma, das faculdades, das disposições, ou das paixões; as plantas úteis eram alegorias das virtudes, as nocivas das afecções dos tolos, e assim por diante através do reino mineral; através do céu, da Terra e dos astros; através das fontes e dos rios, campos e habitações; através dos metais, das substâncias, das armas, das roupas, dos ornamentos, da mobília, do corpo e suas partes, dos sexos e de nossa condição exterior". (*Dict. Christ. Biog.*). Tudo isso confirmaria vigorosamente a ideia de que Fílon estava familiarizado com a antiga Cabala.

Filósofos de Alexandria (ou escola). Esta escola famosa surgiu na Alexandria (Egito), que foi por eras uma sede de aprendizado e filosofia. Famosa por sua biblioteca, fundada por Ptolomeu Soter logo no início de seu reinado (Ptolomeu morreu em 283 a.C.) – biblioteca que chegou a ostentar 700.000 rolos, ou volumes (Aulo Gélio); famosa por seu museu, a primeira real academia de ciências e artes; por seus estudiosos de renome mundial, tais como Euclides, o pai da geometria científica, Apolônio de Perga, autor da obra ainda existente sobre seções cônicas, Nicômaco, o aritmético; por seus astrônomos, filósofos da natureza, anatomistas como Hierófilo e Erasistrato; médicos, músicos, artistas etc. Mas se tornou ainda mais famosa por sua escola eclética, ou escola neoplatônica fundada por Amônio Sacas em 173 d.C., cujos discípulos foram Orígenes, Plotino e muitos outros homens agora historicamente célebres. As mais celebradas escolas dos gnósticos tiveram sua origem em Alexandria. Fílon, o Judeu, Josefo, Jâmblico, Porfírio, Clemente de Alexandria, Eratóstenes, o astrônomo, Hipácia, a filósofa virgem e inúmeros outros astros de segunda magnitude, todos pertenceram em diversas épocas a essas grandes escolas, e contribuíram para fazer de Alexandria uma das sedes mais merecidamente renomadas do conhecimento que o mundo já produziu.

Filósofos do fogo. Nome dado aos hermetistas e alquimistas da Idade Média e também aos rosacruzes. Estes últimos, os sucessores dos teurgistas, consideravam o fogo o símbolo da divindade. Ele era a fonte não só dos átomos materiais, mas o recipiente das forças espirituais e psíquicas que os energizam. Amplamente analisado, o fogo é um princípio triplo; esotericamente, um setenário, como o são todos os demais elementos. Tal como o ser humano é composto de espírito, alma e corpo, *mais* um aspecto quádruplo, assim é o fogo. Como nas obras de Robert Flood (Robertus de

Fluctibus), um dos famosos rosacruzes, o fogo contém primeiramente uma chama visível (corpo), em segundo lugar, um fogo invisível astral (alma) e em terceiro lugar, espírito. Os quatro aspectos são (a) calor (vida), (b) luz (mente), (c) eletricidade (forças *kâmicas* ou moleculares) e (d) as essências sintéticas, *além do espírito*, ou a causa radical de sua existência e manifestação. Para o hermetista ou o rosacruz, quando uma chama é apagada no plano objetivo, ele simplesmente passou do mundo visível para o invisível, do cognoscível para o incognoscível.

Fraternidade universal. Subtítulo da Sociedade Teosófica e o primeiro dos três objetivos por ela professados.

G

Gautama (sânscr.). Nome próprio na Índia. É o do príncipe de Kapilavastu, filho de Suddhodana, o rei Shakhya de um pequeno território na fronteira com o Nepal, nascido no século VII a.C., chamado atualmente de o "salvador do mundo". Gautama ou Gotama foi o nome sacerdotal da família Shakhya. Nascido como um simples mortal, ele ascendeu à condição de um Buda por seu próprio e exclusivo mérito: um homem verdadeiramente superior a qualquer deus!

Gebirol. Solomon ben Yehudah, na literatura chamado de Abicebron. Israelita de nascimento, filósofo, poeta e cabalista, além de autor prolífico e um místico. Nasceu no século XI em Málaga (1021), foi educado em Saragossa, e morreu em Valência em 1070, assassinado por um muçulmano. Seus correligionários chamavam-no de Salomon, o Sephardi, ou o espanhol, e os árabes de Abu Ayyub Suleiman ben-Ya'hya Ibn Djebirol, enquanto os escolásticos deram-lhe o nome de Avicebron (ver a *Qabbalah* de Myers).

Ibn Gebirol foi certamente um dos maiores filósofos e eruditos de sua época. Escreveu muito em árabe e a maioria de seus manuscritos foram preservados. Sua maior obra parece ser o *Me'qor 'Hayyim*, isto é, Fonte da Vida, "uma das mais antigas exposições dos segredos da Cabala especulativa", como nos informa seu biógrafo.

Giges. "O anel de Giges "converteu-se em uma metáfora familiar na literatura europeia. Giges foi um lídio que, depois de assassinar o rei Candaules, casou-se com sua viúva. Platão nos conta[208] que Giges, ao descer uma vez em um abismo da terra, descobriu um cavalo de bronze em cujo flanco aberto se achava o esqueleto de um homem de estatura colossal, que possuía um anel de metal no dedo. Quando colocado em seu próprio dedo, esse anel o tornava invisível.

Gnosis (grego). Literalmente *conhecimento*. Termo técnico usado pelas escolas de filosofia religiosa, tanto antes como durante os primeiros séculos do chamado cristianismo, para denotar o objeto de sua investigação. Esse conhecimento espiritual e sagrado, o *gupta-vidya* dos hindus, só podia ser obtido por Iniciação nos Mistérios espirituais dos quais constituíram um tipo os "Mistérios" cerimoniais.

Gnósticos (grego). Os filósofos que formularam e ensinaram a gnose ou conhecimento. Eles floresceram nos primeiros três séculos da era cristã. Os seguintes foram eminentes: Simão Mago, Valentino, Basilides, Márcion etc.

Grande Idade. Há diversas "grandes idades" mencionadas pelos antigos. Na Índia, a Grande Idade abrangia a totalidade do *maha-manvantara*, a "Idade de Brahmâ", cada "dia" da qual representa o ciclo de vida de uma "corrente", isto é, abrange um período de sete "cursos" (ver *Esoteric buddhism*, de A. P. Sinnett). Assim, enquanto um "dia" e uma "noi-

---

208. Em *A República*, Livro II, 359d-e/360a-b. (N.T.)

te" representam, como *manvantara* e *pralaya*, 8.640.000.000 anos, uma "Idade" dura um período de 311.040.000.000.000, depois do que o *pralaya* ou dissolução do universo se torna universal. No que diz respeito aos egípcios e os gregos, a Grande Idade se referia somente ao ano tropical ou sideral, cuja duração é 25.868 anos solares. Quanto à idade completa – aquela dos deuses – nada diziam, visto ser uma matéria a ser discutida e divulgada apenas nos Mistérios e durante as cerimônias de Iniciação. A Grande Idade dos caldeus era idêntica em números àquela dos hindus.

Guhya-vidya (sânscr.). O conhecimento secreto dos mantras místicos.

Gupta-vidya (sânscr.). O mesmo que *guhya-vidya*. Ciência, conhecimento esotérico ou secreto.

H

Hades (grego). *Aïdes* é o "invisível", a terra das sombras. O Tártaro era uma de suas regiões, lugar de completa escuridão, tanto quanto também o Amenti era uma região de sono profundo destituído de sonhos. A julgar pela descrição alegórica dos castigos ali infligidos, o lugar era puramente kármico. Nem o Hades nem o Amenti eram o Inferno ainda apregoado por alguns sacerdotes e clérigos retrógrados; e quer representado pelos Campos Elísios, quer pelo Tártaro, o Hades só podia ser alcançado atravessando-se o rio rumo à "outra praia". Como bem expresso em *Egyptian Belief* (Bonwick), a história de Caronte, o barqueiro do Styx, não é apenas encontrada em Homero, como também na poesia de muitos países. O *rio* tinha de ser atravessado antes de se chegar às Ilhas dos Abençoados. O ritual egípcio descreve um Caronte e seu barco muitas eras antes de Homero. Ele é Khu-en-ra, "o timoneiro com cabeça de falcão".

Hermas. Autor grego antigo, de cujas obras existem atualmente apenas alguns fragmentos.

Hierofante. Do grego *hierophantes*, literalmente "aquele que explica as coisas sagradas"; título pertencente aos Adeptos mais elevados nos templos da Antiguidade, que eram os mestres e expositores dos Mistérios e os iniciadores dos grandes Mistérios finais. O hierofante representava o demiurgo e esclarecia aos postulantes à Iniciação os vários fenômenos da criação que eram produzidos para a instrução deles. "Ele era o único expositor dos segredos e doutrinas exotéricos[209]. Até pronunciar seu nome diante de uma pessoa não iniciada era proibido. Ele se sentava no oriente e usava, como título de autoridade, um globo dourado dependurado no pescoço. Era também chamado de *mystagogus*." (Mackenzie, *The Royal Masonic Cyclopaedia*.)

Hierogramatistas. Título atribuído aos sacerdotes egípcios aos quais eram confiadas a redação e a leitura dos registros sagrados e secretos. Literalmente "escribas dos registros secretos". Eles eram os instrutores dos neófitos que se preparavam para a Iniciação.

Hillel. Grande rabino babilônio do século que precede a era cristã. Foi o fundador da seita dos fariseus e foi um homem instruído e santo.

Hinayana (sânscr.). O "pequeno veículo": escritura e escola dos budistas, que contrasta com o *mahayana*, o "grande veículo". Ambas essas escolas são místicas. Também na superstição exotérica, a forma mais baixa de transmigração.

Hipnotismo. Designação dada pelo doutor Braid ao processo pelo qual uma pessoa de poderosa força de vontade mergulha uma outra pessoa de mente mais fraca em uma espécie de transe; uma vez nesse estado, a segunda fará qualquer coisa que lhe seja *sugerido*

---

209. No original, *exoteric*, mas a coerência do contexto exige *esoteric* (esotéricos). (N.T.)

pelo hipnotizador. A não ser que seja produzido com propósitos benéficos, os ocultistas o classificariam de magia negra ou feitiçaria. É a mais perigosa das práticas, moral e fisicamente, visto que interfere com os fluidos nervosos.

Homogeneidade. Das palavras gregas *homos*, "o mesmo", e *genos*, "gênero". Aquilo que é de idêntica natureza em tudo, não diferenciado, não composto, como se *supõe* que seja o ouro.

I

Idade do ouro. Os antigos dividiam o ciclo da vida em idades do ouro, da prata, do bronze e do ferro. A do ouro foi uma idade de primitiva pureza, simplicidade e felicidade geral.

Ilusão. No ocultismo tudo que é finito (tal como o universo e tudo nele encerrado) é chamado de *ilusão* ou *maya*.

Individualidade. Um dos nomes dados em teosofia e no ocultismo ao ego superior humano. Fazemos uma distinção entre o ego imortal e divino e o ego humano mortal que perece. Esse último ou *personalidade* (ego pessoal) sobrevive ao corpo morto somente durante algum tempo em Kama Loka. A individualidade tem vigência perpétua.

Inferno [em inglês, *hell***].** Termo que a raça anglo-saxônica evidentemente derivou do nome da deusa escandinava *Hela*, tal como a palavra *Ad*, em russo e outras línguas eslavas exprimindo a mesma concepção, é derivada do grego *Hades*; a única diferença entre o frio inferno escandinavo e o inferno quente dos cristãos sendo encontrada em suas respectivas temperaturas. Mas a ideia dessas regiões superaquecidas não é original no que toca aos europeus, muitas pessoas tendo mantido a concepção de um clima abaixo da superfície do mundo, como podemos fazê-lo, se localizarmos nosso inferno no centro da Terra. Todas as religiões exotéricas – os credos dos brâmanes, budistas, zoroastrianos, muçulmanos, judeus e os demais, fazem seus infernos quentes e tenebrosos, ainda que muitos sejam mais atraentes do que amedrontadores. A ideia de um inferno quente é uma concepção tardia, a distorção de uma alegoria astronômica. No que se refere aos egípcios, o inferno tornou--se um lugar de punição pelo fogo não antes da décima sétima ou décima oitava dinastias, quando Tífon foi transformado de um deus em um demônio. Mas, seja qual for a época em que implantaram essa superstição horrível nas mentes das pobres massas ignorantes, o esquema de um inferno ardente e de almas aí atormentadas é puramente egípcio. Rá (o sol) tornou--se o Senhor da Fornalha, em *Karr*, o Inferno dos Faraós, e o pecador era ameaçado com o infortúnio "no calor dos fogos infernais". "Ali existia um leão", diz o doutor Birch, "e era chamado de o monstro que urra". Um outro descreve o lugar como "poço sem fundo e lago ígneo, nos quais as vítimas são arremessadas" (comparar com *Revelação*)[210]. A palavra hebraica *gaihinnon* (gehenna) nunca teve realmente a significação que lhe é dada na ortodoxia cristã.

Iniciado. Do latim *initiatus*. Designação de qualquer indivíduo que recebeu e a quem foram revelados os mistérios e segredos da maçonaria ou do ocultismo. Na Antiguidade, foram aqueles que tinham sido iniciados no conhecimento arcano ministrado pelos hierofantes dos Mistérios; e nos tempos modernos, são aqueles que foram iniciados pelos Adeptos do saber místico no conhecimento dos mistérios que, apesar do desenrolar das eras, tem ainda alguns verdadeiros seguidores devotados na Terra.

Ioga (sânscr.). Escola de filosofia fundada por Patanjali, mas que existia como ensinamento e sistema de vida distintos muito antes desse sábio.

---

210. A alusão de Blavatsky deve ser ao *Apocalipse de São João*. (N.T.)

Trata-se de Yajnavalkya, sábio renomado e muito antigo a quem são atribuídos o *White Yajur Veda*, o *Shatapatha Brahmana* e o *Brihad Aranyaka* e que viveu em época anterior ao *Mahabharata*[211]; a ele se credita haver inculcado a necessidade e dever positivo da meditação religiosa e do retiro nas florestas e se crê, portanto, que tenha concebido a doutrina ioga. O professor Max Müller afirma que foi Yajnavalkya que preparou o mundo para a pregação do Buda. A ioga de Patanjali, porém, é mais definida e precisa como uma filosofia, e incorpora mais das ciências ocultas do que qualquer obra atribuída a Yajnavalkya.

Iogue ou iogin (sânscr.). Seguidor devotado que pratica o sistema da ioga. Há vários graus e tipos de iogues e esse termo tornou-se atualmente, na Índia, um nome genérico para designar todo tipo de asceta.

Ishvara (sânscr.). O "Senhor", ou o deus pessoal, *espírito divino no ser humano*. Literalmente, existência "soberana" (independente). Título dado a Shiva e a outros deuses na Índia. Shiva também é chamado de Ishvaradeva, ou *deva* soberano.

J

Jâmblico. Grande teósofo e Iniciado do século III. Escreveu muito acerca dos vários tipos de demônios que aparecem mediante evocação, mas se manifestou contundentemente contra tais fenômenos. Sua austeridade, pureza de vida e seriedade foram expressivas. A ele se credita ter levitado dez cúbitos acima do solo, como o fazem alguns iogues e médiuns modernos.

Javidan Khirad (persa). Uma obra de preceitos morais.

Jhana (páli). O sânscrito *jnana*, conhecimento; sabedoria oculta.

Josefo, Flávio. Historiador do século I; judeu helenizado que viveu em Alexandria e morreu em Roma. Eusébio lhe creditou a redação das dezesseis linhas famosas relativas a Cristo, que com suma probabilidade foram interpoladas pelo próprio Eusébio, o maior falsificador entre os Pais da Igreja. Essa passagem na qual Josefo, ainda que fosse um ardente judeu e morresse no seio do judaísmo, é, todavia, levado a reconhecer a *condição de Messias* e origem divina de Jesus, é hoje declarada como espúria tanto pela maioria dos bispos cristãos (Lardner, entre outros) quanto mesmo por Paley. (Ver sua *Evidences of Christianity*.)

Jukabar Zivo. Expressão dos gnósticos. O "Senhor dos Eons" no sistema nazareno. Ele é o procriador (emanador) das sete "Vidas Santas" (os sete Dhyan Chohans primordiais, ou arcanjos, cada um representando uma das virtudes cardeais), e é ele próprio chamado de a terceira Vida (terceiro Logos). No *Codex Nazaraeus* ele é tratado como o "elmo" e a "vinha" do alimento da vida. Assim, ele é idêntico a Cristo (Christos), que diz: "Eu sou a *vinha* verdadeira e meu Pai é o agricultor".[212] (*João* 15,1). É bem sabido que Cristo é considerado na Igreja Católica Romana como o "Chefe dos Eons", como também o é Miguel, "aquele que é como Deus". Tal era também a crença dos gnósticos.

K

Kama Rupa (sânscr.). Metafisicamente e em nossa filosofia esotérica é a forma subjetiva criada através dos desejos e pensamentos (de natureza mental e física) em conexão com as coisas da matéria por todos os seres sensíveis; forma que sobrevive à morte de seu corpo. Após esta morte, três

---

211. Obra literária em sânscrito no gênero épico escrita por volta de 200 a.C. (N.T.)

212. Ἐγώ εἰμὶ ἡ ἄμπελος ἡ ἀληθινή, καὶ ὁ πατήρ μου ὁ γεωργὸς ἐστιν. (*Egò eimì he ámpelos he alethiné, kaì ho patér mou ho georgós esti.*). (N.T.)

dos sete "princípios" (ou, digamos, planos dos sentidos e consciência nos quais atuam, por sua vez, os instintos e ideação humanos) – a saber, o corpo, seu protótipo astral e a vitalidade física – sendo agora inúteis, permanecem na Terra; os três princípios superiores, agrupados em uma unidade, mergulham em um estado de Devachan, estado no qual o ego superior se conservará até chegar a hora de uma nova reencarnação, enquanto o *eidolon* da ex-personalidade é deixado isolado em sua nova morada. Aqui, a pálida duplicata do ser humano que existia vegeta durante certo período de tempo, cuja duração é variável em conformidade com o elemento de materialidade nele deixado e que é determinado pela vida passada do defunto. Privado, como está, de sua mente superior, do espírito e dos sentidos físicos, se deixado sozinho e reduzido aos seus próprios dispositivos destituídos de sentidos, ele desvanecerá gradualmente e desintegrará; mas, se forçosamente atraído de volta à esfera terrena, quer pelos desejos e apelos passionais dos amigos que sobrevivem, quer pelas práticas regulares de necromancia – das quais uma das mais perniciosas é a mediunidade – a "assombração" pode se manter vigente por um período bem maior do que aquele da vida natural de seu corpo. Uma vez tenha o Kama Rupa aprendido o caminho de volta aos corpos humanos vivos, ele se torna um vampiro a se alimentar da vitalidade daqueles que se mostram tão ansiosos por sua companhia. Na Índia, esses *eidolons* são chamados de *pisachas* e constituem objeto de grande apreensão.

Kamaloka (sânscr.). O plano *semimaterial*, a nós subjetivo e invisível, onde as *personalidades* desencarnadas, as formas astrais denominadas Kama Rupa, permanecem até que dele desvaneçam gradualmente devido ao esgotamento total dos efeitos dos impulsos mentais que criaram esses *eidolons* das paixões e desejos animais inferiores. É o Hades dos antigos gregos e o Amenti dos egípcios – a Terra das Sombras silenciosas.

Kapilavastu (sânscr.). O torrão natal do Senhor Buda, denominado a "morada amarela", a capital do monarca que foi o pai de Gautama Buda.

Kardec, Allan. Nome adotado pelo fundador do espiritismo francês, cujo nome real era Rivail[213]. Foi ele que coletou e publicou as expressões resultantes de transe de certos médiuns e mais tarde fez delas uma "filosofia" entre os anos de 1855 e 1870.

Karma (sânscr.). Fisicamente, ação; metafisicamente, a lei da retribuição; a lei de causa e efeito ou causação ética. É Nêmesis somente no sentido de Karma ruim. É o décimo primeiro *nidana* na concatenação de causas e efeitos no budismo ortodoxo; todavia, é o poder que controla todas as coisas, o resultado da ação moral, o *samskara* metafísico, ou o efeito moral de um ato cometido para atingir algo que satisfaz um desejo pessoal. Há o Karma de mérito e o Karma de demérito. O Karma nem pune nem recompensa: é simplesmente a *lei universal única* que guia infalivelmente e, por assim dizer, cegamente, todas as demais leis que produzem certos efeitos ao longo dos sulcos de suas respectivas causações. Quando o budismo ensina que "o Karma é aquela semente moral (de qualquer ser) que com exclusividade sobrevive à morte e continua em transmigração" ou reencarnação, simplesmente significa que nada resta depois de cada personalidade, salvo as causas por ela produzidas, causas que não morrem, isto é, que não podem ser eliminadas do universo até serem substituídas por seus legítimos efeitos e, por assim dizer, exterminadas por eles. E tais causas, a não ser que compensadas por efeitos adequados durante a vida da pessoa que as produziu, seguirão o ego reencarnado e o atingirão em suas encarnações subsequentes até

---

213. Nome completo: Hippolyte Léon Denizard Rivail. (N.T.)

que seja plenamente restabelecida uma completa harmonia entre efeitos e causas. Nenhuma "personalidade" – um mero feixe de átomos materiais e características instintivas e mentais – pode, é claro, continuar como tal no mundo do puro espírito. Somente aquilo que é imortal em sua própria natureza e divino em sua essência, nomeadamente o ego, pode existir para sempre. E como é esse ego que escolhe a personalidade a qual ele dará forma após cada Devachan, e que recebe por meio dessas personalidades os efeitos das causas kármicas produzidas, é, portanto, o ego, esse *eu* – o qual é a "semente moral" a que se fez referência, e realmente o Karma encarnado ele próprio – "que com exclusividade sobrevive à morte".

***Kether* (hebr.).** "A Coroa, a mais elevada entre as dez Sephiroth; a primeira da tríade sublime. Corresponde ao Macroprosopus, Longo Rosto ou Arikh Anpin, que se diferencia em Chokmah e Binah."[214]

Krishna (sânscr.). O mais celebrado *avatar* de Vishnu, o "salvador" dos hindus e o mais popular dos deuses. Ele é o oitavo *avatar*, filho de Devaki e sobrinho de Kansha, o Herodes indiano que enquanto procurava por ele entre os pastores e boiadeiros que o escondiam, matou milhares de seus bebês recém-nascidos. A história da concepção de Krishna, seu nascimento e infância é o exato protótipo da história do Novo Testamento. Os missionários, é claro, tentaram mostrar que os hindus roubaram a história do Natal dos antigos cristãos que chegaram à Índia.

***Kshetrajna*, ou *Kshetrajneshvara* (sânscr.).** Espírito encarnado no ocultismo, o ego consciente em suas manifestações mais elevadas; o princípio reencarnante, ou o "Senhor" em nós.

***Kumara* (sânscr.).** Rapaz virgem ou celibatário jovem. Os primeiros *kumaras* são os sete filhos de Brahmâ, nascidos dos membros do deus na chamada *nona* "criação". Afirma-se que esse nome lhes foi dado devido à sua recusa formal de "procriar" sua espécie, de modo que "permaneceram iogues" de acordo com a lenda.

L

Labro, São. Santo romano solenemente beatificado alguns anos atrás. Sua grande santidade consistiu em ficar sentado em um dos portais de Roma dia e noite durante quarenta anos, ali permanecendo sem se lavar por todo esse tempo, o que resultou em ser ele devorado por vermes até seus ossos.

Lao-tse (chinês). Grande sábio, santo e filósofo contemporâneo de Confúcio.

Lei da retribuição. Ver *Karma*.

Linga Sharira (sânscr.). "Corpo astral", isto é, o símbolo etéreo do corpo. Esse termo designa o *doppelgänger*, ou corpo astral do ser humano ou do animal. É o *eidolon* dos gregos, o corpo vital e *protótipico*, o reflexo do ser humano de carne. Nasce antes da pessoa e morre ou desvanece gradualmente com o desaparecimento do último átomo do corpo.

Linguagem dos Mistérios. O jargão sacerdotal secreto usado pelos sacerdotes Iniciados e empregado somente quando se discutiam coisas sagradas. Toda nação possuía sua própria língua dos mistérios, desconhecida de todos, exceto daqueles admitidos aos Mistérios.

Livro das chaves. Antiga obra cabalística. Não existe mais seu original, embora possa haver cópias espúrias ou desfiguradas ou falsificações dele.

Logos (grego). A divindade *manifestada* com toda nação e povo; a expressão exteriorizadora ou o efeito da causa que é sempre ocultada. Assim,

---

214. Isso no domínio da Cabala. (N.T.)

o discurso é o *logos* do pensamento; consequentemente, no seu sentido metafísico, é apropriadamente traduzido pelos termos *verbum* e *palavra*.

Longino (Dionysius Cassius Longinus). Famoso crítico e filósofo nascido nos primórdios do século III (por volta de 213 d.C.). Foi um assíduo viajante e ouviu em Alexandria as palestras de Amônio Sacas, o fundador do neoplatonismo, embora tenha sido mais um crítico do que um seguidor. Porfírio (o judeu Malek ou Malchus) foi seu aluno antes de se tornar discípulo de Plotino. Dele foi dito que era uma biblioteca viva e um museu ambulante. Próximo ao fim de sua vida, ele se tornou o instrutor de literatura grega de Zenóbia, rainha de Palmira. Ela retribuiu seus serviços acusando-o diante do imperador Aureliano de tê-la aconselhado a rebelar-se contra esse último, um crime pelo qual Longino, acompanhado de vários outros, foi executado pelo imperador em 273.

Longo Rosto. Termo cabalístico; Arikh Anpin em hebraico, ou Longo Rosto; em grego Macroprosopos, contrastando com Pequeno Rosto, ou Zeir Anpin, Microprosopos. Um se relaciona com a divindade, o outro com o ser humano, a "pequena imagem da grande forma".

M

Macrocosmo. O "grande universo", ou cosmos.

Magia. A "grande" ciência. Segundo Deveria e outros orientalistas, "a magia era considerada uma ciência sagrada indissociável da religião" pelas nações mais antigas, mais civilizadas e mais instruídas. Os egípcios, por exemplo, eram um povo suma e sinceramente religioso, como foram e ainda são os hindus. Segundo Platão, "a magia consiste na veneração dos deuses e é adquirida pela veneração aos deuses". Nesse caso, poderia uma nação que, com base na evidência incontestável de inscrições e papiros se provou ter acreditado firmemente em magia por milhares de anos, ter sido ludibriada por tanto tempo? E será provável que gerações sobre gerações de indivíduos de uma hierarquia instruída e religiosa, muitos entre os quais experimentaram vidas de automartírio, santidade e ascetismo, teriam continuado a enganar a si mesmas e ao povo (ou mesmo apenas a esse último) pelo prazer de perpetuar a crença em "milagres"? Fanáticos, nos dizem, farão qualquer coisa para impor a crença em seus deuses ou ídolos. A isso respondemos: em tais casos, brâmanes e *rekhget-amens* egípcios ou hierofantes não teriam popularizado a crença *no poder do ser humano de comandar os serviços dos deuses mediante práticas mágicas*, deuses que são, na verdade, tão só os poderes ou potências ocultos da natureza, personificados pelos próprios sacerdotes instruídos, que neles reverenciavam apenas os atributos do princípio uno desconhecido e destituído de nome. Como Proclo, o platônico, formula competentemente: "Sacerdotes antigos, ao considerarem que há certa aliança e simpatia das coisas naturais entre si, e de coisas manifestas com referência a poderes ocultos, e descobrirem que todas as coisas subsistem em todas, *fabricaram uma ciência sagrada a partir dessa simpatia e similaridade mútuas* [...] e aplicaram com propósitos ocultos tanto naturezas celestiais quanto terrenas, mediante as quais, por meio de certa similitude, eles trouxeram naturezas divinas para esta morada inferior". Magia é a ciência da comunicação com potências divinas sobremundanas e sua direção, bem como do comando daquelas das esferas inferiores; um conhecimento prático dos mistérios ocultos da natureza conhecidos apenas por poucos, isto porque adquiri-los é dificílimo sem que se incorra na transgressão da lei. Os místicos antigos e medievais dividiam a magia em três classes: teurgia, goécia e magia natural. "Teósofos e metafísicos há muito tempo têm se apropriado da teurgia como sua esfera peculiar," diz Kenneth Mackenzie. "Goécia é magia negra, e a magia 'natural', ou branca, ascendeu com a cura em suas asas à posição orgulhosa de um estudo exato e progressivo." As observações adicionadas pelo nosso sábio irmão falecido são notáveis: "Os desejos realistas dos tempos modernos têm contribuído para levar a magia à má reputação e ao ridículo. Fé (em si próprio) é um elemento essencial na magia e existia muito antes de outras ideias que presumem sua preexistência. Diz-se que ela leva um homem sábio a produzir um tolo; e a ideia de um ser humano tem de ser exaltada quase até a loucura, isto é, as suscetibilidades de seu cérebro têm de ser aumentadas sumamente além do baixo *status* miserável da civilização moderna antes que ele possa se tornar um verdadeiro mago, pois a busca dessa ciência envolve certa quantidade de isolamento e a abnegação do eu." Certamente um isolamento muito grande, cuja consecução constitui um fenômeno maravilhoso, um milagre em si mesmo. Contudo, a magia não é algo *sobrenatural*. Como explicado por Jâmblico, "eles, por meio da teurgia sacerdotal, anunciam que são capazes de ascender a *essências mais elevadas e universais*, e àquelas que são estabelecidas acima do destino, a saber, ao deus e ao demiurgo, nem empregando a matéria, nem assumindo, ademais, quaisquer outras coisas exceto a observação de um tempo sensível". Alguns já estão principiando a reconhecer a existência de poderes e influências sutis na natureza, dos quais até agora nada souberam. Mas como o doutor Carter Blake observa verdadeiramente: "o século XIX não é aquele que tem observado a gênese de novos métodos de pensamento, nem a conclusão de antigos"; ao que o senhor Bonwick acrescenta que, "se os antigos pouco conheciam de nosso método de investigação dos segredos da natureza, nós conhecemos ainda menos do método de investigação deles".

Magia branca. A chamada "magia beneficente" é magia divina, despojada de egoísmo, de amor ao poder, ambição ou lucro, e inclinada exclusivamente a fazer o bem ao mundo em geral e ao semelhante em particular. A mais ínfima tentativa de empregar os próprios poderes anormais para a satisfação do eu transforma esses poderes em feitiçaria ou magia negra.

Magia cerimonial. Magia, de acordo com ritos cabalísticos, operada, tal como suposto pelos rosacruzes e outros místicos, invocando-se poderes espiritualmente superiores ao ser humano e comandando elementais que são muito inferiores ao próprio ser humano na escala do ser.

Magia negra. Feitiçaria; necromancia ou evocação dos mortos e outros abusos egoístas dos poderes anormais. Esse abuso pode ser não intencional, mas de qualquer modo tem de permanecer magia "negra" sempre que alguma coisa é fenomenicamente produzida simplesmente para a própria satisfação de alguém.

Mahamanvantara **(sânscr.).** Os grandes interlúdios entre o *Manus*: o período de atividade universal. *Manvantara* aqui significa simplesmente um período de atividade oposto ao *pralaya* ou repouso, sem referência à extensão do ciclo.

Mahat **(sânscr.).** Literalmente o "grande". O primeiro princípio da inteligência e consciência universais. Na filosofia *paurânica*[215], o primeiro produto de natureza radical ou *pradhana* (o mesmo que *mulaprakriti*); o produtor de *manas*, o princípio pensante, e de *ahamkara*, egotismo ou o sentimento de "eu sou eu" no Manas inferior.

Mahatma (sânscr.). Literalmente "grande alma". Adepto da mais elevada ordem. Um ser excelso que, tendo atingido o domínio de seus princípios inferiores vive, em consequência disso, livre do "homem de carne". Os

---

215. Este termo é estranho, e nos inclinamos a pensar que se trata de purânica, a filosofia contida nos Puranas. (N.T.)

Mahatmas estão de posse de um conhecimento e de um poder proporcionais ao estágio que alcançaram em sua evolução espiritual. Chamados em páli de Arahats ou Rahats.

Mahayana (sânscr.). Escola de filosofia budista; literalmente o "grande veículo". Sistema místico fundado por Nagarjuna. Os livros do Mahayana foram escritos no século II a.C.

Manas (sânscr.). Literalmente "mente". A faculdade mental que faz de um ser humano um ser inteligente e moral e que o distingue do mero animal; um sinônimo de *mahat*. Esotericamente, entretanto, significa (quando não qualificado), o ego superior ou o princípio reencarnante sensível no ser humano. Quando qualificado, os teosofistas o chamam de Buddhi-Manas, ou alma espiritual, distinguindo-se por contraste de seu reflexo humano, Kama-Manas.

Manas-sutratma (sânscr.). Duas palavras significando "mente" (*manas*) e "alma-fio" (*sutratma*). É, conforme se diz, o sinônimo de nosso ego, ou daquilo que reencarna. É um termo técnico da filosofia Vedanta.

Manas-Taijasa (sânscr.). Literalmente o "radiante" Manas; um estado do ego superior que apenas grandes metafísicos são capazes de conceber e compreender. O mesmo que "Buddhi-Taijasa", veja-se.

Manasa-putra **(sânscr.).** Literalmente "os filhos da mente" ou filhos nascidos da mente; um nome conferido aos nossos egos superiores antes de terem encarnado na espécie humana. Nos Puranas *exotéricos*, embora alegóricos e simbólicos (os Puranas são os antigos textos mitológicos dos hindus), *Manasa-putra* é o título dado aos filhos de Brahmâ nascidos da mente, os *kumaras*.

Mantras (sânscr.). Versos provenientes das obras dos Vedas[216], utilizados como encantamentos e talismãs. Entendem-se por *mantras* todas aquelas porções dos Vedas que são distintas das bramânicas ou de sua interpretação.

Manu (sânscr.). O grande legislador indiano. Esse nome provém da raiz sânscrita *man*, pensar, Man realmente representando apenas Svayambhuva, o primeiro dos Manus, o qual teve seu princípio a partir de Svayambhu, o existente por si mesmo, que é, consequentemente, o Logos e o progenitor da espécie humana. Manu é o primeiro legislador – quase um ser divino.

Manvantara **(sânscr.).** Um período de manifestação, oposto a *pralaya*, dissolução ou repouso; esse termo é aplicado a vários ciclos, especialmente a um Dia de Brahmâ – 4.320.000.000 anos solares – e ao reinado de um Manu – 308.448.000. Literalmente *Manu-antara*, "entre Manus" (ver *A doutrina secreta*, II, p. 68 *et seq.*).

Materialista. Não necessariamente somente alguém que não acredita nem em Deus nem na alma, mas também qualquer pessoa que materialize o puramente espiritual, tais como aqueles que acreditam em uma divindade antropomórfica, em uma alma capaz de queimar no fogo do inferno, e em um inferno e paraíso como lugares em vez de estados de consciência. Os substancialistas americanos, uma seita cristã, são materialistas, bem como os chamados espíritas.

Materializações. No espiritismo esta palavra significa o aparecimento objetivo dos chamados "espíritos dos mortos", os quais ocasionalmente se trajam novamente de matéria, isto é, formam para si, com os materiais

---

216. O significado de *Veda* (sânscrito) é sabedoria ou conhecimento, e os Vedas (o plural não é por acaso) são em número de quatro: *Rig Veda, Yajur Veda, Sama Veda* e *Atharva Veda*. São tratados de caráter múltiplo: religioso, devocional, filosófico e mágico. São as Escrituras sagradas mais antigas da Índia e a base tanto de sua religião mais importante, o hinduísmo, quanto de outros movimentos religiosos e filosóficos posteriores, dos quais o sistema Vedanta constitui um exemplo. (N.T.)

disponíveis encontrados na atmosfera e nas emanações das pessoas presentes, um corpo temporário que tem a semelhança humana do falecido, com sua aparência quando vivo. Os teosofistas aceitam os fenômenos de "materialização", porém repudiam a teoria de que é produzida por "espíritos", isto é, os princípios imortais de pessoas desencarnadas. Os teosofistas sustentam que, quando os fenômenos são genuínos – fato que ocorre mais raramente do que geralmente se crê –, são produzidos pelas *larvas*, os *eidolons*, ou "fantasmas" *kamalóquicos* das personalidades mortas. (Ver *Kamaloka* e *Kama Rupa*.) Como Kamaloka está no plano terreno e difere de seu grau de materialidade somente no grau de seu plano de consciência, razão pela qual está ocultado para nossa visão normal, a aparição ocasional de tais cascas é tão natural como a de esferas elétricas e outros fenômenos atmosféricos. A eletricidade, na qualidade de um fluido, ou a matéria atômica (pois os ocultistas acompanham Maxwell no pensamento de que é atômica), está sempre, ainda que invisivelmente, presente no ar. Esse fluido pode também manifestar-se sob várias formas, mas somente quando certas condições se acham presentes para o "materializar", quando ele passa de seu próprio plano para o nosso e se faz objetivo. Algo semelhante no que se refere aos *eidolons* dos mortos. Estão presentes ao nosso redor, mas, como estão em um outro plano, não nos veem tanto quanto nós não os vemos. Mas, sempre que os desejos intensos de pessoas vivas e as condições proporcionadas pelas constituições anormais de médiuns são combinados, esses *eidolons* são atraídos, mais do que isso, *baixados* de seu plano para o nosso e tornados objetivos. Isso é necromancia; não é benéfico para os mortos e é muito maléfico para os vivos, além do fato de interferir na lei da natureza. A materialização ocasional dos "corpos astrais" ou duplos de pessoas vivas é algo totalmente diferente. Esses "astrais" são frequentemente confundidos com as aparições dos mortos, uma vez que, de maneira camaleônica, nossos próprios "elementares" juntamente com aqueles dos elementais desencarnados e cósmicos com frequência assumirão a aparência das imagens de suma intensidade em nossos pensamentos. Em resumo, nas chamadas "sessões de materialização", são as pessoas presentes e o médium que *criam* a "aparição" peculiar. Aparições independentes pertencem a outro tipo de fenômenos psíquicos.

Maya (sânscr.). Ilusão: o poder cósmico que torna possíveis a existência fenomênica e suas percepções. Na filosofia hindu chama-se de *realidade* somente o que é imutável e eterno: tudo aquilo que está sujeito à mudança por meio de deterioração e diferenciação e que possui, consequentemente, um começo e um fim é considerado *maya* – ilusão.

Mediunidade. Palavra atualmente aceita para indicar aquele estado psicofisiológico que leva uma pessoa a tomar as fantasias de sua imaginação, suas alucinações reais ou artificiais por realidades. Nenhuma pessoa inteiramente sadia nos planos fisiológico e psíquico jamais pode ser um médium. Aquilo que os médiuns veem, ouvem e sentem é "real", porém *falso*; ou é obtido a partir do plano astral, tão enganoso em suas vibrações e sugestões, ou a partir de puras alucinações que carecem de qualquer existência real a não ser para quem as percebe. "Mediunidade" é um tipo de *condição de mediador* vulgarizada na qual se supõe que alguém acometido dessa faculdade torna-se um agente de comunicação entre um ser humano vivo e um "espírito" que partiu. Existem métodos regulares de treinamento para o desenvolvimento dessa aquisição indesejável.

Mercavah (hebr.). "Biga. Os cabalistas dizem que o Supremo, depois de haver estabelecido as dez Sephiroth, que em sua totalidade são Adão Kadmon, o Homem arquetípico, as empregou como uma biga ou trono de glória no qual descer sobre as almas dos seres humanos."

Mesmerismo. O termo provém de Mesmer, que redescobriu essa força magnética e sua aplicação prática perto de 1775 em Viena. Trata-se de uma corrente vital que uma pessoa pode transferir a outra, e através da qual a primeira induz um estado anormal do sistema nervoso na segunda que lhe permite exercer uma influência direta na mente e na vontade do *sujeito* ou da pessoa mesmerizada.

Mestre. Termo que traduz o sânscrito *guru*, "instrutor espiritual", e adotado pelos teosofistas para designar os Adeptos cujos ensinamentos sustentam.

Metafísica. Do grego *meta*, depois de, e *physica*, as coisas do mundo material externo. É esquecer o espírito e ater-se ao pé da letra para traduzi-la como "depois da natureza" ou *sobrenatural*, pois ela está completamente além do que é natural, visível ou concreto. Metafísica em ontologia e filosofia é o termo que designa a ciência que trata do ser real e permanente no seu contraste com o ser irreal, ilusório ou fenomênico.

Microcosmo. "Pequeno universo", que significa o ser humano feito à imagem de seu criador, o Macrocosmo, ou "grande universo", e contendo tudo o que esse último contém. Esses termos são utilizados no ocultismo e na teosofia.

***Mishnah* (hebr.).** Literalmente "repetição", da palavra *shanah*, "repetir" algo dito oralmente. Um resumo de explicações escritas proveniente das tradições orais dos judeus e uma condensação das Escrituras nas quais foi baseado o Talmude posterior.

Mistérios. Os Mistérios Sagrados foram promulgados nos templos antigos pelos hierofantes Iniciados visando a beneficiar e a instruir os candidatos. Os mais solenes e ocultos foram certamente os realizados no Egito pelo "grupo dos guardiões do segredo", que é como o senhor Bonwick chama os hierofantes. Maurice descreve a natureza deles muito vividamente em poucas linhas. Referindo-se aos Mistérios realizados em Fila (a ilha do Nilo), ele diz: "Era nessas cavernas sombrias que os grandiosos arcanos místicos da deusa (Ísis) eram revelados ao aspirante venerador, enquanto o hino solene da Iniciação ressoava pela grande extensão desses recessos de pedra". A palavra *mistério* é derivada do grego *myo*, "fechar a boca"[217], e todo símbolo relacionado aos Mistérios tinha um significado oculto. Como Platão e muitos outros sábios da Antiguidade afirmaram, esses Mistérios eram altamente religiosos, morais e beneficentes na qualidade de uma escola de ética. Os Mistérios gregos, de Ceres e de Baco, eram apenas imitações dos egípcios, e o autor de *Egyptian belief and modern thought* [Crença egípcia e pensamento moderno] nos informa que nossa própria palavra "*chapel* ou *capella*, segundo se diz, é o *caph-el* ou colégio de *el*, a divindade solar". Os famosos Kabiri[218] são associados aos Mistérios.

Em síntese, os Mistérios foram em todos os países uma série de encenações dramáticas nas quais os mistérios da cosmogonia e da natureza em geral eram personificados pelos sacerdotes e neófitos, que interpretavam os papéis de vários deuses e deusas, repetindo supostas cenas (alegorias) de suas respectivas vidas. Essas eram explicadas segundo o seu significado oculto aos candidatos à Iniciação e incorporadas às doutrinas filosóficas.

Misticismo. Qualquer doutrina envolvida no mistério e na metafísica e que se ocupa mais dos mundos ideais do que de nosso universo real e prosaico.

Místico. Da palavra grega *mysticos*. Na Antiguidade, alguém pertencente

---

217. Também "fechar os olhos". (N.T.)

218. Do grego Κάβειροι (*Kábeiroi*); na mitologia grega, divindades descendentes de Hefaístos (o deus olímpico da forja e artesão dos metais). Eram veneradas principalmente em Lemnos e na Samotrácia, mas também na Ásia Menor. (N.T.)

ao grupo dos admitidos aos antigos Mistérios; em nosso próprio tempo, alguém que pratica o misticismo, sustenta concepções místicas, transcendentais etc.

Moksha (sânscr.). O mesmo que *nirvana*; estado pós-morte de repouso e felicidade do "peregrino da alma".

Mônada. É a *unidade*, o *uno*, mas em ocultismo frequentemente significa a díade unificada Atma-Buddhi ou aquela parte imortal do ser humano que, encarnando nos reinos inferiores e gradualmente progredindo através deles até o ser humano, encontra a partir disso o caminho para a meta final: *nirvana*.

Monas (grego). No sistema pitagórico, a Díade emana da Monas superior e solitária, que é, assim, a Primeira Causa.

Monogene (grego). Literalmente o "gerado único", um nome de Prosérpina[219] e de outras deusas e deuses, como também de Jesus.

Mundaka Upanishad (sânscr.). Literalmente a "Doutrina esotérica *Mundaka*". Obra da remota Antiguidade.

Mundo oculto, O (*The occult world*). Nome do primeiro livro que trata de teosofia, de sua história e de certas doutrinas suas, escrito por A. P. Sinnett, então editor do mais importante jornal indiano, *The Pioneer*, de Allahabad.

N

Necromancia. A evocação das imagens dos mortos, considerada na Antiguidade e pelos ocultistas modernos como uma prática de magia negra. Jâmblico, Porfírio e outros teurgistas condenavam incisivamente tal prática, não menos do que o fazia Moisés, que condenava à morte as "bruxas" de sua época, as chamadas bruxas sendo com frequência apenas médiuns, por exemplo, o caso da bruxa de Endor e Samuel[220].

Neoplatônicos. Escola de filosofia que surgiu entre os séculos II e III de nossa era, e que foi fundada por Amônio Sacas, de Alexandria. Do mesmo modo que os filaleteanos e os analogeticistas, também eram chamados de teurgistas e por diversos outros nomes. Foram os teosofistas dos primeiros séculos. Neoplatonismo é filosofia platônica *mais êxtase*, Raja Yoga divina.

Nephesh (hebr.). "Aleto da vida", *anima*, *mens vitae*, apetites. Esse termo é empregado de forma bastante livre e imprecisa na Bíblia. Geralmente significa Prana, "vida", e na Cabala são as paixões animais e a alma animal. Portanto, como sustentado nos ensinamentos teosóficos, *nephesh* é o princípio *pranakâmico*, ou alma animal vital no ser humano.[221]

Nirmanakaya (sânscr.). Algo totalmente distinto na filosofia esotérica do significado popular que lhe é atribuído, e a partir das fantasias dos orientalistas. Alguns denominam o *nirmana kaya*, ou corpo, "*nirvana* com remanescentes*"* (Schlagintweit) supondo, provavelmente, que é um tipo de condição nirvânica durante a qual são retidas consciência e *forma*. Outros dizem que é um dos *trikaya* (três corpos) com "o poder de assumir qualquer forma de aparência visando a propagar o budismo" (esta é a ideia de Eitel); e também que "é o

---

219. A Perséfone da mitologia grega, filha da deusa olímpica Ceres (divindade ligada à terra e aos seus produtos, ou seja, a agricultura) e esposa de Hades (ou Plutão), deus soberano do mundo subterrâneo dos mortos. (N.T.)

220. A bruxa de Endor é uma personagem bíblica do Antigo Testamento (1 *Samuel* 28,7-25). Trata-se de uma necromante que, consultada pelo rei Saul antes do combate contra os filisteus, comunica-se com o espírito de Samuel. (N.E.)

221. Correspondendo também ao grego ψυχή (*psykhé*). (N.T.)

avatar encarnado de uma divindade" (*ibid.*). O ocultismo, por outro lado, diz (*A voz do silêncio*) que *nirmanakaya*, embora signifique literalmente "corpo" transformado, é um estado. A forma é a do Adepto ou iogue que ingressa naquela ou escolhe aquela condição pós-morte de preferência ao *dharmakaya* ou estado nirvânico absoluto. Ele o faz porque esse último *kaya* o separa para sempre do mundo da forma, conferindo-lhe um estado de felicidade *egoísta*, do qual nenhum outro ser vivo pode participar, com o que o Adepto é assim impedido de dispor da possibilidade de ajudar a humanidade, ou mesmo os *devas*. Entretanto, como uma *nirmanakaya*, o Adepto deixa para trás somente seu corpo físico e retém todos os outros "princípios" exceto o *kâmico*, visto que o suprimiu para sempre de sua natureza durante a vida, não podendo ele jamais ressuscitar em seu estado pós-morte. Assim, em lugar de se dirigir a uma felicidade egoísta, ele opta por uma vida de autossacrifício, uma existência que só finda com o ciclo da vida, com o objetivo de se capacitar a auxiliar a espécie humana de um modo invisível e, no entanto, extremamente eficiente. (Ver *A voz do silêncio*, terceiro tratado, "As sete portas".) Portanto, um *nirmanakaya* não é, como se crê popularmente, o corpo "no qual um Buda ou um Bodhisattva aparece sobre a Terra", mas verdadeiramente alguém que, não importa se um *chutuktu* ou um *khubilkhan*, um Adepto ou um iogue durante a vida, desde então se tornou um membro daquela hoste invisível que se mantém sempre protegendo e cuidando da humanidade dentro dos limites kármicos. Confundido frequentemente com um "espírito", um *deva*, com o próprio Deus etc., um *nirmanakaya* é sempre um anjo protetor, compassivo, verdadeiramente guardião para aquele que é digno de sua ajuda. Qualquer que seja a objeção que possa ser feita contra essa doutrina, por mais que seja negada, porque, abandonada, nunca foi até hoje tornada pública na Europa, e, portanto, uma vez desconhecida dos orientalistas, tem de ser um "mito de invenção moderna", ninguém será suficientemente audacioso a ponto de dizer que essa ideia de ajudar a humanidade sofredora ao preço do próprio autossacrifício quase infindável não é uma das mais grandiosas e nobres que já foi produzida no cérebro humano.

Nirvana (sânscr.). Segundo os orientalistas, o completo "apagamento", como o da chama de uma vela, a total extinção da existência. Mas, segundo as explicações esotéricas, é o estado de existência absoluta e consciência absoluta para o qual o ego de um ser humano que tenha atingido o mais alto grau de perfeição e santidade durante a vida vai após a morte do corpo e, ocasionalmente, como no caso de Gautama Buda e outros, durante a vida.

***Nirvani* (sânscr.).** Alguém que atingiu o *nirvana* – uma alma emancipada. De que *nirvana* significa algo inteiramente diferente das asserções pueris dos orientalistas, todo estudioso que tenha visitado a Índia, a China ou o Japão está bem ciente. É "fuga do infortúnio", mas somente daquele da matéria, libertação de *klesha*, ou *kama*, e a completa extinção dos desejos animais. Se nos dizem que o *Abhidhamma* define *nirvana* como "um estado de aniquilamento absoluto", concordamos, adicionando a essa última palavra a qualificação "de tudo ligado à matéria ou ao mundo físico", e isso simplesmente porque este último (como também tudo nele contido) é ilusão ou *maya*. Shakyamuni Buda declarou nos derradeiros momentos de sua vida: "o corpo espiritual é imortal". Como explica o senhor Eitel, o erudito sinólogo: "Os sistemas exotéricos populares concordam em definir *nirvana negativamente* como um estado de absoluta isenção do ciclo da transmigração; como um estado de plena libertação de todas as formas de existência, para começar, liberdade quanto a todas as paixões e esforços; um estado de indiferença em relação a toda sensibilidade" – e ele poderia ter acrescentado "morte de toda *compaixão* pelo mundo do sofrimento", e essa é a razão por que os Bodhisattvas que preferem a veste do *nirmanakaya* à do *dharmakaya* gozam de maior apreço na apreciação popular do que os *nirvanis*. Mas o mesmo estudioso acresce que "positivamente [e esotericamente] definem *nirvana* como o mais elevado estado de felicidade espiritual, como imortalidade absoluta por meio da absorção da alma [ou melhor, do espírito] no interior de si mesma, mas preservando a *individualidade*, de maneira que, por exemplo, os Budas, após ingressar no *nirvana*, podem reaparecer na Terra [isto é, no *manvantara* futuro]".

Noite de Brahmâ. Período da mesma duração de o Dia de Brahmâ no qual se diz que Brahmâ está dormindo. Ao despertar, ele recomeça o processo e isso prossegue por uma idade de Brahmâ composta de "dias" e "noites" alternados e que dura cem anos de 2.160.000.000 cada um. São necessários quinze algarismos para expressar a duração de tal idade, após cuja expiração instala-se o *mahapralaya* ou Grande Dissolução, e dura, por sua vez, pelo idêntico espaço de quinze algarismos.

Nôumeno **(grego).** A verdadeira natureza essencial do ser enquanto distinta dos objetos dos sentidos ilusórios.

Nout **(egípcio).** No panteão egípcio significava o "Um-somente-Um" porque ele não tem continuidade na religião popular ou exotérica acima da *terceira* manifestação que irradia a partir do incognoscível e do ignoto na filosofia esotérica de toda nação. O *noys* de Anaxágoras era o *mahat* dos hindus – Brahmâ, a primeira divindade *manifestada* "a mente ou espírito autopoderoso". Esse princípio criador é o *primum mobile* de tudo a ser encontrado no universo – sua alma ou ideação.

Noys **(grego).** Termo platônico para a mente ou alma superior. Significa espírito enquanto distinto de alma animal (*psykhé*); consciência ou mente divinas no ser humano. Vocábulo adotado pelos gnósticos para designar seu primeiro *aeon* consciente, que, para os ocultistas, é o terceiro *logos*, cosmicamente, e o terceiro "princípio" (a partir do alto) ou Manas no ser humano.

O

Ocultismo. Ver *Ciências ocultas*.

Ocultista. Alguém que pratica o ocultismo, um Adepto nas ciências secretas, mas com muita frequência o termo é aplicado a um mero estudante.

Olimpiodoro. O último neoplatônico famoso e célebre da escola de Alexandria. Viveu no século VI sob o imperador Justiniano. Houve diversos escritores e filósofos com esse nome tanto no período pré-cristão quanto no pós-cristão. Um desses foi o professor de Proclo, outro um historiador do século VIII etc.

Orígenes. Membro da Igreja cristã nascido no desfecho do século II, provavelmente na África, de quem pouco, se tanto, se conhece, visto que seus fragmentos biográficos passaram à posteridade sob a autoridade de Eusébio, o mais rematado falsificador de todos os tempos. Credita-se a esse último ter coligido mais de cem epístolas de Orígenes (*Origenes Adamantius*), que hoje se diz terem se perdido. Para os teosofistas, a mais interessante de todas as obras de Orígenes é sua "Doutrina da preexistência das almas". Ele foi discípulo de Amônio Sacas e por muito tempo compareceu às palestras desse grande mestre de filosofia.

P

Panano. Filósofo platônico da escola alexandrina dos filaleteanos.

Pandora. Na mitologia grega a primeira mulher sobre a Terra, criada por Vulcano[222] a partir de argila, com o propósito de enganar Prometeu e contrabalançar a dádiva que este concedera aos mortais. Tendo cada deus a presenteado com uma qualidade, foi ela instruída a levá-las em uma caixa a Prometeu, que, contudo, dotado de previdência a mandou embora, transformando os presentes em males. Assim, quando seu irmão Epimeteu, depois de desposar Pandora, abriu a caixa, todos os males que agora afligem a humanidade saíram dela e, desde então, permanecem no mundo.

Panteísta. Aquele que identifica Deus com a natureza, e vice-versa. Se tivermos de considerar a divindade um princípio infinito e onipresente, dificilmente pode ser de outra forma, a natureza sendo, assim, simplesmente o aspecto físico da divindade, ou seu corpo.

Parabrahman (sânscr.). Termo vedanta que significa "além de Brahmâ". O princípio supremo e absoluto, impessoal e sem nome. Nos Vedas a referência a ele é como "Aquilo".

Parinirvana. Na filosofia budista, a mais elevada forma de *nirvana* – além desse último.

Pársis. Os atuais adeptos persas de Zoroastro, hoje estabelecidos na Índia, especialmente em Bombaim e Gujerat; adoradores do sol e do fogo. Uma das mais inteligentes e estimadas comunidades do país, geralmente ocupada de atividades comerciais. Existem entre 50.000 e 60.000 pársis hoje[223] na Índia, onde se instalaram há cerca de um milênio.

Pedra filosofal. Termo de alquimia, também denominado *pó de projeção*, um "princípio" misterioso possuidor do poder de transmutar os metais vis em ouro puro. Na teosofia, simboliza a transmutação da natureza animal inferior do ser humano na divina, que é a mais elevada.

Personalidade. Os ensinamentos do ocultismo dividem o ser humano em três aspectos: o ser humano *divino*, o *pensante* ou racional e o *irracional* ou animal. Para propósitos metafísicos, ele também é considerado sob uma divisão setenária, ou, como é consenso expressá-lo em teosofia, ele é composto de sete "princípios", três dos quais constituem a *tríade* superior e os quatro restantes, o *quaternário* inferior. É nesse último que habita a *personalidade*, que engloba todas as características, inclusive a memória e a consciência, de cada vida física, por seu turno. A *individualidade* é o ego superior (Manas) da tríade considerada como uma unidade. Em outras palavras, a *individualidade* é nosso ego imperecível que reencarna e se veste de *uma nova personalidade* a cada novo nascimento.

Phren.[224] Termo pitagórico que denota o que chamamos de Kama-Manas, ainda eclipsado por Buddhi-Manas.

Pitágoras. O mais famoso filósofo místico grego, nascido em Samos por volta de 586 a.C. Ministrava o sistema heliocêntrico e a reencarnação, as mais elevadas matemáticas e a mais elevada metafísica, além de dispor de uma escola de renome mundial.

Plano. Do latim *planus* (nivelado, chato), uma extensão do espaço, seja no sentido físico, seja no metafísico. Em ocultismo, o raio de alcance ou extensão de algum estado de consciência, ou o estado da matéria correspondente aos poderes de percepção de um particular conjunto de sentidos ou à ação de uma força particular.

Plástico. Termo empregado no ocultismo que se refere à natureza e à essência do corpo astral, ou "alma proteana".

Pleroma. *Plenitude*, termo gnóstico empregado também por São Paulo. Mundo divino ou morada dos deuses.

---

222. Hefaísto. (N.T.)
223. Blavatsky escreve em 1889. (N.T.)
224. Em grego, φρήν (*phrén*). (N.T.)

Espaço universal dividido em *aeons* metafísicos.

Plotino. Ilustre filósofo neoplatônico do século III, grande místico prático renomado devido às suas virtudes e conhecimento. Ensinou uma doutrina idêntica à dos vedantinos, a saber, que a alma-espírito emanou do princípio deífico uno e que, após sua peregrinação sobre a Terra, era reunida a ele.

Porfírio (Porphyrius). Seu verdadeiro nome era Malek, o que fez com que fosse considerado judeu. Veio de Tiro e, tendo principiado seus estudos com Longino, o eminente filósofo e crítico, tornou-se discípulo de Plotino em Roma. Era um neoplatônico e destacado autor, especialmente famoso por sua controvérsia com Jâmblico relativamente aos males ligados à prática da teurgia, ainda que tenha finalmente se convertido às concepções de seu opositor. Místico nato, adotou, como seu mestre Plotino, o sistema puro indiano de Raja Yoga, o qual, mediante treinamento, conduz à união da alma com a superalma do universo, e da alma humana com a *divina*, Buddhi-Manas. Ele lamenta, entretanto, de que a despeito de todos os seus esforços, alcançou o supremo estado de êxtase somente uma vez, e isso quando contava com 68 anos, enquanto seu mestre Plotino havia experimentado a felicidade suprema seis vezes durante sua vida.

Pot Amun. Termo copta que significa "aquele consagrado ao deus Amun", o deus da sabedoria. Nome de um sacerdote egípcio e ocultista sob os Ptolomeus.

Prajna (sânscr.). Termo usado para designar a "mente universal". Sinônimo de *mahat*.

Pralaya (sânscr.). Dissolução, o oposto de *manvantara*, o primeiro sendo o período de repouso e o segundo o de plena atividade (morte e vida) de um planeta, ou do universo inteiro.

Prana (sânscr.). Princípio vital, o alento da vida, *nephesh*.

Psiquismo. Palavra atualmente empregada para denotar toda espécie de fenômenos mentais, por exemplo, a mediunidade, bem como a forma mais elevada de sensitividade. Trata-se de uma palavra recentemente cunhada.

Puranas (sânscr.). Literalmente "o antigo", com referência aos textos ou Escrituras mitológicos hindus, dos quais há um número considerável.

Q

Quaternário. Os quatro "princípios" inferiores do ser humano, aqueles que constituem sua *personalidade* (isto é, corpo, duplo astral, Prana ou vida e órgãos do desejo, e Manas inferior ou mente cerebral), como distintos do ternário ou da tríade superior composta de alma espiritual superior, mente,[225] e Atman (Eu Superior).

R

Recordação, lembrança, reminiscência. Ocultistas distinguem essas três funções. Como, porém, um glossário não pode conter a completa explicação de todo termo com todas as suas diferenças metafísicas e sutis, só podemos afirmar aqui que esses termos variam em suas aplicações, conforme se relacionam com o nascimento passado ou presente, e conforme uma ou outra dessas fases da memória emana do espiritual ou do cérebro material; ou, ademais, da *individualidade* ou da *personalidade*.

Reencarnação ou renascimento. Doutrina outrora universal que ensinava que o ego nasce nesta Terra inúmeras vezes. Atualmente é rejeitada pelos cristãos, que parecem não compreender os ensinamentos de seus próprios Evangelhos. A despeito dis-

---

225. Manas superior. (N.T.)

so, a encarnação periódica e ao longo de longos ciclos da alma superior humana (Buddhi-Manas) ou ego é ensinada na Bíblia como o é em todas as demais Escrituras antigas, e "ressurreição" significa apenas o renascimento do ego sob outra forma.

Religião-Sabedoria. O mesmo que teosofia. Nome conferido à doutrina secreta que serve de base a todas as Escrituras e religiões exotéricas.

Reuchlin, John. Grande filósofo e filólogo alemão, cabalista e erudito. Nasceu em Pfortzheim, na Alemanha, em 1455 e, cedo, ainda jovem, foi diplomata. Durante certo período de sua vida ocupou um cargo elevado de juiz no tribunal de Tübingen, onde permaneceu por onze anos. Foi também preceptor de Melancton, e bastante perseguido pelo clero devido à sua glorificação da Cabala hebraica, embora tenha sido ao mesmo tempo chamado de o "Pai da Reforma". Morreu em 1522 na extrema pobreza, destino comum de todos que naquela época se colocavam contra o pé da letra da Igreja.

S

Samadhi (sânscr.). Na Índia, a palavra com a qual se designa o êxtase espiritual. É um estado de transe total induzido por meio de concentração mística.

Samkhara (páli). Um dos cinco *skandhas* ou atributos budistas. "Tendências da mente".

Samma-Sambuddha (páli). Recordação súbita que se tem de todas as próprias encarnações passadas. Termo místico budista.

Samotrácia. Ilha no arquipélago grego, famosa na Antiguidade pelos Mistérios celebrados em seus templos. Esses Mistérios gozavam de prestígio mundial.

Samyuttaka Nikaya (páli). Um dos *sutras* budistas.

Sanna (páli). Um dos cinco *skandhas*, ou atributos, que significa "ideias abstratas".

Séance. Termo utilizado atualmente para denotar uma sessão com um médium para vários fenômenos. Usado principalmente entre os espíritas.

Sephiroth. Vocábulo cabalístico hebraico para as dez emanações divinas de Ain Suph, o princípio ou Divindade universal impessoal.

Seridade [*be-ness*]. Termo cunhado pelos teosofistas para traduzir mais precisamente o significado essencial da palavra intraduzível *sat*. Esta não significa "ser", uma vez que o termo "ser" pressupõe uma consciência sensível da existência. Mas como o termo *sat* é aplicado exclusivamente ao princípio absoluto, aquele princípio universal, desconhecido e sempre incognoscível que o panteísmo filosófico postula, classificando-o como a raiz básica do cosmos e o próprio cosmos, não poderia ser traduzido pelo simples termo "ser". *Sat*, realmente, não é sequer, como traduzido por alguns orientalistas, a "entidade incompreensível", pois não é mais uma entidade do que uma não entidade, porém ambas. É, como foi dito, *seridade* absoluta, não "ser"; o todo uno, destituído de segundo, indiviso e indivisível – a raiz da natureza tanto visível quanto invisível, objetiva e subjetiva, compreensível e – jamais para ser plenamente compreendida.

Skandhas. Os *atributos* de toda personalidade que, após a morte, formam a base, por assim dizer, de uma nova reencarnação kármica. No sistema popular ou exotérico dos budistas, eles são cinco, a saber: *rupa*, forma ou corpo, que deixa para trás seus átomos magnéticos e afinidades ocultas; *vedana*, sensações, que atua da mesma forma; *sanna*, ou ideias abstratas, que são os poderes criativos atuantes de uma encarnação para outra; *samkhara*, tendências da mente; e *vinnana*, faculdades mentais.

Sonambulismo. "Andar durante o sono." Estado psicofisiológico demasiado conhecido para exigir explicações.

Sthula Sharira (sânscr.). No ocultismo e na filosofia Vedanta, o corpo físico humano.

Sthulopadhi (sânscr.). O corpo físico no seu estado de vigília consciente (*jagrat*).

Sukshmopadhi (sânscr.). O corpo físico no estado onírico (*svapna*), e *karanopadhi*, o "corpo causal". Esses termos pertencem aos ensinamentos da escola Taraka Raja Yoga.

Swedenborg, Emanuel. Famoso erudito e clarividente do século XVIII, homem de vasto conhecimento que contribuiu imensamente para a ciência, mas cujo misticismo e filosofia transcendental colocaram-no nas fileiras dos visionários alucinados. Hoje ele é universalmente conhecido como o fundador da seita *swedenborgiana*, ou Igreja Nova Jerusalém. Nasceu em Estocolmo (Suécia) em 1688, de pais luteranos, sendo seu pai o bispo de West Gothland. Seu nome original era Swedberg, mas, por ter sido nobilitado e tornado cavaleiro em 1719, foi mudado para Swedenborg. Tornou-se místico em 1743 e, quatro anos depois (em 1747), renunciou ao seu cargo (de assessor extraordinário do Colégio de Minas) e entregou-se inteiramente ao misticismo. Morreu em 1772.

T

Taijasa (sânscr.). De *tejas*, "fogo"; significando o "radiante", o "luminoso"; referindo-se ao *manasa rupa*, "o corpo de manas", também aos astros e aos invólucros brilhantes *semelhantes a estrelas*. Termo da nomenclatura da filosofia Vedanta que possui outros significados além daquele oculto que acabamos de indicar.

Taraka Raja Yoga (sânscr.). Um dos sistemas de ioga bramânica, o mais filosófico e, de fato, o mais secreto de todos, visto que suas doutrinas genuínas jamais são comunicadas publicamente. É uma escola de treinamento puramente intelectual e espiritual.

Teogonia. Do grego *theogonía*, literalmente "gênese dos deuses".

Teosofia (grego). Literalmente "sabedoria divina ou sabedoria dos deuses".

Terapeutas (grego). Escola de curadores místicos judeus, ou esotéricos, indicada erroneamente por alguns como uma seita. Residiam em Alexandria e perto de Alexandria e suas ações e crenças permanecem até hoje um mistério para os críticos, porquanto a filosofia deles parece ser uma combinação de práticas órficas, pitagóricas, essênias e puramente cabalísticas.

Terra de veraneio. Nome fantasioso dado pelos espíritas para a morada de seus "espíritos" desencarnados, que eles situam em algum lugar da Via Láctea. É descrito sob a autoridade de "espíritos" *que retornam* como uma terra adorável onde há belas cidades e edifícios, um prédio do Congresso, museus etc. etc. (Ver as obras de Andrew Jackson Davis.)

Tetragrammaton (grego). O nome da divindade em quatro letras, as quais são sob sua forma inglesa IHVH. Trata-se de um termo cabalístico e corresponde, em um plano mais material, à sagrada *tetraktys* pitagórica.

Teurgia. Do grego *theiourgia*. Ritos para fazer descer à Terra espíritos planetários e demais espíritos ou deuses. Para chegar à consecução de tal objetivo, o teurgista tinha de ser absolutamente puro e isento de egoísmo nos seus motivos. A prática da teurgia é bastante indesejável e até perigosa na atualidade. O mundo tornou-se demasiado corrupto e perverso para a prática daquilo que tais homens santos e sábios como Amônio, Plotino, Porfírio e Jâmblico (o mais sábio teurgista de todos) podiam, exclusivamente, tentar sem punição. Em nossos dias, a teurgia ou magia divina beneficente é passível muito facilmente de se tornar goética ou, em outras palavras, feitiçaria. Teurgia é a primeira das três subdivisões da magia, que é teúrgica, goética e magia natural.

Theodidaktos (grego). "Ensinado por Deus ou pelo deus", título aplicado a Amônio Sacas.

Thymos (grego). Termo pitagórico e platônico aplicado a um aspecto da alma humana para denotar sua condição *kamarúpica* passional. Quase equivalente ao sânscrito *tamas*, "a qualidade das trevas", e provavelmente dele derivado.

Timeu de Locris.[226] Filósofo pitagórico nascido em Locris. Divergia de seu mestre em algo no que se referia à doutrina da metempsicose. Escreveu um tratado no dialeto dórico sobre a alma do mundo, sua natureza e essência, o qual ainda existe.

Tríade ou trindade. O três em um em toda religião e filosofia.

U

Upadhi **(sânscr.).** Base de alguma coisa, subestrutura, como, no ocultismo, substância é o *upadhi* do espírito.

Upanishad (sânscr.). Literalmente "doutrina esotérica". A terceira divisão dos Vedas, classificado como revelação (*shruti* ou "palavra revelada"). Cerca de 150 ou mesmo duzentos dos Upanishads ainda continuam existindo, embora não mais do que cerca de doze são totalmente fidedignos quanto a estar livres de falsificação. Esses doze são todos anteriores ao século VI a.C. Como a Cabala, que interpreta o sentido esotérico da Bíblia, os Upanishads explicam o sentido místico dos Vedas. O professor Cowell faz duas afirmações relativas aos Upanishads que são a um tempo interessantes e corretas. Diz: (1) Essas obras apresentam "uma peculiaridade notável, a total ausência de qualquer exclusividade bramânica em sua doutrina. [...] Respiram um espírito inteiramente diferente, uma liberdade de pensamento desconhecida em qualquer obra anterior exceto nos próprios hinos do *Rig Veda*"; e (2) os grandes mestres do conhecimento superior [*gupta-vidya*], e brâmanes, são continuamente representados como se dirigindo aos reis Kshatriya para se tornar seus discípulos [*chelas*]". Isso mostra em caráter conclusivo que (a) os Upanishads foram escritos antes da *implantação impositiva* das castas e do poder dos brâmanes, e ocupam, assim, o segundo lugar em matéria de antiguidade, sendo o primeiro o dos Vedas; e que (b) as ciências ocultas ou o "conhecimento superior", como Cowell ou formula, é muito mais antigo do que os brâmanes na Índia, ou, ao menos, do que o sistema de castas. Todavia, os Upanishads são muito posteriores ao *gupta-vidya*, ou a "ciência secreta", a qual é tão antiga quanto o próprio pensamento filosófico humano.

V

Vahan **(sânscr.).** "Veículo", um sinônimo de *upadhi*.

Vallabhacharyas (sânscr.). A "seita dos Maharajas", comunidade licenciosa de culto fálico, cuja ramificação principal é em Bombaim. O objeto de culto é o infante Krishna. O governo anglo-indiano tem sido várias vezes compelido a interferir a fim de fazer cessar seus ritos e práticas vis, e o líder da seita, Maharajah, uma espécie de sumo sacerdote, foi aprisionado mais de uma vez, e isso muito justamente. Essa é uma das máculas mais negras da Índia.

Vedanta (sânscr.). Significado literal: "fim de [todo o] conhecimento".

---

226. Este personagem figura como participante principal do diálogo homônimo de Platão (*Timeu*). (N.T.)

Entre as seis *darshanas* ou escolas de filosofia, é também denominada Uttaramimansa, ou Mimansa "posterior". Há aqueles que, incapazes de compreender seu esoterismo, a consideram ateísta, mas não é o caso, visto que Shankaracharya, o grande apóstolo dessa escola e seu popularizador, foi um dos maiores místicos e Adeptos da Índia.

Vidya (sânscr.). Conhecimento, ou melhor "conhecimento-sabedoria."

Vidya de Brahma (sânscr.). O conhecimento ou ciência esotérica a respeito da natureza verdadeira dos dois Brahmas (Brahma e Brahmâ).

***Vinnana* (páli).** Um dos cinco *skandhas* e que significa exotericamente "poderes mentais".

Y

***Yuga* (sânscr.).** Idade do mundo. Divide-se em quatro idades, as quais se sucedem em uma série, nomeadamente *krita* (ou *satya*) *yuga*, a idade de ouro; *treta yuga*; *dvapara yuga*; e, finalmente, *kali yuga*, a idade negra, na qual estamos agora.

Z

Zenóbia. Rainha de Palmira derrotada pelo imperador Aureliano. Ela tinha como instrutor Longino, o famoso crítico e lógico do século III d.C.

Zivo, Kabar ou Yukabar. Nome de uma das divindades criadoras no Código nazareno.

Zohar (hebr.). O Livro dos "Esplendores", obra cabalística atribuída a Simeon Ben Iochai no primeiro século de nossa era.

Zoroastriano. Aquele que segue a religião dos pársis, adoradores do sol ou do fogo.

[Leitores que necessitam de informações mais completas sobre qualquer termo em particular devem consultar *Glossário teosófico*].

Índice remissivo

A

A doutrina secreta, 85, 121, 132, 149, 167, 210 e 270
Abammon, 37
Absolutidade, 87, 89 e 110
absoluto, 36, 72, 87, 89, 91, 94, 105-106, 112, 123, 130, 133, 179, 201 e 212
absorção, 129-130
abstrações, 141
abstrato, 82 e 165
ação, 75, 94, 151-152, 200, 207, 215 e 229
ação muscular inconsciente, 97
ação muscular, 197
acidente, 133
acusações contra Madame Blavatsky, 282
Adão, 191
Adão Kadmon, 191
Adeptos, 53-54, 159, 161, 202, 217, 277 e 280-282
adoração de fetiche, 88 e 102
adultério, 92
afeição espiritual, 160
afinidades kármicas, 178
agnoia, 114
Agnostic Journal, 72
agnósticos, 114, 220 e 262
ahamkara, 147
Ain Suph, 87-88
ajuste, 211
ajuste retributivo, 145
alegoria, 100
alento, 117, 129 e 189
alento espiritual, 129
Alexandria, 39
alimentação de carne, 255-256
alívio do sofrimento, 203-204
alma, 36, 72, 94, 97, 100, 103, 105, 110-117, 119-120, 122-135, 139, 143-144, 147, 159, 164-169, 172, 176-179, 185, 189-191, 196 e 218
alma, memória da, 150
alma animal, 97-98, 111-112, 119, 123, 130, 133, 135, 155 e 163
alma animal irracional, 111 e 114
alma astral, 122
alma consciente, 160
alma consciente intelectual, 160
alma desencarnada, 177
alma divina, 119, 134, 164 e 167-168
alma do espírito, 116
alma do mundo, 122
alma do mundo universal, 122
alma e espírito, 113, 129, 163, 191 e 218
alma espiritual, 112, 114, 116-117, 119, 123, 130, 134-135, 147, 168 e 191
alma espiritual irracional, 119
alma-fio, 170
alma humana, 36, 97-98, 112, 123, 130, 134-135, 166-168 e 178
alma instintiva, 116
alma pensante, 98, 123 e 133
alma pessoal, 120, 124 e 129
alma plástica, 134
alma proteana, 134
alma racional, 114, 119, 127 e 130
alma terrestre, 135
alma universal, 36, 97, 123, 126, 129 e 144
alma vital, 97-98 e 100
alquimia, 53 e 66
alquimistas, 35
altruísmo, 80, 237 e 247
alucinações, 139 e 159
ambiente, 143 e 203
americanos, 47

Amon, 36
Amônio, 35, 37-43, 55 e 139
amor, 101, 127-128, 149, 158-160, 233 e 259
amor divino, 160
amor sagrado espiritual, 160
analogeticistas, 35
analogia, 36
Ananda, 47 e 102
Anaxágoras, 114
Ancião dos Anciões, 191
anima bruta, 123
anima divina, 123
anima mundi, 123
animais, 121 e 155
animais e seres humanos, diferença entre, 121
animal humano, 113
aniquilação, 101-102, 113, 120, 128-129, 164, 170, 172, 175, 190, 192-193 e 219
anjos, 121 e 189
anoia, 111 e 139
anseios de sua alma, 159
Antigo Testamento, 71
antropomorfismo, 92
aparente injustiça, 152
Apolônio de Tiana, 45
apóstata, 249
aprimoramento material, 234
aprimoramento moral, 292
Aquilo, 145
Arábia, Hierofantes da, 66
Arhats, 47-48 e 101
Aristóbulo, 39
Aristóteles, 39 e 123
Arnold, Edwin, 214
Árvore da Vida, 84
Árvore do Conhecimento, 84
ascetismo, 253-254 e 278
aspecto divino do ser humano, 143
aspectos, *ver* princípios
aspectos mentais, 132
aspiração, 227
associação de ideias, 138 e 140
astrologia, 54

ateísmo, 102
ateístas, 88, 97, 212 e 262
Atenágoras, 39-40
atenienses, 116
ateus, 97 e 262
Atma, 92, 111-112, 115, 119-120, 122, 124, 128, 130, 132-133, 135, 147, 166, 179-181, 186 e 192
Atma-Buddhi, 111-112, 114, 128, 130 e 135
Atma-Buddhi-Manas, 155
átomo, 89 e 105
Atos, 129
atributos, 90, 142 e 168
atuação do Karma, 215
aura, 156 e 281
aurora boreal, 281
autoabandono, 235
autoabnegação, 236
autoaprimoramento, 79
autoconfiança, 94-95 e 263
autodesenvolvimento, 80 e 237
auto-hipnotismo, 96
autoridade, 219
autossacrifício, 101 e 235-236
Avatar, 186

B

Bactria, sábios de, 37
Baço, 134
Banner of light, 158
beatice, 75
beijo sagrado, 124
Bellamy, Edward, 73
bem, 128, 162, 201, 207, 210 e 233
Bhagavad Gita, 76 e 92
Bíblia, 41, 70, 93, 125, 127, 129 e 263
bibliotecas da ST, 75
Bigandet, bispo, 97
Bishop, Washington Irving, 197
blasfêmia, 90 e 94
bodismo, 47 e 100
Böhme, Jakob, 37 e 54
bondade, 230 e 233

ÍNDICE REMISSIVO

Book of the keys, 124
Brahma, 179
Brahmâ, 105 e 167
Brahma-Vidya, 36
Brahmanas, 102
Brâmanes, 47, 94, 102 e 221
Brown-Séquard, Dr., 281
brutalidade, 233
brutos, *ver* animais
bruxaria, 196
Buck, Dr. J. D., 49
Buda, 42, 46-47, 75-76, 94, 100-103, 129, 142, 146, 200, 228 e 235
Budas, 171 e 191
Buddhi, 92, 111-112, 114, 116, 119, 123, 130, 147, 164, 167-168, 170, 173, 180-181, 184 e 188-193
Buddhi-Manas, 124, 135, 144, 167-168 e 180
Buddhi-Taijasa, 172
Buddhist birth stories, 146
Buddhist catechism, 99, 142 e 145
budismo, 46, 72, 97, 99-100, 103, 121, 142, 161, 201, 228 e 243-244
budistas, 47, 96, 100, 119, 128, 194, 200, 220-221 e 243-244
budistas esotéricos, 46, 72, 97, 99-100, 103, 121, 142, 161, 201, 228 e 243-244
Butler, 139

C

Cabala, 54, 73, 87-88 e 191
cabalistas, 37, 88, 114, 116, 120 e 190
cadáver, 132
cadeia, 109
cadeia de terras, 108
Caldeia, hierofantes da, 66
caldeus, 55
cálice da vida, 155
capacidades intelectuais, 259
cápsula astral, 120
caráter, 146 e 233
caráter humano, 233
caridade, 72, 101, 239-240 e 245-246
caridade da mente, 239

caridade prática, 239 e 245
carne animal, 254-255
casamento, 238 e 256-257
cascas (cascões), 193-194
cascas (cascões) kamalóquicas, 59 e 194
casta, 292
causa, 202 e 209
causa final, 202
causação, 232 e 235
causação universal, 232
Ceilão, 96 e 101
celibato, 253
centelha divina, 60
cérebro, 92, 112, 138, 141, 155 e 162-163
cérebro físico, 92, 112, 138, 141, 155, 162 e 193
céu, 102 e 128
chave para as religiões, 38
chelas, 134
chelas comprometidos, 134
Chinese buddhism, 48
ciclo da necessidade, 174
ciclo da vida, 88, 105, 118, 124, 127, 129, 183, 192 e 199
ciclo de encarnações, 64, 159, 168, 174 e 186-188
ciclo do ser, 88, 159, 168, 174 e 186-187
ciência, 55, 107-108, 141, 259 e 279
ciência divina, 35 e 66
ciência física, 107
ciência oculta, 57-58, 76 e 255
ciência sagrada, 55
ciências psicoespirituais, 107
ciências verdadeiras, 54
cientistas, 139
cientistas cristãos, 96
cientistas mentais, 96
civilização, 243
clarividência, 216
classes na sociedade, 203
Clemente, 39-40
Clemente de Alexandria, 37 e 66
Codex Nazaraeus, 191
Coleridge, 141
compaixão, 101 e 216

compensação, 123
complicação kármica, 136
comprometidos, membros da ST, 52-53
compromisso, 43, 52-53, 68, 76-79 e 115
comunicações com os espíritos, 60, 156, 160-161, 163 e 194-198
concepções terrestres, 175
concreto, 82
Confissão Presbiteriana de Fé, 214
Confúcio, 42, 76 e 236
conhecimento, 35-36, 42, 46, 65, 82, 84, 108 e 218
conhecimento arcaico, 66
conhecimento divino, 35-36 e 46
Connelly, J. H., 208 e 213
consciência, 64, 89, 91, 106, 109-111, 117-118, 124-125, 133, 143-144, 147-148, 157, 161, 166-168, 170, 172, 175, 178-180, 184-185, 192, 217, 219-220, 229, 236-237 e 247
consciência absoluta, 89 e 118
consciência de si, *ver* consciência
consciência divina, 135
consciência espiritual, 91, 111, 148, 157, 179 e 184
consciência espiritual imortal, 184
consciência espiritual pós-morte, 157
consciência física, 144 e 185
consciência humana, 148
consciência individual, 125
consciência mânasica, 170
consciência pessoal, 113 e 125
consciência pós-morte, 143, 166 e 172
consciência pós-natal, 143 e 166
consciência superfísica, 178
consciência superior, 161
consciência universal, 219
contemplação, *ver* meditação
continuidade, 167
cooperação, 232
coração, 91, 103 e 159
corpo, *ver* corpo físico
corpo astral, 59, 111-114, 141, 155 e 161, *ver também* duplo
corpo causal, 132, 135, 147 e 178-179
corpo celestial, 151

corpo físico, 80, 95, 111-112, 114-116, 120-121, 124, 132, 134, 141, 147-148, 150-151, 155, 161-163, 172, 181, 189, 193, 218 e 254
corpo pineal, 135
corpo psíquico, 111
corpo terrestre, 148, 151 e 161 *ver* também corpo físico
correlação de forças, 120
corrente, 109
correntes planetárias, 108
correspondências, 37 e 116
cosmos, 89, 107 e 114
credo, ST não tem, 51-52, 83 e 85
credos, 292
credulidade, 219
crença, 172, 175-176 e 219
crença e descrença, efeito da, 172 e 175-176
crescimento psíquico, 292
criação, 88-89, 105, 126-127 e 189
criador, 87, 89 e 127
crianças, 268
crime, 96, 223, 243-244, 260 e 286
cristandade, 96 e 223-224
cristãos, 69, 79, 93-96, 177, 192, 200, 220-221 e 229
cristãos selvagens, 237
cristianismo, 80-81, 97, 129, 164, 190, 218, 222, 228 e 258
Cristo, *ver* Jesus Cristo
Cristos, 92, 94, 164 e 190

D

Damien, Padre, 236-237
danação, 158 e 240
Davi, 83
defesa da ST, 245
deidade universal, 186 e 201
deístas, 88
delírios da febre, 138
demérito, 156 e 202
Deméter, 116
desarmonia, 207-208
descida do ego espiritual, 164 e 170

descrença, efeito da, 175-176
desejos animais, 134-135, 181 e 188
desenvolvimento, 80, 165, 231-235, 237, 254-255, 263, 279 e 292
desenvolvimento espiritual, 231, 234, 254-255 e 292
desenvolvimento mental, 231 e 292
desenvolvimento teosófico, 254
desigualdades da vida, 152
desintegração dos princípios, 117 e 141
destino, 117, 164, 186, 210, 216 e 238
destino dos princípios inferiores, 155
destino feito por ele mesmo, 187
Deus, 83, 87-99, 103, 105, 114, 123-127, 157, 185-186, 189-190, 207, 214-215, 218, 220-222 e 262
Deus, Manas é um, 187-188
Deus acima de nós, 180
Deus antropomórfico, 88 e 126
Deus extracósmico, 103 e 126
Deus no ser humano, 96 e 186
Deus pessoal, 97, 127, 207 e 262
deuses, 94, 110, 131 e 144
Devachan, 59, 112, 117-118, 121, 124-125, 144-145, 151, 155-159, 161, 163, 165, 170, 175-176, 178, 183, 188, 193-194, 199, 201 e 217
Devachaní, 157 e 159-161
Devas, 94
dever, 72, 76, 217-218, 227-230, 233, 237-239, 248, 250 e 292
deveres cristãos, 154 e 239
deveres familiares, 238
deveres pagãos, 228
dhamma, 102
Dharma, 215
Dhyan Chohans, 137 e 174
dhyana, 129
díade, 147
díade divina, 147
Dias e Noites de Brahmâ, 105
difamadores, 248-249 e 252
diferença entre seres humanos e animais, 121
diferenciação, 219
Diógenes Laércio, 36
discórdia, 292

discrição, 250
discriminação, 281
divina, centelha, 60
divindade, 48, 89-91, 111, 114-116, 128-130, 165, 167, 186, 201, 217, 221, 223 e 240
divindade manifestada, 167
divinos, poderes, 186
divisa da ST, 36
doença, 197 e 255-256
dogma, 46, 83, 98, 215, 218, 220 e 292
dois princípios no ser humano, 134
dois tipos de existência consciente, 173
domínio espiritual, 180-181
domínios psíquicos, 280
dor, *ver* sofrimento
doutrina arcaica, 85, 110 e 130
doutrina esotérica, 167 e 244
doutrinas da teosofia, 50, 87, 137-139, 218, 232-233 e 245
doutrinas egípcias, 40
doutrinas indianas, 40
drogas, 256
dualidade, 124
duendes, 196
Dugpas, 280 e 282
duplo, 59, 115, 132, 134, 155 e 181
duplo vital, 132

E

Edinburgh Encyclopaedia, 40-41
Edkins, Rev. J., 48
educação, 242-243 e 257-263
efeito, 133, 163 e 223
efeito embrutecedor da alimentação de carne, 255
efeitos kármicos, 143 e 164
eficácia da teosofia, 70
eflorescência espiritual, 193
egípcios, 66 e 115
Egito, hierofantes do, 43 e 66
Eglington, 197
Ego, 59, 61, 64, 92, 100, 102, 111-124, 126, 130-135, 138-153, 156-158, 163-165, 169-170, 172-174, 178-181, 183-193, 237 e 281

Ego consciente pensante, 134
Ego desencarnado, 178
Ego divino, 100, 113, 122 e 174
Ego espiritual, 61, 92, 112, 124, 135, 138, 143-144, 147, 158, 164-165, 170, 173, 180-181, 190 e 193
Ego espiritual superior, 92
Ego eterno, 152
Ego humano, 188
Ego imortal, 111 e 281
Ego imperecível, 103, 111 e 146
Ego individual, 100, 142 e 170
Ego infinito universal, 126
Ego interior, 181
Ego manásico, 148
Ego pensante, 150
Ego permanente, 142
Ego pessoal, 92, 100, 103, 111, 122, 133, 143, 146, 172 e 191-192
Ego pessoal inferior, 92
Ego real, 132
Ego reencarnante, 59, 92, 114, 119, 121, 123, 128, 130, 141-144, 147, 151, 156, 164, 170, 173, 178, 183 e 185-188
Ego superior, 92, 179, 181 e 184
Ego terrestre, 169
egoidade, 144
egoísmo, 67, 70, 73, 94, 96, 207, 230, 233, 243, 259-260 e 278
egotismo, 94
eidolon, 115, 118, 141 e 155
eidolon humano, 155
eidolons astrais, 155
Ela/Ele, 89, 127 e 135
elementais, 59, 193 e 195
elemento, 116, 130 e 132
elemento imortal, 132
elementos átmicos, 116
elementos manásicos, 116
elementos primordiais, 130
Eleusinian Mysteries, 219
elevação da raça, 233
elevação moral, 79 e 278
elevada índole, 247
emanação, 88, 106, 114, 126, 131 e 217-218

emanação primeva, 126
Emerson, 244
Empédocles, 123
encantamento, 93-94
encarnações anteriores, 137-139, 141, 149, 152, 168-173, 201 e 216
encarnante, *ver* reencarnação
energia espiritual, 192
energia espiritual centrífuga, 192
energia espiritual centrípeta, 193
ensinamento, 132
ensinamentos orientais, 120 e 194
entendimento, 115-116
entes queridos que partiram, 158
entidade, 112, 123, 129, 149-150, 155-156, 179, 183, 185, 197-198 e 200
entidade astral, 156
entidade espiritual, 129, 149 e 188
entidade imortal, 112
entidade manásica, 189
entidade pensante, 183, 185 e 188
entidade terrestre, 189
entidades, 118, 149 e 172
entidades racionais, 149
entusiasmo, 244
Epicteto, 238
epilepsia, um sintoma de mediunidade, 197
Epístolas, 129
equidade, 98, 164 e 200
equilíbrio, 204-206
equilíbrio do Karma nacional, 206
equivalentes ingleses para termos orientais, 180
erros da natureza, 220
erros relativos à ST, 50-51 e 253
erros relativos à teosofia, 245
escola oriental, 167
Escola Taraka Raja Yoga, 132
escolas, 258
escravidão, 71
escrita sobre ardósia, 59
esforço pessoal, 241
esforços sociais, 233

ÍNDICE REMISSIVO

Esoteric Buddhism, 47, 85, 100, 108, 111-112, 209 e 283
esotérica, filosofia, 53, 115 e 145
espaço, camadas do, 109
espaço, planos do, 109
espíritas, 60-61, 113, 135, 156-157, 160, 162-163, 176, 192, 194 e 198
espíritas americanos, 158
espiritismo, 36, 54, 58-63, 113, 156, 162-163 e 194-198
espiritismo espiritual, 59 e 195
espiritismo verdadeiro, 195
espírito, 59, 63, 72, 74, 92, 96-97, 110-115, 119-120, 123-124, 129-133, 143, 157, 162, 167, 175, 192, 218-219 e 225
espírito absoluto, 130
espírito abstrato, 92
espírito divino, 96, 111 e 119
espírito imortal, 98
Espírito Santo, 286
espírito universal, 60, 112, 120, 124, 132, 143 e 218
espírito-matéria, 118
espíritos, 121 e 194
espíritos, comunicação com, 195-197
espíritos, efeito da bebida, 256
espíritos, inteligência dos, 59
espíritos desencarnados, 194
espíritos liberados, 121
espíritos ministrantes, 189
espíritos planetários, 121 e 195
espíritos servidores, 189
espiritual, afeição, 160
espiritual, eflorescência, 193
espiritual, energia, 192
espiritualidade, 134
esquecimento, 159
esquecimento absoluto, 159
esquecimento de si mesmo, 101
essência, 45, 72, 91, 94, 105, 119-120, 126, 129, 135, 173-174, 178-179, 188 e 218
essência deífica, 105
essência divina, 44, 72, 119, 135 e 218
essência espiritual, 173
essência homogênea, 92 e 105-106

essência imortal, 120
essência única, 179
essência universal, 94 e 130
Essênios de Carmelo, 39 e 44
estado de vigília, 132 e 175
estado futuro, 112 e 168
estado onírico, 132
estados da matéria, 118
estados da mente, *ver* mente
estados de consciência, 132 e 175, *ver também* consciência
estados mentais superiores, 137
estados pós-morte, 119
estrutura física, 116
estudo, 248
estudo, teórico e prático, 253-254
estudo prático, 253
etapa, 199
éter, 141
eternidade, 129, 133, 168, 174, 176 e 185
éther, 122
ética, 48, 58, 67, 76 e 228
Eu, 44, 60, 77-79, 92, 95-96, 102-103, 121, 133, 143-144, 147, 149, 164, 178-181, 184, 186, 191, 238 e 260, *ver também* Ego
Eu divino, 79
Eu espiritual, 60, 143, 149, 169, 181 e 173
Eu Imortal, 77
Eu inferior, 164, 184 e 260
Eu interior, 60 e 121
Eu permanente, 143
Eu permanente encarnante, 143
Eu pessoal, 143
Eu Superior, 44, 78-79, 96, 103, 135, 143-144, 147, 178-180, 184, 186 e 238
Eu Universal, 92 e 179-180
Eu Universal Uno, 179-180
Eu Uno, 181
eurasianos, 96
europeus, 47
Eus, 79, 152 e 179
Eus interiores, 152
Evangelhos, 81 e 100
evolução, 88-89, 106, 136 e 233
excelência divina, 130

exemplo, 245
existência após a morte, *ver* vida pós-morte
existência espiritual, 227
experiência, 108, 188, 225 e 227
ex-personalidade, 155
êxtase, 38, 44 e 139

F

faculdades e poderes interiores, 255
faculdades interiores, 178, 255 e 292
faculdades psíquicas, 178 e 292
faculdades racionais, 129
falhas da natureza, 176, 192 e 200
fanatismo, 75, 236 e 262
fantasia, 138-139 e 160
fantasma kama-rúpico, 155
fantasmas, 156 e 194-196
faquires, 254
fariseus, 91
fatalismo, 187
fé, 108, 200, 218-219 e 263
fé cega, *ver* fé
fé raciocinada, 218
febre, delírios de, 85
Fédon, 139
feitiçaria, 58, 93, 102 e 282
felicidade, 118, 157, 159-160, 167, 169, 224 e 228
felicidade espiritual, 225
felicidade pessoal, 228
fenômenos, 58-60, 114, 168, 185, 195 e 203
fenômenos espíritas espirituais, 60
fenômenos físicos, 60 e 195
fenômenos mentais, 195
fenômenos psíquicos, 60 e 195
Ferho (ou Parcha) Raba, 191
Filadelfo, 39
filaleteanos, 35 e 38
filantropia, 292
filhos da mente universal, 188
filhos de Deus, 83
Fílon, o Judeu, 39 e 127

filosofia, 84 e 113
filosofia arcana, 113
filosofia ariana, 72
filosofia do espiritismo, 61
filosofia esotérica, 53, 115 e 145
filosofia neoplatônica, 49
filosofia oriental, 63, 123 e 131
filosofia pitagórica, 39
filosofia platônica, 39
filósofos de Alexandria, 35
filósofos do fogo, 66 e 123
finito, 128
fio de ouro, 84
física, memória, 138-140, 143 e 259
fisiólogos, 139
fogo, 186
fogo, filósofos do, 66 e 123
fogo divino, 186
folclore, 76
força, 109, 141 e 234
força de vontade, 92 e 254
forças, ser humano uma correlação de, 120
forças espirituais, 234
forma, 87, 129-131, 175 e 192
forma pessoal, 193
Forster, Charles, 197
fotografia espiritual, 45
fracasso dos primeiros movimentos teosóficos, 291
fraternidade, 233, *ver também* fraternidade universal
fraternidade negra, 280
fraternidade universal, 51, 69-70, 73-74, 232-234, 239, 251, 259 e 292
fundadores da ST, 251 e 264
Fundamento do Reino da Retidão, 129
futuro, 45
futuro, vendo o, 45, 139-140 e 170
futuro da ST, 291-293

G

genealogia desse ego, 188
Gênesis, 71 e 125

Germain, St., 55
Glanvil, 196
globos, 108
gnose, 43
gnósticos, 113 e 128
Gordiano, imperador, 37
gratidão, 241
gravidade, 141
gregos, 66
grupo familiar, 160
grupo interno, 52, 54 e 67
Gupta-Vidya, 47

H

Hades, 117, 155 e 193
harmonia, 127, 192, 206-207 e 211
harmonia absoluta, 127
harmonia universal, 207 e 211
haxixe, 256
Herênio, 42
Hermas, 191
Hermes, 41 e 117
heterogeneidade, 186
hierofantes, 43 e 66
hierogramatistas, 43
Hillel, 76
Hinayana, 43
hinduísmo, 149
hindus, 47, 93, 96, 105 e 243
hipnotismo, 57-58, 96 e 278-281
hipocrisia, 230
hipócritas, 103
hipóteses, 108 e 141
hipóteses de trabalho, 108 e 141
histéricos alucinados, 149
história, 262
Home, D. D., 197
homogeneidade, 186
Horácio, 126
Huc, abade, 97
humanidade, 70, 217, 230-231, 234 e 247
Hunter, Sir William, 97
Huxley, Sr., 61 e 114

I

Idade Áurea, 84
idade não espiritual, nossa, 67
ideais, 76, 82, 165, 184, 218, 246, 251 e 284
identidade, 143
identidade de origem das religiões, 38 e 84
identidade do espírito, 162
idolatria, 46, 94, 102 e 132-133
ignorância, 102, 115, 161, 248 e 260
igreja cristã, 103, 190, 200, 258 e 286
ilusão, 89, 106, 129, 159-160, 172-174, 183-185 e 219
imoralidade, 243-244 e 256
imortalidade, 120, 125, 128, 131, 135, 168, 171-172
imortalidade consciente, 172
imortalidade individual, 131
imparcialidade, 127
imparcialidade absoluta, 127
implacabilidade da lei kármica, 201
imposturas, 264
imutável, lei, 98, 106, 127 e 149
incognoscível, 91, 105, 118, 202, 212 e 220
inconsciência, 89 e 106
inconsciência pré-devachânica, 161
indestrutibilidade do espírito, 162
Índia, 96, 102-103 e 129
Índia, sábios da, 37 e 66
indiferença, 232-233
individualidade, 48, 59, 63-64, 100-101, 113, 122-123, 131, 135, 144-145, 152, 157, 161, 163, 174-175, 178, 187, 193 e 218-219
individualidade espiritual, 174-175
individualidade universal, 218
indulgência, 247
indulgência egoísta, 232
infalível, lei, 151 e 202
infelicidade, 65 e 206
infelicidade acumulada, 206
infelicidade não merecida, 65
inferno, 125, 149, 152, 189, 191 e 240
infinito, 44, 87, 91, 94, 106, 201 e 220
influências, 195
iniciação, 103

iniciados, 43, 66, 83, 100, 129, 159, 171, 179, 215 e 278
injustiça, 152, 200 e 216
inspiração, 279-280 e 287
inspiração dos seres humanos pelos Nirmanakayas, 162
instinto, 113, 115, 133 e 181
instintos animais, 113, 140 e 181
instruções, 53-54
instruções esotéricas, 53
instrumentos de pesquisa, 107
intelecto, 116
intelecto do cérebro, 116 e 259
inteligência, 112, 155, 162 e 200
inteligência animal, 134 e 155
inteligências, 195 e 281
inteligentes, poderes, 220
intenção, 204
interdependência da humanidade, 203 e 255
interdependência humana, 203 e 259
interior, percepção, 172
internato, 258
Introduction to theosophy, 49
intuição, 75, 148, 219-220, 237, 243 e 255
intuição espiritual, 219 e 237
invocação, 93
involução, 89
ioga, 38
iogues, 45, 56 e 171
Irmãos da Sombra, 280
irmãs Fox, 197
Ishvara, 167
Ísis desvelada, 121, 186, 192-193, 222 e 224

J

Jâmblico, 37 e 55
Javar Zivo, 191
Javidan Khirad, 85
Jeová, 88, 115 e 237
jesuítas, 88
Jesus, ensinamentos de, 44-47, 70, 75-76, 92-94, 100, 190, 193-194, 201-202 e 239-240

Jesus Cristo, 40-41, 44, 47, 70-71, 75-76, 81, 87, 92-96, 100, 103, 190, 193, 201, 222, 224, 235 e 239-240
jhana, 142
Josefo, 39
judaísmo, 39
judeus, 69, 91, 93, 103, 125 e 127
Jukabar Zivo, 191
julgamento, 220 e 234
julgamento individual, 234
justiça, 95, 98, 126, 136, 149, 160, 170, 199, 201, 223-224, 233, 235-236, 243 e 247
justiça absoluta, 126-127 e 151
justiça divina, 136
justiça retributiva, 199

K

Kama, 134
Kama Loka, 117, 178, 190-191 e 193
Kama Rupa, 112, 114-115, 133, 141, 155, 185 e 193
karanopadhi, 132
Kardec, Allan, 194 e 196
Karma, 78, 96, 117, 126, 146-147, 151, 160, 162-163, 168-170, 174, 178, 180, 187, 194, 199-218, 223-224, 227, 229, 232, 234, 242-244, 259 e 288
Karma distributivo, 203-204
Karma do mundo, 203
Karma individual, 203
Karma nacional, 203-204, 206 e 242
Karma-Nêmesis, 210
Karma pós-morte, 117
Karma relativo, 206
Karma retributivo, 203
Kether Malkuth, 90
King, John, 195
Knight, Prof. W., 139
Krishna, 92
Kshetrajna, 92 e 147
kumaras, 149

L

Labro, São, 237 e 254
Lancet, 277

Lao-tse, 76 e 132
Law, William, 50
Lectures on platonic philosophy, 139
lei, 75, 90, 106, 126, 151, 158-159, 167, 170, 199-203, 216 e 223
lei de compensação, 187
lei de retribuição, 78, 126, 151, 187 e 215
lei espiritual, 74
lei espiritual da continuidade, 167
lei humana, 201
lei imutável, 98, 106, 127 e 149
lei infalível, 151-152
lei kármica, 170-201, 216 e 223
lei misericordiosa, 159
lei suprema, 202
lei una, 90
lei universal, 126 e 199-200
lembrança, 138, 140, 144 e 148, *ver também* recordação
Lethe, 151
Levítico, 191
Light, 61 e 135
limbo, 155
limiar de Devachan, 151
Linga Sharira, 112 e 141, *ver também* corpo astral
linguagem dos mistérios, 55
literatura teosófica, 245, 280, 283 e 288
Locke, 109 e 138
lógica, 127, 164 e 223
lógica absoluta, 227
logos, 88, 114, 126 e 191
Longino, 38
Longo Rosto, 191
Looking backwards, 73
loucura, 138
lua, 116
Lucifer, 96, 166 e 169
Lutero, 50
Luxo, 232
luz, 80, 122 e 128-129
luz atma-búdica, 92
luz de Buddhi, 168 e 184
luz divina, 80
Luz Eterna, 128
Lytton, Bulwer, 244

M

M. A. Oxon, 162 e 198
macrocosmo, 110
magia, 37, 53-54, 56-58, 93 e 281-282
magia cerimonial, 37
magia negra, 53-54, 93 e 281
maha-manvantara, 88, 121 e 124
mahat, 147
Mahatmas, 275-277 e 285-286
mal, 128, 186, 201, 203-204, 207, 211, 225, 232-233, 242-243, 245, 250 e 264
Malek, 37
males sociais, 203, 232 e 264
malignos, poderes, 281
Manas, 92, 114, 118-119, 130, 134-135, 147, 155-156, 166-168, 170-172, 179-181, 183-185, 187-188 e 191-193
Manas, reflexo do, 114-115 e 185
Manas duplo, 112, 167 e 184
Manas inferior, 112-113, 130, 134, 155-156, 167-168, 181, 184-185 e 188
Manas superior, 134-135, 155 e 188
Manas-Sutratma, 173
Manas-Taijasa, 167
Manas tendente a Kama, 188
Manasa-putras, 147, 149 e 188
mandamentos, 98
manifestações espíritas, 58-60, 113, 156-157 e 194-195
Mant, bispo, 189
mantra, 93
Manu, 147 e 150
manvantara, 105 e 149
massas, 242-244
matéria, 63, 72, 118, 123-124, 128-129, 133, 149, 174, 186, 219 e 225
matéria cerebral, 259
matéria-espírito, 118
matéria grosseira, 123
matéria primordial, 123
materialismo, 72, 133, 139 e 176
materialistas, 139, 143, 165, 168, 171, 175-176, 181, 200, 212, 220 e 280
materialização, 59, 113, 156, 193 e 195
maya, 133 e 159

mayavi rupa, 193
medieval, teosofia, 53
meditação, 38 e 45
mediunidade, 53, 96, 196-197 e 287
médiuns, 60-61, 156 e 196-197
medo, 220
Megattivati, 98
melhoria, 233
membros da ST, comprometidos, 52-53
membros da ST, leigos, 56
memória, 64, 124, 129, 137-144, 148, 150, 165, 183, 185, 259 e 263
memória da alma, 139
memória física, 138-140, 143 e 259
mens, 134
mente, 98, 112, 114-115, 117-119, 126, 133-135, 137, 140, 144, 147, 155, 167, 181, 184, 188, 239 e 279
Mente-Alma Universal, 145
mente divina, 188
mente espiritual, 135
mente física, 115
mente inferior, 133
mente manásica, 184
mente radiante, 167
mente superior, 133 e 155
mente terrestre, 167
Mente Universal, 119, 126, 145, 147 e 188
Mercavah, 43
mérito, 95, 156 e 202
mesmerismo, *ver* hipnotismo
Messias, 191
mestres, 54, 169, 277-278, 281-282, 284, 286 e 288
mestres helênicos, 39
meta, 225 e 227
meta final, 225 e 227
metaespírito, 63, 123 e 147
metafísica, 100, 110, 115 e 243
metafísicos, 121
microcosmo, 110
Miguel, 149
milagres, 58 e 279
miséria, 65, 205 e 257
misericórdia, 98, 126, 149, 158, 164, 217, 230 e 237

misericórdia divina, 164
Mishna, 127
mistérios, 35, 38, 43, 66, 115-117, 149, 191 e 219
mistérios de Deus, 99 e 186
mistérios de Elêusis, 43 e 66
mistérios do céu, 102
misticismo, 54, 66, 196, 243 e 293
misticismo espiritual, 196
mnemônica, 138
Moisés, 39, 71, 93, 98 e 196
Moksha, 128
molécula, 89
momento da morte, 169
momento do nascimento, 170
mônada, 112, 133, 135, 142 e 173
mônada atma-búdica, 142, 153 e 168
mônada dupla, 147
mônada humana, 133
monas, 114 e 123
morte, 45, 64-65, 102, 113, 116, 135, 141, 157, 161, 165-170, 172-173, 176, 193 e 217
morte espiritual, 192
mortos, 158
Mosheim, 39-40
motivo, 204 e 217
movimento, 129-130
movimentos teosóficos mais antigos, 50 e 292-293
muçulmanos, 96
mudança, 99
Mundaka Upanishad, 167
mundo espiritual, 166 e 187
mundo real, 185
Mysteriis, De, 37

N

nacionalistas, 73
nada, 129 e 131
nada absoluto, 131
não entidade, 156
nascimento, *ver* renascimento
natureza, 36, 82-83, 88-89, 98, 105, 225, 231, 245, 247, 251, 279 e 281

natureza, erros da, 220
natureza, falhas da, 176, 192 e 200
natureza, leis da, 76
natureza, segredos da, 55 e 76
natureza da mente, 137
natureza de Manas, 187-188
natureza divina, 83
natureza espiritual, 225 e 281
natureza física, 281
natureza humana, 230, 245, 247 e 251
natureza psíquica, 281
natureza setenária do planeta, 108 e 191
natureza setenária do ser humano, 110
necessidade, ciclo da, 174
necessidade fatal, 127
necromancia, 36 e 196
negadores, 96
Nêmesis, 152 e 210
nenhuma coisa, 131
neoplatônicos, 36, 38 e 120
nephesh, 97, 100, 114, 117, 125 e 191
New platonism and alchemy, 35, 39 e 44-45
nirmanakayas, 161-162
nirvana, 94, 101, 119, 128-129, 131, 145-146, 161 e 174-175
Noé, 191
Noite, 105 e 189
Noite de Brahmâ, 105
noite devachânica, 189
Noite Universal, 105
nomes e princípios, 177-178
nomes sagrados, 286-289
nôumenos, 114, 168 e 184
Nout, 114
nova alma, 126
nova encarnação, 151, 168 e 191
Nova Jerusalém, 160
nova memória, 141
nova personalidade, 152, 164, 173 e 199
novo cérebro, 141
novo corpo, 141 e 147
novo ser humano, 152
Novo Testamento, 128

noys, 111, 114-115, 130 e 135
números e princípios, 112 e 132-133

O

O Pleroma da Luz Eterna, 128
objeções à reencarnação, 135 e 137
objetividade, 105, 108-109 e 149
objetivo, Atma nunca pode ser, 179
objetivos da ST, 51-52, 68-69, 75 e 252
oceano cósmico, 122
oceano de luz, 123
ociosidade, 269-270
ocultismo, 53-54, 56-67, 74, 133, 138, 217, 254, 256, 281 e 287
ocultista, 53, 56 e 91-92
ocultistas, 129 e 190
ocultos, poderes, 57, 215, 254-255 e 278-282
ofensa, 248-249
Olcott, coronel H. S., 142 e 145
Oldenburg, 102
olhos espirituais, 142
Olimpiodoro, 139
onisciência, 98
onisciência do Ego espiritual, 143-144, 158 e 165
opinião, 77 e 234
opinião particular, 220
opinião pública, 234
ópio, 256
Orfeu, 42
oriental, filosofia, 63, 123 e 131
orientalismo, 47-48
Orígenes, 38 e 42
ortodoxia, 50
ouro, fio de, 170

P

pagão, 96 e 98
pagãos, 220
Pai em segredo, 94-95, 103, 119 e 186
Pai que está nos céus, 91

Pais do cristianismo, 128
paixões, 96, 115, 134, 141, 181 e 188
paixões animais, 115, 134, 141, 181 e 188
Palácio do Amor, 128
Palestina, 103
pan, 88-89
panteísmo, 88
panteístas, 88
Panteno, 39
parábola da videira, 190
parábolas, 102 e 240
Parabrahman, 88 e 221
paraíso, 118, 125, 128, 149, 157 e 172
paralisando o Ego pessoal, 143 e 145
parinirvana, 174
pársis, 69
passado kármico, 195
Paulo, 46 e 111
paz, 292
pecado, 96 e 202
pedra filosofal, 92
Pedro, 228
pensamento, 89, 140, 150-151, 188, 200, 207, 215, 231, 245 e 263
Pentateuco, 39 e 125
percepção interior, 172
percepção intuicional, 138
perda da alma, *ver* aniquilação
perda da autoconsciência, 166
perda da memória, 137
perda do ego pessoal, 172 e 192
perdão, 101, 221-222, 243 e 247
peregrino espiritual, 174
perfeição, 199
perfeição final, 199
perigos da comunicação com espíritos, 195-196
Perséfone, 116
perseguição, 251 e 264
personalidade, 63-64, 99-101, 106, 113, 120-121, 124-125, 128, 135, 141, 143-148, 152, 155, 157, 163, 168-169, 173-176, 181, 184, 189-190, 192-193, 199 e 246
personalidade terrestre, 168 e 174-175
pesquisa, 56

Phren, 115 e 130
pistis, 219
Pitágoras, 41-43, 76, 111, 114-115, 122 e 180
pitagórica, filosofia, 39
pitagóricos, 129
planeta, constituição setenária de nosso, 108
planetários, espíritos, 121 e 195
planetas, 107
planetas e princípios, 116
plano animal, 156
plano espiritual, 179, 184, 202 e 279
plano externo, 220
plano físico, 72, 143, 179-180 e 202
plano mental, 202
plano metafísico, 74
plano terrestre, 164
planos, sete, 106 e 109
planos de consciência, 110, 133, 144, 156, 178, 180, 184, 202, 217, 220, 227 e 234-235
planos do espaço, 109
planos do ser, 235
planos superiores, 234-235
Platão, 41, 45, 67, 76, 110-111, 113-115, 122, 126, 130, 139 e 192
platônica, filosofia, 39
pleroma, 191
Plotino, 37, 42, 44, 55, 129 e 150
Plutarco, 114-117
poderes divinos, 186
poderes do Espírito encarnado, 198
poderes espirituais, 120, 186, 198 e 280
poderes inteligentes, 220
poderes mágicos, 282
poderes malignos, 281
poderes ocultos, 57, 215, 254-255 e 278-282
poderes psíquicos, 197, 280 e 292
política, 230 e 278
política, a ST não é, 231
política da ST, 38-39
ponto, 133
Porfírio, 37
Pot-Amon, 36
potencialidades da mente, 137

Prados do Hades, 119
Prajna, 167
pralaya, 105 e 121
Prana, 132, 141 e 181
prática, teosofia, 227, 237 e 258
prático, 203 e 217
prazer, 116, 217 e 227
prece, 45, 87, 90-95 e 200
prece da vontade, 91-92
prece destrói a autoconfiança, 94-96
preconceito, 263-264 e 292
preconceitos sociais, 292
predestinação, 212 e 214
preexistência, 123, 128 e 139
premonições, 148
presciência, 45
primeiros movimentos teosóficos, 49-51 e 292-293
princípio deífico, 87
Princípio Desconhecido, 186
princípio desconhecido único, 186
princípio divino, 88, 126, 132, 147, 164, 180, 186 e 191
princípio divino impessoal, 192
Princípio Divino Universal, 88 e 180
princípio divino universalmente difundido, 147
princípio onipresente, 90
princípio pensante, 133, 152, 180 e 183
princípio permanente, 135 e 219
princípio vital, 132, 134, 140-141 e 181
princípios, 88, 90-123, 126, 131-135, 140-141, 145-147, 155, 161, 164, 177-181, 183, 185-187, 190 e 219
princípios astrais, 120 e 161
princípios espirituais, 134, 141 e 146
princípios físicos, 140
princípios fundamentais, 166
princípios inferiores, 155
princípios materiais, 140-141 e 146
processos físicos, 140
prognóstico, 140
programa original da ST, 252
progresso, 164, 178, 199, 217, 233 e 243
progresso cósmico, 178

progresso perpétuo, 164 e 199
projeção do duplo, 134
propaganda, 75-76
Prosérpina, 117
proteções providenciais, 160
protótipo, 210
Providência, 210-211
psicologia, 96 e 162
psicólogos, 63, 137-139, 143 e 148
psiquismo, 54 e 59
psykhé, 111 e 115
psykhikós, 129
publicanos, 71 e 81
punição, 125-126, 148-151, 169, 200-201, 211, 216 e 243
punição eterna, 125 e 216
punição kármica, 150 e 169
punição pós-morte, 148
pureza, 238
Purpose of Theosophy, 212

Q

Quakers, 81
quarta etapa, 199
quarto plano, 110
quaternário, 110-113 e 116
quatro princípios, 110 e 155
queda do espírito na matéria, 225
questões sociais, 231
quíntuplo, 117

R

Rabinos da Babilônia, 39
raça, elevação da, 233
raça, quinta, 199
raças, sete, 191
radiação, 106 e 126-127
radiação búdica, 179
raio, 143 e 193
raio espiritual, 143
raiz da consciência, 185
raiz do princípio, 185

razão, 116, 167, 200, 221, 223, 237 e 262-263
razão humana, 167
reabsorção, 125
reação, 207
reajuste, 203 e 206
realidade, 106, 133, 172, 174 e 183-184
realidade incondicionada, 172
Realidade Una, 183
recompensa, 125-126 e 201
recompensa do ego, 148
recompensa eterna, 125
recordação, 124, 138, 140, 144, 148, 169-171 e 175
recordações manásicas, 171
reencarnação, 64, 121, 124, 126-128, 135, 137-138, 141-143, 150-152, 156, 159-160, 163-164, 168-169, 175-179, 186-188, 190-196, 199, 209-211, 216-217, 232, 235, 243 e 245, *ver também* renascimento
reencarnação imediata, 176 e 192
reencarnação kármica, 194
reflexo, 106
reforma, 50
reformas políticas, 231
registro, 223
registro imperecível, 223
regras proibitivas, 246
Reincarnation, 209
Reincarnation, a study of forgotten truth, 144
Reino do Céu, 128-129
relação com espíritos, 195-197
relacionamento com duendes, 196
religião, 35, 73-74, 84 e 292
Religião-Sabedoria, 38-39, 42, 85 e 92
religiões, 38-39, 48, 73-74 e 84
reminiscência, 137-139, 148 e 150, *ver também* recordação
remissão do pecado, 201
renascimento, 99-100, 121, 137, 139, 144, 147, 151, 170, 173-174, 176, 191, 199, 202, 211, 213, 217, 225 e 227, *ver também* reencarnação
renúncia, 78 e 161
reparação, 201, 208 e 222

reparação delegada, 122, 201, 214 e 222
repouso, 161 e 199
repouso cíclico, 161
repouso da alma, 165, 169 e 196
repouso devachânico, 199
repouso final, 199
responsabilidade, 189, 227 e 238
responsabilidades kármicas, 227
ressurreição, 113 e 164
restos astrais, 59
retardamento do Karma, 204
retorno dos espíritos, *ver* espíritos
retorno prematuro à vida terrestre, 135-136
retribuição, 78, 126, 151, 187 e 215
retrospecção, 170
Reuchlin, John, 50
reunião com o Espírito, 218
revelação, teosofia não é uma, 66
revelação divina, 167
revelação do divino, 167
Rhys-Davids, Sr., 146
ritualismo, 46
romanos, 66
rosacruzes, 66
Royal College of Physicians or Surgeons, 55
Rupa, 112 e 142

S

sabedoria, 35, 37, 66, 82, 100, 111, 119, 126, 200 e 254
sabedoria, Amon, o deus da, 36
sabedoria absoluta, 126
sabedoria celestial, 111
sabedoria demoníaca, 111
sabedoria divina, 35, 38 e 82
Sabedoria Eterna, 119
sabedoria oriental, 110
sabedoria psíquica, 111
sabedoria secreta, 100
sabedoria terrestre, 111
sábios, 45
sacrifício dos fundadores e líderes da ST, 251

ÍNDICE REMISSIVO

saduceus, 103 e 125
Salvador, 103
salvadores, sete, 191
Samadhi, 44, 94 e 179
Samanas, 102
samkhara, 142
samma-sambuddha, 171
Samotrácia, hierofantes da, 43
Samyuttaka Nikaya, 102
sangue, 191 e 223
sangue de Cristo, 201 e 222
sanna, 142
Santo, 128
São João, Evangelho segundo, 41 e 190-191
sat, 174-175
séances, 113 e 195
Second Sight, 198
sectarismo, 75
século XX, 293
século XXI, 293
sede da ST, 75
sede dos desejos animais, 135
segredo, 43, 46 e 78
segredos da Iniciação, 103
segredos da natureza, 55 e 76
segredos divinos, 46
segunda morte, 155
seis princípios, 133
Sempre Vir a ser, 90
senda, 174 e 179
sentidos, 107, 109, 179, 219 e 263
sentidos espirituais, 107 e 219
sentidos psíquicos, 107 e 140
sentimentalismo, 224
separação, 204 e 234
separação nos sexos, 199
Sephiroth, 88
ser, 88, 90, 131, 174, 176 e 235
ser divino, 174
ser essencial, 131
ser humano, 105, 110-111, 113, 116, 119-120, 122, 132-135, 143, 152, 165, 180-181, 183-184, 186, 191, 210 e 254-256
ser humano, conquistador da matéria, 187

ser humano, origem comum do, 70-73
ser humano, unidade do, 74-75 e 105
ser humano de mentalidade animal, 134
ser humano divino, 135 e 183
ser humano espiritual, 110 e 119
ser humano físico, 111, 113, 119 e 181
ser humano imortal, 165
ser humano interior, 123, 131, 184, 186, 210 e 254
ser humano interior astral, 187 e 210
ser humano mortal, 112
ser humano pensante, 110, 191 e 220
ser humano real, 118 e 152
ser subjetivo, 131 e 176
seres pensantes, 138
seridade, 90 e 130
Sermão da Montanha, 81, 83 e 239-240
servo falando hebraico, 145
servo tocando violino, 145
sete Budas, 191
sete estados de consciência, 110
sete forças fundamentais, 110
sete planos, 106 e 109
sete princípios, 110, 115 e 135
sete raças, 191
sete salvadores, 191
sete vinhas, 191
sétima etapa, 199
sétima raça, 199
sétimo princípio, 134
setor arcano da ST, 68
setor esotérico, 51-54, 68, 77 e 253-257
setor esotérico da Sociedade Teosófica, 52-53, 68, 77-78 e 85
setor interno, 253-256
sexos, 199 e 203
Shakespeare, 150 e 153
Shelley, 153
Sidarta, Príncipe, 142
simbolismo, 90, 92 e 191
símbolos da antiga Religião-Sabedoria, 92
simpatia, 176
Sinnett, A. P., 47, 112, 135, 178-179 e 209
Sinnett, Sra. P., 212

sistema de "fazer suar", 242
sistema egípcio, 113
sistema filaleteano, 42
sistema grego, 113
sistema planetário, 106
sistema solar, 106-107
sistema teosófico eclético, 35-38
skandhas, 99-100, 142-143, 145, 151, 163, 183 e 189
Slade, 197
sobrenatural, 278-279
Sociedade Teosófica, ajudando a, 245
Sociedade Teosófica, bibliotecas da, 75
Sociedade Teosófica, conduta dos membros da, 80-82, 229-230, 245-246 e 251
Sociedade Teosófica, defesa da, 245
Sociedade Teosófica, divisa da, 36
Sociedade Teosófica, erros relativos a, 50-51 e 253
Sociedade Teosófica, formação da, 66 e 83
Sociedade Teosófica, fundadores da, 251 e 264
Sociedade Teosófica, futuro da, 291-293
Sociedade Teosófica, incentivo para associar-se a, 53 e 217-218
Sociedade Teosófica, inimigos da, 264
Sociedade Teosófica, membros atuantes da, 76, 82, 248 e 253
Sociedade Teosófica, membros comprometidos da, 52-53
Sociedade Teosófica, membros da, 52
Sociedade Teosófica, membros não são necessariamente teosofistas, 51-52
Sociedade Teosófica, o depósito de verdades, 83
Sociedade Teosófica, o que não é, 49
Sociedade Teosófica, objetivos da, 51-52, 68-69, 75 e 252
Sociedade Teosófica, política da, 38-39
Sociedade Teosófica, preconceito contra a, 263
Sociedade Teosófica, primeiros movimentos, 49-51 e 292-293
Sociedade Teosófica, programa original da, 252
Sociedade Teosófica, sede da, 75
Sociedade Teosófica, setor arcano da, 68

Sociedade Teosófica, setor esotérico da, 52-53, 68, 77-78 e 85
Sociedade Teosófica, trabalho da, 69 e 248
Sociedade Teosófica e questões sociais, 231
Sociedade Teosófica e teosofia, 79-83, 239-240 e 246
Sociedade Teosófica não é política, 231
Sociedade Teosófica não pode ser esmagada, 263-264
Sociedade Teosófica não tem credo, 51-52, 83 e 85
sociedade, classes na, 203
Sócrates, 42, 76 e 115
sofrimento, 115, 126, 152, 158, 169-170, 175, 203-205, 227 e 236
sofrimento coletivo, 203
sofrimento terrestre, 175
sofrimentos imerecidos, 169
solidariedade, 232-233 e 241
solidariedade humana, 232-233
Solomon Ben Yehudad Ibn Gebirol, 90
sombra, 114 e 116
Sombra, Irmãos da, 280
sombra astral, 116
sonambulismo, 179
sonhos, 61, 109, 160, 171, 175 e 177
sonhos pós-morte, 172
sono, 61, 171, 175 e 179
sono sem sonhos, 169 e 172
Spirit Identity, 162
Sthula Sharira, 112 e 141, *ver também* corpo físico
Sthulopadhi, 132
subjetividade, 109 e 149
subjetivo, 105 e 165
substância, 111, 123-124, 129, 131, 133 e 218
substância divina, 111
substância manifesta universal, 219
sucessão de nascimentos, 199
sugestão, 96
suicídio, 227
sukshmopadhi, 132
Sumangala, 142
superespírito, 76 e 219
superstição, 76 e 219

ÍNDICE REMISSIVO

sutratma, 170, 173-174 e 176
Sutratma-Buddhi, 173
svapna, 132
Swedenborg, 54 e 192

T

taijasa, 147, 167-168 e 172
tanha, 146
Tao-te-King, 132
teístas, 126
tempo, 109
tentação, 128
teogonía, 35
teologia cristã, 113, 164, 189 e 218
teosofia, 37
Teosofia, 49
teosofia, aceitação da, 65-66
teosofia, concepção errônea sobre a, 245
teosofia, definição da, 44-46
teosofia, divisão dos princípios na, 112
teosofia, doutrinas da, 50-51, 87, 137-138, 218, 232-234 e 245
teosofia, eficácia da, 70-71
teosofia, ética da, 48 e 67
teosofia, idade da, 46 e 65-66
teosofia, natureza e ser humano em conformidade com, 105
teosofia, objetivo da, 38-39, 56 e 217
teosofia, por que desconhecida do Ocidente, 46
teosofia, propaganda, 75
teosofia, quintessência do dever, 228
teosofia, rejeição da, 67
teosofia, seriedade da, 263-264
teosofia, significado do nome, 35
teosofia, verdade eterna, 291
teosofia científica, 58
teosofia e budismo, 46 e 48
teosofia e espiritismo, 58 e 63
teosofia e ocultismo, 56-57
teosofia e religiões, 84
teosofia e ST, 79-83 e 239
teosofia e teologia cristã, 164

teosofia eclética, 35-36, 38 e 246
teosofia incomum e abstrusa, 67
teosofia medieval, 53
teosofia não é uma revelação, 66
teosofia para as massas, 242
teosofia prática, 227, 237 e 258
teosofia secreta, 46
teosofistas, 40, 51-52, 56, 73, 76, 79, 91-92, 96, 123, 221, 229 e 233
teosofistas medievais, 123
terapeutas, 39
termo entre renascimentos, 144-145
termos metafísicos, 180
termos orientais, equivalentes ingleses para, 130
Terra, 107, 116 e 152
terra de veraneio, 160 e 176
terremoto moral, 206
terrestre, corpo, 122, 151 e 164, *ver também* corpo físico
testemunho dos videntes, 107
Tetragrammaton, 88
teurgia, 36-37 e 53
textos budistas, 131
The Light of Asia, 214
The Path, 68 e 78
The Theosophist, 79 e 85
Theodidaktos, 37 e 40
theogonía, 35
theosophía, 35 e 84
Theosophical Miscellanies, 50
Theosophical Siftings, 169
Theosophical Transactions of the Philadelphian Society, 49
Thymos, 114-115 e 130
Timeu de Locris, 122
To Agathon, 114-115
Todo, 63, 105, 130, 133, 135 e 188
Todo universal, 135
Tolstoy, Conde Lev, 240
trabalho dos membros da ST, 69 e 248
tradição, 76
Transactions of the London Lodge of the Theosophical Society, 178
transe, 60

transferência de pensamento, 279-280
transfiguração, 113
transfiguração divina, 113
transgressão kármica, 149
transmigração, 128
transmigrações cíclicas, 128
transmutação espiritual, 92
treinamento, 217, 231, 252, 254 e 263
três aspectos da alma, 135
três aspectos principais no ser humano, 133
três formas aceitas de memória, 137
três princípios, 110-111 e 132-133
três princípios inferiores, 155
três proposições de "M. A. Oxon", 162
três tipos de sono, 172 e 175
trevas, 128
tríade, 112, 114, 116, 155, 188 e 190
tríade divina, 188
tríade superior, 155 e 190, *ver também* tríade
trindade, 92, 124 e 128
tripla unidade, 175
tristeza, 149 e 157

U

Um-Somente-Um, 114
união, 130, 186 e 211
União de espírito e matéria, 219
unidade, 74-75, 87, 105, 120, 164, 175, 232 e 293
unidade absoluta, 164
unidade e causação universais, 232
unigênito, 191
universidades, 261
universo, 89-90, 105-106, 110, 114, 133, 192 e 202
Upanishads, 171

V

Vacchagotta, 102
vaidade, 248-250
vedana, 142

Vedanta, 72 e 132
Vedanta Sara, 167
vedantinos, 88, 132, 135 e 221
vegetarianismo, 253-255
veículo átmico, 181
verdade, 73, 83-85, 159, 162, 230, 291 e 293
verdade eterna, 159 e 291
verdades ocultas, 162
véu de *maya*, 159
vício, 116 e 230
vida, 48, 84, 88, 105, 112-113, 118, 124, 127, 129, 132-133, 136, 140-141, 144, 150, 152, 155, 160, 163, 165-166, 169, 172-173, 177-178, 181, 183, 185, 191, 217 e 227
vida astral, 161
vida consciente, 172-173
vida diária, *ver* vida
vida espiritual, 174 e 178
vida eterna, 176
vida física, 113, 140-141, 150, 163 e 178
vida futura além-túmulo, 168
vida imortal, 185
vida mais elevada, 217
vida material, 176
vida mundana, *ver* vida terrestre
vida pós-morte, 48, 166-167, 169, 173-174 e 176
vida terrestre, 136, 144, 159, 165, 171-172, 183 e 217
vida universal, 175 e 181
vidas futuras, 168, 170 e 211
videntes, 107, 202, 215 e 218
videira, parábola da, 193
Vidya, 47
vingança, 248
vinhas, sete, 191
vinho, efeito do, 256
vinnana, 142
Vir a ser perpétuo, 90
virtude, 116, 128 e 230
visão em perspectiva da vida futura, 170
visão espiritual, 186
visões, 107, 138-139, 171, 177, 186, 189 e 216
visões espirituais, 107 e 186
vontade, 91-92, 187, 254 e 259

vontade de Deus, 88
voz da consciência, 148, 192, 238 e 247

W

Wagner, 47
Walker, E. D., 144 e 209
Wheel of the Law, 200 e 220

Whitechapel, 236
Wilder, Prof. Alex., 35, 38, 41, 45 e 219
Wordsworth, 139

Z

Zohar, 54, 124, 127 e 191
Zoroastro, 76

Este livro foi impresso pelo Lar Anália Franco (Grafilar)
em fonte Georgia sobre papel Pólen Natural 70 g/m²
para a Edipro na primavera de 2024.